KB044815

쉽게 푼

적천수 천미

명리학
최고의 고전

임철초 증주
양실 편역

법문북스

쉽게 푼 **적천수**천미
滴天髓闡微

명리학
최고의 고전

임철초 증주·양실 편역

서 문 [옮긴 이]

세상 사람들이 아주 쉽게 사용하는 말, 다양한 대화에 수시로 끼워 넣어 사용하는 언어로, '사주팔자'라는 말이 있다. 바로 이 말이 학문적 용어로는 '명리학(命理學)'이라 부른다. 이 명칭이 뜻하는 의미는, 그 사람의 사주팔자 속에 바로 그 사람의 운명이 어떻게 전개되는 지의 이치가 고스란히 담겨져 있다는 뜻이다. 언제까지의 운명인가? 그 사람이 태어나서 이 세상을 하직할 때까지! 믿어지는가? 믿을 수밖에 없다! 사실이 그러니까! 이것이 사주명리학이란 학문이다. 이 학문은 고대의 중국에서 시작되었다. 어느 왕조, 어느 때, 누가 처음으로 주창하여 시작되었다는 기록은 일체 없기에 모른다. 공자의 '논어'나 문왕의 '주역'등은 분명히 역사의 기록에 남겨져 있지만, 어떤 의미에선 논어나 주역보다 훨씬 더 가치 있게 쓰일 수 있는 학문임에도 왜 기록이 없는가! 거기엔 분명한 이유가 있었다. 명리학을 연구하는 학자들이 붙잡히면 모진 고초를 각오해야 했기 때문이다. 나라에서 고초를 주는 이유가 있었다. 아주 뚜렷한 이유였다. 한 제국에서 황제의 아들이 다섯이라 가정할 때, 명리학자들을 힘으로 다스리지 않으면, 그들에게 다섯 왕자들의 사주를 감정 받아, 제일 좋은 운명을 타고 난 왕자 밑으로 조정 대신들이 국사를 뒷전으로 미루고, 기웃거릴 것이며, 미리부터 나머지 왕자들은 후환을 생각해서 제거의 대상이 되고, 뿐만 아니라 황제의 후계 지명 권한마저 위태롭게 될 수 있었기 때문이었다. 그래서 어떤 사람이 명리학의 이론을 세상에 내놓을 때는 자신의 이름을 절대로 밝히지 않았고, 어느 시대인가도 말하지 않아 알 수 없게 되었던 것이다. '적척수천미' 역시 이러한 역사적 풍토에서 예외가 될 수 없었다. 지하에서 숨겨져 내려오던 귀중한 명리학 이론을 '임철초'라는 분이 모아 정리하고, 이 분의 이론이 첨가 되었다는 본문의 기록이 있을 뿐이지, 이 분 역시 어느 왕조, 어느 시대, 무엇을 하던 사람인지, 그 이름이 본명인지, 가명인지도 모른다. 중국에서 시작된 운명학은 발생 연대와 누가 이론을 처음 말하였는지 모르고 넘어 가는 것이 오히려 상례처럼 되어 있었다.

사주명리학을 처음 배우고자 하는 분이나, 계속 공부를 하고 계시는 분들께 '적천수천미'를 우리 말로 '옮긴 이'로서 이 책을 추천해 마지않는다. 우리 모두는 이 세상에 태어나는 순간부터 한 치의 앞도 알 수 없는 불안한 삶을 살아 갈 수밖에 없는데. 마치 등불처럼 앞길을 볼 수 있게 밝혀주는 것이 '명리학'이기 때문이다. 그러나 한 나그네가 어떤 상태의 길을 걸어가게 되어 있다는 것이지, 그게 걷기 좋게 갈 길을 밝혀 준다는 뜻은 아니다. 험난하고 넘어질 수도 있는 길일 수도 있다. 인간의 삶에서 그 사람의 지나온 과거는 물론이고, 현재와 미래까지 어떠했고, 어떨 것이라고 밝혀주는 학문은 현재까지 '명리학'밖에 없고, 아마 미래에도 그럴 것이다.

세기의 물리학자 '아인슈타인'박사는 자신이 그 유명한 '상대성 원리'를 연구하기 시작한 동기가 우연한 기회에 중국의 '패철(나침반)'을 보았기 때문이었다고 말했다. 물론 패철은 4계절 24절기와 어디에서든 패철의 자침이 남북을 가르쳐 주고, 특히 풍수지리에서 명당자리가 어디이며, 장사(葬事)를 지낼 때 어느 쪽으로 좌향(坐向)을 잡아야 그 집안이 복을 받게 된다는 신비함을 찾아 주고 있다. 아인슈타인 박사는 동양적인 이런 측면 보다는, 다른 면을 보았겠지만.

사주명리학은 패철로는 도저히 알 수 없고, 과학이나 인류의 어떤 학문, 어떤 종교도 알려주지 못하고 있는 많은 운명적 진리를 우리에게 일깨워 주고 있다. 그 사람의 사주팔자를 보면, 그가 태어날 때의 가정 형편이 어떠했다는 것에서부터 시작하여 몇 살 때부터 일들이 뜻대로 잘 풀리며, 그때가 지나면, 아무리 노력해도 어려운 처지에 놓이게 된다는 등의 이정표적인 예고를 해준다. 그뿐인가! 부부간의 행복과 마찰, 이별, 사별, 질병의 발생과 치유가 될지의 여부와 그 시기, 장수할지의 여부까지 알려 주고 있다. 이야기를 다 하자면 무서울 지경까지 장막을 걷어 준다. 명리학은 이런 학문이다! 학문 자체는 이러하지만, 이 학문을 공부하는데 있어 참으로 중요한 점이, 숱한 명리학 서적 중에서 어느 책을 선택하여 공부를 시작해야 하는 지가 정말 어렵고 중요한 문제로 대두한다. 왜냐하면 검증되지 않은, 잘못된 이론들로 꾸며진 책들이 너무도 많기 때문이다. 책들은 저마다 최고의 이론이라 말하고 있다. 과연 그럴까! 결단코 '적천수천미'와 같은 고전(古典)은 없다고 말하고 싶다. 이치에 맞지 않는 책으로 공부하다가, 나중에 아! 이 책이 아니고 적천수천미구나! 하고 깨닫게 될 때는, 그동안 공부한 것들을 머릿속에서 지우는데 또 한동안의 세월을 낭비해야 하는 어처구니없는 시련을 겪게 된다. 적천수천미는 깊은 지하에 숨은 상태에서나마 탁월한 이론을 담은 필사본 책자가 끊기지 않고 후학에서 후학으로 전해져 왔다. 지금 어느 누구의 사주라도 '적천수천미'의 이론으로 감정하면 틀림없다는 것이

놀라울 따름이다.

  명리학은 한자(漢字)를 많이 알아야 공부할 수 있다고 알고
있는 분들이 의외로 많이 있다. 그래서 그분들은 관심은 있지
만 , 선 듯 입문하지 못하고 있다. 절대 그렇지 않으니 걱정하
지 말기 바란다. 꼭 알아야 할 한자(漢字)는 고작 27자에 불과
하다.

다음과 같다.

 1. 오행(五行)―목(木) 화(火) 토(土) 금(金) 수(水)―5자

 2. 갑(甲) 을(乙) 병(丙) 정(丁) 무(戊) 기(己) 경(庚) 신
(辛) 임(壬) 계(癸)―10자

 3. 자(子) 축(丑) 인(寅) 묘(卯) 진(辰) 사(巳) 오(午) 미
(未) 신(申) 유(酉) 술(戌) 해(亥)―12자…….

합하여 모두 27자이다. 이것만 알면 된다.

본 편역서의 특징

1. 본문에 나오는 어려운 한자 용어들을 합당한 우리말로 거의 대부분 바꿔 표기하였으며 용어의 해석상 부득이한 경우에 한하여 괄호 안에 해당 한자를 써 넣었다.

2. 명리학을 이해하는데 그다지 중요하지 않은 긴 이야기들과 설명들은 필요에 따라 과감하게 요약하였다. 공부하는 사람들로 하여금 중요 포인트를 몹시 흐리게 할 수도 있기 때문이었다. 사실 집중이 흐려지고 무슨 말인지 이해하기 어려워진다. 많은 사람들이 적천수의 중요함을 이야기하면서도 어떤 내용에서는 무슨 말인지 잘 이해할 수 없다고 하는 이유 중의 하나가 아닐까 생각하였기 때문이다.

3. 원문을 해석하고 설명한 '임철초 주' 다음에 책의 차례 총 63항목 중 1에서 36항목까지 설명이 더 필요하다고 느껴, 모두 '옮긴이 주'를 신설하여 충실하게 보충설명을 하였다.

4. 명리학의 초급 수준을 이해하는 정도이면 누구나 독학으로도 이 책을 공부할 수 있도록, '임철초 주'의 내용 대부분과 500개가 넘는 사주예문 설명을 간략한 문장의 우리말로 아주 이해하기 쉽게 옮겼다.

5. 처음 사주부터 끝 사주까지 그 사주의 '용신'이 무엇인지 쉽게 찾을 수 있게 심혈을 쏟았다. 명리학의 핵심은 '용신찾기'이기 때문이다.

기해년 유월, 개인 서재에서 양실

| 차 례 |

통 신 론 (通 神 論)

육 친 론 (六 親 論)

통 신 론 (通 神 論)

1. 천 도 (天 道)

[원문(原文)]

欲識三元萬法宗 先觀帝載與神功
욕식삼원만법종 선관제재여신공

[옮김]

  천지의 모든 법의 근본은 삼원(三元)이라 일컬으며, 이것이 무엇인지는 제재(帝載)와 신공(神功)을 살펴야 알 수 있다.

[원문 주]

  음양이 하늘에 있다. 목이 봄을 주재하고, 화가 여름을 주재한다. 금은 가을을 주재하고, 수가 겨울을 주재한다. 계(季)는 토가 주재하여 그 신공(神功)은 사시(四時)에 따라 나타난다. 명에서 천(天), 지(地), 인(人) 삼원(三元)의 이치는 이를 근본으로 삼은 것이다.

[임철초 주]

  삼원(三元) 중 첫째의 원을 천원(天元)이라하고 이것이 간(干)이된다. 둘째가 지원(地元)으로 지(支)가 되며, 셋째가 인원(人元)이된다. 한 사람이 세상에 태어날 때 저마다 다른 이 삼원을 갖게 되는데 이 바탕에서 그 사람 운명의 그릇이 형성된다고 했다.

[옮긴 이]

음양오행의 기(氣)가 근본이 되어 만물이 존재한다. 이 존재의 법칙은 불변한다. 누구도 이 기운의 작용을 변화시킬 수 없고 막을 수 없다. 지구에는 4계절이 있고, 계절이 바뀔 때마다 목, 화, 토, 금, 수 오행의 기운도 바뀐다. 즉 오행의 기운이 바뀜에 따라 계절이 바뀌는 것이다. 하나의 계절도 양의 계절과 음기가 작용하는 계절로 나누어진다. 오행 중 토(土)는 계절과 계절을 이어 주는 다리의 역할을 하는 기이다. 이 기운 역시 음양으로 나누어진다. 봄은 목의 기운이 작용하고, 여름은 화의 기운이, 가을은 금의 기운이, 겨울은 수의 기가 지배한다. 계절 즉, 대기의 변화에 따라 모든 만물은 흥망성쇠를 거듭하다 사멸된다. 그리고 새로운 것이 태어난다. 윤회, 회전, 반복이 대자연의 진리이다. 셋 다 같은 의미의 말이다. 이 이기론(理氣論)은 태극설(太極說)에서 유래되었다.

2. 지 도 (地 道)

[원문]

坤元合德機緘通　五氣偏全定吉凶

곤원합덕기함통　오기편전정길흉

[옮김]

 하늘과 땅 위 그리고 땅 아래 있는 기는 부단히 합과 배척을 일삼
는다. 이에 따라 만물에 길함과 흉함이 나타나게 된다. 적정하면 길
하고, 편향되면 흉하다.

[원문 주]

 땅에는 강함과 유함이 있다. 오행 간에는 생함과 극함이 있다. 하
늘은 덕을 합하여 기함(機緘)의 묘를 다하게 된다. 사람에게 부여된
기 역시 편전(偏全)되어 일정치 않다. 길흉(吉凶)은 이것에 의해 정해
진다.

[임철초 주]

 기의 상호 작용이 조화로움을 이루어야 한다. 배합과 배척의 상태
가 한쪽으로 치우치지 말고 온전함을 이루어야 한다. 이것이 길하고
흉함의 갈림길이다.

[옮긴 이]

 합할 때, 어떤 배합이 좋거나, 나쁜 것이 아니고, 중도를 유지해야
함을 거듭 강조하고 있다. 길하게 되느냐 흉하게 되느냐의 분기점이
되기 때문에 글자를 바꿔가며 강조하고 있는 것이다. 글자가 달라 마
치 다른 뜻이 있는 양, 오해하기 쉬울 정도다.

3. 인 도 (人 道)

[원문]

戴川履地人爲貴 順則吉兮凶則悖
대천리지인위귀 순즉길혜흉즉패

[옮김]

지구상의 모든 생명체 중에서 인간이 가장 귀한 존재이며, 타고
난 팔자가 오행상 순하게 펼쳐져 있으면 인생의 길이 길(吉)할 것이
고, 그렇지 않고 오행 상호 간에 질서가 없으면 패전하게 된다.

[원문 주]

우주의 모든 만물은 오행의 기로 형성되었다. 사람만이 오행의
기를 모두 갖추었다. 그래서 존귀한 것이다. 사람에게 길흉이 일정
치 않은 것은 오행의 순패(順悖)가 다르기 때문이다.

[임철초 주]

지구상에 존재하는 숱한 생명체 중에서 오행을 모두 갖추고 있는
존재는 인간밖에 없다. 그래서 만물의 영장이라 부르는 것이다. 그
렇다 해서 모두 행복하게 살아가게 된다는 보장은 없다. 왜 그런
가? 그건 타고난 사주팔자가 다르기 때문이다. 사주팔자 안에 어떻
게 살아가게 될 것이란 비밀이 담겨 있다. 저마다 인생길의 길흉이
같지 않은 것은 사주의 오행이 순(順)하냐, 패(悖)하냐의 정도가 다
르게 때문이다. 사주뿐만 아니라, 대운(大運)의 영향도 지대하게 받

는다. 귀한 사람의 사주팔자는 그 사주의 천간과 지지의 관계가 순하게 조직되어 있고, 어그러짐이 없다. 순이란 사주의 네 기둥이 서로 접속하여 생(生)하는 것이며, 패란 쓸데없이 충극(冲剋)되는 것이다. 이렇게 되면, 그 사람의 인생길에 흉한 여러 어려움이 따라 붙게 된다. 이것이 순패의 위력이며 기능이다. 사주는 천간과 지지로 구성되는데, 천간이 약하면 지지가 도와야 되고, 지지가 약하면 천간이 보호해 주어야 한다. 이것이 유정한 순기능으로 길함이 나타나게 된다. 그런데 반대로 약한 상태에 있는 천간을 지지가 오히려 극하고, 약한 지지를 천간이 보호해 주지 않으면, 무정하게 되어 길함이 없게 된다. 그 사람의 인생길이 어렵고 힘들어 진다. 예를 들어 보자. 천간의 목(木)일주가 약한 상태이면, 제일 두려운 것이 금(金)이 극하는 것인데, 다른 천간에 수(水)가 있어 금의 기를 설하여 목을 생(生)해 주거나, 지지에 수 오행이 있어 목 일주(日主)를 생해 주면 흉함이 사라지고, 길함이 있게 된다. 천간에 무기(戊己)토가 있고, 지지에 수(水)대신 진술축미(辰戌丑未)가 있어 이들이 금을 생하거나, 신유(申酉)금이 직접 금을 도우면, 목 일주는 지탱하기 어려워져 흉하게 될 수밖에 없다. 그래서 사주팔자의 8자리 오행글자는 상호간에 유통되고, 생화(生化)하는 것이 좋은 것이며, 또 오행이 한쪽으로 치우쳐 편고한 사주가 되면 역시 결함이 있는 사주가 되어 편안한 삶을 살아갈 수 없게 된다. 한(漢)나라 이래로 오랜 세월이 지나오는 동안 이러한 이치로 사주를 보면 어긋남이 없었다. 목 일주 사주를 예로 들었지만, 나머지 오행의 사주 일주도 같은 이치로 유추하면 된다.

[옮긴 이]

　한 사람의 사주가 귀한 사주냐 천한 사주냐의 기준은, 바로 그 사주를 구성하고 있는 오행들이 조화롭게 되어 중화를 이루고 있으면, 귀할 것이다. 중년까지는 지독한 가난에 시달리다가 그 사주의 일주가 필요로 하는 오행의 운으로 들어가면 좋은 기회가 나타나 바라던 일이 성사된다. 바로 이런 이치 때문이다. 그러나 노년에 다시 어려움이 있게 되고, 자식이 없고, 가정이 유지 될 수 없게 되었다면 대운이 흉한 오행의 운으로 바뀌었기 때문이다. 대운은 운명을 넘어 숙명에 가깝게 사주를 몰아붙인다. '대운(大運)'편에서 자세히 논하게 된다.

4. 지 명 (知 命)

[원문]

要與人間開聾聵 順逆之機須理會
요여인간개농외 순역지기수이회

[옮김]

순역(順逆)의 감추어진 기밀과 이치를 깨달아야 인간의 우매함에
서 벗어날 수 있다.

[원문 주]

명(命)을 모르면 귀머거리와 같고, 명(命)을 알아야 세상의 어두
움을 열 수 있다.

[임철초 주]

사주를 감정하면서 잘못된 이론을 끌어다 적용하는 경우가 허다
하다. 검증되지 않은 이론을 옳다고 주장하는 이들이 옛날부터 많이
있어 왔다. 잘못된 이론들이란, 기격(奇格), 신살(神殺), 도화, 납음
오행 등에서 비롯된 이론들을 말하지만, 그 외에도 많이 있다. 가장
중요한 일주의 왕약(旺弱)을 살펴보지 않고, 재성(財星)과 관성(官
星)은 무조건 좋은 것이고, 상관(傷官)과 칠살(七殺)은 무조건 나쁜
육친(六親)이라 해서는 안 된다. 또 여자의 사주에서 관성 중에 정
관(正官)만 좋다하고, 편관(偏官)이 있으면 일부종사를 하지 못하는
팔자라 단정 지어선 안 된다. 여자의 사주에서 관성을 남편으로 보는
것은 타당한 이론이다. 이것은 자평의 법에서 말한 이론이다. 하지만

여자의 사주에 관성이 필요한 사주라면 정, 편관을 가릴 필요가 없는 것이다. 정관만이 남편이고, 여기에 편관이 끼어 있으면 일부종사를 할 수 없는 팔자라니! 심히 중화의 이치를 모르는 아이 같은 소리다.

[옮긴 이]

벌써 육친법이 나오기 시작했다. 육친법은 차후에 자세히 설명된다. '임철초 주'에서 말하게 된 것은 모든 육친이 정(正), 편(偏)으로 나뉘는데. 나누어 부르는 명칭은 그다지 중요하지 않다는 것을 말하기 위함이었다. 물론 구체적으로 해석하면 의미와 기능이 약간 다르기는 하지만, 일주(日主)의 입장에서 필요한지 여부에서 볼 때는 정, 편관을 따로 해석해야하는 경우는 그리 흔치않다. 아직도 세상에서 일부이긴 하지만, 명리학이 마치 미신처럼 푸대접을 받고 있는 것은 위에서 말한 잘못된 이론들이 존재하고 쓰여지고 있기 때문이다. '적천수천미'가 널리 보급되어 하루 빨리 부정적 인식들이 해소되었으면 하는 마음 간절하다.

```
丙 庚 丁 辛
子 午 酉 卯

辛 壬 癸 甲 乙 丙
卯 辰 巳 午 未 申
```

[옮김]

　경금(庚金)일주가 가을 유(酉)금 월에 태어나 견고한 금(金)이다. 여기에 년간(年干) 신금(辛金)이 투관되어 견고함이 더해 졌다. 당연히 화(火)가 금을 단련해야한다. 지지(地支)가 자오묘유(子午卯酉) 4정방(四正方)을 이루고 있으니 일단 대격(大格)사주라 할만하다. 그러나 사주원국에 토(土)인수가 보이지 않으니 신왕(身旺)하다고는 볼 수 없다. 묘한 것은 묘유(卯酉)충(沖)이 되어 묘목(卯木)이 오화(午火)를 생(生)할 수 없게 되어 관성(官星)과의 관계가 불편하지 않게 되었다. 유정한 원국이 된 것이다. 이처럼 중화(中和)를 이루어 주니 용신(用神)은 화(火)관성이 되며 지지의 4정방과 대운의 힘으로 나라의 황제가 된 사주이다. 나라를 다스림에도 공사(共私)가 분명하고 정의로운 결단력과 포용력이 있어 백성과 모든 신하들이 복종하게 되었다.

```
戊 戊 庚 庚
午 辰 辰 申

丙 乙 甲 癸 壬 辛
戌 酉 申 未 午 巳
```

[옮김]

　이 사주는 '동중당'이란 사람의 사주다. 무토(戊土) 일주가 진(辰)월 오(午)시에 태어나 신왕한 일주(日主) 같지만 진월이 봄철이라 봄철의 토(土)는 허약하다. 같은 토라도 6월과 9월의 미술(未戌) 토와는 비교가 되지 않는다. 또 월(月)과 일(日)의 두 진토는 물을 머금고 있는 습한 토라서 화를 설기(洩氣)하여 금을 생활 수 있다. 소위 설화축수생금(洩火畜水生金)하는 토이다. 축토(丑土)역시 같다. 그래서 진축토는 습토이며 미술토는 조토(燥土)라 한다. 년월(年月)간에 두 경금(庚金)이 투출되어 있고 지지는 신진(申辰)합되어 수국(水局)을 이루고 있어 일주가 신약하게 되었다. 그래서 일주를 돕는 오화(午火)가 용신(用神)이 된다. 이렇게 되면 수(水)를 만나지 않아야 좋다. 신진이 합되어 수국(水局)이 되었다함은 신자진(申子辰)삼합(三合)수국(水局)을 말하며 여기에서 두 글자 합이 되니 반합(半合)이 된다. 두 합의 기능은 거의 같다. 삼합에 관한 것은 앞으로 지지 합국 편에 자세히 설명된다. 무토 일주와 오화 용신이 상(傷)하지 않아 좋게 중화를 이루어 주니 한 평생 고난과 흉함을 겪지 않고 오랜 세월을 행복하게 살았으며 자수(子水)대운에 신자진(申子辰)이란 완전한 수국을 이루니 80세에 세상을 하직했다.

```
庚 甲 壬 壬
午 寅 寅 辰

戊 丁 丙 乙 甲 癸
申 未 午 巳 辰 卯
```

[옮김]

'왕 씨' 성을 가진 같은 마을에 사는 사람의 사주로 꽤나 명리를 안다고 하는 사람들이 이 사주를 신왕하다 했고 그래서 관성이 약한 편이지만 경금(庚金)관성을 용신하여야 한다고 말했다. 일주가 신왕하다고 한 말은 맞다. 갑목(甲木) 일주(日主)가 인월(寅月)에 태어나 금(金)으로 재제하여 쓸모 있는 재목으로 삼아야 한다는 말이 맞는 것 같았지만, 이 사람은 30살이 넘도록 공부할 환경이 못 되었고 집안의 가산도 점차 쇠퇴하였다. 왜 그랬을까 갑목(甲木)일주가 월과 일지에 두 인목을 두고 년간(年干)과 월간(月干) 두 임수(壬水)가 투출하여 일주를 생해 주고 진토(辰土)또한 목의 여기-목의 기운이 암장되어 있다-가 있어 이러한 진토는 금을 생활 수 없고 또한 경(庚)금은 오화(午火)불 위에 앉아 힘이 없어 큰 나무를 다룰 수 없다. 일주가 적당히 신왕 할 때 관성으로 다루는 것이지 이처럼 태왕하면 관성을 용신할 수 없는 것이다. 이때는 일주의 왕(旺)한 기운을 설기해야 한다. 일주의 용신이 식신상관(食神傷官)일 때는 살아가면서 명예나 관직을 바라지 말고 사업을 하여 재물을 모아야 한다. 용신이 어떠하냐에 따라 삶의 방향이 달라져야 성공할 수 있는 것이다. 병오(丙午)운에 접어들면서 큰 재물을 모으게 된 사주이다. 만약 이 사람이 출세하기 위하여 책상에 앉아 공부를 고집하였다면 인생을 망쳤을 것이다. 삶은 오직 용신에 따라 지평을 찾아 가야한다.

```
辛 癸 甲 癸
酉 亥 子 酉

戊 己 庚 辛 壬 癸
午 未 申 酉 戌 亥
```

[옮김]

이 사주는 성씨(姓氏)는 알 수 없는 복건 지방 사람이다. 내가 이
사주를 경오(庚午)년에 받아 보고 금수(金水)운으로 향하면 좋겠지만
화토(火土)운으로 흐르면 어려움이 닥칠 것이라 말했다. 그런데 이
사주를 가져 온 사람이 말하길 "사주에 이미 금수가 넘쳐나는데 왜
금수 운이 좋단 말인가?"하고 내게 물었다. 이 말에 나는 이 사람이
명리를 깊게 공부하지 않은 사람임을 금방 알 수 있었다. 사주가 신
왕하면 극(剋)하거나 설기하라고 명리 서(命理 書)에서 말하지 않는
가? 하고 나에게 재차 물었다. 내가 말하길 "나도 명리 서에 근거한
다. 나와 당신과는 견해 차이가 있다. 오행을 해석하는데 한가지만으
로 봐서는 안 되고 그 오묘한 진리를 넓게 찾아 봐야 한다."고 말해
주었다.

이 사주는 수(水)가 왕(旺)한데 금을 또 만나 그 기세가 넘쳐나니
갑목(甲木)일주가 수의 세력을 설기할 수 없고 차라리 그 세력에 따
라가 주어야 후환이 없게 된다. 길한 것이다. 초년 계해(癸亥)운을
만나 길하였으나 곧 이어 임술(壬戌)운에는 임수가 뿌리가 없고 술
토(戌土)가 수세(水勢)를 극하니 고난을 겪게 되었다. 그러나 신유
(辛酉) 경신(庚申)운에는 재물이 넉넉해 졌고 하는 일들이 잘 풀렸
다. 기미(己未), 무오(戊午)운을 만나자 몇 십 년간 쌓은 기반이 무

너지고 아내와 자식까지 잘못되고 그야말로 고독한 신세가 되었다. 서(書)에서 말하길 넘치는 곤륜 수(水)는 그 흐름을 막으려 해서는 안 되고 오로지 순응해야 마땅하다 하였다. 이처럼 순역(順逆)의 이치는 오묘하다. 잘 살펴야 한다.

5. 이 기 (理 氣)

[원문]

理承氣行豈有常 進兮退兮宜抑楊
이승기행기유상 진혜퇴혜의억양

[옮김]

　이(理)는 보이지 않지만 우주를 지배하는 기운을 말하는 것으로 태초에 무극(無極)상태의 우주가 태극(太極)을 맞게 되고 이 태극에서 음양의 기가 흘러나와 그 기가 끊임없이 상호작용을 하면서 완전한 우주가 형성되었다고 한다. 이를 이(理)라 한다. 음양의 성질 즉 이(理)의 성질은 앞으로 나아가지만 나아감이 극에 달하면 다시 약해지기 시작한다. 그러다 약함이 극에 달하면 다시 강해지기 시작한다.

[원문 주]

　열리고 닫히고, 오고 가는 모든 것은 모두 다 기의 작용이다. 다시 말해 음양의 운동인 것이다. 음양의 이(理)는 그 사이에서 그것들을 주관하며 존재한다. 기가 운행을 시작하여 앞으로 나아가고 그 나아감이 극점에 달하면 쇠퇴하기 시작하는데 이러한 물리적 모습을 물상에 비유하면 3월 갑목의 체성과 같다. 기의 운행이 왕성하면 쇠퇴해지기 시작하고 쇠퇴가 극점에 달하면 다시 왕해진다. 이와 같은 기의 진퇴의 본성을 알아야 명을 말할 수 있다.

[임철초 주]

우주 즉 이기의 세계는 오직 진퇴만이 진리이고 그 작용만이 존재함을 알아야 한다. 다른 말로 표현하면 생멸(生滅)의 이치인 것이다. 기는 포태법(胞胎法)의 장생(長生)지에서는 왕성하고 사절(死絕)지에 이르면 쇠약해지니 이것이 이기의 진퇴의 이치이다. 이 원리를 완전히 깨달아야 한다. 오행의 변화 역시 이러한 이치 안에서 움직이는 것으로 오행이 왕상휴수(旺相休囚)로 변화하는 것은 4계절의 변화와 맞물려 함께하는 것이며 지금부터 장차 다가오는 것을 상(相)이라 하고, 더 나아가 계절의 중심에 이르면 왕(旺)이 되며, 이 기간이 지나면 쇠퇴하기 시작하니 휴(休)라 하고, 완전히 약해지면 수(囚)에 들었다 한다. 기가 왕상휴수 되는 이치를 알아야 기의 진퇴와 변화하는 시기를 알 수 있는 것이다. 사주에서 용신은 왕상함이 좋고 흉신인 기신(忌神)은 휴수되어야 좋은 것이다. 상은 왕보다 그 작용이 더 묘하다. 왜냐하면 왕성하면 곧 쇠퇴해지기 시작하여 약해지지만 상의 상태는 기가 성(盛)해지는 과정에 있기 때문이다. 휴는 한계에 이르면 수의 상태가 되지만 동시에 이때가 되면 다시 생성되는 과정을 밟게 된다. 그러나 휴는 쇠퇴하는 시작 시점이기 때문에 빨리 회복되기 어렵고 그래서 차라리 수가 더 미묘한 기틀을 갖고 있는 것이다. 이것이 이기법 진퇴의 법칙이다. 다음 두 사주를 통하여 진퇴의 차이가 어떤 것인지 살펴보자.

[옮긴 이]

이(理)의 본성은 반복 운동이다. 윤회의 법칙이 이(理)의 세계를 지배한다고 볼 수도 있다. 반대로 말해도 상관없다. 기(氣)는 오직 이 운동만을 계속할 뿐이다. 그러면서 스스로 깨끗이 정화한다. 깊은 대지(大地)와 깊은 바닷물이 모든 것을 정화하며 새로워지는 것도, 모든 물질의 성질도 모두가 이(理)의 세계 안에 있기 때문에 원래의 본성에 회기 한다. 기(氣)의 진퇴양상뿐 아니라 이(理)의 개념을 포괄적으로 이해해야 명리를 깊게 볼 수 있다.

```
壬 甲 庚 丁
申 辰 戌 亥

甲 乙 丙 丁 戊 己
辰 巳 午 未 申 酉
```

[옮김]

이 사주는 갑목(甲木)일주가 술(戌)월에 태어나 가을 끝 월인지라 휴수됨이 한계에 달했고 월간(月干) 경금(庚金)관성은 반대로 제철을 만나 생(生)함을 받고 있으니 일주를 멋대로 극하고 있다. 이런 경금(庚金)을 정화(丁火)가 상대하기란 대단히 어렵다. 경금(庚金)은 진(辰)토까지 경금(庚金)을 생하고 있어 일주가 신약한 것처럼 보인다. 그러나 9월 갑(甲)목은 진기(進氣)의 시점에 있다는 점과 시간의 임(壬)수가 일주를 가까이서 생해주고 있어 멀리 떨어진 정화가 상해를 입지 않고 있다. 정화 자체만은 약하지만 월지 술(戌)토에 근(根)하고 있다. 술토(戌土)가 월령에 있어 정화(丁火)가 술(戌)중 정화(丁火)에 뿌리하고 갑목(甲木)이 진(辰)중 을목에 뿌리하고 있다. 천간은 극함과 생함이 하나 씩 있지만 지지는 해(亥)수 장생을 만나 전체적으로 볼 때 유정함이 우세하여 정화(丁火) 용신운에 과거에 합격하고 지위가 계속 올랐다. 대운이 계속 용신 운으로 흘러 관운이 좋았고 모든 것이 어려움 없이 풍족했다.

```
壬 甲 庚 乙
申 戌 辰 亥

甲 乙 丙 丁 戊 己
戌 亥 子 丑 寅 卯
```

[옮김]

　이 사주는 먼저의 사주와 간지의 구성이 비슷하여 을목(乙木)겁재
가 경금(庚金) 관성과 합이 되어 갑 일주를 극하지 않게 되니 언뜻
더 좋다고 말할 수도 있다. 그러나 먼저의 사주는 벼슬이 높게 올
라갔는데 이 사주는 벼슬을 하지 못했다. 왜 그런가? 그 이유는 경
금(庚)이 을(乙)목과 합이 되면 갑 일주 극함을 잃어버리는 것이 아
니라, 오히려 힘이 세신 경(庚)금이 더욱 세차게 일주를 극한다는
사실을 알아야 한다. 일주가 더욱 괴롭게 된다. 또 먼저의 사주는
갑(甲)일주가 진(辰)토에 뿌리하고 있지만 이 사주는 술(戌)토에 앉
아 뿌리를 내릴 수 없다. 조열한 토는 목이 의지할 수 없다. 또 전
의 사주는 신진(申辰)이 합수(合水)가 되는데 이 사주는 신술(申戌)
이 금(金)관성을 돕는 입장이 되어 있고 먼저 사주는 경금(庚金)이
쇠퇴하는 시기에 있는데 이 사주는 기운이 나아가고 갑(甲)목 일주
는 쇠퇴하는 시기에 있다. 두 사주는 오로지 기(氣)의 진퇴의 문제
로 많은 차이가 있는 사주이다. 기의 진퇴에서 일어나는 이치를 알
아야 사주를 정확히 감정하여 길흉화복(吉凶禍福)의 시기에 대처할
수 있다.

6. 배 합 (配合)

[원문]

配合干支仔細祥　定人禍福與災祥
배합간지자세상 정인화복여재상

[옮김]

그 사람에게 닥칠 길흉화복은 그 사람 사주의 천간과 지지가 어떤 배합을 이루고 있느냐를 살펴보면 알 수 있다.

[원문 주]

사주를 구성하는 천간과 지지의 배합관계와 기가 진퇴하는 모습을 자세히 살펴보면 사주의 길흉화복을 판단할 수 있다.

[임철초 주]

간지(干支)의 배합관계는 역시 올바른 이론으로 봐야 한다. 이 배합관계가 어떤지를 무시하고 이상한 격국론이나 신살론등으로 사주를 감정하면 잘못된 것이다. 명리는 그 중심이 용신(用神)에 있으니 일주의 왕약(旺弱)과 용신과 기신(忌神)이 어느 자리에 어떤 모습으로 있는지 자세히 살펴야 한다. 이런 이치를 제쳐놓고 격국론 신살론 등으로 사주를 논해서는 사주의 감정이 잘못된다. 하나도 맞지 않는다. 명리의 핵심은 용신이다. 재성(財), 관성(官星), 인수(印綬), 식상(食傷), 비겁(比劫) 등 이름에 관계없다. 어느 것도 용신이 될 수 있다. 용신의 명칭이 좋다 한다든지 이름이 나쁘다고 좋지 않다고 생각하면 안 된다. 일주(日主)의 왕약과 용신과 기신(忌神)의 상태가 어떤지 살펴야 한다. 용신은 돕고 기신은 억제하고 운이 어떻게 향해 가는지 보면 길흉의 감정에 오차가 없다.

[옮긴 이]

간지의 배합 법에서만은 다행히 별다른 사견(斜見)이 나돌지 않는다. 다행한 현상이다. '임철초 주'에서 염려한 신살론이나 이상한 격국론이 끼어들 여지가 없는 항목이라 그렇게 된 것 같다. 다만 문제는 잘못된 이론을 주장하는 사람들이 그쪽 이론에 치중하느라 이쪽을 중하게 여기지 않는데 문제가 있다. 거듭되는 말이지만 사주는 먼저 일주의 왕약을 살피고 용신을 찾아내 도와주고 대운이 어느 운으로 흘러가는지 살피는 것이 중요하다. 일주의 왕 약에 간지의 배합이 지대한 영향을 미치기 때문에 처음 생각했던 용신도 바뀔 수 있다. '임철초 주'에서 말한 재성, 관성, 인수, 식상, 비겁 등은 육친법((六親法)에서 나오는 명칭들이다. 뒤에 자세히 설명되는 항목이 있다. 육친법도 별다른 이견(異見)이 없다. 다만 어떤 명칭의 용신이 좋다고 하는 것만은 옳지 않다. 용신은 명칭에 관계없이 올바르게만 찾으면 된다.

壬	庚	戊	甲
午	申	辰	子

甲	癸	壬	辛	庚	己
戌	酉	申	未	午	巳

[옮김]

경금(庚金) 일주가 봄의 마지막 달에 출생했다. 사주 천간에 갑무경(甲戊庚) 삼기(三奇)가 투간(透干) 되고 지지는 신자진(申子辰) 수국(水局)을 이루고저 오화(午火)를 충(沖)하지 않아 관성을 쓸 수 있어 귀하게 되는 사주라 할 수 있을 것이다. 하지만 이렇게 보는 것은 잘못이다. 수(水)는 계절적으로 휴수한 때이므로 화(火)관성을 사용할 수 있다고 보는 것은 위험하다. 지지가 신자진 수국을 이루어 왕성해져 화의 힘이 현격히 위축되어 관성을 용신할 수 없는 지경이되었다. 목과 화를 소통시켜 줄 수 있는 년간(年干) 갑목(甲木)을 살펴보자. 무토(戊土)를 극하여 토로부터 수를 보호하면서 수를 설(洩)하여 화를 생하니 바람직한 역할을 하는 듯 보이지만, 원국(原局)전체의 상황을 보면 갑목(甲木)의 역할은 대단치 않다. 무토를 억제하기가 어렵다. 운(運)이 갑목(甲木)의 휴수지 서남방으로 행하면 더욱그렇다. 이 사주는 부모의 덕을 받는다 해도 한 번 패하면 재기하기어렵고 가정의 안녕도 어렵다. 삼기격이니, 공귀격이니 하는 이상한이론으로 이 사주를 보면 행복한 사주라 할 것이나 조심해야 한다.

壬	乙	己	丙
午	丑	亥	子

乙	甲	癸	壬	辛	庚
巳	辰	卯	寅	丑	子

[옮김]

  이 사주는 언뜻 보면 천간에서 임수(壬水)와 병화(丙火)가 상충하
고 지지 또한 자수(子水)와 오화(午火)가 상충한다. 을목(乙木) 일주
는 겨울에 태어나 따뜻한 태양 볕이 필요한데 왕한 수세(水勢)로 인
하여 태양 볕이 간데없어 살아가기 어려운 사주로 보일 수 있다.
그러나 자세히 보면 수세(水勢)가 왕(旺)하기는 해도 금(金)이 없어
좋다. 화(火)는 계절적으로 휴수에 들었지만 토(土)를 생(生)해 주니
자식이 어미를 구해주는 아능구모(兒能救母)격이 되었다. 천간 임수
는 일주를 생하며 기토(己土)는 병화의 생을 받아 수를 억제하며 수
로부터 병화를 보호해 주니 쟁극(爭剋)하는 사주가 아님을 알 수 있
다. 지지가 해자축(亥子丑) 수국(水局)을 이루고 있지만 축(丑)토의
정기(正氣)인 기토가 투간되어 뿌리가 있다. 힘이 있는 것이다. 이
로써 충분히 수세(水勢)를 억제하고 거꾸로 병화를 보호할 수 있게
되니 유병득약(有病得藥)한 사주가 되었다. 상관(傷官)이 생해 주는
재성(財星)을 용신한다. 묘한 이치이다. 운이 동남방으로 행하여 보
통 집 안 출신이 과거에 합격하여 높은 벼슬을 하고 영화를 누렸
다. 두 사주에서 간지의 배합을 가볍게 봐선 안 됨을 알 수 있다.

7. 천 간 (天 干)

[원문]

五陽皆陽丙爲最 五陰皆陰癸爲至
오양개양병위최 오음개음계위지

[옮김]

　갑병무경임(甲丙戊庚壬)이 십(十)천간 중에서 양(陽)이며 그 중 병화가 진양(眞陽)이다. 을정기신계(乙丁己辛癸)는 음(陰)이며 그 중 계수(癸水)가 진음(眞陰)이다.

[원문 주]

　갑병무경임이 모두 양간이다. 그 중 병화는 양의 기운을 가장 많이 받아 양중의 양이 된다. 을정기신계는 모두 음간이다. 그 중 계수가 음의 기운을 가장 많이 받아 음중의 음이 된다.

[임철초 주]

　병화는 순양(純陽)의 화로 만물이 태어나고 자라게 하며 계수(癸水)는 순음(純陰)의 수로 만물을 적셔주고 마시게 한다. 또한 만물을 자라게 한다. 양(陽)이 극에 이르면 음(陰)이 시작되고 음이 극에 이르면 양이 시작된다. 병이 신(辛)을 만나면 수가 되고 계수가 무토를 만나면 화(火)가 된다. 음양은 서로 돕고 서로 견제하면서 만물이 태어나게 하고 성장시킨다. 한 오행이 음과 양으로 구분되지만 갑을(甲乙)은 같은 목(木)이고, 병정(丙丁)은 같은 화(火), 무기

(戊己)는 토(土), 경신(庚辛)은 금(金), 임계(壬癸)는 같은 수일뿐이다. 다만 양은 강하고 음은 순하다는 이미지 상의 의미를 넘지 말아야 한다. 어떤 이들은 대자연의 실재 현상물에 직접 비유하는 우(愚)를 곧잘 범하고 있다. 예를 들어 갑목(甲木)은 거목(巨木)이고 을목(乙木)은 화초이며, 병화는 태양, 정(丁)화는 촛불, 무토는 광야의 토이고 기토는 정원의 토, 경금(庚金)은 무쇠덩어리, 신금은 바늘, 임수는 큰 강물 계수는 이슬과 같다고 말한다. 타당한 이론이 아니다. 이런 오류를 범해서는 안 된다.

[옮긴 이]

사주는 어떤 사주도 천간은 십간(十干) 열 글자 중에서 지지는 12지지(十二地支)글자 중에서 찾아 쓰게 된다. 여덟 글자(八字)로 사주가 구성되면 일주에서 나머지 7자를 육친법(六親法)을 적용하여 명칭이 붙게 된다. 1, 아극자재성(我剋者財星)) 2, 극아자관성(剋我者官星)) 3,아생자식상(我生者食傷)) 4, 생아자인성(生我者印星)) 5, 비화자동류(比和者同類)) 이상이 육친법에 의한 명칭이다. 갑을(甲乙), 병정(丙丁), 무기(戊己), 경신(庚辛), 임계(壬癸)가 각기 음양으로 분류하면서도 동류(同類)라 했다. 동류가 무엇인가? 같은 부류란 말이 아닌가? 갑목(甲木)은 거목이고 을목(乙木)은 화초라 한다면 어떻게 동류가 될 수 있는가? 큰 나무와 화초라고, 태양과 촛불이라고, 대평원과 정원이라고, 무쇠 덩어리와 바늘이라고, 큰 강물과 이슬이라고 구분해서는 절대 안 된다. 잘못 전해 오는 이론에 조심해야 한다. 이 이론이 일주에 적용되기 십상이다. 사주 감정의 첫 단추가 잘못 끼워지는 격이다. 이점에 유의하여 '원문'과 '임철초 주'를 읽으며 참고 수준에 머물기 바란다.

五陽從氣不從勢　五陰從勢無情義
오양종기부종세 오음종세무정의

[옮김]

갑병무경임(甲丙戊庚壬) 양간(陽干)은 세력에 굴복하지 않고 을정기신계(乙丁己辛癸) 음간(陰干)은 세력에 쫓아가니 양(陽)과 같은 정의로움이 없다.

[원문 주]

갑병무경임 5양간은 모두 양강한 체성으로 이루어져 재살(財殺)의 세를 두려워하지 않는다. 그러나 을정기신계 5음간은 유순한 체성으로 이루어져, 목왕하면 목을 따르고, 화왕하면 화를 따르고, 토왕하면 토를 따르고, 금왕하면 금을 따르고, 수왕하면 수를 따른다. 상황에 따라 마음과 뜻을 둔다. 그 세가 쇠퇴함이 보이면 꺼린다. 음간의 이러한 성정은 여자의 성정에 비유할 수 있다.

[임철초 주]

다섯 양간(陽干)은 밖으로 뚜렷한 모습을 나타내 그 성정을 바로 볼 수 있지만 다섯 음간(陰干)은 안으로 움츠려 그 성정을 찾아보기 힘들다. 인간의 삶에서 의리를 저버리고 자신의 이익을 찾아 세력에 아부하는 사람은 음기의 성정 탓이고 불의에 맞서며 정의롭게 살아가는 사람은 양기의 성정을 타고 났기 때문이다. 그러나 양(陽)중에 음이 있고 음(陰)중에 양이 있다. 양중에 음이 있으면 표리가 부동하여 내면이 간사하고, 음중에 양이 있으면 내면은 인자하다.

甲木(갑목)

甲木參川脫胎要火　春不容金秋不容土

갑목참천탈태요화 춘불용금추불용토

火熾乘龍水宕騎虎　地潤天和植立千古

화치승용수탕기호 지윤천화식립천고

[옮김]

갑목(甲木)은 기세가 웅장하여 하늘에 치솟는다. 어릴 때와 성장할 때 모두 화(火)가 필요하다.

봄에 생한 갑목(甲木)은 금(金)을 허용치 않는다. 가을에 난 목은 토(土)를 허용하지 않는다. 화의 세가 치열할 때는 불에 타지 않게 진토에 앉고 수세가 범람하면 인목에 뿌리해야 부목되지 않고 천년을 버티는 목이 될 것이다.

[원문 주]

갑목(甲木)은 양목으로 하늘까지 치솟는 웅장한 기세가 있다. 화(火)는 목의 자(子)이다. 왕한 목은 그 기운을 설(洩)해주는 화가 있어야 더욱 발열한다. 갑목(甲木)은 봄에 생하면 금(金)을 업신여겨 금이 허용되지 않고 가을에 생하면 금을 돕는 토가 허용되지 않는다. 지지가 인오술(寅午戌) 화국을 이루고, 천간에 병정화가 있어 화(火)의 세가 치열하면 진토(辰土)에 앉아 있으면 화기(火氣)를 설할 수 있다. 신자진(申子辰) 수국(水局)을 이루고 수(水)의 세(勢)가 범람하면 인목(寅木)에 앉아 있으면 능히 수(水)의 세를 받아드릴 수 있다.

[임철초 주]

갑목(甲木)은 견고하여 기세가 있지만 정월 목은 어리고 추울 때는 화가 필요하다. 2월 목은 왕하다. 봄철은 목기(氣)가 왕성한 계절이니 금극목(金剋木)하지 못하고 금이 오히려 상처를 입는다. 여름은 화기(火氣)가 왕성한 계절이다. 원국에 인오술(寅午戌)이 있고 병정화(丙丁火)가 투간되어 있으면 설기가 지나치고 또한 자칫하면 불타게 되니 일지 진(辰)토에 앉아야 한다. 진토는 목기가 있으면서 습한 토이기 때문에 목을 한껏 보호한다. 가을 목은 금(金)의 기가 왕한 계절이라 살기 위해 잎을 떨어트리고 기운을 뿌리에 저장하며 숨는데, 토(土)는 극을 받게 된다. 겨울은 수기(水氣)가 왕성한 계절이다. 원국의 지지에 신자진(申子辰)이 있고 천간에 임계수(壬癸水)가 있으면 수가 범람하여 목이 떠내려 갈 염려가 있다. 이런 경우에는 일지(日支) 인목(寅木)에 앉아 있어야 물에 뜨지 않게 된다. 부목(浮木)되면 목은 토에 뿌리 내리지 못하고 떠내려간다. 금이 날카롭지 않고, 토가 조열하지 않고, 화가 염상하지 않으며, 수가 범람하지 않으면 갑목(甲木)은 천년을 버틸 수 있다.

[원문]

乙木(을목)

乙木雖柔刲羊解牛　懷丁抱丙跨鳳乘猴
을목수유규양해우　회정포병과봉승후

虛溼之地騎馬亦憂　藤蘿繫甲可春可秋
허습지지기마역우　등라계갑가춘가추

[옮김]

을목(乙木)은 유약하다. 하지만 축(丑)토와 미(未)토는 제압할 수 있다. 옆에 병화(丙火)나 정화(丁火)가 있으면 지지에 신유(申酉)금이 있어도 겁내지 않는다. 습한 계절에 태어나면 화가 있어도 걱정된다. 을목(乙木)은 넝쿨과 같은 성질이 있어 옆에 갑목(甲木)이 있으면 줄기 삼아 타고 올라 태양 빛을 보게 되니 가을철에 태어나도 두려워하지 않는다.

[원문 주]

을목(乙木)은 봄에 생하면 도리(桃李)와 같다. 여름에 나면 벼와 같다. 가을에 생하면 오동나무나 계수나무와 같다. 겨울에 태어나면 진귀한 꽃과 같지만, 축토나 미토를 깔고 있으면 축미토(丑未土)를 제압할 수 있다. 사주에 병정화(丙丁火)가 하나라도 있으면 금의 세가 왕성한 신유(申酉)월에 나도 두려워하지 않는다. 수의 세가 왕한 자월(子月)에 태어나고, 천간에 임계수(壬癸水)가 투출되어 있으면 비록 오화(午火)를 깔고 있다 해도 생기를 발영하기 어렵다. 그래서 축미월이 좋다. 갑(甲)과 인(寅)이 많이 보이면 형제간에 우애가 있다. 넝쿨이 큰 나무를 보면 감고 올라가 벌채를 두려워하지 않는다는 뜻이다.

[임철초 주]

을목(乙木)은 갑목(甲木)의 생기를 이은 목이다. 갑목(甲木)은 목의 기이며 을목(乙木)은 목의 질(質)이다. 을목(乙木)은 봄에는 복숭아나 자두와 같다. 약하여 금이 극하면 시든다. 여름에는 벼와 같다. 따라서 수의 자양을 받아 살아간다. 가을에는 오동나무나 계수나무와 같다. 그래서 화로 금을 극해야 한다. 겨울 목은 진귀한 꽃과 같다. 수토로 배양해야 한다. 을목(乙木)이 봄에 태어나면 화가 있어야 자란다. 여름 을목(乙木)은 수가 있어야한다. 건조한 땅을 윤태하게 해야 하기 때문이다. 가을 을목(乙木)은 화가 있어야 금이 두렵지 않고 겨울에 태어나면 태양이 추위를 녹여주어야 살아난다. 을목(乙木)이 미월이나 축월에 태어나면 미토는 목의 고(庫)이니 뿌리를 내릴 수 있고 축토는 습토이니 그런대로 유지된다. 을목(乙木)이 수기가 왕성한 겨울에 태어나면 화기가 있어도 술토나 미토가 왕한 수를 극해 주어야 한다. 또 갑목(甲木)이나 인목이 있으면 이들 목에 의지하여 살아갈 수 있다. 이 현상을 등라계갑이라 한다. 이와 같이 되면 봄에 태어나도 괜찮고 가을에 태어나도 괜찮다. 가춘가추(可春可秋)란 그런 뜻이다.

[원문]

丙火(병화)

丙火猛烈欺霜侮雪　能煆庚金逢辛反怯
병화맹열기상모설　능단경금봉신반겁

土衆成慈水猖顯節　虎馬犬鄕
토중성자수창현절　호마견향

甲木若來必當焚滅　一本作虎馬犬鄕甲來成滅
갑목약래필당분멸　일본작호마견향갑래성멸

성정이 맹렬한 병화는 서리와 눈(雪)을 얕보고 무쇠의 경금(庚金)도 녹여 단련시키지만 신금(辛金)은 무서워한다. 토를 보면 어미의 사랑을 나타내고, 수가 창궐하면 충절을 나타낸다. 인오술(寅午戌) 화국을 이루고 있는데 갑목(甲木)이 가세하면 모든 것을 태운다.

[원문 주]

병화(丙火)는 본성이 맹렬하여 가을을 무서워하지 않는다. 시릿발도 우습게 본다. 겨울도 두려워하지 않고 눈도 업신여긴다.

[임철초 주]

병화(丙火)는 뜨겁고 맹렬하여 서리나 눈을 우습게보며 얼음도 녹인다. 단단한 경금(庚金)을 녹여 쓸모 있는 연장을 만들 수 있다. 강폭한 것이 있으면 시행하여 다스릴 수 있다. 그러나 음(陰)인 신금(辛金)을 만나면 수(水)로 변모되니 제일 겁을 내지만 맹렬한 기세가 유순해져 기가 화평해 진다. 무기토(戊己土)가 많으면 자애로운 덕성이 생겨 아래 사람도 홀대하지 않는다. 범람하는 수세(水勢)에도 충절심이 있고 절도를 지킨다. 호마견향(虎馬犬鄕)이란 인오술(寅午戌) 화국을 말한 것으로 화의 세가 이미 지나치게 맹렬하여 목이 가까이 다가오면 모두 불타버린다는 뜻이다. 화기를 설하기 위해서는 기토(己土)가 있어야 하며, 불길에는 임수(壬水)가 있어야 한다. 성정을 유순하게 하려면 신금(辛金)이 있어야 한다. 기토(己土)는 습토여서 설할 수 있고, 술토(戌土)는 조토라 병화를 보면 말라버린다. 임수(壬水)는 맹렬한 화세를 제압할 수 있다. 하지만 계수는 병화(丙火)를 보면 말라버린다. 신금은 병화(丙火)와 합하면 수로 화하여 상제(相濟)의 공을 이룬다. 경금(庚金)은 강한 것이 강한 것을 만나 양립할 수 없다. 세상의 인정도 어찌 다르겠는가.

[원문]

丁火(정화)

丁火柔中內性昭融　抱乙而孝合壬而忠

정화유중내성소융　포을이효합임이충

旺而不烈衰而不窮　如有嫡母可秋可冬

왕이불렬쇠이불궁　여유적모가추가동

[옮김]

　정화(丁火)는 유순하여 안으로 융통성이 있으며 을목(乙木)을 보면 효도한다. 임수(壬水)와 합이 되면 충성하고, 왕하게 되어도 날뛰지 않고 약해져도 궁색함을 보이지 않는다. 어머니인 갑목(甲木)이 있으면 가을이나 겨울도 괜찮다.

[원문 주]

　화의 본성이 양이라 해도 정화(丁火)는 음에 속하여 그 부드러움에 중용(中庸)의 덕이 있다. 겉으로 유순하며 안으로 문명하고 내성(內性)이 밝고 융통하다. 을목(乙木)은 정화(丁火)의 적모(嫡母)는 아니다. 하지만 을목(乙木)이 신금(辛金)을 무서워할 때 을목(乙木)을 보호해 준다. 어머니에 대한 효성이 지극하다고 한 것이다. 병화(丙火)가 갑목(甲木)이 있을 때 태워버리거나 기토(己土)가 정화(丁火)의 빛을 어둡게 하는 것과는 사뭇 다르다. 임수(壬水)는 정화(丁火)의 정군(正君)이다.

임수(壬水)가 무토(戊土)를 두려워할 때 정화(丁火)와 합이 되면 무토 (戊土)를 밖으로 어루만져주는 것이 되어 임수(壬水)를 상하지 않게 하고, 안으로는 목으로 화하여 임수(壬水)가 항거하지 않게 하니 주군에 대한 충성심이 별다르다. 여름에 생하여도 불꽃을 돕지 않아 치열함에 이르지 않는다. 사주에서 정화(丁火) 일주가 가을이나 겨울에 생하였을 때 원국에 갑목(甲木)이 하나라도 있으면 의지하여 화기가 무궁할 것인데 이것은 성정이 유순하기 때문이다.

[임철초 주]

정화(丁火)는 어떤 이들이 말하듯 촛불이 아니다. 정화는 병화(丙火)에 비하여 내성이 유순하고 밝다. 을목(乙木) 인수(印綬)를 보면 신금 (辛金)에서 보호해주어 효도한다. 임수(壬水)와 합이 되면 목의 성질을 발휘하여 무토(戊土)가 임수를 범하지 못하게 한다. 정화의 본성은 유순하여 화세가 당권해도 화염을 충천시키지 아니하며 약해지는 시령을 만나도 기가 절멸되지 않는다. 갑을목(甲乙木)이나 인묘목(寅卯木)의 생함을 받으면 가을이나 겨울에 태어나도 금(金)이나 수(水)를 꺼리거나 두려워하지 않는다.

[원문]

戊土(무토)
戊土固重旣中且正　靜翕動闢萬物司命
무토고중기중차정　정흡동벽만물사명
水潤物生火燥物病　若在艮坤怕沖宜靜
수윤물생화조물병　약재간곤파충의정

[옮김]

무토(戊土)는 무겁고 단단하다. 중앙에 위치하며 성정이 바르다. 움직이지 않으면 기(氣)가 모이고 움직이면 만물의 생명체를 관장한다. 수가 적셔주면 만물이 자라나고 뜨거워지면 만물이 병들게 된다. 만약 간곤(艮坤=寅申)이 함께 있다면 충이 되어 두려워한다. 동(動)함이 없고 고요한 것이 마땅하다.

[원문 주]

무토(戊土)는 속설(俗說)에서 말하듯 담장이나 성곽이나 제방의 토가 아니다. 무토(戊土)는 기토(己土)에 비해 건조하고 강건하며 후중한 토로 기토(己土)의 발원지가 된다. 무토(戊土)는 중기(中氣)를 얻고 있어 덕이 있고 작용력이 매우 정대(正大)하다. 춘하절(春夏節)에는 만물을 생(生)한다. 추동절(秋冬節)에는 안에서 기(氣)를 닫아 만물을 완성시킨다. 그래서 무토(戊土)는 만물을 관장한다고 말한다. 무토(戊土)는 기(氣)가 양에 속하여 윤습함을 좋아하고 건조함을 싫어한다. 지지(地支)에 인목이 있으면 신금(辛金)을 꺼리고 신금(辛金) 위에 있으면 인목을 꺼린다. 인신충이 되어 무토(戊土)의 뿌리가 흔들리면 지도(地道)의 올바름이 그릇되기 때문이다. 그래서 무토(戊土)는 어느 경우에도 정(靜)해야 한다.

[임철초 주]

무토(戊土)는 양토(陽土)로 방위에서 중앙을 차지하고 동서남북 어느 쪽이나 바라볼 수 있기 때문에 편견이 없고 성정에 덕이 있어 바르다. 또한 그 기(氣)는 단단하고 무거우며 사시(四時)와 사방에 미치고 있다, 봄과 여름에는 기(氣)가 동하여 만물을 생한다. 가을에는 열매가 결실되게 한다. 겨울엔 동사(冬死)되지 않게 생명의 기(氣)를 밑으로 받아드리고 다음 해 봄에 다시 새싹이 돋아나게 한다. 무토 (戊土)는 기질이 후중하여 수로 윤습하게 해주어야 만물이 자란다. 가을과 겨울은 화기가 있어 주어야 한다. 습기가 지나치면 만물이 병들기 때문이다. 봄은 목기가 왕하여 토가 극을 받아 기가 허약해지기 쉬우므로 정(靜)한 상태가 유지되어야 마땅하다. 가을은 금기가 왕성하여 토가 설기됨이 많아 충을 두려워한다. 일주가 무인(戊寅)이나 무신(戊申)이면 충을 꺼리는 것이 그 때문이다. 진, 술, 축, 미월에 태어났다면 금으로 설기해주어야 수기가 유행하여 귀격이 될 수 있다. 이런 점은 기토(己土)도 같다. 무토(戊土)는 이처럼 만물의 생명체가 살아가는 근원이 되어주면서 또한 그것들이 죽으면 그것들의 시체를 묻어 자연 상태를 정화시켜 준다.

[원문]

己土(기토)

己土卑溼中正蓄藏　不愁木盛不畏水狂
기토비습중정축장　불수목성불외수광
火少火晦金多金光　若要物旺宜助宜幇
화소화회금다금광　약요물왕의조의방

[옮김]

기토(己土)는 중정(中正)한 성질을 가진 비습한 토이다. 만물을 축장할 수 있다. 그렇기에 목이 왕해도 걱정하지 않고 수가 많아도 두려워하지 않는다. 화는 기토(己土)에 의해 설기되어 어두워진다. 금은 많으면 오히려 빛을 발한다. 만물이 왕성해지려면 화토의 도움이 필요하다.

[원문 주]

　기토(己土)의 체성은 유약한 음토이다. 무토(戊土)의 지엽과 같다고 할 수 있으며 만물을 축장할 수 있다. 본성이 유한 토라서 목을 생할 수 있어 목이 극하는 대상이 아니다. 그래서 목이 왕해도 걱정하지 않고, 토가 심(深)하면 수도 용납되어 많은 수도 두려워하지 않는다. 또한 약한 화는 습한 토를 생할 수 없어 오히려 어두워진다. 습한 토는 금을 윤택하게 하니 많은 금은 빛을 발한다. 이 작용은 아무것도 하는 것이 없으면서도 일어나는 미묘한 이치인 것이다. 만물은 왕성해지려면 토의 세가 고중(固重)해야 한다. 하지만 따뜻한 화기도 있어야 한다. 그래서 의조의방(宜助宜幫)이라 한 것이다.

[임철초 주]

　중앙에 위치한 기토(己土)는 습한 토(土)이지만 바른 본성을 갖고 있다. 사방과 4계절에 작용하면서 만물을 성장시킨다. 목이 왕(旺)하여도 걱정하지 않는 것은 성정이 유하여 목이 굳이 극하지 않기 때문이다. 화가 적으면 화가 어두워지는데, 이 화는 정화를 말한다. 금이 많으면 오히려 빛을 발한다고 하는데, 이 금은 신금(辛金)을 말한다. 윤습한 토는 금을 생하고 윤택하게 할 수 있다. 수가 넘쳐도 무서워하지 않는다는 것은 수를 받아주는 성질이 있기 때문이다. 그러나 화는 기토(己土)가 설하여 화의 세력을 약화시킨다. 사주에 토가 많고 견고하고 병화(丙火)가 있다면 만물을 자생시킬 수 있어 의조의방이라 한 것이다.

庚金(경금)

庚金帶煞剛健爲最　得水而淸得火而銳

경금대살강건위최 득수이청득화이예

土潤則生土乾則脆　能嬴甲兄輸于乙妹

토윤즉생토건즉취 능영갑형수우을매

[옮김]

　경금(庚金)은 강력한 숙살(肅殺)의 성정을 지니고 있다. 음습한 토로부터는 생(生)함을 받고 화를 보면 단련된다. 경금(庚金)은 갑목(甲木)을 극(剋)할 수 있지만 그 자매인 을목(乙木)을 보면 오히려 합(合)이 되어 다정해 진다. 화를 보면 예리해진다.

[원문 주]

　경금은 그 체성이 숙살지기(肅殺之氣)를 띄고 있어 강건하다. 이 강건함이 수를 보면 기가 유통되어 깨끗해진다. 화를 보면 예리해진다. 수기를 띈 토는 만물을 생하지만 화기를 띈 토는 그 반대의 작용을 한다. 갑목이 강해도 경금에게는 극을 당한다. 그러나 을목은 유약해도 합이 되니 오히려 약해진다.

[임철초 주]

　경금(庚金)은 만물의 성장을 일단 멈추게 하고 생물의 몸체에서 겨울을 지나는데 필요하지 않는 것들을 숙살(肅殺)의 기(氣)로 제거한다. 수목에서 푸르던 잎들을 낙엽으로 물들여 땅에 떨어트린다. 그렇게 하여 겨울 동안 살아남게 돕는다. 성정이 참으로 강한 것이 경금이다. 봄철의 경금은 목(木)을 자르기엔 힘이 벅차다. 자칫하면 경금이 상처를 입을 수 있다. 목다금결(木多金缺)되는 현상이다. 여름철 경금은 인간의 세계에서 쇠가 용광로에서 제련되어 쓸모 있는 철(鐵)이 되듯이 깨끗하게 단련된다. 하지만 정화는 적대관계가 아니다. 봄과 여름에 생한 경금은 습토인 진축토를 만나면 상조되지만 술미토를 만나면 부서진다. 갑목은 경금의 적이기에 거침없이 극하지만 을목과는 합이 되어 유정한 관계가 된다. 이 경우에도 완전한 합이 되어야 그렇게 되고, 합화(合化)되지 않으면 경금이 약해진다. 잘 분별해야 한다. 가을철 경금은 만물을 숙살의 기로 다스린다. 경금이 임수(壬水)를 보면 살(殺)의 기운이 유통되어 보석과 같이 빛이 난다.

[원문]

辛金(신금)

辛金軟弱溫潤而淸　畏土之疊樂水之盈
신금연약온윤이청　외토지첩낙수지영
能伏社稷能球生靈　熱則喜母寒則喜丁
능부사직능구생영　열즉희모한즉희정

[옮김]

신금(辛金)은 성정이 유약하다. 따뜻하게 하고 윤택하게 해주어야 맑아진다. 토(土)를 거듭 만나면 생(生)함을 받는 게 아니고 토(土)에 묻힐까봐 두려움을 갖게 된다. 수가 많은 것은 좋아한다. 주변에 열기(熱氣)가 많으면 습토(濕土)에 의지하면 견딜 수 있다. 추운 계절에는 정화(丁火)를 반가워한다.

[원문 주]

신금(辛金)은 흔히 말하듯 주옥(朱玉)과 같은 보석을 뜻하는 금이 아니다. 성정이 맑고 온연(溫軟)하면서도 청윤(淸潤)한 음금(陰金)일 따름이다. 천간에 무기토(戊己土)가 많으면 묻힐까봐 두려워한다. 그러나 임계수(壬癸水)가 많은 것은 좋아한다. 수려해지기 때문이다. 병화(丙火)와 합이 되어 수가 되면 병화(丙火)를 복종시켜 사직을 세울 수 있으며 병화가 갑목(甲木)을 태우지 못하게 한다. 신금(辛金)이 여름에 태어나도 기토(己土)가 있으면 건재할 수 있고, 겨울에 태어나도 정화(丁火)만 있으면 견딜 수 있다. 정화(丁火) 대신 병화(丙火)가 있으면 건명(乾命)은 귀하지 못하거나 충성스럽지 못하다. 곤명(坤命)은 남편을 극하거나 화목하지 못하게 되니 반드시 정화(丁火)가 있어야 남녀 모두 귀하고 성정이 순하게 된다.

[임철초 주]

신금(辛金)이 무서워하는 것은 토(土)가 많을 때이다. 토(土)에 묻힐 위험이 있기 때문이다. 수(水)는 좋아한다. 수(水)로 인해 토(土)가 습한 토(土)가 되면 생함을 받을 수 있기 때문이다. 갑목(甲木)이 병화(丙火)에 타버릴 위험이 있을 때 신금(辛金)을 보면 병신(丙辛)이 합하여 화(化)한 수(水)가 갑목(甲木)을 화기(火氣)에서 구해준다. 신금(辛金)이 여름철에 태어나면 기토(己土)가 화를 설하여 신금(辛金)을 생해주어야 한다. 신금(辛金)이 겨울에 태어나면 정화(丁火)를 그리워한다. 신금(辛金)은 병화(丙火)를 두려워하지 않는다. 오히려 병화(丙火)가 두려워한다. 합화(合化)된 수(水)가 수극화(水剋火) 할 수 있기 때문이다.

[원문]

壬水(임수)

壬水通河能洩金氣　剛中之德周流不滯
임수통하능설금기　강중지덕주유불체

通根透癸沖天奔地　化則有情從則相濟
통근투계충천분지　화즉유정종즉상제

[옮김]

임수(壬水)는 능히 금기(金氣)를 설하고 멀리 은하에 닿을 수 있다. 강하면서 덕이 있어 막히지 않고 흐른다. 계수(癸水)가 투출하여 지지에 뿌리를 내려주면 그 기세가 하늘에 미친다. 정화(丁火)와 합화(合化)된 목이 유정하고, 만약 종(從)하여 따르면 상제(相濟)된다.

[원문 주]

임수(壬水)는 계수의 발원이며 곤륜(崑崙)의 수(水)이다. 임수의 귀숙지가 계수이며 따라서 계수는 부상지수(扶桑之水)다. 임수의 줄기는 나누어지고 합쳐지면서 쉬지 않고 흐른다. 그렇게 백천(百川)이 되며 우로(雨露)가 된다. 신(申)은 임수의 장생지이며 천기의 관문이고 천하(千河)의 입구이므로 서방의 금기를 설할 수 있다. 임수의 체성은 막히지 않는다. 지지에 신자진이 전부 있고 천간에 계수가 투출되어 있으면 그 기세를 막을 수 없다. 사주 원국의 사정이 이러한데 재관이 없다면 그 재앙은 막을 수 없다. 정임합화하여 목이 되면 정화를 생할 수 있어 유정하다고 할 수 있고, 병화를 제압할 수 있으며 정화의 사랑을 빼앗기지 않게 되므로 의리 있는 남편, 인자한 군주에 비유할 수 있다. 임수가 한 여름에 생하면 화토의 기에 우로가 생겨 상제(相濟)가 된다.

[임철초 주]

임수(壬水)는 양수(陽水)로 지지에 신자진(申子辰) 삼합국(三合局)을 이루고 있으면 날카로운 경금(庚金)의 숙살기를 능히 설기할 수 있다. 어떠한 강물에서도 막힘없이 흘러가며 멈추지 않는다. 지지에 삼합국이 있고 천간에 계수가 투출되면 어떤 토(土)의 세력도 그 흐름을 막지 못한다. 마치 황하의 수(水)와 같다. 정화를 만나 목(木)이 되면 병화(丙火)를 극하지 않고 오히려 화(火)를 생하게 된다. 그렇게 되면 유정한 관계가 될 수 있다. 임수(壬水)는 여름에 태어나도 신금(申金) 장생지(長生地)에 앉아 있으면 뜨거운 화기(火氣)를 제어할 수 있다. 목(木)이 화(火)에 불타는 것을 막아주며 토(土)가 조토(燥土)가 되어 초목이 죽게 되는 것을 막아 준다. 그러나 4, 5, 6월에 태어나 원국에 화토가 태왕하고 금수의 생조는 없고 왕한 화가 천간에도 투출되어 있다면 화로 종해야 하고 왕한 토가 천간에 투출되었다면 토로 종해야 한다. 병화는 임수를 제일 두려워한다. 그러나 임수도 무토(戊土)만은 두려워한다. 원국에 윤택한 기가 조화를 이루고 있으면 상제(相濟)의 공(功)이 있다.

[원문]

癸水(계수)

癸水至弱達于天津　得龍而運功化斯神
계수지약달우천진　득용이운공화사신
不愁火土不論庚辛　合戊見火化象斯眞
불수화토불논경신　합무견화화상사진

[옮김]

계수(癸水)는 성정이 유약하지만 하늘에 닿아있고 용을 만나 운행되면 그 공덕은 신명(神明)과 흡사하다. 화(火)와 토(土)의 세력을 걱정하지 않고 경신금(庚辛金)은 말할 것도 없다. 무토(戊土)를 만나 합화(合化)된 화가 또 화를 보게 되면 진정한 화상(化象)이 된다.

[원문 주]

계수(癸水)는 유약한 음수이며 약수(弱水)다. 하지만 하늘에 닿아 운행하니 구름과 비가 되어 만물을 윤택하게 할 수 있어 그 공덕과 조화가 신명(神明)과 같다. 사주의 간지에 목(木)이 있으면 수기(水氣)를 날라다 목(木)을 생하고 화(火)를 제압하며 토(土)를 윤택하게 하여 금(金)을 생하게 할 수 있다. 배합이 이러하면 귀한 사주가 될 수 있다. 화토(火土)가 많아도 두려워하지 않는다. 경금(庚金)에 생을 의지하지도 않는다. 무토(戊土)와 합화(合化)하고 병정화가 천간에 투출되었다면 쇠하거나 왕하거나 가을이나 겨울을 막론하고 모두 화(火)로 화(化)할 수 있어 가장 참되다.

[임철초 주]

계수(癸水)를 아침 이슬이라 논하는 것은 잘못된 이론이다. 순수한 음의 성정을 갖고 있을 뿐이다. 수(水)의 흐름이 유하며 정적이다. 진토(辰土)를 보게 되는 것이 용을 만난다는 말이다. 그러면 변화가 일어난다는 뜻이다. 진중(辰中) 계수가 뿌리이기 때문이다. 화토(火土)를 걱정하지 않는다는 것은 그것들이 많으면 다투지 않고 그 세력에 따른다는 말이며 경신금(庚辛金)은 논할 필요가 없다는 말은 금(金)이 많으면 수가 탁하게 되어 계수(癸水)의 맑음이 사라진다는 뜻이다. 화(火)나 토(土)의 세력이 지극히 왕해도 가을이나 겨울에 태어나고 지지에 진토(辰土)만 있으면 화토(火土)의 세력에 따라가지 않고 순수성을 유지한다. 그러나 발원지가 길어도 그 체성은 지극히 약하고 정적이다. 하지만 토(土)를 윤택하게 하고 금(金)을 자양하게 하여 만물을 생육시킨다. 진(辰)이 있으면 조화가 무궁하게 변한다. 용을 보면 변한다는 뜻인데 진토가 바로 용이다. 계수(癸水)가 화토(火土)를 근심하지 않는다는 것은 지극히 약한 탓에 화토(火土)를 많이 보면 즉시 종(從)하게 된다는 뜻이다. 경신금(庚辛金)을 논하지 않는다는 것은 약한 계수(癸水)이기 때문에 금(金)이 많으면 설할 수 없어 계수(癸水)가 구실을 할 수 없어 논할 필요가 없다는 뜻이다. 조열하고 후중한 무토(戊土)를 만나 합화하여 화(火)가 되고, 사주 원국에 병화(丙火)가 투출되어 있다면 화신(化神)을 인출할 수 있다. 이것이 진정한 화신(化神)이다. 그러나 계수(癸水)가 가을이나 겨울에 태어나고 진토(辰土)가 있으면, 병정화가 투출되었어도 종(從)하기 어렵다. 원국의 전체적인 배합관계를 잘 살펴야 한다.

8. 지 지 (地 支)

[원문]

陽支動且强　速達顯災詳
양지동차강 속달현재상
陰支靜且專　否泰每經年
음지정차전 부태매경년

[옮김]

　양지지(陽地支)는 동적이면서 강하다. 그러므로 길하거나 흉한 현상이 빠르게 일어나고, 음(陰) 지지는 정적이면서 단순하다. 그러므로 길하거나 흉한 결과를 해를 넘긴 후에야 알게 된다.

[원문 주]

　12지지에서 양지지(陽地支)는 자인진오신술(子寅辰午申戌)로 성정이 동적이다. 강건한 기세가 있어 대단히 그 작용이 빨라 흉함이든 길함이든 빠르게 나타난다. 음지지(陰地支)는 축묘사미유해(丑卯巳未酉亥)로 정적이며 단순한 기세를 갖고 있어 작용이 늦다. 따라서 좋거나 나쁜 결과 또한 늦게 나타난다.

[임철초 주]

　천간과 같이 지지도 음양으로 나뉜다. 천간은 10자(字)이나 지지는 두 자가 더 많은 12글자로 이뤄진다. 각 지지는 천간의 기운이 암장되어 있다. 이를 인원(人元)이라 한다. 지지는 천간과 달리 이치가 복잡하고 사용 또한 다양하게 변모한다. 원문에서 말하듯 양(陽)의 지지는 동적이라 작용력이 크며 반면 음(陰)의 지지는 정적이라 조용히 작용한다. 사주에서 양(陽)은 자인진오신술(子寅辰午申戌)로 하고, 축묘사미유해(丑卯巳未酉亥)를 음(陰)으로 한 것은 자(子)는 계(癸)를 따르고, 오(午)는 정(丁)을 따르니, 이것들은 본래는 양(陽)인데 음(陰)으로 쓰고 있는 것과 같다. 또 사(巳)는 병(丙)을 따르고, 해(亥)는 임(壬)을 따르니 본래 이것들은 음(陰)인데 양(陽)으로 쓰는 것과 같은 이치에서 구분한 것이다. 강유(剛柔)와 건순(健順)의 이치는 천간과 다름이 없지만 생극제화(生剋制化)의 이치는 천간과 달리 대단히 복잡하다. 왜냐하면 하나의 지지에는 둘이나 세 가지 천간의 오행이 암장되어 있기 때문이다. 하지만 정기(正氣)를 근본으로 한다. 예를 들어 인(寅)중에는 갑(甲)과 병(丙)이 같이 있지만 갑목(甲木)을 우선하고 나서 병화(丙火)를 고려한다는 뜻이다. 다른 지지들도 마찬가지다. 이런 법칙은 사주 원국뿐 아니라 대운도 마찬가지다.

[옮긴 이]

사주 명리에서 지지는 음양 분리에 따른 강약의 역할에 멈추지 않고 음 지지도 양의 지지에 못지않게 그 작용력이 클 때가 있다. 지지에는 천간에 없는 방합(方合)과 삼합(三合)이 되는 기능이 있다. 그렇게 되면 지지 3자(字)가 합으로 인하여 오행의 글자가 변하게 된다. 천간의 합은 3자(字)의 합이 없다. 영향력 면에서 비교가 되지 않는다. 예를 들어 인묘진(寅卯辰)1, 2, 3월이 목이 되는 경우가 방합(方合)이며, 해묘미(亥卯未) 세 글자가 삼합(三合)을 이루어도 목이 된다. 나머지 글자들도 방합(方合)과 삼합(三合)을 이루어 화금수(火金

水)가 된다. 또한 12지지는 각 지지마다 천간의 기(氣)를 암장하고 있다. 천간을 천원(天元), 지지는 지원(地元), 암장된 氣는 인원(人元)이라 한다. 이의 영향력도 무시하지 못한다. 삼합법에서는 두 글자가 모여도 반합으로 그 기능을 인정한다. 지지에 관하여는 차츰 더 자세히 설명되어 진다.

[원문]

生方怕動庫宜開　敗地逢沖子細推
생방파동고의개　패지봉충자세추

[옮김]

생방(生方)은 동(動)하는 것이 두렵고 고(庫)는 충하여 열어주어야 한다. 패지(敗地)의 충은 상황에 따라 길흉(吉凶)이 다를 수 있어 자세히 봐야 한다.

[원문 주]

사생방(四生方) 인신사해(寅申巳亥)는 충동을 꺼린다. 사고지(四庫地) 진술축미(辰戌丑未)는 충(冲)하여 열어 주는 것이 좋다. 자오묘유(子午卯酉)는 사패지(四敗地)다. 합(合)이 되어 있어도 충해 주어야 좋은 경우가 있다. 생지가 충이 되면 안 되는 것과는 다르다. 또 충 되어 있는 경우에도 합을 만나야 좋은 것도 있다. 열어 주어야 좋다고 보는 사고지(四庫地)와는 다르다. 사패지(四敗地) 자오묘유(子午卯酉)의 특성은 잘 살펴보아야 한다.

[임철초 주]

금수(金水)는 목화(木火)를 충하지만 목화(木火)는 금수(金水)를 충(冲)하지 못한다는 것은 일반적 원칙이다. 천간은 이 원칙에 따른다. 그렇지만 지지는 삼합(三合)과 방합(方合)으로 인하여 충(冲)의 일반적인 원칙이 크게 바뀔 수 있다. 따라서 목화(木火)도 금수(金水)를 극하는 경우가 있게 된다. 원문에서 말한 생지(生地)란 인신사해(寅申巳亥)를 말한다. 생방(生方)은 동(動)이 됨을 두려워한다고 했다. 동(動)의 현상이 나타나기 위해서는 먼저 충(冲)이 되어야 한다. 생지(生地)의 충(冲)은 사생결단을 한다. 그래서 두려운 것이다. 인신(寅申)충(冲)의 예를 보자. 신금(申金)에 암장된 경금(庚金)이 인중(寅中) 갑목(甲木)을 극하고 대신 인중(寅中) 병화(丙火)는 신중(申中) 경금(庚金)을 극할 수 있다. 또 신중(申中) 임수(壬水)는 인중(寅中) 병화(丙火)를 극할 수 있지 않겠는가. 원문에서 고(庫)는 열려야 한다고 했다. 열기 위해서는 충(冲)을 당해야 한다. 그래서 꼭 열려야 하는 것은 아니다. 충(冲)이 되면 좋은 경우와 나쁜 경우가 분명히 나타난다. 충(冲)이 모든 경우에 좋은 것이 아니다. 자오묘유(子午卯酉) 충(冲)은 자세히 봐야한다고 한 것은 사패지(四敗地)는 잡기가 섞이지 않고 깨끗하기 때문이다.

[옮긴 이]

명리의 지지 12글자는 인신사해 4생지와 자오묘유(子午卯酉) 4왕지, 진술축미(辰戌丑未) 4고지로 이루어진다. 먼저 원문에 오자(誤字)가 있는 것 같다. 사패(四敗)가 아니고 사왕(四旺)이 맞다고 사료된다. 왜냐하면 12포태(胞胎)법에서 인용된 명칭들인데 왕이 맞다. 삼합법 인오술(寅午戌) 신자진등에서도 오(午)와 자(子)를 왕으로 호칭하지 패로 부르지 않는다. 앞으로 나오는 사주 해석에서도 두어군데 분명히 잘못된 오자가 발견된다. 숨어서 손으로 쓴 필사본으로 전해져 내려온 고전(古典)이라 누군가의 손에서 한 두 글자 정도는 잘못 쓰여 질 수도 있다고 본다. 진술축미 4고지는 충(沖)하여 열어야 좋다고 한 표기도 잘못되었다고 본다. 이 항목에 역자는 임철초 선생의 의견과 일치한다. 고(庫)란 이름도 사실은 포태법에 없다. 본래의 명칭은 묘(墓)다. 살아 있는 사람의 운명에서 묘(墓)란 말은 써서는 안 된다. 그래서 대신 고(庫)라고 부르게 된 것으로 안다. 고(庫)는 곡식 창고이고 금은보화를 넣어 두는 금고를 말할 때 사용되는 글자이다. 이런 의미로 해석하였다면 마땅히 열어서 곡식과 돈을 꺼내 먹고 써야 한다. 그렇지만 진술축미는 그런 뜻의 지지가 아니다. 창고가 아니란 뜻이다. 방합에서 계절과 계절을 이어주는 계토(季土)이다. 이것이 옳은 명칭이다. 더 자세히는 진축(辰丑)은 습토이고 술미(戌未)는 열기가 있는 조토(燥土)이며 진술이 충(沖)이 되고 축미가 충(沖)이 된다. 형제 토(土)지만 둘 둘 간은 함께 있는 것을 용납하지 않는다. 사주 명리학의 대 법칙은 생지(生地), 왕지, 고지를 불문하고 일주에 필요한 것은 생조하고 필요치 않는 것은 제거하는 것이다. 지지는 혼자서 역할을 하는 경우와 합으로 인하여 자신의 성정을 버려야 하는 경우가 있다. 또 암장된 천간의 기를 살펴야 할 때도 있다. 그래서 천간의 해석과는 질적 양적 면에서 확실히 쉽지 않다. 지지에선 천간에 없는 포태법과 조후법이 적용되기도 한다. 이에 그치지 않는다. 지지의 해석은 결코 간단치 않다. 앞으로 예문의 사주 해석에서 보다 많은 설명이 서서히 전개된다.

```
癸 癸 壬 甲
亥 巳 申 寅

戊 丁 丙 乙 甲 癸
寅 丑 子 亥 戌 酉
```

[옮김]

　계수(癸水) 일주가 가을 신금(申金) 월에 태어났다. 신금(申金)은 수(水)의 장생이며 월령에 당령(當令)하여 일주를 생하고 있다. 수(水)가 간지에 거듭 있어 일주는 신왕하다. 년주 갑인(甲寅)은 수(水)를 설기하는 상관이지만, 가을 목(木)으로 계절적으로 휴수되어 약한 상태인데 바로 옆에서 신금(申金)의 충(冲)을 받고 있어 용신으로 되기엔 부족한 면이 있다. 여기에 일지 사화(巳火)까지 해수(亥水)의 충(冲)을 받고 있어 그로인해 아내를 셋이나 상처하고 자식도 두지 못했다. 더욱 초년 운이 수운으로 흐르니 가정 경제마저 파탄되었다. 다행히 무인(戊寅), 기묘(己卯) 목운을 만났다. 파탄 난 경제를 일으켜 생활의 어려움은 해소되었다. 그 다음 경진(庚辰)운을 만났다. 어려운 처지의 목용신이 더 이상 견딜 수 없게 되고 유(酉)년에 수(水)의 세력이 더 강해져 일지 사화마저 견딜 수 없게 되자 생을 마쳤다. 이 사주는 인목과 사화를 써야하는데 장생들의 충(冲)으로 말미암아 살아 있는 동안 인간적 물질적 고통을 함께 겪었다.

```
壬 甲 癸 癸
申 寅 亥 巳

丁 戊 己 庚 辛 壬
巳 午 未 申 酉 戌
```

[옮김]

이 사주는 목(木) 일주가 겨울에 태어나 조후(調候)가 필요하다. 겨울에 태어난 목(木)은 일단 화(火)가 필요하다. 그런데 사주 원국에 수(水)가 너무 많다. 화용신이 위축될 수밖에 없다. 토(土)가 구원자로 수(水)를 극해주어야 하는데 토(土)가 없어 아쉽다. 다행히 일지 인목이 월령 해수와 합목되어 년지 사화가 수(水)의 극을 받지 않고 오히려 합목된 목(木)으로부터 생함을 받게 되어 어려운 상황에서 기사회생하고 있다. 그러나 초년 운이 금운으로 흐르니 수(水)의 세력이 더 왕성해져 갖은 어려움을 겪게 되었고 중년이 지나 화운이 오자, 그제서 많은 재물을 모았고 자식도 4형제나 두었다. 이 사주의 묘함은 장생지의 충(沖)을 피하여 인해합목(寅亥合木)되어 해수가 목으로 변화된데 있다. 인수가 작용할 때 재성을 만나면 화(禍)가 많다. 하지만 재성을 쓰지 않아도 발복이 크다는 것을 알 수 있다.

```
戊 戊 丁 辛
午 子 酉 卯

辛 壬 癸 甲 乙 丙
卯 辰 巳 午 未 申
```

[옮김]

　토(土) 일주가 금(金) 상관(傷官)월에 태어나면 토금 상관격이라고 말들을 하는데 의미 없는 말일 뿐이다. 또한 이런 사주는 관성을 쓰지 않아야 한다는 말도 잘못된 말이다. 이 사주에서 관성은 묘(卯)목이다. 어떤 사주가 되었든 관성을 쓸 수도 있고 그렇지 않을 수도 있는 것이다. 이 사주는 화(火)용신 사주라 목관성은 희신이 된다. 목관성을 써야 된다. 오화(午火)가 자수(子水)에 충이 되어 목화가 함께 기세가 꺾이어 천간의 화가 외롭게 되었다. 다행히 천간에 수가 없어 정(丁)화인수가 보존되니 뜻한 데로 학업을 성취하지는 못했어도 글재주가 있었다. 어떤 사주도 일주와 월령만을 보고 용신이 무엇이라고 말해서는 안 된다. 이 사주에서 제일 안타까운 것은 묘목 관성이 멀리 연지(年支)에서 충을 받아 수(水)를 설하지 못하고 화용신을 돕지 못한 것이다. 상관(傷官)패인(佩印)사주는 용신과 희신이 목화일 경우에 금수(金水)가 보이면 마땅치 않다.

```
壬 戊 辛 辛
戌 辰 丑 未

乙 丙 丁 戊 己 庚
未 申 酉 戌 亥 子
```

[옮김]

이 사주는 무토(戊土) 일주가 지지에 진술축미(辰戌丑未) 사고(四庫)를 모두 깔고 있다. 그렇다고 좋은 것은 아니다. 무토(戊土) 일주에서 고(庫)는 단순한 비견 겁재일 뿐이다. 축토(丑土)겁재가 월령에 자리하여 신금(辛金)을 투출시키고 있는 것이 여간 다행스럽지 않다. 왕한 토(土)의 기운을 설해주고 있기 때문이다. 더욱 기쁜 것은 원국에 목화(木火)가 보이지 않고 있다는 것이다. 중년이 시작되는 유금(酉金)운에 국가의 시험에 합격하자, 더 큰 시험에 응시하여 큰 뜻을 이뤄보고 싶었지만 곧이어 화운이 닥쳐 청운의 뜻을 펼쳐보지 못한 사주가 되고 말았다.

```
己 辛 壬 戊
丑 未 戌 辰

戊 丁 丙 乙 甲 癸
辰 卯 寅 丑 子 亥
```

[옮김]

이 사주는 월간 임수(壬水)상관 말고는 모두가 토(土)인수로 이뤄
졌다. 토(土)가 금(金)을 생한다 해도 너무 많으면 금(金)이 묻히고
만다. 신금(辛金)일주가 매몰된 상태에 있다. 임수용신은 아무런 보호
를 받지 못하고 있다. 유일한 희망은 진미(辰未)중 을목(乙木)이 토
(土)로부터 임수용신을 보호해야 하는데 원국에 목(木)이 투출되지
않아 그 역량 발휘에 한계가 있다. 이런 사주를 편고(偏枯)한 사주라
한다. 안타까운 사주라는 뜻이다. 모든 것은 우선 천간에서 조화를
이루어 주고 용신이 힘이 있고, 그러고 편고(偏枯)함이 없기 위해서는
세운이 보조해야 한다.

[원문]

支神只以沖爲重　刑與穿兮動不動
지신지이충위중　형여천혜동부동

[옮김]

지지는 충(沖)을 중요하게 여긴다. 형(刑)과 천(穿)은 움직일 때와
움직이지 않을 때가 있으니 분별해야 한다.

[원문 주]

충(沖)은 상극과 사고(四庫)의 충(沖)을 말한다. 충(沖)이 되면 반드시 동(動)한다. 형(刑)과 천(穿)은 생합하는 경우도 있다. 그렇기에 동(動)하는 것과 동(動)하지 않는 차이가 있다.

[임철초 주]

사주 간지의 충(沖)은 좋은 경우와 나쁜 경우가 있다. 사고(四庫)의 충 또한 같다. 암장된 오행간의 충(沖)도 같다. 진중(辰中)에 암장된 을목(乙木)을 용신하려 하는데 술토와 충이 되어 술중 신금(辛金)이 진중 을목을 극하면 용신을 삼기 어렵다. 미중 정화와 축중 계수의 충도 같다. 정화는 용신으로 쓸 수 없게 된다. 이처럼 천간과 지지뿐만이 아니라 암장된 오행도 충을 당하면 용신이 되기 어렵다. 형(刑), 천(穿), 해(害)의 이론은 그릇된 이론이다. 논할 가치조차 없다. 한 가지 예를 보기로 하자. 해(亥)와 해(亥), 진(辰)과 진(辰), 유(酉)와 유(酉), 오(午)와 오(午)를 자형(自刑)이라 하고 자(子)와 묘(卯), 묘(卯)와 자(子)를 상형(相刑)이라고들 하는데, 먼저 말한 것들은 모두 동기(同氣)인데 어떻게 형이 되며 나중에 말한 것들은 수목(水木) 상생관계인데 이 또한 어떻게 형이 되나? 아주 그릇된 속설들이니 현혹되지 말아야 한다. 모든 오행간의 관계는 생극관계로 살펴보는 것이 바른 이론이다. 파(破)역시 해(害)가 아니면 형(刑)이라 한 것도 역시 기준으로 삼을 것이 아니다. 이런 이론들은 지워버리는 것이 옳다.

[옮긴 이]

임철초 선생의 주장에 전적으로 동감이다. 사주 간지의 오행은 충합과 생극(生剋)관계로 살피는 것이 정론이 되어야 한다. 네 기둥 여덟 글자의 관계를 살펴보는 것도 어려운데 여기에 기상천외한 잡다한 속론들 까지 끼어들면 명리 공부는 처음부터 아득해 지고 머리가 아파 온다. '적천수천미' 야말로 오랜 세월 동안 오직 정론에 입각하여 전해지고 있다. 유일한 명리학 고전이라 생각한다. 사주를 배우는 사람은 처음부터 이 책을 가까이 해야 할 것이다.

```
癸 壬 辛 丙
卯 子 卯 子

丁 丙 乙 甲 癸 壬
酉 申 未 午 巳 辰
```

[옮김]

임수 일주가 년과 일의 지지에 양인(陽刃)을 두고 있다. 계수와 신금이 월, 시간에 투출돼 있다. 그리고 원국에 토가 없다. 병화가 절지(絶支)에 앉아 있으면서 신금과 합수되었는데, 기쁜 것은 묘목이 비겁(比劫)과 함께 완고한 양인의 기세를 변화시키고 있다. 사주가 유정하게 기가 유통되고 있어 사람의 인격이 원만하고 예절이 바르고 공손하며 충성심이 있는 사람이다. 갑목운에 목의 원신이 발하여 과거시험에 급제했고 오화운은 묘목이 수를 설하면서 화를 생해주어 을미(乙未)와 병화운(運)에 벼슬이 군수에 올랐고 그 뒤 관직이 평탄하게 이어졌다. 속설 데로 논한다면 이 사주는 무례지형(無禮之刑)인 자묘(子卯)가 있고 양인이 형(刑)이 되어 있으니 오만불손할 뿐 아니라 반드시 흉악한 일을 범할 사람이라 할 것이다.

```
丁 庚 乙 辛
亥 辰 未 未

己 庚 辛 壬 癸 甲
丑 寅 卯 辰 巳 午
```

[옮김]

경금(庚金)일주가 미월에 태어났다. 금의 기운으로 다가가는 월이다. 미토에 암장된 정화가 시간(時干)에 투출되어 용신이 되고 년간 신금을 극해주니 좋다. 미토는 여기(餘氣)로 화를 암장하고 진토는 을목을 암장하고 있어 재성과 관성이 모두 뿌리를 내렸고, 해수가 토를 윤택하게 하여 금을 생하고 또한 목을 길러주니 결함이 없는 사주가 되었다. 대운(大運)이 동남으로 흘러 금수(金水)는 약해지고 목화(木火)는 견실해져 일생을 통해 평안을 누렸고 험한 일은 겪지 않았다. 진대운 오년에 재관(財官)이 함께 힘을 얻어 향시(鄕試)에 합격되고 계속 높은 벼슬에 올랐으며 수명은 축(丑)대운까지 살았다.

```
丁 庚 乙 辛
丑 辰 未 丑

己 庚 辛 壬 癸 甲
丑 寅 卯 辰 巳 午
```

[옮김]

이 사주는 앞의 사주와 별 차이가 없으며 재관(財官)역시 뿌리가
있다. 차이점은 이 사주는 기(己)토가 사령(司令)하고, 앞의 사주는
정화(丁火)가 사령하고 있다는 점이다. 시지(時支) 축토가 정화를
무력하게 하여 금을 억제할 수 없게 되었다. 신금(辛金)이 멋대로
날뛰고 미중(未中) 을목을 충하니 재성과 관성이 있어도 무력하게
되니 무정한 사주가 되고 말았다. 초년 갑오(甲午)운은 부모의 덕으
로 잘 살았으나 계사운이 되자 상관과 비겁이 함께 왕성해져 부모
를 여의고 살림이 피폐해졌다. 임진운에 부인과 자식을 모두 잃고
가정이 파산되어 승려가 된 사주이다. 속설의 논리로 말하면 축미토
(丑未土)가 재관의 고(庫)를 충하여 열어주니 명리(名利)를 누렸다
할 것이다.

[원문]

暗沖暗會尤爲喜　彼沖我兮皆沖起
암충암회우위희 피충아혜개충기

[옮김]

  암장된 오행이 충이나 합이 되면 좋고, 충할 때 상대가 나를 충하는 것을 충기(沖起) 되었다고 한다.

[원문 주]

  암충(暗沖)이나 암합(暗合)은 사주 원국에 아무런 결함이 없는 경우라면 많이 취해도 상관없다. 암신은 충기(沖起)하거나 암신과의 회합은 명충(明沖)이나 명회(明會)보다 낮다. 오화가 자수의 충을 받을 때 인과 술이 있어 화국을 이루는 것이 그것이다. 피아의 구별에서 일주가 나이면 상대는 월령이고, 사주 원국이 나이면 상대는 대운이 된다. 내가 인(寅)이고 상대가 신(申)이면 신은 인을 극하니 상대가 나를 충하는 것이 되며, 내가 자이고 상대가 오면 자는 오를 극하니 내가 상대를 극하는 것이 되어 충기(沖起)에 해당한다.

[임철초 주]

  사주는 결함이 없는 사주보다 결함이 있는 사주가 훨씬 더 많다. 일주의 형편이 어떤지 살펴보지도 않고 먼저 지지가 충되는 현상만을 놓고 좋다거나 나쁘다고 결론 내는 것은 위험한 발상이다. 필요 이상으로 남아돌면 충거(沖去)해야겠지만 모자라는 데 충거하면 좋을 리가 없다. 사주 원국에 병(病)이 있으면 약신(藥神)이 자체 내에 있거나 약신운이 도와주면 병이 치유되어 건강이 유지되지만 그렇지 못하면 병고(病苦)에 시달리게 된다. 충(沖)이 되는 경우 피아의 구별이 있게 되고 합에도 왕래하는 이치가 있어 길흉이 달라진다. 피아를 구분할 때 년시(年時)는 상대방이고 일월(日月)을 나라고 한다든지 또 사주가 나이고 대운을 상대라고 구분할 필요는 없다. 오화(午火) 용신이 자수(子水)로부터 충을 당하면 상대가 나를 충하는 것인데, 하지만 내가 합이 되어 견딜 수 있으면 흉함이 없어진다. 반대로 용신이 자수(子水)인 경우를 보자. 오화(午火)와 충이 되면 내가 상대를 충하는 것인데. 만약 오화 기신(忌神)이 인이나 술토와 합이 되어 기세가 강해지면 내가 열세에 몰리게 되어 흉한 일을 겪게 된다. 내가 상대를 충하는 것을 충기(沖起)라 하고 상대가 나를 충하는 것을 불기(不起)라 한다. 수화(水火)의 충을 예로 들었지만 나머지도 이와 같은 이치로 추리하면 된다

[옮긴 이]

충합이 일어나는 경우 천간의 경우보다 지지에서 일어나는 것이 월등하게 영향력이 크다. 지지의 충은 지지에 그치지 않고 암장된 오행에 까지 영향을 미친다. 암장된 오행들은 천간의 뿌리가 된다. 지지의 충이 잘못되면 천간이란 지붕이 바로 날아가 버린다. 그 때문에 상대가 충해 오는지 내가 충하는 지가 중요한 게 아니다. 오직 필요 없이 해로운 것은 제거되어야 하지만 필요한 것은 보호 되어야 한다. 이 때문에 굳이 피아(彼我)를 구별할 필요가 없어진다. 한 사람의 사주팔자를 나와 상대로 오행을 구분하면 초학자는 정말 심각한 혼란에 빠지게 된다. 단지 용신(用神)인지, 기신(忌神)인지, 한신(閑神)인지 만을 구별하고 이해하면 된다.

```
庚 甲 乙 庚
午 寅 酉 戌

辛 庚 己 戊 丁 丙
卯 寅 丑 子 亥 戌
```

[옮김]

갑 일주가 가을 유(酉)월에 태어났다. 년, 시간에 경금(庚金) 관성
이 투간(透干) 되었고 지지는 인오술(寅午戌) 화국(火局)을 이루고
있다. 일주를 설하고 극하는 것이 함께 있다. 유금월(酉金月)에 태
어난 경금은 왕하여 화세와 맞부딪쳐 싸우게 하는 것 보다 덕(德)으
로 화(化)하는 것이 좋다. 이 말은 일주를 유익한 입장에 놓이게 한
다는 뜻이다. 관성과 싸우는 오행이 화인데 이렇게 두게 되면 일주
가 설기되어 좋지 않다. 그래서 지지에 화국(火局)을 이루고 있는
것이 바람직하지 않다. 자수(子水)운 진(辰)년에 천하의 인물이 된
것은 오화 왕신을 충거 하면서 금(金)관성을 설하여 일주를 보호해
주었기 때문이다.

```
丙 丁 癸 丁
午 卯 丑 巳

丁 戊 己 庚 辛 壬
未 申 酉 戌 亥 子
```

[옮김]

이 사주는 축토(丑土) 월령이 신금(辛金)을 암장하고 있어 유정하다. 겨울철에 태어난 정화(丁火)일주라 약한 것 같지만 비겁(比劫)이 거듭 있고 월간(月干) 계수(癸水)는 퇴기되는 계절에 있다. 그래서 일주를 억제하는 능력이 없다. 축토는 화를 설하나 희신(喜神)이 될 수 있다. 이 사주는 묘목이 결점으로 비겁을 생하고 있기 때문에 아내와 자식이 상(傷)했다. 초년 임자, 신해운은 원국의 화를 암충(暗沖)하니 부모덕이 있었다. 그러나 경술운에는 원국의 화와 암합하니 대단히 흉한 일을 당했고 집안의 경제가 파산되었다. 기유(己酉)운에는 사유축(巳酉丑) 금국(金局)을 이루어 병이 되는 묘목을 충거하니 큰 재물을 모았다. 이처럼 기신(忌神)을 암충하고 희신을 암합하면 발복하게 된다. 그 반대의 경우가 되면 흉한 일을 겪게 된다. 암충과 암합을 자세히 살펴야 한다.

```
辛 丙 辛 庚
卯 寅 巳 寅

丁 丙 乙 甲 癸 壬
亥 戌 酉 申 未 午
```

[옮김]

이 사주는 일주가 여름철 사화(巳火)월에 태어났다. 년지와 일지
에 인목이 두 개나 있다. 또 시지엔 묘목이 있다. 인(寅)중의 병화
가 투출되면서 월령에 사화가 있으니 경신금 재성은 뿌리가 없어
약한 상태에 있다. 초년 임계(壬癸)운은 금의 기운을 설하고 오미
(午未)운은 금을 극하니 일찍 부모가 돌아가셨다. 갑신(甲申)운에는
금이 득지(得支)하였지만 세운(歲運)이 목화년으로 이어져 아내와
자식까지 극하고 가산도 패하였다. 그러던 중 신금운으로 들어서자
인목을 충하고 허약한 원국의 경신(庚辛)이 득지하여 메말라 있던
초목이 단비를 만난 듯 발복되기 시작했다. 을유(乙酉)운까지 15년
간 큰 재산을 모았다. 재물이 마치 말을 타고 들어오는 듯 했다. 그
이유는 비견(比肩)이 재(財)를 다투고 자수(子水)가 화를 극하기보다
목을 생해 주었기 때문이다.

[원문]

旺者沖衰衰者拔 衰神沖旺旺神發
왕자충쇠쇠자발 쇠신충왕왕신발

[옮김]

왕한 것이 약한 것을 충하면 약한 것은 뿌리가 뽑힌다. 하지만 약한 것이 왕한 것을 충하면 왕한 것은 노발한다.

[원문 주]

자수(子水)가 왕하고 오화(午火)가 약할 때 자오가 충되면 오화가 뽑혀 제대로 설 수 없다. 반대로 자수가 약하고 오화가 왕할 때 자오가 충되면 발하여 복이 되니 나머지도 같은 이치로 유추하면 된다.

[임철초 주]

12지지의 상충은 각 지지에 암장된 천간들도 충극을 일으킨다. 사주 원국에서 일어나는 지지의 충은 명충(明沖)이라 하고, 대운이 충하는 것은 암충(暗沖)이라 한다. 시령(時令)을 얻은 지지는 왕하다. 오행의 글자에 구애받지 않는다. 왕한 지지가 약한 지지를 충하면 약한 지지는 뿌리가 뽑힌다. 그렇지만 약한 지지가 왕한 지지를 충하면 반대의 현상이 일어난다. 왕한 지지는 끄덕도 하지 않고 약한 지지를 향하여 극심하게 노여움을 나타낸다. 지지의 충에서 흉신을 충하면 길(吉)함이 있게 되지만 길신을 충하면 흉(凶)함이 일어난다. 흉신이 왕하여 노발(怒發)하면 화(禍)가 일어나고 길신(吉神)이 노발하면 화는 되지 않지만 복도 되지 않는다. 이때의 충은 하등 도움이 되지 않는다. 예를 들어 오화(午火)가 힘이 있는 경우, 자수(子水)라 해도 약한 경우라면 약한 것이 왕한 것을 충하였기에 오화는 상처를 입지 않는다. 화가 일주이고 희신 역시 오화라도, 지지에 신유해자축진 등이 있어 오화의 세가 약해 있을 때 자수가 충하면 왕한 것이 약한 것을 충하여 뿌리가 뽑힌다. 자오충을 예로 들었지만 다른 충도 같은 이치로 논하면 된다. 자오묘유 인신사해

8개의 충은 중요하고 진술축미의 충은 그 영향력이 약간은 경미하여 중요하게 생각하지 않는 경향이 있는데 소홀히 하면 안 된다. 자오충이 되면 자(子)중의 계수가 오(午)중의 정화를 충하는데, 오화가 시령을 얻어 왕하고 원국에 금이 없고 목이 있어 오화를 생하고 있다면, 오히려 오화가 자수를 충할 수 있다. 묘유충의 경우도 유(酉)중의 신금이 묘(卯)중의 을목을 충하는데, 묘목이 시령을 얻어 세가 왕하며, 사주에 화가 있어 금을 제하고 토가 없어 금이 생을 받지 못하고 있다면 묘목도 유금을 충할 수 있다. 인신(寅申)충의 경우 인(寅)중의 갑목과 병화가 신(申)중의 경금과 임수에 충을 당하게 된다. 하지만 인목이 월령이며 세가 왕하면 인목도 신금을 충할 수 있다. 위의 예는 목견금결(木見金缺)의 뜻이 있다. 사해충(巳亥冲)의 경우도 보자, 사중의 병화와 무토는 해중의 갑목과 임수로부터 충을 당한다. 하지만 사화가 월령이며 왕하고, 원국에 사화를 생하는 목이 있으면 사화 또한 해수를 충할 수 있다. 그러므로 순수한 오행상극의 이론만을 주장해서는 안 된다. 반드시 세가 왕한지 약한지를 보고 또 해구(解球)하는 것이 있는지의 유무도 살펴봐야 한다. 또한 원국의 뜻이 충을 억제하는 것인지, 돕고 있는지의 대세를 보면서 회기여부를 살펴보면 길흉이 저절로 밝혀진다. 진술축미는 형제의 충이라 부른다. 축장된 것과 간지에 투출되어 있는지를 본다. 간지에 없고 사령되지 않았다면 충이 되어도 해(害)가 없고 합이 되어 득용(得用)해도 상관없다.

[옮긴 이]

충은 사주에서 빈번하게 나타나며 또한 대단히 중요한 법칙이 적용된다. 충이란 마치 농사철에 농부가 논을 쟁기로 갈아 업는 것과 같다고 할 수 있다. 파종하기 전에 쟁기로 한 번 갈아 업는 작업은 꼭 필요하다. 하지만 그 시기 선택이 대단히 중요하다. 약자(弱者)냐 강자(强者)냐 하는 것보다 길신이 충당해서는 안 된다는 것이다. 이는 마치 파종을 끝마친 논밭을 갈아 엎는 것과 같은 현상이 된다. 반드시 충거(沖去)해야 하는 대상은 흉신일 때 복이 되는 것이다. 사주에서 용신이 무엇인지 찾고 나서야 이것들이 구별된다. 흉신이라 해도 함부로 건드릴 수 있는 것이 아니다. 왕한 세력을 유지하고 있는데 충을 하면 충의 효과를 보지 못한다. 오히려 노여움으로 인해 그 해(害)가 만만치 않다. 길신이든 흉신이든 왕한자를 충해서는 안 된다. 특히 왕신이 노발하면 그 사주의 당사자가 사망에 이를 수도 있다. 지지의 충을 살펴야 하는 이유가 한두 가지가 아니다. 상황마다 조금씩 다르기 때문에 사주를 보지 않고 다 말하기는 어렵다.

```
癸 丙 辛 戊
巳 午 酉 辰

丁 丙 乙 甲 癸 壬
卯 寅 丑 子 亥 戌
```

[옮김]

이 사주는 왕한 것이 약한 것을 충하여 패가망신한 사주이다. 원문에서 '왕자충쇠 쇠자발(旺者沖衰 衰者拔)'이라 했다. 여간 적절한 표현이 아닐 수 없다. 완전히 뿌리가 뽑힌다는 말이니까. 병화(丙火)일주는 가을이 한창인 유(酉)월에 태어났다. 여기에 무진(戊辰)토가 왕한자를 생해주고 있다. 일주는 사화(巳火)에 뿌리하고 있지만 계수(癸水)

로 인하여 상(傷)하고 있다. 목이 없는 사주에서 이렇게 되니 오화(午火)에 의지할 수밖에 없다. 자수(子水)운이 되자 사화는 더욱 시들고 오화마저 충거되는 상황에 이르렀다. 여기에 자진(子辰)이 합되고 유금이 힘을 더하니 일주를 구해줄 방법이 없다. 이 사주가 대운만 그렇게 흘러가지 않았다면 하는 넋두리가 나온다. 아쉽다 한탄한들 소용이 없다. 만약 대운이 목화운으로 흘러갔다면 어찌 명리가 없었겠는가?

```
癸 丁 壬 庚
卯 卯 午 寅

戊 丁 丙 乙 甲 癸
子 亥 戌 酉 申 未
```

[옮김]

정화(丁火)일주가 오화(午火)비견월에 태어났다. 금수(金水)재관이 뿌리 없이 천간에 투간되어 허약한 상태에 있다. 사주를 언뜻 보면 가난하고 천하며 단명하는 명(命)이라고 할 수도 있으나 앞의 사주와는 비교할 수 없을 만큼 복이 많고 장수한 사주다. 왜 그런가? 앞의 사주는 목이 없는데 수의 충을 당하여 뿌리가 뽑혔기 때문이며, 이 사주는 수가 있어 구제될 수 있었기 때문이다. 갑신(甲申), 을유(乙酉)대운은 경금이 득지하고 임계수 관성이 생을 만났고, 인묘목이 충거되니 재복이 발하여 큰 재물을 모았으니 소위 쇠신충왕왕신발(衰神冲旺旺神發)에 해당한 사주다. 명(命)좋은 것이 대운 좋은 것만은 못하다. 이 말은 믿을 만하다.

9. 간지총론 (干支總論)

[원문]

陰陽順逆之說　洛書流行之用
음양순역지설　낙서유행지용
其理信有之也　其法不可執一
기이신유지야　기법불가집일

[옮김]

음양이 한 쪽은 순행하고 다른 쪽은 역행한다는 설은 낙서(洛書)에서 유래하였다. 그래서 그 설은 믿음이 간다. 그러나 그 법을 한 가지로만 운용해야 한다고 고집해서는 안 된다.

[원문 주]

음이 생하면 양이 사(死)하고 양은 순행하고 음은 역행한다는 이론은 믿을 만하다. 이 이론은 낙서(洛書)에서 나온 이론으로 이를 바탕하여 오행이 유행하고 작용하는 이치를 말한 것이기에 신뢰할 수 있는 것이다. 하지만 갑목은 양이라 오화에서 사(死)한다는 것은 오화가 갑목의 기를 설하기에 맞는다 해도 음인 을목이 해(亥)에서 사(死)한다는 것은 오행의 본질적인 이론에 전혀 맞지 않는다. 그 이유는 해중(亥中)에는 임수가 있다. 을목은 해수가 적모(適母)가 아닌가? 어떻게 하여 사(死)가 될 수 있는가? 모든 간지의 경중과 기세의 기틀을 다시 한 번 자세히 이해하여야 하는 부분이다. 모자(母子)의 관계임을 근본으로 하여 길흉을 논함이 옳을 것이다. 그렇지 않고 음양순역론에 의지하여 생사패절(生死敗絶)을 주장하면 잘못을 범할 위험이 있다.

[임철초 주]

　사주 명리의 이치를 논할 때는 양은 순행하고 음은 역행해야한다
는 설에 한정되지 말아야 한다. 양은 순행하고 음은 역행한다는 이
론은 낙서에서 나온 이론이다. 오행의 유행(流行)이론이 거기에서
나왔다. 양은 취합하여 나아감으로서 물러나고 음은 흩어짐을 위주
하여 나아감을 삼는다는 차이에 불과하다. 명리는 음양순역설이만이
전부가 아니다. 반드시 일주(日主)가 왕한지 약한지를 먼저 살펴보
고 그에 따라 용신을 찾는 것이 무엇보다 중요하기 때문이다. 사주
가 길한지 흉한지 알기 위해서는 이것은 필연적이다. 오행이 생장
(生長) 소멸되는 과정을 살필 때 장생(長生)에서 양(養)까지 12단계
로 되어 있는 법은 참고 사항일 뿐이다. 사주는 월령이 중요한 지
지이다. 하지만 이 또한 월령이 왕(旺)해야 되고 휴수지에 들면 안
된다는 말은 아니다. 명리의 고법(古法)에는 인신사해(寅申巳亥)만을
장생지(長生地)라 했을 뿐이다. 자오묘유(子午卯酉)를 음의 장생지
라고 말한 적이 없다. 乙목이 午에 이르면 설기를 당하니 午에서
병들게 된다. 생지(生地)가 될 수 없다. 木을 예로 들었지만 화금토
수(火金土水)도 이와 같이 논해야 한다. 갑병무경임 양간은 생방에
서 장생하고 절방(絶方)에서 소멸한다는 설은 맞지만 을정기신계 음
간이 설기되는 방에서 생을 얻고 생을 얻는 방에서 사(死)한다 함은
이치에 맞지 않는다. 거듭 말하지만 자오(子午)의 지지에서 금목(金
木)이 생을 받고 인해(寅亥)지에서 목화가 절멸하는 법은 없다. 따라
서 음양순역설을 고집스레 주장해서는 안 된다. 오행의 강약왕쇠를
알기 위한 방법으로 생장소멸(生長消滅)의 과정을 12단계로 나누어
살펴보는 이론이 있다. 다음과 같다.
1,장생-막 출생하였음을 의미한다. 2,목욕-태어났으니 목욕을 시킨

다. 3,관대-유소년기를 지나 청년기에 가까웠음을 말한다. 4, 임관-장성하여 한 가정을 갖기 위해 직업전선에 나아감을 말한다. 5,제왕-장년기에 접어들어 인생에서 가장 왕성한 시기임을 말한다. 6,쇠-왕성한 시기가 지나고 노년기에 접어 든 것을 말한다. 7,병-노인은 육체에 병이 찾아 든다. 8,사-드디어 죽음을 맞는다. 9,묘-땅속에 묻힌다. 10,절-모든 것이 완전히 사라지고 새로운 생명을 잉태할 수 있는 자궁의 상태를 말한다. 11,태-새 생명을 잉태했다. 12,양-모체의 뱃속에서 자라고 있음을 말한다. 이 이론이 12포태법이다. 하지만 명리에서 일주가 꼭 록왕한 월령을 만나야할 필요는 없다. 휴수기에 든 월령이라해도 다른 지지에서 인수나 비겁을 보면 일주가 약하지 않으며 고(庫)를 보게 되어도 뿌리가 있는 것이다. 속설에서 묘에 들면 반드시 충해야 한다는 이론은 크게 잘못된 것이다. 음간이든 양간이든 동생동사(同生同死)의 이론이 바른 학설이다.

[옮긴 이]

　낙서의 음양순역설은 뚜렷한 이치가 있는 이론이다. 다만 명리에서 적절하지 않다는 점뿐이다. 낙서(洛書)의 이치가 그릇된 것이라고 오해해서는 안 된다. 낙서는 공자가 살았던 시대인 주나라 문왕(文王)이 낙수라는 물가에 올라 온 거북의 등에 새겨진 무늬를 보고 후천팔괘를 만들었다. 이것이 자연의 생성과 소멸의 이치를 다룬 주역의 근원이 된 것이다. 그 이치를 그대로 전수 받아 쓰는 쪽은 풍수지리이다. 풍수지리 이기법(理氣法)에서는 양은 순행하고 음은 역행한다는 법리를 지금도 따르고 있다. 이 이론을 명리에서는 양간은 사용해도 괜찮지만 음간에서만은 선학자(先學者)들이 사용에 문제가 있다고 본 것이다. 선학자들의 주장에는 충분한 이유가 있다. 그럼 어떻게 하는 게 좋을까. 예를 들어 천간의 갑과 을을 음양 구별 없이 단순한 목으로 하여 해에서 장생하는 것으로 보면 된다 하겠다. 이렇게 하면 병정의 장생은 인이며, 경신의 장생지는 사이며, 임계의 장생지는 신이다. 무기는 중심에 있어 포태법이 적용되지 않는다. 포태법 대신 삼합법을 사용해도 장생과 제왕지는 찾아 쓸 수 있다. 이 점 참고 하였으면 한다.

```
丙 乙 己 丙
子 亥 亥 子

乙 甲 癸 壬 辛 庚
巳 辰 卯 寅 丑 子
```

[옮김]

　겨울철에 태어난 을목 일주가 냉한 기운을 받고 있지만 투간된 병화가 조후해 주니 기쁘다. 이런 사주를 순수하고 유정하다고 말한다. 하지만 지지가 모두 수로 이루어져 있어 무정하게 되고 말았다. 그 까닭에 학업도 제대로 할 수 없었고 중년이 되기까지 아무것도 이루지 못했다. 좋은 것이 있다면 금이 없어 하는 일이 청고(淸高)하였다는 점이다. 이 사주에서 년(年)과 시지(時支)의 자수(子水)를 일주의 병지(病地)로, 월과 일의 해(亥)를 사처(死處)로 본다면, 거듭 수목(水木)을 보는 것은 마땅치 않은 것이 틀림없다.

```
癸 癸 乙 戊
亥 卯 卯 午
辛 庚 己 戊 丁 丙
酉 申 未 午 巳 辰
```

[옮김]

　이 사주는 일주가 봄철에 태어나 기운을 설기당하고 있으며 인수(印綬)가 없다. 오직 사주는 계해(癸亥)에 의지한다. 해묘(亥卯)가 합이 되고 무토(戊土)가 투출하여 시지를 극하니 극설(剋洩)이 함께 한다. 무오(戊午)운에 사망했다. 일주가 장생지 두 개를 갖고 있으며 시지(時支)에 왕(旺)을 보고 있는데 왜 사망했는가? 라고 묻는다면 할 말이 없다. 식신(食神)은 수명과 아내 그리고 자식이 많음을 뜻하는데 왕한 식신이 관성을 극하고 있어 명예가 있다고 속설(俗說)에서는 주장할 것이다. 음양순역설(陰陽順逆說)이나 음양생사설(陰陽生死說)은 믿을만한 것이 아니다.

[원문]

故天地順遂而精粹者昌　天地乖悖而混亂者亡
고천지순수이정수자창 천지괴패이혼란자망
不論有根無根　俱要天覆地載
불론유근무근 구요천복지재

[옮김]

간지의 관계는 순수하게 유정해야하며 그 관계가 혼란하면 망하게 되는 것이다. 간지의 관계는 덮어 주고 실어줘야 한다.

[원문 주]

천간과 지지에서 일주가 필요해 찾아 쓰는 방법이란 천간은 자신들을 실어주는 지지를 중하게 보고, 지지는 자신들을 덮어주는 천간을 중하게 여겨야 된다는 점이다. 천간은 지지의 도움을 받거나 지지에 뿌리를 내릴 수 있어야 견고해지며 지지에서 극을 받으면 천간은 뿌리가 뽑히고 만다. 반면에 지지는 천간으로부터 보호를 받아야 한다. 그러므로 간지의 관계는 생부하는 관계가 되어야 한다.

[임철초 주]

간지의 관계는 천간을 실어 주고 있는 지지가 가장 중요하고 지지를 덮어주고 있는 천간의 역할도 중요하다. 갑을(甲乙)천간이 인묘해자(寅卯亥子자)에 실려 있으면 좋지만 목을 극하는 지지에 실려 있으면 좋지 않다. 역시 병정(丙丁)이 화(火)를 극하는 해자(亥子)지지에 실려 있으면 좋지 않다. 경신(庚辛)천간이 인묘에 실려 있으면 천간이 지지를 극하니 이 또한 좋지 않다. 사오(巳午)화 지지에 임계(壬癸)수 천간이 있는 것도 같다. 천간은 지지의 도움이 있어야 뿌리가 있는 것이며 지지의 극을 받으면 뿌리가 뽑힌다. 지지는 어떤가? 지지도 천간의 도움을 받아야 건실하게 된다. 천간에서 극하면 지지의 기세가 약해진다. 사주의 천간 지지가 분명하게 길신인데 길함이 없거나, 흉신인데 흉함이 없다면 이런 관계가 되어 있기 때문이다. 천간이 일기(一氣)이거나, 지지가 자체만으로는 청하다 해도 간지의 배합관계에서는 상생상부해야 한다.

[옮긴 이]

간지의 관계는 한 채의 집이 있다고 할 때, 지지는 집 안이며 천간은 그 집의 지붕이라고 생각하면 이해가 쉽지 않을가 싶다. 장마철에 지붕이 허술하여 비가 새면 집 안 사람들이 어떤 형편에 처하게 되는지 겪어본 사람은 그 고충을 잘 안다. 이제 지붕이 괜찮다 해도 창틀이나 벽이 허술하여 빗물이 젖어들면 벽지가 젖고 곰팡이가 슬 것이다. 지붕과 집 안이 따로 따로 일 수 없듯이 천간과 지지는 상호 보완의 관계로 유지돼야 한다. 사주가 길해야 될 것 같은데 흉하고, 흉한 사주인 것 같은데 그렇지 않다면 간지의 상호 관계를 자세히 살펴봐야 한다.

```
庚 庚 丁 己
辰 申 卯 亥

辛 壬 癸 甲 乙 丙
酉 戌 亥 子 丑 寅
```

[옮김]

경금(庚金) 일주가 봄철에 태어났다. 하지만 일지 신금 록지에 앉았고 비견이 있다. 진토 인수가 돕고 있어 관성을 용신할 수 있다. 목 재성이 관성을 싣고 있으니 정화는 뿌리가 있다. 임계수 대운이 문제인 것 같으나 기토가 관성을 보호해 주고 있다. 지지에서는 묘목이 상관운을 설하고 있어 평생 위험이 없는 사주다. 소년 등과하여 높은 벼슬에 올랐다. 용신이 보호받아 평안한 일생을 살다가 해

수운에 사망했다. 일주는 건강해야 하고 용신은 상하면 안 된다고
한 말은 심히 타당하다.

```
甲 庚 丁 己
申 辰 卯 酉

辛 壬 癸 甲 乙 丙
酉 戌 亥 子 丑 寅
```

[옮김]

　경(庚)금 일주가 신왕하다. 월간 정화(丁火)가 용신이다. 묘목 재
성이 정화 관성을 싣고 있다. 뿌리가 있다. 하지만 지세히 보면 묘
목은 유금의 충을 받고 있다. 이로서 정화의 뿌리가 상했다. 지지에
수가 있었으면 재성이 보호되었겠지만 그렇지 못했다. 시간 갑목은
신금 절지에 앉아 자신조차 보호받지 못해 없는 것과 같다. 그리하
여 귀족 집안 출신임에도 학업을 하지 못했고 어려움을 겪었다. 더
구나 술토운이 다가와 극심한 가난에 시달렸다.

```
癸 辛 壬 庚
巳 酉 午 申

戊 丁 丙 乙 甲 癸
子 亥 戌 酉 申 未
```

[옮김]

천간 네 글자가 금과 수만으로 되어 있다. 충극 관계가 아니니
일단 청하다 하겠다. 지지 네 글자는 화금(火金)으로 이루어져 월령
오화를 쓸 수 있다. 시지(時支)에 사화가 있어 오화는 외롭지 않다.
하지만 원국에 일주의 비겁이 많고 화를 생해주는 목이 없는 것이
여간 아쉽다. 여기에 임계수(壬癸水)가 지지의 사오화(巳午火)를 덮
고 있고 옆의 경신(庚辛)이 수를 생하니 시지 사화가 오화를 돕지
못하고 더구나 사화는 유와 합변되고 만다. 용신이 전연 보호받지
못해 신유운에 어려움이 극심했다. 병술대운은 용신을 도와 크게 때
를 만나는 듯 했지만 해수운에 임수가 록을 얻고 계수가 왕지에 들
게 되자, 화기가 꺼지게 되어 사망했다. 천간이 부실하여 문제가 된
사주다.

```
甲 辛 壬 庚
午 酉 午 申

戊 丁 丙 乙 甲 癸
子 亥 戌 酉 申 未
```

[옮김]

이 사주는 앞전의 사주와 흡사하게 오행이 배치되었다. 역시 오
(午)중의 정화(丁火) 칠살(七殺)을 쓰는 사주다. 단지 먼저의 사주가
시간이 계수(癸水)인데 이 사주는 갑목(甲木)임이 다를 뿐이다. 그
런데 한 글자의 차이가 길흉(吉凶)이 천리만큼 달라졌다. 소위 호리
지차화복천리(毫釐之差禍福千里)다. 이렇게 된 원인은 임수가 오화
를 덮고, 경금이 수를 생하고 있어 오화가 역할을 하기 어려웠는데,
갑목이 시지(時支) 오화를 생해 주고, 그 오화가 월령 오화를 돕게
되었기 때문이다. 또한 갑목은 임수를 설하여 오화를 극하지 못하게
하고 있다. 임수는 갑목을 보면 탐생(貪生)하는 기능이 생겨 화를
적으로 삼지 않는다. 이로서 향시에 합격하고 벼슬이 관찰사에 올랐
다.

[원문]

天全一氣不可使地德莫之載
천전일기불가사지덕막지재

[옮김]

천간이 한 가지 오행으로 되어있어도 지지가 실어주어야 한다.

[원문 주]

천간 사갑(四甲)이나 사을(四乙)이 지지에 인신묘유(寅申卯酉)를 만난다면 지지가 천간을 실어 주지 못한 것이 된다.

[임철초 주]

일기(一氣) 천간이란 년, 월, 일. 시의 간(干) 네 자(字)가 한 가지 오행으로 되어 있음을 말한다. 4갑(四甲), 4병(四丙)등으로 되어 있는 예이다. 지지가 천간을 실어 주지 못하면 간지의 관계가 생조함이 없게 된다. 사갑이나 사을이 신유인묘를 만난 경우에만 지지가 천간을 싣지 못하는 것은 아니다. 사지지(四地支)가 사천간(四天干)을 모두 극하고 있거나 반대로 천간이 지지를 극하거나, 상호간에 돌봄이 없다면 모두 부재(不載)가 된다. 년, 월, 일, 시가 모두 을유(乙酉)로 되어 있다면 천간은 지지로부터 극을 받고, 신묘(辛卯)로 되어 있다면 천간이 지지를 극하고 있는 것이다. 그렇지 않고 지지의 기가 상승하고 천간의 기가 하강하면 상호간에 기가 유통되는 것이다. 이런 사주는 운에서 도와주면 귀명(貴命)이 된다. 그와 반대로 간지의 관계가 충극되고 있다면 빈천한 명이 되기 쉽다. 그러기에 간지의 관계를 자세히 살펴야 된다.

[옮긴 이]

지지가 천간을 실어주지 못하면 간지의 관계가 생조함이 없게 된다. 사갑(四甲)이나 사을(四乙)이 신유(申酉), 인묘(寅卯)만을 만난 경우에만 지지가 천간을 싣지 못하는 것은 아니다. 지지가 천간을 전부 극하고 있거나, 천간이 지지를 극하거나 상호간에 돌봄이 없다면 모두 부재(不載)가 된다. 년, 월, 일, 시가 모두 을유(乙酉)로 되어 있을 경우, 천간은 지지로부터 극을 받고, 신묘(辛卯)로 되어 있으면 천간이 지지를 극하고 있는 것이다. 지지의 기가 상승하고 천간의 기가 하강하면 기가 유통되는 것이다. 운에서 도와주면 귀명이 될 수 있다. 그와 반대로 간지의 관계가 충극되는 관계라면 빈천한 명이 되기 쉽다. 간지의 관계를 자세히 살펴야 한다.

```
甲 甲 甲 甲
戌 寅 戌 申

庚 己 戊 丁 丙 乙
辰 卯 寅 丑 子 亥
```

[옮김]

년간부터 시간까지 모두 4갑으로 된 사주다. 신(申)관성이 년지에서 일지 인(寅)을 충하며 월령 술(戌)토가 또 하나의 술토와 함께 신금을 생하고 있다. '지지가 천간을 돌보지 않는다'고 한 것이 이런 경우이다. 언뜻 보기에 갑목이 천간에 4개가 있고 지지엔 인목이 있어 신왕한 일주 같이 보이지만 술월이 가을이라 목이 휴수되는 때이며 인목이 신금에 충되어 뿌리가 뽑혀 일주가 왕하다고 할 수 없다. 이 사주가 해자인묘(亥子寅卯)운일 때는 먹고 살기가 넉넉하였지만 경진운에는 4목이 모두 상하는 칠살이 되니 집안이 망하고 사람까지 죽었다. 천간이 같은 오행의 자(字)만으로 되어 있어도 지지가 더 중요하다는 이론이 옳다 하겠다.

┌─────────────────────────┐
│   戊 戊 戊 戊   │
│   午 戌 午 子   │
│   │
│   甲 癸 壬 辛 庚 己   │
│   子 亥 戌 酉 申 未   │
└─────────────────────────┘

[옮김]

　이 사주는 천간이 4무(四戊)이고 2개의 오화와 1개의 술토가 있어 화토가 가득하다. 년지의 자수가 오화를 충하니 오화가 노발하여 자수는 증발하고 만다. 이런 경우가 천간이 지지를 덮어주지 않고 있는 것이다. 초년 운이 기미로 시작되었다. 외로운 처지가 말할 수 없이 고통스러웠다. 곧이어 경신, 신유운으로 바뀌자 일주의 기세를 설기하여 좋은 때를 만나 결혼하고 자식도 두고 가세를 일으켰다. 하지만 운이 술토운으로 바뀌자 오술합화(午戌合化) 되고 수는 더욱 어렵게 되니 일가족 5명이 모두 화재로 인해 사망했다. 만약 이 사주 간지에 경신이나 신유금이 하나라도 있었으면 그처럼 흉한 일은 당하지 않았을 것이다.

```
戊 戊 戊 戊
午 子 午 申
甲 癸 壬 辛 庚 己
子 亥 戌 酉 申 未
```

[옮김]

　이 사주는 앞의 무자(戊子)년주 사주와 비교하면 신(申)자 하나가
바뀌었고 년지 자수가 일지로 옮겨 앉았다. 단순한 변화일 것 같았
는데 천간의 기가 아래로 내려올 수 있었고 자수는 생함을 받게 되
어 화의 기운이 맹렬해도 신금과 자수가 함께 상해를 받지 않게 되
었다. 신금을 쓸 수 있는 사주가 되었고, 자수는 병을 제거하는 희
신이 되었다. 신금운 무진년 4월에 과거시험에 급제하였다. 대체로
세운에서 진토를 만나면 암회하여 수국이 되는 묘함이 있기 때문이
다. 하지만 신유대운 10년이 지나 임술운을 맞게 되면 원국의 천간
이 군비쟁재(群比爭財)를 하고 지지는 화국이 되니 생애를 마치게
될 것이 분명하다.

```
辛 辛 辛 辛
卯 卯 卯 卯

乙 丙 丁 戊 己 庚
酉 戌 亥 子 丑 寅
```

[옮김]

이 사주는 천간은 4개의 신금으로, 지지는 4개의 묘목으로 이루어졌다. 천간에서 저마다 신금이 지지의 묘목을 극하고 있는 것 같지만, 이 경우는 신금이 모두 절지(絶地)에 앉아 있어 목을 극할 힘이 없다. 따라서 재성을 쓸 수 없는 사주가 되었다. 태어나 몇 년만에 부모를 모두 여의고 어떤 도사(道士)를 따라 다녔지만 기축(己丑), 무자(戊子)운에 인수가 생하자 살아가는데 풍족함이 찾아 왔다. 정해운이 되어 금을 극하니 스승이 먼저 죽고 도박과 여자를 밝히게 되어 있던 돈을 모두 탕진하고 죽었다.

[원문]

地全三物　不可使天道莫之容
지전삼물　불가사천도막지용

[옮김]

방합(方合)이나 삼합(三合)을 이루는 3글자가 지지에 모두 있다면 천간은 기세를 받아드리지 않으면 안 된다.

[원문 주]

인묘진(寅卯辰)이나 해묘미(亥卯未)로 지지가 목국을 이루었을 때 천간이 갑경을신(甲庚乙辛)이면 천간은 지지를 덮어준 것이 아니다. 천간이 모두 하나의 오행으로 되어 있고 지지가 국을 이루고 있는 경우뿐만 아니라 모든 경우에도 지지는 천간을 실어주고 천간은 지지를 덮어 주어야 한다. 뿌리의 유무를 막론하고 기가 유정하게 순환되어야 원국에 묘함이 있게 된다.

[임철초 주]

인묘진(寅卯辰) 사오미(巳午未) 신유술(申酉戌) 해자축(亥子丑) 방합(方合)을 지지의 3물(三物)이라 한다. 인묘진 방합이 지지에 있다면 그리고 일주가 목이면 천간의 금관성은 왕해야하고 금일주라면 힘이 있는 토가 천간에 있어야 한다. 지지가 방합을 이루고 있으면 일단 기세가 왕하다. 더구나 월령에 왕신이 있다면 천간은 그 기세를 설하는 오행이 있어야 좋다. 왕신이 월령에 있지 않으면 천간이 제압해도 괜찮다. 이때의 왕신이란 목방국을 이루고 있을 때 인목이나 묘목이 월령에 있는 경우이다. 진토가 월령에 있다면 경신금을 생하는 경우라서 천간에서 제압할 수 있다. 목 방국이 이러하니 나머지도 이처럼 유추하면 된다.

[옮긴 이]

삼합보다 방합이 우세함을 강조했다. 다만 인묘진 목 방합을 예로 들면 인이나 묘가 월령에 있다면 천간은 목세를(木勢)극하지 않고 설기해야하지만 진토가 월령에 있다면 토는 금관성을 생하는 관계라서 관성은 목세를 제압할 수 있다는 것이다. 즉 관성 용신 할 수 있다는 뜻이다. 다시 말해 방합이 되어 있어도 토가 월령을 차지하고 있으면 세력면에서 방합의 의미가 약간 달라진다. 진술축미(辰戌丑未)는 계절이 바뀌면서 방합을 이루는 하나의 요인이지만 동기는 아니라는 의미이다. 묘한 차이가 있음을 말하고 있다.

```
丙 甲 庚 辛
寅 辰 寅 卯

甲 乙 丙 丁 戊 己
申 酉 戌 亥 子 丑
```

[옮김]

갑목 일주가 지지에 인묘진 목국에, 시지에 인목 비견이 있다. 목세가 더욱 왕해졌다. 경신금 관성이 투간되어 있지만 지지에 뿌리가 없는 것이 안타깝다. 차라리 관성이 제거되어야 일주에 도움을 주게 되는 상황이 되었다. 초년이 토재성운으로 관성을 생하니 많은 어려움을 겪게 되었다. 하지만 병술운이 오니 국가에 공을 세워 꽤 높은 벼슬에 오르게 되었다. 경신금을 억제해 주었기 때문이다. 유대운에는 벼슬을 내려놓게 될 것이다.

```
丁 甲 庚 庚
卯 寅 辰 寅

丙 乙 甲 癸 壬 辛
戌 酉 申 未 午 巳
```

[옮김]

앞전의 사주와 같이 목 방국을 이루고 있다. 차이점은 월령의 오행이 다르다. 뿐만 아니라 월간에 경금을 업고 있다. 이렇게 되면 경금은 갑 일주의 기세를 제압할 수 있어 용신이 될 수 있다. 갑신운에 경금이 록왕하고 신금이 인목을 암충하니 과거에 급제하여 벼슬하였지만 병화운이 오자 경금이 극을 받아 벼슬을 내려놓고 낙향하였다.

[원문]

陽乘陽位陽氣昌　最要行程安頓
양승양위양기창 최요행정안돈

[옮김]

양간(陽干)이 양지(陽支)위에 있으면 양기(陽氣)가 창성하다. 그러면 대운이 안돈(安頓)한 운으로 흘러가야 한다.

[원문 주]

육양(六陽)이 되는 자인진오신술(子寅辰午申戌)에서 자인진은 양방(陽方)을 대표한다. 순수한 양위(陽位)이기 때문이다. 갑병무경임(甲丙戊庚壬)양간이 자인진을 승(乘)하고 있고, 간지가 왕신이면 대운은 음순(陰順)하면서 안돈(安頓)한 방향으로 행해야 한다.

[임철초 주]

원문은 음양의 한난(寒暖)에 관하여 일반적으로 논한 것으로 이 이론을 적용할지 여부는 각개의 사주 간지의 배합 관계가 어떠한 지를 보고 정해야 한다. 오묘한 이론이라 할지라도 모든 사주에 모두 적용할 수 없는 경우도 많다. 원국의 배합 관계가 한난의 기후 상태를 고려하는 것 보다 위에 있는 것이 일반적이다. 자세히 살펴야 한다. 반드시 차거운 양과 온난한 양을 구분하여 논해야 한다. 또한 자인진오신술(子寅辰午申戌)이 모두 양지(陽支)인데 자인진(子寅辰)만을 순양이라 할 수 없다. 서북은 한냉하고 동남은 온난하다. 만약 원국에 신술자(申戌子)가 모두 있으면 한냉한 양에 해당한다. 그러면 대운은 묘사미(卯巳未)등의 음난한 남방운이 필요하다. 또 원국이 인진오(寅辰午)로 되어 있으면 온난한 양이니 대운은 한냉한 운인 유해축(酉亥丑)으로 흘러야 한다. 하지만 실제의 적용 여부는 사주 전체의 배합관계가 어떠한 지를 보고 정해야 한다. 만약 용신이나 희신이 목, 화, 토 등 양난에 해당하면 적합한 세운(世運)은 서북을 상징하는 양한(陽寒)의 기운과 배합되어야 한다. 이렇게 배합되어야만 용신과 희신을 생조할 수 있어 운로(運路)가 크게 열릴 것이다. 양난(陽暖)의 국(局)이 이러하니 양한(陽寒)한 사주도 이와 같은 논리로 논하면 된다. 깊이 연구하지 않으면 이처럼 오묘한 이치와 요결을 어찌 누가 알 수 있겠는가?

[옮긴 이]

'임 주'의 말이 참으로 뜻깊다. 조후라는 말은 있어도 조후용신이
란 말은 없다. 그 의미가 무엇이겠는가? 사주가 춥거나 더운 계절
에 태어나 그에 따라 용신을 정한다면 사주 명리학이야말로 아주
쉬운 학문이 된다. 그러나 명리학은 결코 쉬운 학문이 아니다. 일주
가 도움을 받아야 되는 경우와 일주가 자신을 포기해야 살 수 있는
경우가 허다하다. 이것이 명리학이다. 세상의 상식과는 다르게 해석
하는 경우가 많은 것이 명리학이다. 명리학의 오묘함이 바로 여기에
있으며 따라서 깊이 연구하지 않으면 안 된다.

```
庚 丙 丙 癸
寅 午 辰 巳

庚 辛 壬 癸 甲 乙
戌 亥 子 丑 寅 卯
```

[옮김]

이 사주는 천간의 금수가 지지에 뿌리가 없는 것처럼 보인다. 지
지가 동남의 양난(陽暖)한 지지로 되어 있기 때문이다. 하지만 월지
가 진토라 수가 축장되어 있고 금을 생하고 화를 설하고 있다. 이
렇게 되어 경금을 쓸 수 있게 되니 계수는 경금에게 반가운 희신이
된다. 을묘, 갑인 초년운은 경금의 절지이며 화의 생지이며 수를 설
하는 운이라 외롭고 고통이 말할 수 없었지만, 계축운이 되자 지지
가 양난한 사주가 습하고 한냉한 운을 만나 배합이 잘 이뤄지고 금

수가 통근하고 여기에 사축이 합화되어 유금을 감싸주니 외지로 나가 큰 기회를 얻게 되어 거금의 재물을 모았다. 양난한 지지의 사주가 음습하고 한냉한 운을 만나 배합이 좋게 이루어졌기 때문이다.

```
庚 丙 乙 戊
寅 寅 丑 寅

辛 庚 己 戊 丁 丙
未 午 巳 辰 卯 寅
```

[옮김]

이 사주는 병화 일주가 지지에 3개의 인목 장생지에 뿌리하고 있다. 다행한 것은 축토가 당권하여 재성이 고장(庫藏)지로 돌아올 수 있게 되었다. 대운만 서북향으로 흘러가 주었다면 앞의 사주보다 좋았겠지만 인묘진, 사오미 동남방으로 흘렀으니 가산을 패하고 동분서주 노력했지만 하나도 뜻대로 되지 않았다. 오화운에 타향에서 죽었다. 살아 있는 동안 이뤄 놓은 것이 하나도 없었다. 운을 만나지 못했다.

陰乘陰位陰氣盛　環須道路光亨
음승음위음기성 환수도로광형

[옮김]

음간(陰干)이 음지(陰支)를 승(乘)하여 음기(陰氣)가 성해지면 광형(光亨)한 운을 만나야 한다.

[원문 주]

육음(六陰) 축해유미사묘(丑亥酉未巳卯)중에서 유축해는 대표적인 음방이다. 순수한 음을 만약 승하고 있고 왕신(旺神)에 해당하면 양명(陽明)하고 광형한 운으로 흘러가야 한다.

[임철초 주]

축해유미사묘(丑亥酉未巳卯) 육음(六陰)도 온난(溫暖)한 것과 한냉(寒冷)한 것이 구분되어야 한다. 방위도 동남방은 온난하고 서북방은 한냉하다. 한 사주의 지지가 유해축(酉亥丑) 3자(字)가 모두 있으면 한냉한 사주이니 인진오(寅辰午)등 온난한 운이 좋고 지지에 묘사미(卯巳未)가 모두 있으면 이들은 온난한 음이니 신술자(申戌子)등 서북운이 좋다. 이러한 이론도 적용할지 여부는 사주의 배합 상태가 어떤지를 먼저 봐야한다. 용신과 희신이 먼저 정해지고 대운이 받들어 줄 때 복이 이뤄지는 것이다. 양한(陽寒), 음한(陰寒), 양난(陽暖), 음난(陰暖)의 구별만으로 대운을 바라보면 안 된다. 사주원국 내에서 어떻게 조화를 이루고 있는지가 먼저이다.

[옮긴 이]

원문에서 미사묘(未巳卯)를 축해유(丑亥酉)와 함께 붙여 육음(六
陰)이라 했다. 음지지(陰地支)라는 이야기다. 음간(陰干)이 이들 지
지위에 있으면 음기가 왕성해져 대운이 광형(光亨)한 운으로 가야한
다고 했다. 축해유가 월령에 있다면 한냉한 지지로 음기가 왕한 지
지라 할 수 있다. 그렇지만 미사묘는 아니라고 생각한다. 우선 첫
자(字) 미(未)를 보자. 해묘미(亥卯未)삼합과 사오미(巳午未)방합의
끝 자이다. 먼저는 목국(木局)을, 후자는 화국(火局)을 이루고 있다.
목은 동방이며 화는 남방이며 이들 방위의 기운은 한냉(寒冷)하지
않고 지극히 온난하다. 이 항목에서는 '임 주'에서 말한 '사주의 배
합관계'가 선후(先後)중 어느 쪽을 차시해야 하느냐의 문세가 아니
고, 12지지의 글자들이 하나 씩 어떻게 해석해야 하는지가 우선이
라고 본다. 어느 계절에 속하는 지지인가가 더 중요한 요점이라 생
각한다.

```
壬 乙 己 丙
午 酉 亥 子

乙 甲 癸 壬 辛 庚
巳 辰 卯 寅 丑 子
```

[옮김]

이 사주는 지지가 유해자(酉亥子)가 있는 음한(陰寒)한 서북방의
지지로 이뤄진 사주다. 을목 일주는 한절(寒節)기에 태어난 한목(寒

木)이다. 당연히 온난한 기운이 필요하므로 년간의 병화를 용신한
다. 임수가 병화와 상극되지만 멀리 떨어져 있으며 일주에는 가까이
있어 일주는 생을 받고 있는 상황이 되어 유정하다 하겠다. 기토가
투간되어 기둥이 되어주니 역경을 이겨낼 수 있다. 천간의 수목화토
가 서로 생하는 입장이고 오화가 칠살(七殺)을 제압하고 화토가 오
화에 통근하고 있다. 운이 인묘진사 동남의 양난한 운으로 흘러 유
정하다. 일찍 과거에 급제하여 국경을 지키는 무관으로 지휘자가 되
었다. 이것이 음양배합의 묘리이다.

```
壬 乙 丙 己
午 丑 子 亥

庚 辛 壬 癸 甲 乙
午 未 申 酉 戌 亥
```

[옮김]

　　먼저 사주와 일지만 유(酉)자에서 축(丑)자로 바뀌었다. 축토는
수를 극하지 못하지만 화는 충분히 설할 수 있다. 먼저의 사주는
년간에 병화가 있어 임수와 멀리 있고 그 사이를 기토가 막고 있
다. 이 사주는 기토와 병화의 위치가 바뀌었다. 임수와 병화가 가까
워진 것이 흠이다. 기토가 멀어진 것도 좋지 않다. 자수의 기운이
더욱 살아나면서 병화는 생조받지 못하고 있다. 책을 가까이 공부를
했지만 뜻을 펴보지 못했고 아내를 극하고 자식도 없었다. 십간(十
干)의 체상(體象)을 논한 말중에 '허습(虛濕)한 지지이면 오화가 있

어도 근심이 된다.'라고 한 것은 결코 잘못된 말이 아니다. 임신(壬申)운에 병화가 극을 받아 화기가 전멸하여 죽었다. 음승음위음기성 (陰乘陰位氣盛)이란 이런 경우를 말한 것이다.

[원문]

地生天者　天衰怕冲
지생천자　천쇠파충

[옮김]

지지가 천간을 생해도 천간이 쇠약하면 충(冲)이 되는 것을 두려 워한다.

[원문 주]

병인, 무인, 정유, 임신, 계묘, 기유는 모두 장생(長生)일주이고, 갑자, 을해, 병인 정묘 기사는 지생(支生) 일주다. 만약 일주가 쇠약 할 때 충을 만나면 상발(相拔)되어 화(禍)가 더욱 심하다.

[임철초 주]

갑자, 을해, 병인, 정묘, 무오, 기사, 경진, 신축, 임신, 계유는 지지가 천간을 생해주고 있다. 이를 지생천(地生天)이라 한다. 일주가 실령(失 令)하고 원국에 일주를 생조하는 것이 적으면 인수(印綬)가 필요한데 충 (冲)을 당하면 뿌리가 뽑혀 화(禍)를 겪게 된다. 일주가 시령(時令)을 얻 고 또 년이나 시에 록왕(錄旺)지가 있고 비겁(比劫)이 천간에 투출되었으 면 관성이 약해져 인수가 설하는 것도 꺼리게 된다. 이럴 때는 충파(冲

破)를 두려워하지 않는다. 일주가 왕상하면 오히려 충이 되는 것이 좋고 휴수된 상태이면 충이 두렵다. 대운의 충도 일주와 같이 보면 된다.

[옮긴 이]

모든 천간이 지지로부터 생조를 받으면 그 기가 건왕하다. 일주의 예도 같다. 다만 일주는 다른 천간보다 월령과의 관계가 특별하다. 일주가 왕하면 충이 좋다고 할 수 있고, 약하면 충이 두렵다 할 수 있다. 이러한 이치는 대운의 관계에서도 같다고 보면 된다.

丙 丙 戊 甲
申 寅 辰 寅

甲 癸 壬 辛 庚 己
戌 酉 申 未 午 巳

[옮김]

병화 일주가 일지에 인수(印綬)를 두고 월령(月令)이 진토라 계춘 (季春)에 태어났다. 봄철이 마지막 가는 달이다. 인수와 비견(比肩)이 또 있으니 일주는 왕하다. 식신(食神)이 당령하고 있지만 인수의 세력 이 더 완고하며 재성을 쓸 수 있어 좋다. 비견이 투출하고 인신충(寅 申冲)의 효력이 감소된 것은 좋지 않다. 초년운이 남방으로 흘러 어 려서 어려운 일을 많이 겪었다. 임신, 계유운 20년은 인수를 충하고 비견을 제거하니 자수성가 하였다. 이러한 것을 승인취재(乘印就財)라 한다.

```
丙 丙 甲 壬
申 寅 辰 申

庚 己 戊 丁 丙 乙
戌 酉 申 未 午 巳
```

[옮김]

이 사주 역시 일지에 인수를 두고 봄철의 마지막 달에 태어났다. 인수의 세가 약하지 않아 좋은데, 년간의 임수 편관(偏官)칠살(七殺)이 일주를 직접 극하지 않고 갑목 인수를 생하니 칠살이 두렵지 않다. 두려운 것은 지지에서 일어나고 있다. 두 개의 신(申)금이 인목을 충하니 갑목의 뿌리가 뽑히는 격이다. 그나마 임수가 신금의 기(氣)를 설(洩)하니 다행이다. 병오운에 신금 재성이 제거되어 관청에 관리로 뽑히게 되었다. 그 다음 정미운이 오자 년간 임수가 합거되어 과거시험에 불합격되었다. 임수가 사라진 때문이었다. 무신운에 임수가 아주 극거(剋去)되고 또 다시 일지 인목 인수가 충거(冲去)되니 거리에서 죽었다. 임수는 갑목을 보호해준 신(神)으로 운에서 상처를 받으니 갑목이 위험해진 것이며 운에서 또 신금이 인목을 충하자 아주 뿌리가 뽑힌 것이다. 편관과 칠살은 동의어(同意語)다. 칠살이 하나이며 인수가 이것을 꼭 필요로 할 때는 제살(制殺)하면 위험해 질 수 있다.

[원문]

天合地者　地旺喜靜
천합지자　지왕희정

[옮김]

천간(天干)과 지지(地支)가 합(合)을 이루고 지지가 왕(旺)해지면
조용히 있는 것이 맞다.

[원문 주]

정해, 무자, 갑오, 기해, 신사, 임오, 계사 등은 지지에 암장된 지
장간(地藏干)과 천간이 상합(相合)을 이룰 수 있는 것들이며, 좌하
(坐下)가 재관(財官)으로 된 것이다. 만약 재관이 왕하면 조용히 있
어야 한다. 충하면 좋지 않다.

[임철초 주]

천간과 지장간의 합은 음양의 합이다. 오양(五陽)과 오음(五陰)이
합하면 재가 되고, 오음이 오양과 합하면 관이 됨으로 반드시 합이
되는 것이다. 음이 왕하면 양을 따르지 않고 양이 왕하면 음을 따
르지 않는다. 그래서 합의 관계라 해도 화(化)하지 않는다. 합에는
쟁합(爭合), 투합(妬合), 분합(分合)등 여러 가지가 있다. 천간이 지
지에 암장된 천간과 합이 되면 합되지 않는 경우가 없으며 쟁합이
나 투합됨이 꺼리는 지를 구분 못할 바도 없다. 이 구절은 심오한
이치를 말한 것인데 원주에서 충분히 말하지 않았다고 생각한다. 원
문의 '천합지(天合地)와 지왕희정(地旺喜靜)'은 깊은 의미가 있으니
중요하게 봐야한다. 지지가 왕하면 천간은 약하다. 왕한 지지가 충
극되면 위의 천간은 더욱 상(傷)하게 된다. 그래서 왕한 지지는 함
부로 충극되는 것이 좋은 일이 아니다. 왕한 지지가 또 생조(生助)
받는데 약한 천간이 그대로이면 천간은 합하려는 뜻을 갖게된다. 지
지의 원신(元神)이 천간에 투출되면 지지의 기와 유통하여 유정한

것이니 이런 합은 종(從)하는 것과 같다. 즉 재성과 합하면 종재(從財)와 같으며 관성과 합하면 종관(從官)하는 것과 같다. 이 합은 천간의 좌우합인 갑기합(甲己合), 을경합(乙庚合)등과는 전연 뜻이 다르다. 그래서 정(靜)하면 유지될 수 있어 좋지만 동(動)이 되면 위험해지고 유지되기 어렵다. 그러나 합이라고 말할 수 있는 것은 무자, 신사, 정해, 임오등 4개 뿐이다. 갑오일은 해당되지 않는다. 오중(午中)에는 정화가 기반에 있기 때문에 기토가 먼저 나설 수 없다. 이러한 이치로 기해일과 계사일도 합으로 논해서는 안 된다고 생각한다. 십 천간의 합화(合化)는 화격(化格)이 되어 별도의 작용을 하게 되므로 화격장(化格章)을 별도로 두었다.

[옮긴 이]

일주의 간(干)과 일지 지장간의 오행이 합이 되면 그 의미는 사주 원국에서 천간끼리의 합과는 다른 의미로 작용한다. 합이 되는 지장간의 오행이 길신이 되는 경우라면 합이 되는 그 자체로도 길함이 너해시시만 그렇시 않은 경우라면 끈질긴 악연으로 고통이 배가(培加)되는 경우가 흔하다. '임 주'에서는 원문에서 주장한 지장간의 합에서 여기(餘氣), 중기(中氣), 정기(正氣)중에서 정기만을 합으로 인정하고 있지만 '옮긴 이'는 넓게 본 원문의 합에 동의한다. 여기(餘氣)든 중기(中氣)든 구별할 이유는 없다고 본다. 일간(日干)과 지장간의 합 관계는 잘 살펴 봐야한다. 중요한 의미를 담고 있다.

```
┌─────────────────────────────┐
│        乙 壬 辛 己           │
│        巳 午 未 巳           │
│                             │
│      乙 丙 丁 戊 己 庚       │
│      丑 寅 卯 辰 巳 午       │
└─────────────────────────────┘
```

[옮김]

이 사주는 여름철 화기(火氣)가 맹렬한 미월에 태어났다. 지지가 사오미(巳午未) 화국을 이루었다. 화염토조(火炎土燥)하여 금이 생함을 얻지 못하여 수를 생하기 어렵다. 지지에 비해 천간이 극히 쇠약하다. 일주는 자연히 인수에 뜻이 없고 오중 정화와 합종(合從)하고 싶어 한다. 기사, 무진 운에 금을 생하고 화는 설기되어 어려움이 있었다. 정묘, 병인운은 목화가 함께 들어와 신금이 극거되자 큰 재물운이 발했다.

庚 丁 丙 己
子 亥 子 丑

庚 辛 壬 癸 甲 乙
午 未 申 酉 戌 亥

[옮김]

정화 일주가 한겨울 자월에 태어나 해자축 수국을 이루고 있다.
대단히 허약한 상태인데 화를 생해 줄 목이 없고 화를 설하는 습토
가 있다. 천간이 극도로 쇠약한 상태이다. 이런 사주를 살은 중(重)
하고 일주는 신약하니 비겁이 일주를 돕고 살은 제압당해야 한다고
말하는 사람들이 있는데 잘못 알고 있는 것이다. 금이 절지(絕支에
임하고 인년에 해수를 합거 하고 화를 생하면 대흉하게 되는데 그
해 계하(季夏)에 죽었다. 이 사주는 천간에 인수가 없고 오히려 기토
가 화를 설하고 지지는 수세가 넘쳐나고 있다. 그래서 일주는 자신을
포기하고 화세(火勢)를 따라가야 한다. 갑술운에는 어려움이 컸으며
계유, 임신운으로 바뀌자 큰돈을 벌었고, 미운 병자년에는 큰 손해를
봤다. 이런 일주는 생조하면 재성이 상처받아 크게 흉하게 되는 사주
다. 속설로는 이 사주는 화토를 취해 일주를 도와야 하므로 오미운이
좋다고 할 것이다. 그런 사람들은 비겁(比劫)이 탈재(奪財)하면 대흉
(大凶)하다는 이치를 모르고 하는 말이다.

甲申戊寅 眞爲殺印相生　庚寅癸丑 也坐兩神興旺
갑신무인 진위살인상생 경인계축 야좌양신흥왕

[옮김]

갑신과 무인은 살인상생(殺印相生)이고 경인과 계축은 양신(兩神)
이 흥왕한 자리에 있다.

[원문 주]

살과 인수가 양신(兩神)이 된다. 경금이 인(寅)중에 암장된 화토
를 보아도, 많은 갑목을 감당할 수만 있다면 재(財)로 논한다. 계수
는 축중에 암장된 토금을 보아도 계수가 많으면 일주를 돕는 것으
로 본다. 하지만 갑목이 신(申)중의 임수와 경금을 보고, 무토가 인
중에 암장된 갑목과 병화를 보는 것만은 못하다.

[임철초 주]

갑신, 무인, 경인, 계축만이 지지가 살인으로 된 것이 아니다. 을축, 신
미, 임술도 양신으로 논할 수 있다. 살을 사용해야 하는 사주는 살을 생
조해 줘야하지만 그렇지 않으면 관성을 억제해야 한다. 살이 중(重)하고
일주가 신약한 사주는 천(賤)하거나 요절한다. 제살태과격(制殺太過格)은
학문을 많이 배워도 써먹지 못한다고 했다. 관직을 얻지 못한다는 뜻이
다. 하지만 사주가 어떤 격을 이루던지 관성을 중요하게 여기라고 했다.
살에 대한 억부(抑扶)여부는 사주의 기세와 일주의 왕약을 살펴보고 논
해야 한다. 살이 있으면 살을 위주로 사주를 논하고 살이 없으면 그대
용신이 무엇인가 논하라 했으니 살이 갖는 의미가 중요함을 알 수 있다.

[옮긴 이]

한 사람의 사주를 놓고 볼 때 관성과 인수의 관계만큼 중요한 게 없다 할 수 있다. 인수가 무엇을 의미하는가? 남녀를 막론하고 부모를 뜻한다. 관성은 무엇을 뜻하는가? 남자라면 자신이 살아가는 직업, 직장이며 자식이 된다. 직업이 허술하거나 직장이 없고 자식이 없다고 가정해 보자. 그 사람의 삶의 질이 어떻겠는가 아들이 없으면 대(代)가 끊기고 호적이 사라진다. 지금의 세태에서 생각하는 것과는 훨씬 다르다. 멸문가정(滅門家庭)이 되고 마는 것이다. 여자의 경우는 관성이 남편이 된다. 아무리 남녀평등, 혹은 여성 상위 시대라 해도 남편의 위치가 사회적으로 허약하거나 병약하다면 아내의 입장이 어떻겠는가? 하지만 명리학이 탄생된 오랜 옛날, 그 당시의 사회 통념을 말한 것이니 오해 없기 바란다.

```
甲 甲 己 壬
子 申 酉 午

乙 甲 癸 壬 辛 庚
卯 寅 丑 子 亥 戌
```

[옮김]

이 사주는 갑목 일주가 유금월 8월에 태어났다. 월령이 관성인 것이다. 년지 오화가 관성을 억제하고 있으며 시지에 자수가 신금을 합화(合化)하니 거관유살(去官留殺)이 되고 또한 살인상생(殺印相生)하고 있어 유정하다 할 것이다. 금이 왕하고 목이 시드는 원국에서

인수를 용신하니 과거에 급제하고 관찰사 벼슬을 거쳐 훌륭한 무관
이 되었다.

```
甲 甲 己 壬
子 申 酉 辰
乙 甲 癸 壬 辛 庚
卯 寅 丑 子 亥 戌
```

[옮김]

이 사주는 앞의 사주와는 한 자(字)만 바뀌었다. 오화가 진토로
바뀐 것이다. 먼저 사주는 오화가 유금을 제압하여 거관유살(去官留
殺)이 되고 이 사주는 합관유살(合官留殺)한 사주라고 말하면서 벼
슬길에 차이가 없다고 한다면 크게 잘못 알고 있는 것이다. 왜냐하
면 억제하는 것은 상대를 제거하는 뜻이고, 합은 제거가 되는 경우
도 있지만 그렇지 않은 경우도 있다. 그래서 억제와 합은 큰 차이
가 있는 것이다. 예컨대 재성이 진토이면 금으로 화되니 살을 생조
하게 되고 유금이 관이 되면 청중대탁(淸中帶濁)한 사주라 할 수
있다. 또 재성이 병(病)이면 공명이 없고 참기 어려운 시련이 많은
사주가 된다. 해수운에는 토를 만나 일금(一衿)을 얻었으며 임자운
목년에는 과거시험도 볼 수 있다. 그러나 계축운은 자수를 합거하니
흉하다. 갑인운은 신금에 충되어 죽었다.

[원문]

上下貴乎情協
상하귀호정협

[옮김]

사주의 상하관계는 유정하고 배반하지 않아야 가장 귀한 것이다.

[원문 주]

사주의 천간과 지지 관계가 상생하는 관계가 아니어도 유정하고 서로 배반하지 않아야 가장 귀한 것이다.

[임철초 주]

상하정협(上下情協)이란 천간과 지지의 관계를 말할 때 쓰이는 말로 서로가 배반하지 않아야 유정한 사주로 좋다는 뜻이다. 아래처럼 관계가 될 때 유정한 사주라고 말할 수 있겠다. 관성이 약하고 식상이 왕하고 재성이 국(局)을 이루거나, 관왕하고 재성이 많을 때 비겁국이 있거나, 살중용인격(殺重用印格)사주라 재성을 꺼리는데 재성이 비겁위에 있거나, 일주가 왕하고 관성이 약하여 재성이 필요한데 그 재성이 식신에 앉아 있거나, 비겁이 왕하고 재성은 약하고 관성이 비겁을 제합해 주거나, 관성은 없지만 대신 식상이 비겁을 설하고 있으면 이런 경우는 모두 유정한 사주라 하겠다. 그렇지만 아래의 경우에 해당하면 무정한 사주다. 약한 관성이 상관을 만났는데 재성이 없거나, 관성이 왕하고 인수가 없는데 재성국을 이루고 있거나, 살이 왕하여 인수가 필요한데 재성이 식상의 생을 받고 있거나, 일주 왕하고 살약하여 재성이 필요할 때 재성이 겁지에 앉아 있거나, 재성이 약하고 비겁이 중한데 식상이 없고 관성이 실령했거나, 인수가 월령에 있으면서 식상을 극한다면 모두 불협하여 무정한 사주라고 말할 수 있다.

[옮긴 이]

사주를 논하면서 유정, 무정을 말하고 화합과 불협을 말하는 것은 모두 일주가 사주 원국의 오행들로부터 어떻게 그리고 어떤 도움을 받아야 하는지의 문제를 놓고 하는 말들이다. 간지의 조화(調和)나 합화(合化)나 합거(合去)의 효과들이 모두 이에 포함된다. 정관은 좋지만 편관은 그렇지 않다고 말하는 것은 하나만 알고 둘은 모르는 소리다.

```
庚 丙 癸 己
寅 寅 酉 巳

丁 戊 己 庚 辛 壬
卯 辰 巳 午 未 申
```

[옮김]

이 사주는 병화 일주가 일지와 시지에 인목 장생지가 있고 사화 록지(錄地)가 있어 관성을 쓸 수 있다. 계수 관성이 기토의 극을 받고 있어 안타깝다. 그런데 관성이 재성 위에 있어 생조 받고 있어 아름답다. 또한 사화가 유금과 합이 되고 계수가 생을 받게 되어 유정하게 되었다. 관성을 극하는 기토는 설되어 힘이 약해졌지만, 관성은 도리어 뿌리가 튼튼하게 된 것이 묘하다. 이처럼 유정하게 배합을 이룬 사주가 됨으로서 흉한 일을 겪지 않고 일생 복을 누리는 사주가 되었다.

```
甲 丙 癸 癸
午 辰 亥 亥

丁 戊 己 庚 辛 壬
巳 午 未 申 酉 戌
```

[옮김]

이 사주는 관성이 월령에 당령하고 세력이 왕하여 관성이 두려운 사주가 되었다. 그러나 다행히 오화가 식신을 생하고 있고 관성을 억제하고 있다. 갑목이 투간되어 일주를 생하고 수(水)를 설하고 있다. 왕한 살이 반은 인수로 화하고 있다. 목은 약하지만 장생(長生)을 두 개나 만나 뿌리가 튼튼하다. 이렇게 되어 사주의 상하가 정협(情協)하게 된 것이다. 자수성가하여 많은 재물을 모은 사주다.

```
丙 乙 庚 甲
子 卯 午 寅

丙 乙 甲 癸 壬 辛
子 亥 戌 酉 申 未
```

[옮김]

이 사주는 을목 일주가 지지에 록왕지를 깔고 있으며 년간의 갑목도 인목에 뿌리하고 있다. 또한 시지의 자수(子水)가 생조해 주니 관성을 쓰고 싶다. 그런데 화는 왕하고 금을 생(生)해줄 토가 없다. 경금은 오화에 앉아 사용하기 어렵다. 화(火)식상은 수(水)에 충되어 편치 않다. 이처럼 간지(干支)가 불협하니 한번 대운이 잘못 들어오자 많은 재물이 순식간에 재가 되어 흩어졌다. 을해운에 수목(水木)이 함께 오자 큰 부자였던 사람이 거지가 되고 말았다.

```
壬 乙 己 乙
午 亥 卯 丑

癸 甲 乙 丙 丁 戊
酉 戌 亥 子 丑 寅
```

[옮김]

이 사주는 기토 재성이 년지의 축토에 통근하고 오화 록지를 보고 있다. 일주와 재성이 함께 왕하다. 하지만 기토가 비견에 앉아 극되고 축토 재성 역시 같은 입장이다. 시지의 오화 식신은 해수(亥 水)로부터 극을 받고 있다. 이로서 상하관계가 무정하고 배합을 이루지 못하고 있다. 초년 무인, 정축운은 부모의 덕으로 잘 살았으나 병자운에 들어와 오화가 충거되니 부모의 유산이 일시에 재가 되었다. 을해운에는 처와 자식을 팔고 삭발하고 승려가 되었지만 승려의 생활을 견디지 못하고 다시 세상에 나와 떠돌다가 추위와 굶주림 끝에 죽고 말았다. 이상 두 사주를 볼 때 원국의 간지의 관계가 정협(情協)한 경우와 불협(不協)한 것은 부귀빈천에서 실로 차이가 대단히 크다는 것을 알 수 있다.

[원문]

左右貴乎同志
좌우귀호동지

[옮김]

사주 간지의 좌우가 어떻게 되어 있어야 귀한 동지(同志)라 부를 수 있는가

[원문 주]

사주는 연월일시의 상하좌우가 일기(一氣)로 되어 있지 않아도 서로 상생하고 제화(制化)하는데 있어 어긋남이 없어야 한다.

[임철초 주]

　좌우 동지란 사주의 좌우가 혼잡스럽지 않는 것을 말한다. 그렇게 되기 위해서는 서로의 상생과 제화(制化)가 적절해야 한다. 관성이 많아 신약(身弱)한 사주라면 양인(陽刃)의 합살(合殺)이 있거나 인수가 화살(化殺)하거나, 살이 약하고 신왕하면 재성이 살을 실어 주고 또는 직접 관성을 부조하고 신살양왕(身殺兩旺)하면 식상이 제살(制殺)해 줄 때 동지라 할 수 있다. 일주 신약한 사주에 재성이 칠살을 자양하면 재성이 묶이는 것이다. 일주가 신왕한데 비겁이 관과 합 되려고 하면 관성은 자신을 잊게 된다. 일주가 필요로 하는 것이면 무엇이나 일주 가까운 천간에 투간되어 있어야 한다. 예컨대 칠살이 희신이면 재성이 가까이 있어야 한다. 희신이 인수이면 가까이 관성이 있고, 인수가 기신이면 관성은 재성에 자리를 양보하고, 재성이 기신이면 비겁의 억제를 받아야 한다. 또한 희신은 한신과는 상조하되 싸우지 말아야 한다. 한신은 기신이 제멋대로 하지 못하도록 억제해 주어야 동지라 할 수 있다. 세심하게 연구해야 한다.

[옮긴 이]

　용신과 기신 또는 희신과 한신이 있어 사주 원국은 이들의 상호 관계로 가만히 있지 않는다. 소리 없이 투쟁과 화해를 거듭하고 있다. 좋은 관계가 유지될 때 동지라 부른다. 화해하는데 직접 붙어 하는 경우도 있지만 한신의 개입으로 되는 경우도 있다. 그래서 동지가 되는 경우를 이런 것들이다 라고 쉽게 말할 수는 없다. 동지의 관계가 저절로 혹은 합충에 의해 이루어져도 대운이 허락하지 않으면 헛수고가 된다. 잠시 호수의 수면이 잔잔한 것에 비유될 뿐이다. 물결이 어느 정도로 일렁일지는 일주는 아직 모른다. 자세히 관찰해야 한다.

```
庚 庚 丙 壬
辰 午 午 申

壬 辛 庚 己 戊 丁
子 亥 戌 酉 申 未
```

[옮김]

　이 사주는 병화가 월령과 일지에 뿌리는 두고 있다. 대단한 기세다. 하지만 년간 임수도 장생을 두고 있어 만만한 기세가 아니며, 여기에 시주 경진이 일주 가까이에서 돕고 있다. 제살하는 식신이 용신이다. 일주와 관성의 세력이 비슷하여 신살양정(身殺兩停)하다. 천간의 동지는 임수이고 지지의 동지(同志)는 진토다. 간지에 함께 동지가 있다. 하나는 제(制)하고 하나는 화(化)하니 유정(有情)하다. 금수운에 관록의 길이 넓게 열려 국경수비대장이 되었다.

```
戊 庚 丙 壬
寅 申 午 午

壬 辛 庚 己 戊 丁
子 亥 戌 酉 申 未
```

[옮김]

이 사주는 앞의 사주와 같은 점이 많다. 그런데 앞의 사주는 크게 부귀영화를 누렸지만 이 사주는 평생 동안 그렇지 못했다. 그 이유가 무엇 때문일까? 앞의 사주는 임수 식신이 장생지에 앉아 넉넉히 제살하는 힘이 있었지만 이 사주는 같은 임수가 오화에 앉아 제살할 힘이 없고 더욱이 앞의 사주는 비견이 시간(時干)에 있어 일주를 조(助)하고, 식신을 생하고 있다. 이 사주는 그렇지 못하다. 오히려 임수를 충하고 있다. 좌우가 동지가 되지 못하고 있다. 그 차이가 크게 나타났다. 간지에서 다 같이 동지를 얻지 못했다. 이러한 경우를 좌우불능동지(左右不能同志)라고 말한다.

[원문]

始其所始終其所終　富貴福壽永乎無窮
시기소시종기소종　부귀복수영호무궁

[옮김]

시작과 끝이 각기 제자리에 있으면 부귀복수(富貴福壽)가 평생 이어진다.

[원문 주]

사주는 년에서 시작하여 시에서 끝이 난다. 시작된 것이 방해받지 않고 잘 도달하면 시종(始終)이 제 자리를 얻은 것이 되어 부귀와 수를 누리게 될 것이다.

[임철초 주]

시종이란 간지가 상생관계를 쉬지 않고 유지하는 것이다. 사주의 상생은 끊임없이 접속하여 이어져야 한다. 다소 문제가 있어도 합화 되거나 보호해주는 입장이 되면 유정한 것으로 본다. 생지(生支)나 득지(得支)함이 좋고 충극 되거나 뿌리가 없는 것은 좋지 않다. 한 신(閑神)이 있어도 길한 작용을 하는 경우가 많다. 하지만 꺼리는 것과 한 무리를 이루면 좋지 않다. 육친의 이름에서 나쁜 이름으로 보일지라도 격국을 보호하고 용신을 돕는다면 좋은 것이다. 사주의 간지는 하나도 버릴 것이 없다. 희신이 용신을 도우며 일주를 보호 하면 인생에서 부귀수복 한다.

[옮긴 이]

사주에서 시종이란 연주접속상생(連株接屬相生)하는 경우를 말한 다. 시작되는 지점이 어디인지는 관계없다. 천간이든 지지든 시작 지점에서 끊어짐이 없으면 된다. 종점에 이르기까지 몇 개의 오행이 연관되는 지가 중요하다. 연주상생격 사주는 대개 오복(五福)을 다 갖추고 살다가 일생을 마친다.

己	丁	甲	壬
酉	亥	辰	寅

庚	己	戊	丁	丙	乙
戌	酉	申	未	午	巳

이 사주는 년간 임수에서 시종(始終)이 시작된다. 그리고 끝 지점
이 일지 해수가 되었다. 년간 임수는 관성이다. 관성이 인수를 생하
고 인수는 일주를 생하고 일주는 식신을 생하고 식신은 재성을 생
하면서 이어지다가 일지 해수에서 끝이 났다. 시종이 멈추지 않고
이어져 국가에서 지위가 아주 높았고 자식들이 모두 잘 되었고 재
물 또한 거부였으며 수명이 80세에 달했다.

```
乙 癸 庚 戊
卯 亥 申 戌

丙 乙 甲 癸 壬 辛
寅 丑 子 亥 戌 酉
```

[옮김]

이 사주는 상생관계에서 천간은 천간대로 지지는 지지대로 토생
금, 금생수, 수생목으로 상생을 하고 있다. 이런 상생의 시종을 간
지의 동류(同流)라 한다. 술중에 정화 재성이 암장되어 술토를 생하
니 관성이 청수하고 인수가 올바르고 식신이 투출하여 생을 받으니
벼슬이 고위직에 이르렀다. 열 명이 넘는 자식들이 모두 과거에 급
제하여 출세하고 수명도 90세를 넘었다. 재물 또한 거부였다.

```
辛 己 丙 甲
未 巳 寅 子

壬 辛 庚 己 戊 丁
申 未 午 巳 辰 卯
```

[옮김]

　이 사주는 목생화, 화생토, 토생금이 천간에서 이어지고, 지지는
수생목, 목생화, 화생토, 토생금으로 이어졌다. 또 지지는 따로따로
천간을 생하고 있다. 단순하게 봐도 지지는 자수에서 신금까지 생함
이 이어졌고, 천간은 갑목에서 신금에 이르렀다. 천간과 지지가 함
께 동류(同流)했다. 그래서 자식들이 빠짐없이 급제했고 벼슬이 최
고위에 올랐으며 부부간의 금실이 좋았고 수명도 90을 넘었다.

10. 형 상 (形 象)

[원문]

兩氣合而成象　象不可破也
양기합이성상 상불가파야

[옮김]

두 기(氣)가 합이 되어 상(象)을 이루면 그 상을 파(破)하면 안
된다.

[원문 주]

사주의 천간은 모두 목이고 지지는 모두 화라면 그건 하나의 상
을 이룬 것이고 둘이 아니다. 이런 경우 금수(金水)를 만나면 상은
극을 받아 파괴된다. 나머지 오행의 경우도 이처럼 유추하면 된다.

[임철초 주]

목화가 하나의 상을 이루면 이러한 상은 금이나 수가 극하거나
충해서는 안 된다. 대운이 어느 시기에 금수운이 오면 사주가 이러
한 사람은 관직에서 물러나게 되며 가정도 파산되고 처자와 자신의
건강도 위험해질 수 있다. 두 기가 함께 청수(淸秀)한 것은 목화(木
火)두 가지만 그런 것은 아니다. 토금, 수목, 목화, 화토등 상생관계
는 물론이고, 목토, 토수, 수화, 화금, 금목등 상극 관계도 쌍청(双
淸)하다고 할 수 있다, 상생이라고 말할 수 있으려면 나를 생해야
하며 수기가 유행해야 한다. 상극은 내가 극해야 하는 것이며, 상대

가 일주인 나를 상하게 하면 안 된다. 또한 상생과 상극은 기세가 균등해야하며 한쪽이 무겁거나 가벼운 것은 꺼린다. 사주를 간명(看命)할 때는 세밀한 분야까지 자세히 봐야한다. 금수를 쓰는 사주라면 화토가 가까이 있는 것은 좋지 않고 수목을 취한다면 화금이 상쟁하면 안 된다. 목화가 하나의 상을 이루고 있는데 금수가 오면 국이 파국되며 수화의 경우라면 토수가 오는 것이 좋지 않다. 원국이 상을 이루고 있으면 운의 작용 역시 이와 같이 간명해야 한다. 격을 열 가지로 구분해 앞으로 자세히 설명하겠다.

[옮긴 이]

천간과 지지가 하나씩의 오행으로 통일되어 있을 때 이런 사주를 양기성상격(兩氣成象格) 사주라 한다. 대단히 순수하게 이루어진 격이다. 사람도 순수하고 맑고 깨끗하다. 하지만 탁해지고 깨어지기 쉽다. 상을 이룬 두 오행과 상극되는 운이 올 때는 수습이 불가능하고 한 번에 주저앉게 되고 만다. 상이 깨진다는 것은 바로 죽음을 의미할 수 있다. 하나의 상을 이룬 사주는 형태가 여럿 있다.

```
┌─────────────────────────────┐
│        丁 甲 丁 甲           │
│        卯 午 卯 午           │
│                             │
│      癸 壬 辛 庚 己 戊        │
│      酉 申 未 午 巳 辰        │
└─────────────────────────────┘
```

[옮김]

이 사주는 목화가 반반씩 양기(兩氣)로 만 하나의 상을 이루고
있다. 정화 상관을 용신한다. 사주가 대단히 청순하다. 그 이유는
목화와 상극되는 금수가 보이지 않기 때문이다. 사화운에 용신이 뿌
리를 얻게 되니 높은 명예를 얻게 되었다. 하지만 경금운에 이르자
원국이 탁해져 벼슬이 강등되었다. 경금이 오화에 앉아 들어왔는데
도 그랬는데 서방운이 왔다면 그 불행은 감당하기 어려웠을 것이다.

```
┌─────────────────────────────┐
│        乙 丁 乙 丁           │
│        巳 卯 巳 卯           │
│                             │
│      己 庚 辛 壬 癸 甲        │
│      亥 子 丑 寅 卯 辰        │
└─────────────────────────────┘
```

[옮김]

이 사주는 목화가 반씩인 사주다. 양기성상격(兩氣成象格)이다.
하지만 앞의 사주와는 일주와 월령의 오행이 다르다. 화의 세력이

주도하니 염상격(炎上格)이 되었다. 역시 금운은 좋지않다. 화운에
벼슬이 높아졌고 신금운 수년(水年)에는 목화가 상하니 재앙을 겪었
다. 이기동심(二氣同心)이 되었으면 이에 순해야 한다.

```
戊 丙 戊 丙
戌 午 戌 午

甲 癸 壬 辛 庚 己
辰 卯 寅 丑 子 亥
```

[옮김]

이 사주의 양기(兩氣)는 화토이다. 역시 양기성상격이다. 무토 식
신이 용신이다. 신축운에 수기(秀氣)가 유행하여 향시(鄕試)에 합격
했다. 임운 임년에 다른 시험장에 응시하러 갔다가 그곳에서 죽었
다. 수가 병화를 극하여 화기가 꺼졌다. 원국의 술토들이 모두 진토
였다면 조열하지 않으니 그랬다면 수운을 만나도 극흉함에는 이르
지 않았을 것이다.

```
辛 戊 辛 戊
酉 戌 酉 戌

丁 丙 乙 甲 癸 壬
卯 寅 丑 子 亥 戌
```

[옮김]

이 양기성상격 사주는 반씩 토금(土金)으로 이루어졌다. 신금을
용신하니 상관용신격이다. 초년운이 수운이라 수기가 유행(流行)하
니 길(吉)하다. 일찍 과거에 합격했고 벼슬이 상당했다. 그러나 중
년이 조금 넘어 병화운이 되자 용신이 상해서 관직에서 물러났다.
양기성상격은 일생의 영화가 좋을 때는 아주 좋지만 그렇지 못한
운을 만나면 급전직하로 불행을 맞게 되는 것이 대단히 흠이다. 수
기(秀氣)가 유행되다가 그 길이 막히면 그만이다. 예컨대 금수, 수
목으로 인수격(印綬)이 되면 취할 수기(秀氣)가 없다. 그러면 부귀
는 논할 여지가 없게 된다.

```
癸 戊 癸 戊
亥 戌 亥 戌

己 戊 丁 丙 乙 甲
巳 辰 卯 寅 丑 子
```

[옮김]

　이 사주 또한 양기성상격으로 토수(土水)가 반씩이다. 무토 일주
가 조열한 토에 통근하여 재명(財命)이 된 것이 좋다. 겨울철 해수
월에 태어나 양기(陽氣)를 뿜는 병인운(丙寅運)을 만나자 과거시험
에 합격했다. 묘한 것은 월령 해수에 암장된 갑목이 화를 생하니
벼슬길이 순탄했다.

```
己 癸 己 癸
未 亥 未 亥

癸 甲 乙 丙 丁 戊
丑 寅 卯 辰 巳 午
```

[옮김]

　이 사주는 수토가 상극 관계이면서 양기성상격이 되었다. 칠살을
억제해주는 오행이 없어 일주가 상처를 입고 있다. 초년운이 화토로
흐르니 좋을 리 없다. 을묘운에 가서야 동방이 되니 칠살을 제압하여
우연한 인연을 만나 높은 벼슬에 올랐다. 양기성상격에서 생국(生局)

은 반드시 식상이 좋고, 인수국이 되면 수기가 부족하지 않아야 좋고, 재성국이 되면 일주가 손상되지 않아야 하고, 운도 좋아야 한다. 그러나 한 번 파국(破局)되면 만회하기가 어렵다.

[원문]

五氣聚而成形　形不可害也
오기취이성형　형불가해야

[옮김]

오가(五氣)가 하나의 형상을 이루면 극해(剋害)하면 안 된다.

[원문 주]

목을 예로 들면 목은 수가 있어야 생하고, 화가 있어야 행(行)하고, 토가 있어야 뿌리내려 자라고, 금이 있어야 재목이 되어 형상이 이루어지는 것이다. 과(過)하거나 부족하면 해가 된다. 나머지도 이와 같이 유추하면 된다.

[임철초 주]

사주가 목으로 형상을 이뤘다면, 식상이 설기하면 수로 생하고, 관성이 극하면 화로 행하고, 인수가 많으면 토로 뿌리 내리게 하고, 재성이 경(經)하고 비겁이 중(重)하면 금으로 완성시켜야 한다. 이렇게 하면 명리가 따라올 것이다. 다른 오행의 경우에도 형상에 관해서는 이와 같은 이치로 추리하면 된다. 원국에서 이루어짐이 없다면 운에서 성형(成形)해 주면 된다. 그러나 운에서 마저 도움이 없다면 평생 곤고한 삶을 면할 길이 없다.

[옮긴 이]

사주의 일주가 필요로 하는 오행은 운명적이라 할 만큼 정해져 있다고 생각하면 된다. 사주의 형태에 따라 이름이 붙는 수많은 격의 이름이 어떠하다 해도 결론은 용신에 귀착된다. 그걸 찾아낸 다음에 그 용신이 보호받고 있는지를 살펴보는 것이다.

```
戊 甲 壬 壬
辰 子 子 戌

戊 丁 丙 乙 甲 癸
午 巳 辰 卯 寅 丑
```

[옮김]

이 사주는 수 인수의 세가 넘쳐나고 있다. 무토가 제방 역할을 할 수 있도록 토를 배양해야 한다. 그래야 목이 부목(浮木)되거나 물이 둑을 넘는 사태가 일어나지 않을 것이다. 무토는 술토에 의지해야한다. 진토는 수를 보면 흙탕물이 되어 무토가 뿌리를 내릴 수가 없다. 토가 뿌리가 깊어야 물의 흐름을 막을 수 있다. 이 사주에서 가장 중요한 것은 조열한 술토가 있다는 것이다. 목도 냉한 기운에 젖어 있으니 화기로 온기를 주어야 발영할 수 있다. 운이 화운에 이르자 많은 재물이 생겼고 명성도 높게 되었다.

```
辛 甲 乙 戊
未 辰 卯 寅

辛 庚 己 戊 丁 丙
酉 申 未 午 巳 辰
```

[옮김]

　이 사주는 목 일주가 묘월에 태어났고 목 방합국을 이루고 있다.
비겁과 양인의 세가 드세어 금을 우습게 여기고 있다. 그래서 성형
(成形)이 어려워 학업을 이루지 못했다. 초년 화토운에는 집안이 넉
넉했고 금운에는 괜찮은 벼슬자리에 올랐다. 그러나 계수(癸水)운에
는 생목설금(生木洩金)하니 자리에서 물러났다.


```
乙 甲 乙 癸
亥 戌 卯 未

己 庚 辛 壬 癸 甲
酉 戌 亥 子 丑 寅
```

[옮김]

　이 사주는 일지에 술토를 깔고 있다. 원국에 목을 완성시키는 금
이 없다. 또 목이 화로 행해야 하는데　화가 없고, 시지에 비겁을
생하는 해수가 있다. 해묘미 삼합 오행이 모두 있어 비겁과 양인이
겁이 없는 상태이다. 불리한 상황이다. 그런데 운도 원국을 돕지 않

고 있다. 부모의 조업을 파하고 아내를 극하고 자식도 없었다. 이 사주는 운을 만나지 못했다. 청운의 뜻도 운의 도움이 없으면 이룰 수 없는 것이다. 그런 경우에 해당되는 사주다.

[원문]

獨象喜行化地　而化神要昌
독상희행화지 이화신요창

[옮김]

독상격은 화지(化地)로 가는 것이 좋다. 그 화지는 힘이 있어야 한다.

[원문 주]

독상격(獨象格)이란 곡직격(曲直格) 염상격등 한 가지 기세로 원국을 이룬 사주를 말한다. 이런 격은 화신(化神)의 기세가 왕성해야 한다. 그래야 기가 유행(流行)하며, 그런 연후에 재나 관으로 행하는 것은 괜찮다.

[임철초 주]

독상격(獨象格)이란 한 사람이 권력을 모두 쥐고 있는 경우와 같다. 이 격은 한 세력으로 일가(一家)를 이루고 있다. 화신(化神)이란 식신과 상관을 말한다. 독상격이 원국에 식상의 기세가 왕하고 식상운으로 흐르면 명리(命利)가 있다. 사주팔자는 구성된 형태가 오행을 두루 갖추고 있으면 좋지만 독상격도 나쁜 사주는 아니다. 목일주 사주에 인묘진이나 해묘미 삼합을 이루고 여기에 금 관성이 없으면 곡직격(曲直格)이고, 화일주 사주에 사오미 합이나 인오술 합을 이루고 있으면 염상격이 된다. 토일주 사주에 지지가 진술축미를 모두 있으면 가색격이 되고, 금일주 사주에 신유술이나 사유축이 되어 있으면서 화 관성이 없으면 종혁격을 이룬 것이고, 수일주에 해자축이나 신자진 합을 이루면 윤하격이 된다. 이 다섯 격은 관격이나 재격등과 같이 통상적으로 해석해서는 안 된다. 한 가지 기세가 특별하게 왕하면 왕한 기세가 유통되어야 한다. 목국을 예로 들어 이 국이 토운을 만났다면 원국에 식상이 있어야 분쟁이 없게 된다. 이때도 원국에 재가 있고 인수는 없어야 한다. 그렇지 않으면 반극(反剋)되어 흉하게 된다. 금운은 국이 파격되기에 흉함이 있다. 수운은 원국에 화가 없을 때만 좋다. 원국의 지지에 국을 파하는 오행이 암장되어 있는 경우에는 운에서 충거해 주어야 좋다. 독상격에 관성운은 모진 흉함을 안겨주지만 원국에 식상이 있어 반극하면 대흉(大凶)은 면하게 된다. 천간의 기가 양기이면 강한 것이 되고, 음기이면 약한 것이다. 지지는 몇 오행이 모여 격을 이루는데 방국(方局)은 비교적 중(重)하고 회국(會局)은 비교적 경(經)하다. 독상(獨象)은 좋은 격이다. 하지만 국을 파하는 운은 대단히 두렵다. 합상(合象)이 비록 잡(雜)되지만 제화(制化)의 공(功)을 이루면 좋은 사주이다.

[옮긴 이]

독상격을 전왕격(專旺格)이라 부르기도 한다. 이격은 특별하고 좋은 격이지만 반면에 심히 우려스러운 양면성을 지니고 있다. 통상적 일반격 사주에서는 대운에서 원국의 용신을 극하지 않는 한 크나큰 어려움은 없다 하겠다. 하지만 이격은 대운에서 국을 파괴하지 않아야 한다. 그래서 독상격은 원국에 관성이 있으면 독상격이란 명칭 자체가 붙여지지 않는 것이다. 독상격이 파국되는 운을 만나게 되는 경우라면 각별한 준비가 필요하다 하겠다.

丙 甲 丁 甲
寅 辰 卯 寅

癸 壬 辛 庚 己 戊
酉 申 未 午 巳 辰

[옮김]

갑목이 일주인 이 사주는 지지에 인묘진 방국을 이루고 있다. 화신(化神)은 식상인 병화와 정화이다. 사주가 대단히 청순하여 소년기에 과거에 급제하였다. 재성운으로 행하자 원국의 식상이 역할했고 금성운이 오자 식상이 반극하여 무난했다. 하지만 임수운이 오자 수기(秀氣)가 상했다. 고향으로 쓸쓸히 낙향할 수밖에 없었다.

```
己 戊 丁 己
未 子 丑 未

辛 壬 癸 甲 乙 丙
未 申 酉 戌 亥 子
```

[옮김]

　‘비중당’이란 사람의 사주이다. 이 사주는 천간에 정화(丁火)인수
가 있고 지지의 자수(子水)는 자축(子丑)합화되어 토가 되니 가색격
(稼穡格)으로 진격(眞格)이다. 아쉬운 것은 축중(丑中) 신금이 투출
되어 있지 않은 것이다. 원국에 정화가 셋이나 있어 신금이 움직일
수 없다. 그리하여 자식을 두기 어려웠다. 천간이나 지지에 금이 한
개라도 있었다면 좋은 사주가 될 수 있었다. 아쉽게 된 사주다.

```
乙 丙 甲 丙
未 戌 午 寅

庚 己 戊 丁 丙 乙
子 亥 戌 酉 申 未
```

[옮김]

　이 사주는 병화 일주이면서 인오술(寅午戌) 화방국(火方局)을 이
루고 있고 목은 화세(火勢)를 따르고 있어 염상격(炎上格)이다. 목
이 토를 극하고 있어 수기(秀氣)가 상하여 학업을 이어가지 못했다.

대신 무관(武官)으로 나아가 지휘자가 되었다. 신유(申酉)운은 지지의 토가 화(化)해 주어 좋았다. 해수운은 해미합, 인해합으로 합화해 흉한 일은 없고, 벼슬자리를 내려놓는데 그쳤다. 경자운은 천간에 식상이 없어 유통되지 않고 지지가 충 되어 군(軍)병영에서 사망했다.

```
庚 庚 乙 庚
辰 戌 酉 申

辛 庚 己 戊 丁 丙
卯 寅 丑 子 亥 戌
```

[옮김]

이 사주는 경금 일주가 신유술(申酉戌) 방합(方合)이 있고 을목 재성은 을경(乙庚)합화하여 종혁격(從革格)이 되었다. 금의 기세가 극왕하고 날카로우니 상관으로 설기함이 좋은데 상관이 없다. 따라서 학문을 해도 삶의 질을 개선하는데 하등 도움을 주지 못했고 임종(臨終)도 고통이 따르는 사주가 되었다. 무관으로 지휘자 급에 있었으나 인목운이 오자 부대 안에서 죽었다. 그 이유는 원국에 식상이 없었기 때문이며 여기에 인술이 합화하여 비겁의 세를 극하였기 때문이었다.

```
壬 癸 辛 壬
子 丑 亥 子

丁 丙 乙 甲 癸 壬
巳 辰 卯 寅 丑 子
```

[옮김]

이 사주는 지지에 해자축(亥子丑)삼합이 있다. 임계수와 신금이 천간에 투출하여 순수한 윤하격(潤下格)을 이루고 있다. 운이 배반하지 않아 좋았다. 갑인운에 과거 시험에 급제하였고 을묘운에 아주 높은 벼슬에 올랐다. 이어진 병화운에는 원국에 식상이 없어 유통되지 못하고 군비쟁재(郡比爭財)가 되니 크게 흉하게 되었다.

[원문]

全象喜行財地　而財神要旺

전상희행제지 이재신요왕

[옮김]

전상(全象)은 재지(財地)로 행함이 좋다. 그 재성은 왕해야 한다.

[원문 주]

전상이 좋으려면 식상이 있고 또한 재성이 있어야 한다. 원국의 형태가 이러하면 완전하다고 말할 수 있다. 왕한 일주는 왕한 재성을 반기는데, 하지만 운은 관성운이 좋지 않다.

[임철초 주]

세 가지가 갖춰져야 완전하다는 말은 비단 식상과 재성만을 말하는 것이 아니다. 식신생재(食神生財)하면 물론 좋다. 하지만 관인상생(官印相生)하고 재생관(財生官)한다고 해서 무엇이 나쁜가? 왕한 일주에 상관생재하면 재복이 좋은 것이 사실이다. 비겁이 많은 사주라면 재성이 극함을 당하게 되는데 이때 관성운은 좋다 하겠다. 상관운도 좋지만 반드시 원국의 의향을 봐야한다. 왕한 일주에 상관이 약하고 인수가 있다면 재성은 좋지만 대신 관성은 나쁘며, 왕한 일주에 약한 재성, 여기에 비겁이 있으면 관성은 좋지만 재성은 좋지 않고, 왕한 일주에 재성과 관성이 함께 있으면 재성은 좋고, 관성은 좋지 않다. 이처럼 사주는 한 가지 이치만 붙들면 안 된다. 일주의 뜻이 어디에 있는지 살펴야 한다.

[옮긴 이]

호리지차 화복천리란 말을 다시 한 번 쓸 수밖에 없다. 사주를 간명하는데 도움이 되는 어떤 새로운 이치를 습득했다해서 그 이치가 비슷한 사주에 모두 적용된다고 믿으면 오산이다. 원국을 이루고 있는 일주와 오행의 종류와 숫자가 같다 해도 위치가 변화되었다면 아까의 이치를 무리하게 적용하려해서는 안 된다. 합충과 반극에 변화가 일어날 수도 있다. 그러면 상황은 크게 달라진다. 한 가지 이치를 고집해서는 안 된다는 명언이 어떤 사주에도 적용될 수가 있는 것이다.

```
甲 丁 丙 戊
辰 卯 辰 申

壬 辛 庚 己 戊 丁
戌 酉 申 未 午 巳
```

[옮김]

이 사주는 정화(丁火)일주가 봄철의 마지막 달에 태어났다. 상관
이 재성에 설기되어 약해지니 학업의 길이 어려워진 사주다. 하지만
경신, 신유운에 이르자 쟁재(爭財)하는 것을 막아 주어 부모의 유업
이 미미했던 것을 큰 규모로 번창시켜 큰 거부가 되었다.

```
丁 丙 辛 己
酉 午 未 巳

乙 丙 丁 戊 己 庚
丑 寅 卯 辰 巳 午
```

[옮김]

이 사주는 화 일주가 여름에 태어났고 지지에 일지와 월령이 포
함된 사오미(巳午未)남방의 방합을 이루고 있으니 그 열기는 대단하
다. 극왕한 사주란 이런 경우이다. 화토 상관격이 재를 생하고 있
다. 정화 양인은 격국이 싫어하는데 천간에 투출되어 있다. 원국에
습기와 수기(水氣)는 한 방울도 없다. 비겁과 양인의 등살에 수기가

존재조차 할 수 없다. 부모의 조업을 지키지 못했고 부모도 일찍 돌아가셨다. 어릴 적 고생은 말로 다 할 수 없었다. 60세 이전 까지는 가정도 이루지 못했고 다른 것도 하나도 완전치 못했다. 그러다가 60이 넘어 축토운에 들자 금국(金局)을 이루어 사업을 하고 재물을 모으고 70이 넘어 여자를 만나 자식을 두었다. 늦게나마 갑자(甲子), 계해(癸亥)운을 만나 많은 재물을 모았고 수명은 90세를 살았다.

[원문]

形全者宜損其有餘　形缺者宜補其不足
형전자의손기유여　형결자의보기부족

[옮김]

형상(形象)이 완전하면서 남는 것이 있으면 내보내고 형상에 결점이 있어 모자라면 더해준다.

[원문 주]

갑목 일주가 목 방합월에 태어났거나 병화 일주가 화 방합월에 태어나면 형상이 완전하다고 할 수 있다. 하지만 무토 일주가 목 방합월에 태어났거나 경금 일주가 화 방합월에 태어났다면 형상에 결함이 있다. 나머지 오행도 이처럼 유추하면 된다.

[임철초 주]

　형상이 완전하거나 부족하다면, 한쪽은 덜어내고 한쪽은 보태야 한다는 이론은 자평(子平)에서 한 이야기다. 명리학은 이 이론에서 조금도 벗어나지 않는다. 좀 더 구체적으로 논하면 설상생조(洩傷生助)다. 설해야 하는 것은 설해야 묘함이 있고, 상해야 하는 것은 상해야 공덕이 나타난다. 여기에 식상과 관성이 이를 감당한다. 일주가 왕하다해도 식상을 쓸지 관성을 써야할지는 상태에 따라 다르다. 당연히 분별해 써야 길흉의 헷갈림을 피할 수 있다. 부족하여 보태주는 경우에는 생조한다 하는데, 인수로 생해주는 경우와 비겁으로 더해주는 경우로 나뉜다. 이 또한 잘 분별하여 써야 한다. 인수로 도와주면 해로운데 비겁으로 도와주면 길할 때가 있고, 그 반대의 경우도 있다. 목 일주가 인묘진 월에 태어나고 화 일주가 사오미 월에 태어났다 해서 모두가 형상이 완전하다고 말하는 것은 사실은 편견이다. 천간 오행이 어떤 것이냐에 따라 형상의 상태가 바뀔 수 있기 때문이다. 원문을 쓴 학자가 이를 모를 리 없다고 생각한다. 다만 지지의 방합만을 예로 들어 글을 썼다고 생각한다. 명리는 역시 하나의 이론만으로 되는 학문이 아니라는 걸 새삼 느끼게 된다.

[옮긴 이]

　명리는 인간의 삶의 기나긴 여정, 거기에 따라붙는 구성원들, 살아가면서 겪게 되는 수많은 곡절과 인간관계, 길흉이 엇갈리는 시기 등을 관조하는 학문이다. 마치 인체의 해부학적 구조를 들여다보는 것과 흡사하지 않을까 생각해 본다. 신체의 어느 한 부분만을 보고 그 사람의 건강여부를 함부로 말할 수 없듯이 한 사람의 사주도 한 두 가지 이론만으로 간명해서는 안 된다고 생각한다. 의학도 해부학에서부터 시작하듯이 명리도 일주와 천간지지 그리고 그것들의 합충과 태어난 계절이 어느 계절인지, 더운지 추운지, 필요한 오행이 무엇이고 남아도는 오행은 무엇이며, 남는다면 설기할지 제거할지, 부족하면 생해줄지. 비겁으로 보조할지, 모든 것은 그 사주 원국의 현재 상태가 어떠하냐에 따라 그 처방이 달라지는 것이다. 이 항목은 원국의 형상이 완전한지 완전하지 못한지에 초점을 맞추고 있다.

```
甲 庚 庚 丁
申 子 戌 丑

甲 乙 丙 丁 戊 己
辰 巳 午 未 申 酉
```

[옮김]

  이 사주는 이른바 상지유공(傷之有功)에 해당하는 사주다. 경금 일주가 가을에 태어났다. 여기에 비견이 또 있다. 관성이 허약하고 재성도 관성을 설하기에 역부족하다. 초년에 어려움이 많았고 부모를 여의였다. 하지만 정미, 병오운을 만나 씻은 듯이 고생이 사라졌고 생업이 잘 풀려 을사운에는 평안하게 보냈다.

```
乙 庚 壬 戊
酉 申 戌 申

戊 丁 丙 乙 甲 癸
辰 卯 寅 丑 子 亥
```

[옮김]

경금(庚金)일주가 가을에 태어났고 지지에 신유술(申酉戌)방합을 이루고 있다. 을목은 경금과 합화했다. 무토가 금을 생하자 극왕함에 이르렀다. 그 세력에 순응해야 한다. 임수(壬水) 옆에 토가 바짝 붙어 극하고 있다. 살기(殺氣)를 설할 수 없는 상황이다. 초년(初年) 계해(癸亥), 갑자(甲子)운에 아주 평안했다. 어릴 때이니 부모의 형편이 좋았으리라 본다. 병인운이 오자 한번 잘못하여 재물이 모두 사라졌고 너무 어려워지자 자살하고만 사주다. '설하는 것은 유익하고 상(傷)하면 해롭다'에 해당하는 사주다.

```
乙 丙 辛 庚
未 辰 巳 申

丁 丙 乙 甲 癸 壬
亥 戌 酉 申 未 午
```

[옮김]

　병화 일주가 사화 비견월에 태어났다. 재성을 용신해야하는 사주 같지만 그렇지 않다. 을목은 일주를 도울 형편이 아니다. 일주가 신약하다. 신유금운에 금은 득지하고 목우 뿌리가 없어 고생이 말할 수 없이 심했다. 그런데 병술, 정화운이 오자 집안을 일으키고 명예도 얻었다. 비겁운이 와 주어 살게 된 사주다. 재다신약격(財多身弱格)사주는 비겁으로 도와주어야 공(功)이 있다고 했다.

```
壬 丙 癸 壬
辰 午 丑 子

己 戊 丁 丙 乙 甲
未 午 巳 辰 卯 寅
```

[옮김]

　이 사주는 일주가 오화 양인에 앉았다. 하지만 관성의 세력이 왕하여 허약한 일주가 되었다. 진축토가 있지만, 상관 습토라서 왕한 수의 세력을 막지 못한다. 초년 갑인, 을묘운에 화살생신(化殺生身)하여 일주를 생해주니 가정 형편이 넉넉한 집안에서 자랐다. 그 다음 병진운은 일주를 돕지 못하고 관살의 희극을 당해 처자(妻子)를 극하고 가업이 남김없이 파산되고 죽었다. '인수로 도와주면 길하지만 비겁으로 도와주면 흉하다.'에 해당하는 사주이다.

11. 방국(**方局**)

[원문]

方是方兮局是局　方要得方莫混局
방시방혜국시국　방요득방막혼국

[옮김]

　방국은 순수한 방국이 되어야 하고 합국은 순수한 합국이 되어야
한다. 방국의 요소가 섞이면 안 된다.

[원문 주]

　인묘진(寅卯辰)은 목방국(木方局)이다. 여기에 해(亥), 묘(卯), 미
(未),등 삼합목국(三合木局) 의 글자가 한 자(字)라도 섞이면 혼국
(混局)이 되면서 태과(太過)한 사주가 된다.

[임철초 주]

　사주의 12지지에서 인묘진(寅卯辰)은 동방, 사오미는 남방, 신유
술은 서방, 해자축은 북방에 속한다. 사주의 지지에 인묘진이나 사
오미등 3자가 모두 있으면 방국이 된다. 방국이 되면 삼합국보다
기세가 강하다. 무토 일주가 인월이면서 나머지 두 자가 모두 있으
면 살(殺)로 논하고, 묘월이면서 역시 두 자가 다 있으면 관(官)으
로 논한다. 기토 일주면 이와 반대로 본다. 진월이면 원국의 나머지
기세를 봐 결정한다. 나머지도 이와 같이 논하면 된다. 두 자만 있
으면 방국이 아니다. 원문에 '방국에 삼합의 글자가 섞이면 안 된

다.'고 하였는데, 나는 그렇게 생각하지 않는다. 안 된다고 할 이유가 없다. 예컨대 목방국에 해가 있으면 목의 장생지가 되고, 미가 있으면 고장지가 되어 반근지(盤根地)가 되는데 왜 안 된다는 말인가?

[옮긴 이]

'임 주'에 동의한다. 방합이나 삼합이나 그것들이 모이면 국이 되는 이유는 그것들의 지장간에 모두 같은 오행이 들어 있어서 이다. 인묘진이나 해묘미를 예로 보자. 진, 미토 중에도 목이 암장되어 있다. 진토는 봄철 토이고 미토는 여름철 토이지만 같은 을목이 들어 있어 목 방합국과 목 삼합국에 쓰인 것이다. 방국에 삼합의 글자가 섞여 있다면 기세가 강화되는 것은 사실이다. 이로서 일주의 쓰임에 부합되는지가 중요한 것이지 그 외에 달리 불리하거나 해로울 건 없다고 생각한다.

```
己 戊 丁 甲
未 辰 卯 寅

癸 壬 辛 庚 己 戊
酉 申 未 午 巳 辰
```

[옮김]

이 사주가 목 방국에 미(未)가 섞여 혼국이 된 경우이다. 무토 일주는 미토에 뿌리하고 있다. 사주가 유정하기 위해서는 반드시 미토기 있어야 했다. 그렇지 못했다면 일주의 기세는 허약하고 더욱 갑목이 투출하여 살은 되지만, 관으로 볼 수는 없었을 것이다. 과거에 급제하고 높은 벼슬에 오른 것은 미토가 있었기 때문이다. 나쁠 이유가 하등 없다는 것을 알 수 있다. 신살양정을 이룬 것도 미토의 덕이었다.

```
丁 乙 庚 丙
亥 卯 寅 辰

丙 乙 甲 癸 壬 辛
申 未 午 巳 辰 卯
```

[옮김]

이 사주도 목 방국이 있다. 년간 병화가 탁기인 경금을 제거하니 좋다. 인월의 목은 어린지라 해수의 도움을 받고 있어 풍류를 알고 학문이 깊게 되었다. 정해(丁亥)가 목을 생하고 화를 부조해 과거에 합격했다. 사화운에 높은 자리에 보직되고 이름이 한원(翰苑)에 널리 알려졌다. 오운에 길하였고 말년 유금운에 관직에서 물러났다. 을목 일주가 뿌리가 없고 금지(金地)를 만나 충극을 당했기 때문이었다. 만약 해수의 화(化)함이 없었다면 아주 흉한 일을 겪었을 것이다.

[원문]

國混方兮有純疵 行運喜南或喜北

국혼방혜유순자 행운희남혹희북

[옮김]

삼합에 방합의 자(字)가 섞이면 순수함에 흠이 될 수 있다. 운은 남이나 북방으로 흐름이 좋다.

[원문 주]

해묘미 삼합에 인(寅)이나 진(辰)이 섞이면 태강하게 되어 운이 수(水)운이나 화(火)운으로 흐르면 이로울 수 없다.

[임철초 주]

사주의 지지에 삼합국을 이룬 것은 해묘미 목국, 인오술 화국, 사유축 금국, 신자진 수국이다. 지지 삼합은 생(生), 왕(旺), 묘(墓)란 이름이 붙으며 하나의 기가 공통적으로 암장되어 있다. 삼합이 우연히 된 것이 아니다. 그중 두자가 있어도 반합으로 여긴다. 하지만 해묘나 묘미는 목국으로 볼 수 있지만, 해미는 목국으로 보기 어렵다. 삼합을 이루면 길흉간에 영향을 크게 미친다. 해묘미 삼합에 유(酉)나 축(丑)이 섞여 있거나 가까이서 충하면 파국이 된다. 비록 충하는 것이 원국 속에 있다 해도 바짝 붙어 있지 않거나, 파국에 위험은 주지 않는 지지에 붙어 있다면 전체 원국의 상황을 보고 난 후 논해야 한다. 두 글자로 국이 되는 경우는 바짝 붙어 있어야 국이 성립되고 한 글자가 충을 만나면 파국이 된다. 해묘미 삼합에 인(寅)자가 섞여 있으면 동기(同氣)가 되고 진(辰)자가 섞여 있다면 여기(餘氣)가 된다. 진은 동방의 습토로 목을 생조하는데 무슨 손해가 있겠는가? 삼합의 글자들 사이에 다른 것이 끼어 있으면 합된 힘이 약해질 수 있다. 이때는 천간에서 도움이 있어야 힘을 회복할 수 있다. 목일주 사주 지지에 방합이나 삼합국을 이루고 나머지 지지에는 목기가 암장된 자(字)가 있고 천간에도 비겁이 있고 다른 자가 섞이지 않으면 남쪽으로 운이 흐르면 수기가 유행이 되고, 북쪽으로 흐르면 생조강신(生助强神)이라 하여 어느 쪽도 다 길하다. 하지만 간지에 화(火)가 있다면 남방운은 길하지만 북방운은 흉하거나 재앙이 있을 것이다. 나머지도 이와 같이 추리하면 된다.

[옮긴 이]

일주의 기와 같게 지지에 방합이나 삼합을 이루고 국을 파손하는 글자가 없으며 천간도 비겁이 투간되어 있다면 대단히 왕한 사주가 된다. 사주가 이러하면 기세에 순순히 순응하는 대운으로 흘러가 주어야 행운이 있다. 원국의 천간에 일주의 기세에 순응하는 오행으로, 목 일주를 예로 들면 수나 화가 되는데 이 오행들은 목세에 순응하는 기일 뿐이다. 화가 있다면 수운은 반드시 불길하며 반대로 수가 있다면 화운은 불길하다.

```
癸 乙 乙 甲
未 卯 亥 寅

辛 庚 己 戊 丁 丙
巳 辰 卯 寅 丑 子
```

[옮김]

이 사주는 해묘미 삼합에 방합의 글자 인(寅)이 있다. 금(金)관성이 없어 종강(從强)한다. 일기(一氣)로 수기를 이뤄 소년 급제 했다.

경진, 신사운은 계수의 화살(化殺)이 있었지만 부모상을 당하였고 본인의 신상에도 실패가 있었다. 60세가 지나 임오, 계미운에 이르자 오히려 관찰사에 올라 벼슬이 더 높아졌다. 순풍에 돛단 듯이 앞길이 잘 풀렸다. 종강한 목국 사주는 동, 남, 북방운은 모두 길하고 목을 극하는 금운만 흉하다는 것을 알 수 있다.

```
丁 乙 丁 甲
亥 未 卯 寅

癸 壬 辛 庚 己 戊
酉 申 未 午 巳 辰
```

[옮김]

이 사주는 해묘미 목국에 인(寅)자가 있다. 이 사주는 정화 식신을 취하는 사주다. 종강격으로 간명해서는 안 된다. 사화운에 급제하였고 경오, 신미운도 별다른 어려움이 없었다. 하지만 임신운에는 목화가 상처받아 파국되었다. 병영 안에서 죽었다. 앞전의 사주처럼 종강격이 되면 화운과 수운이 길하였겠지만 목화로 된 이 사주는 금수운이 흉하다. 삼합에 방합의 글자가 있어도 별다른 해가 없다는 것을 알 수 있다.

[원문]

若然方局一齊來　須是干頭無反覆
약연방국일제래　수시간두무반복

[옮김]

방합이나 삼합을 이루고 또 동기(同氣)가 있다면 천간은 그 왕한 기세에 거역하는 것이 없어야 한다.

[원문 주]

해묘미 목 삼합국이나 인묘진 목 방합국이 이루어 졌으면 천간도 그 기세에 순응해야 하고 운도 원국의 기세를 거역하지 않아야 좋다.

[임철초 주]

삼합국에 나머지 한 자(字)가 방합 자(字)로 채워지거나 방합국에 나머지 한 자가 삼합 글자로 채워진 경우를 방국제래(方局齊來)라 한다. 앞에서 논한 방혼국과 국혼방에 대한 부연 설명이다. 예를 들어 인묘진 목방국에 해나 미가 있든가, 해묘미 삼합국에 인이나 진이 있다든가, 사오미 화방국에 인(寅)이나 술(戌)이 있거나, 인오술 삼합국에 사(巳)나 미(未)가 있거나, 신유술 금방국에 사나 축(丑)이 있거나, 사유축 삼합국에 신(申)이나 술(戌)이 있거나 해자축 수방국에 신이나 진(辰)이 있거나, 신자진 삼합국에 축이나 해(亥)가 있는 등 방국에 합의 글자가 함께 있고 합국에 방국의 글자가 함께 있는 것을 방국제래라 한다. 방국제래 상태가 되면 천간도 그 왕한 기세에 순응해야 좋다. 이를 두고 간두무반복(干頭無反覆)해야 좋다고 말한다. 간두무반복이란 방국재래가 되면 천간도 왕한 그 기세에 순응하는 것으로 배합되어야 좋다는 것이다. 원국이 방국제래를 이루고 있으면 관성으로 극해서는 안 된다. 목 일주의 예에서 천간에 화가 있어 목의 기를 설해주어야 좋다. 금수가 투간되지 않아야 간두무반복이 된다. 천간에 화 대신 수가 있으면 종강이 되어 수운으로 흐르면 기세에 순응하는 것이며 금운이 가장 좋다. 화가 있을 때 수가 있거나 화가 없을 때 금이 있으면 간두반복(干頭反覆) 되었다고 한다. 토운은 역수(逆水)를 막아주고 화운은 미약한 금을 제거하니 흉해지지는 않는다. 금은 소수가 다수에 맞서는 것이니 반복(反覆)에 해당한다. 일주가 토일 때 다른 천간에 화가 있으면 상생의 정이 있으니 이 경우는 반복은 아니다. 왕한 것으로 제(制)하는 것이 덕(德)으로 제하는 것만 못한 것은 그 유행이 모두 순하기 때문이다. 나머지도 이와 같다.

[옮긴 이]

원국이 방국제래 된 형태라면 그 기세가 완강하니 천간은 그 기세에 순응해 주어야 좋은데 이런 경우를 간두무반복 되었다고 한다. 그 반대의 현상이 되어 있으면 간두반복 되었다고 말한다. 간두반복 되면 순리에 거역하는 것이니 해롭다.

```
癸 乙 丁 甲
未 亥 卯 寅

癸 壬 辛 庚 己 戊
酉 申 未 午 巳 辰
```

[옮김]

이 사주는 방국제래(方局齊來)에 해당되는 사주다. 월간에 정화 식신이 투간되어 넘치는 기운을 설하여 주니 아름답다. 하지만 계수 가 투출하여 일지 해수에 통근하고 가까이서 정화 수기를 극하니 간두반복(干頭反覆) 되었다. 벼슬을 하지 못했고 가난하고 자식도 없었다. 만약 간두반복만 되지 않았다면 크게 명리가 있을 사주였다.

```
乙 甲 甲 丁
亥 寅 辰 卯

戊 己 庚 辛 壬 癸
戌 亥 子 丑 寅 卯
```

[옮김]

이 사주 또한 방국제래 된 사주다. 간두(干頭)에 수가 투간 되지 않았다. 정화 상관이 수기가 되어 유행한다. 운의 흐름이 반패(反 悖)가 심하지 않아 향시에 합격하고, 주목(州牧)이란 높은 자리에 올랐다. 수명이 80을 넘고 부부가 해로했고 재물도 많고 자식도 많고 잘 되었다. 인성도 인자했으며 하는 일이 절대로 정도를 벗어나지 않았다. 목은 인(仁)을, 인은 곧 장수를 의미하니 격국 이름에 곡직인수(曲直仁壽)는 진실된 말이다. 두 사주를 보면 간두반복과 간두무반복 사주는 하늘과 땅 사이만큼 차이가 있다는 것을 알 수 있다.

[원문]

成方干透一元神　生地庫地皆非福
성방간투일원신　생지고지개비복

[옮김]

방국을 이루고 원신이 천간에 투간되면 생지(生地)와 고지(庫地)는 발복되지 않는다.

[원문 주]

지지가 인묘진 목방국을 이루고 일주가 갑이나 을목이면 원신이 투간된 것이다. 일지의 생지인 해나 고지인 미토가 있으면 발복되지 않는다. 화운만이 발복한다.

[임철초 주]

목 방국이 있고 목 일주이거나, 화 방국이 있고 화 일주면 원신이 투간된 것이다. 일주가 신왕하면 또 생조하면 좋지 않다. 생지나 고지도 여기에 일조한다. 하지만 신왕하다고 모든 경우가 생조함이 좋지 않은 것은 아니다. 다른 간지에 인수나 비겁이 거듭 있고 재관이 없다면 종강이 될 수 있다. 이 경우라면 생지나 고지가 있어도 발복된다. 원국이 종강을 이루지 못하는데 운이 생지나 고지로 흐른다면 발복하지 않는다. 만약 순수한 화운이면 명리가 있는 좋은 시절이 된다. 년, 월, 시 천간에 재관의 세가 없는데 거듭 생지나 고지로 흐른다면 발복됨이 없고 형모(刑耗)가 다단할 것이다.

[옮긴 이]

방국을 이룬 사주에 나머지 지지에 생지나 고지가 있는 경우와 대운이 생지운이나 고지운으로 흐르는 경우는 발복이 되느냐 하는 문제에 있어 다를 수 있다. 목일주 사주에 목 방국이 있고 다른 지지에 고지가 있다 하는 것은 미토가 있는 경우를 말한다. 원문에서 원신이 투간되었다는 것은 일간이 원신임을 말하고 있는 것이다. 미토 위에 신금이 있고 진토 위에 무토가 투간되었다면 이 경우 역시 생지가 있어 발복되지 않는다고 단정할 수 있는지는 의문이 아닐 수 없다.

```
丁 甲 甲 戊
卯 辰 寅 寅

庚 己 戊 丁 丙 乙
申 未 午 巳 辰 卯
```

[옮김]

목 방국에 원신이 투간되어 있는 사주다. 원국에 금과 수가 혼합되어 있지 않다. 사주가 청명하다. 시간에 정화 상관이 투출되어 있다. 청년기에 화토운으로 흐르니 향시에 합격했다. 하지만 정화가 목을 설하기엔 목다화치(木多火熾)하여 힘이 부족하다. 경신운에 큰 어려움을 피하지 못했다. 시주가 병인이였다면 대흉은 면할 수 있었을 것이다.

```
丙 甲 丙 癸
寅 辰 辰 卯

庚 辛 壬 癸 甲 乙
戌 亥 子 丑 寅 卯
```

[옮김]

신왕용재(身旺用財)하는 사주다. 진토 재성이 월령에 있으며 월간 병화 식신이 재성을 생하고 있다. 재성 용신격이라 희신이 병화이다. 부모 덕을 많이 본 사주다. 유산이 많았지만 불행히도 초년운이 수목운이라 재산을 모두 탕진했고 신해운에 죽었다. 화가 해수에 절되고 목은 생함을 받고 수가 왕해져 심한 배고픔에 추위에도 떨었다. 이 사주를 보면 방합, 삼합을 막론하고 사주는 원국의 형편을 넓게 살펴야하며 재관의 형편이 어떤지를 보아야 한다.

[원문]

成局干透一官星　左邊右邊空磈磈

성국간투일관성 좌변우변공녹녹

[옮김]

삼합국을 이루고 관성이 투출하고 좌우변에 가치 없는 것이 있으면 평범한 사람이다

[원문 주]

목 일주에 해묘미가 있고 경신금이 관성이고 좌우에 진토와 인목이 있으면 명리가 없다. 목일주가 경금이나 신금을 만나도 이루는 것이 없다.

[임철초 주]

사주의 지지가 해묘미 목국이고 일주가 목이며 경신금이 투출하여 있으면 관성의 기는 허탈하다. 토가 있어도 금을 생하기 어렵기 때문에 토에만 의지해서는 안 된다. 지지에 신유금이나 축토가 있어야 한다. 만약 이것들이 없고 인이나 진토가 있으면 관성의 기운은 더욱 약해져 평범한 인생을 살아 갈 수밖에 없다. 대운이 관성을 충극하면 길할 수 있지만 이 경우는 먼저 원국에 식상이 있고 대운이 관성을 정화시켜야 명리가 있게 된다. 목국이 이와 같으니 다른 국도 이와 같이 유추하면 된다.

[옮긴 이]

　일주가 방합이나 삼합을 이루고 있다면 일주의 형편은 태왕한 상태다. 원국이 이러하면 관성이 투출하여 일주를 다루기는 대단히 어렵다. 평생 명예를 바라보기는 어려운 사주다. 대운이 관성을 정화시켜준다 해도 기간이 얼마 동안이며 나이가 어느 때쯤인가도 문제가 될 수 있다.

```
丁 乙 辛 辛
亥 未 卯 未

乙 丙 丁 戊 己 庚
酉 戌 亥 子 丑 寅
```

[옮김]

　이 사주는 을목 일주에 목 삼합국을 이루고 있다. 목세가 왕하다. 년, 월간에 투출된 두 개의 신금이 있지만 허약한 상태다. 시간의 정화 식신이 투간되어 왕한 목세를 설해주고 있으니 유정하다. 정화는 금을 제살하고 있다. 초년운이 토금이라 성과는 노력에 미치지 못했다. 대운이 정해에 이르자 살이 제거되어 높은 자리에 올랐고 병술운에도 좋은 관직이 유지되었다. 유금운에 이르자 신금이 득지하고 목국이 충파되어 죽었다.

```
戊 乙 辛 辛
寅 未 卯 未

乙 丙 丁 戊 己 庚
酉 戌 亥 子 丑 寅
```

[옮김]

　　이 사주는 을목 일주가 묘월에 생하였다. 목 삼합이 완전하지 않
지만 시지에 인목이 있다. 인목은 해수보다 더 큰 역량이 있다. 3토
2금이 있는 사주라 토가 신금편관을 생하는 것 같다. 하지만 월령
이 묘목이고 지지는 모두 목의 뿌리가 있어 신금관성은 생함을 얻
지 못하고 있다. 초년 토금운에 가업이 넉넉했지만 정해운이 되자
처자가 극되고 가산이 심히 기울었다. 이로서 정신적 고통에 시달리
다 죽었다.

```
癸 乙 己 庚
未 亥 卯 寅

乙 甲 癸 壬 辛 庚
酉 申 未 午 巳 辰
```

[옮김]

　　이 사주는 본문에서 논한 예문과 같은 사주다. 관성이 투출하고 좌우

가 도움이 되지 않고 유정하지 못하다. 목 삼합을 이루고 있어 기토를 쓸 수 없고 경금은 절지에 앉아 허탈하다. 원국의 구성이 이러하여 사람의 인성이 의지가 약하고 마음의 변화가 많아 가업이 파산 지경이 되었다. 학문에 미련이 있어 의학에, 풍수지리까지 열심히 공부했지만 그의 실력을 세상 사람들이 알아주지 않았다. 나중에는 명리학까지 공부했지만 어느 것 하나 살아가는데 도움을 얻지 못했다. 끝내 가족은 흩어지게 되어 승려가 되고만 사주다.

12. 팔 격 (八 格)

[원문]

正財,編財,正官,編官,正印,編印,食神,傷官是也

정재,편재,정관,편관,정인,편인,식신,상관시야

[옮김]

정재,편재,정관,편관,정인,편인,식신,상관 여덟 가지가 팔격이다.

[원문]

財官印綬分編正　兼論食傷八格定

재관인수분편정 겸론식상팔격정

[옮김]

재와 관과 인수는 정(正)과 편(偏)으로 구분하고 식신과 상관을 포함하여 8격으로 정하여 논한다.

[원문 주]

격으로 구분하여 사주를 논하는 것이 가장 합리적인 간명법이다. 형상과 기국으로 사주를 논하는 방식이 있기는 하다. 월령에 암장된 지장간이 투출해 있으면 진격이다. 어떤 것이 월령에서 투간되었는지 분간이 분명치 못하면 비격(非格)이 된다. 재, 관, 인수, 식상등 팔격(八格)이외에 다섯 가지 독상격도 격에 속한다. 방합과 삼합등 기상(氣象)에 의해 불려지는 것은 격이라 할 수 없다. 오격(五格)이

외에 비천녹마(飛天祿馬)나 합록(合祿)이라는 것도 격이 된다고 말하지만 논하지 않는 것이 좋다. 그 외에 잡다하게 세상에서 불려지는 것들도 마찬가지다.

[임철초 주]

팔격(八格)은 명리의 정론이다. 월령에 무슨 자(字)가 있고 그 암장에서 어떤 자가 천간에 투출해 있는지를 먼저 봐야 한다. 그 후에 용신을 정하고 청탁여부를 살핀다. 이것이 순리적 방법이다. 월령에 비겁에 해당하는 자(字)가 있으면 격이 없는 것이다. 반드시 일주가 좋아하는지를 살피고, 월령이 아닌 지지에서 투간한 것을 찾아 용신한다. 격에는 정격(正格)과 변격(變格)이 있다. 정격은 반드시 오행의 생극의 원리가 적용되는 관인격, 재관견, 살인격, 재살격, 식신재살격, 식신생재격, 상관패인격, 상관생재격이 있고, 변격은 반드시 오행의 기세를 따르는 것으로 종격에는 종재격, 종관격, 종아격, 종강격, 종왕격, 종세격, 일행득기격, 양기성상격등이 있다. 그 외의 것들은 잘못된 것들이다. 납음(納音)이나 신살론(神煞論)에 의한 격은 전혀 근거 없는 것이다. 생극제화의 이치에 따라 격을 논해야 하고 잘못된 이론에 현혹되지 말아야 한다.

[옮긴 이]

사주에서 격을 찾아보는 이유는 간단하다. 용신을 쉽게 찾고자하는 하나의 방편이다. 사주는 8격에 속하지 않고 비격으로 분류되는 경우가 더 많다. 그렇다고 이런 사주들이 열등한 사주들인가? 절대 그렇지 않다. 용신을 쉽게 찾을 수 있는 수준에 도달할 때까지 격의 분류를 소홀해 해서는 안 된다.

```
癸 乙 癸 庚
未 未 未 辰
己 戊 丁 丙 乙 甲
丑 子 亥 戌 酉 申
```

[옮김]

이 사주는 을목 일주가 세 개의 미(未)중 을목에 통근하였다. 재성이 관성을 생하고 중화를 이루고 있어 과거에 급제하고 벼슬이 높았다. 일주의 양 옆에 계수가 토를 윤태하게 하면서 일주를 돕고 있다. 토는 금을 생하니 관성은 청정하며 생화(生化)가 패(敗)하지 않아 유정하다.

```
丙 丁 壬 己
午 未 申 丑
丙 丁 戊 己 庚 辛
寅 卯 辰 巳 午 未
```

[옮김]

정화 일주가 신금월에 생하였다. 관성의 기세만으로 보면 앞의 사주보다 청수(淸粹)한데, 앞의 사주는 부귀했지만 이 사주는 궁핍

했다. 왜 그랬을까? 이 사주는 관성이 일주의 옆에 있고 인수가 없다. 일주가 오미화(午未火)에 뿌리하고 있지만 축토의 기세도 만만치 않다. 축중 계수가 미중의 여기를 암상(暗傷)하고 있다. 또한 생시에 앉은 임수 관성이 병화를 극하고 있다. 기토의 역할은 더욱 나쁘다. 수를 제압하지 못하면서 화기를 어둡게 하고 있다. 이런 경우를 극설교가(剋洩交加)라 한다. 공명이 따르지 않는 것이 당연하고 재산도 없고 처자를 극했다. 기축토가 병이었다. 하지만 다행히 격국이 순정하여 목화운이 오면 앞의 사주보다는 못해도 늦게나마 복을 누리게 될 것이다.

```
辛 丙 乙 癸
卯 午 卯 未

己 庚 辛 壬 癸 甲
酉 戌 亥 子 丑 寅
```

[옮김]

이 사주는 인수와 관성이 투출한 관인격이다. 묘미가 목을 보호하니 순수한 상을 이루고 있다. 재능이 있고 인성이 좋아 남들보다 훌륭했고 문장력 또한 탁월했다. 하지만 인성이 과하고 관성이 설기되어 공명이 부족하게 되었다. 청운의 큰 뜻은 이루지 못했지만 격국이 청정하고 재성이 합을 만나 작기는 하였지만 명리가 있었다. 낮은 직급으로나마 선행을 많이 해 아까운 인재로 불리며 이름이 널리 알려졌다.

```
壬 癸 丙 辛
戌 卯 申 卯

庚 辛 壬 癸 甲 乙
寅 卯 辰 巳 午 未
```

[옮김]

　이 사주는 인수격으로 중화를 이루었다. 용신은 신금이다. 병화는
병(病)이고 약(藥)은 임수다. 신(申)월에 태어난 계수는 일주가 월령
에 통하고 계사운에 생조하니 과거에 급제하고 임진운에 군수가 되
었다. 신묘(辛卯), 경진(庚辰)운에 명리(名利)가 함께했다. 신묘, 경
인등은 개두(蓋頭)에 해당하여 금이 있으면 목이 화를 생하지 못하
고, 인수를 파괴하지 못하기 때문이다.

```
甲 癸 丙 辛
寅 卯 申 卯

庚 辛 壬 癸 甲 乙
寅 卯 辰 巳 午 未
```

[옮김]

　앞의 사주는 명리(名利)가 함께 있었지만 이 사주는 그렇지 못했
다. 이 사주 역시 용신은 신금이다. 인(寅)자 하나가 바뀌었을 뿐이

지만 유병무약(有病無藥)하고 병신을 생하고 있다. 더욱 나쁜 것은 멀리서나마 인신충(寅申冲)이 되고 묘목이 병화를 생하고, 인수를 상하게 하고 있으며 금이 부족하다. 육친(肉親)자리인 월령이 극파 되니 재산을 모두 없애고 임수운에 와서야 일주를 돕고 병을 억제 하여 조금 재산을 모았다. 신묘, 경인운은 경신금이 절지(絶地)에 앉자 금의 뿌리가 없어 공명은 없었지만 가업의 형편은 좀 편안해 졌다. 격은 순수하고 인수가 당령하여 대범한 성품에 다재다능하였 다. 표현력과 문장력이 사마(司馬)와 비슷했지만 가을 해인 병화가 월간에 투출해 있는 것이 마치 바닷물 속에 잠긴 것 같아 나빴다. 하지만 이것이 운명을 좌우해 주지는 않는다. 어떠한 격이 되었든 일주와는 관계없이 기세가 왕하면 억제하고 약하면 생조해야 한다. 예를 들어 왕한 인수가 관성을 설기하고 있으면 재성이 있어야 하 고, 쇠약한 인수인데 그 곁에 재성이 있으면 비겁이 억제해 주어야 하는 것은 바꿀 수 없는 법이다. 사주의 격국을 논하면서 역시 한 가지 주장만을 고집해서는 안 된다

[원문]

影響遙繫旣爲虛　雜氣財官不可拘
영향요계기위허　잡기재관불가구

[옮김]

　멀리 있어 영향력이 없는 것은 허(虛)에 해당하니 잡기재관(雜氣 財官)에 구애받지 않는다.

[원문 주]

비천합녹(飛天合祿)과 같은 것은 정격(正格)으로 논해서는 안 된다. 그런 격은 원국의 전체적 상황과는 관계가 없을뿐더러 영향력이 없어 원국을 지배하지 못한다. 사이가 멀리 떨어져 있는 것도 영향력이 별로 없다. 예를 들어 진술축미 월에 태어났다면 토를 택하여 격국을 삼아야 한다. 무토나 기토 일주가 진술축미월에 생하였다면 지장간 중에서 어떤 자가 투출했는지 살펴야 한다. 또한 건록, 월겁(月劫), 양인등도 월령에서 지장간이 천간에 투출했는지 살펴 투출된 것이 있다면 이것으로 격을 삼아야 한다. 격국을 논할 것이 없다면 용신만을 취하고, 그것마저 없다면 전체 원국의 대세만을 보는 것이다. 억지로 격을 정해서는 안 된다.

[임철초 주]

원국에 영향력이 적은 것은 격이라 할 수 없다. 비천녹마격 등이 이에 속한다. 잡기재관(雜氣財官)이란 이론 같지 않은 이론이다. 아무리 재관이 중요하다해도 원국에 이로울 수도 있고 해로울 수도 있으며 재관 자체가 원국에 없는 경우도 있다. 이런 경우는 어떻게 하겠는가? 명리는 오행의 법칙에서 일어나는 이치를 살피는 것이다. 격이란 이 이치를 쉽게 찾아가는 길이다. 따라서 명과 격국은 오행의 이치를 연구하는 것과 함께 가야하며 그래야 명의 궁통과 길흉화복과 수명의 장단을 판단하는데 오류가 없게 된다. 격이 진실로 순수한 경우는 백에 한 둘 정도여서 격을 취할 수 없는 경우가 많고 용신조차 취할 수 없는 경우도 있다. 힘 있는 용신에, 대운이 받쳐주면 명리가 있을 것이요. 용신이 불용되거나 파손되면 그 사주는 일생 편안치 못할 것이다. 그러하니 억지로 격을 찾으려 하지 말고 용신이 무엇인지 찾아야 한다.

[옮긴 이]

　많은 사람의 사주 중에서 결함이 없는 사주는 그리 흔치 않다. 암장된 기가 천간에 투간되어있다 해도 천간에서 합거되거나 충거되는 경우도 있다. 일주와의 관계에서 투간된 암장의 기가 역할이 분명치 않거나 병신으로 작용하고 있는지도 함께 잘 살펴봐야 한다. 격을 왜 찾는가? 용신을 쉽게 찾아내어 사주를 정확히 감명하기 위해서이다. 그러나 모든 사주에 격이란 이름이 모두 붙여지는 것은 아니다.

```
甲 丙 庚 己
午 午 午 巳

甲 乙 丙 丁 戊 己
子 丑 寅 卯 辰 巳
```

[옮김]

　이 사주는 속설로는 비천녹마격이라 명리가 쌍전할 사주로 볼 수 있다. 왜냐하면 병화 일주가 지지에 양인을 세 개나 갖고 양인을 극하는 수가 없고 중년까지 운도 그렇게 흐르고 있기 때문이다. 그러나 이 사주는 화토(火土) 상관생재격(傷官生財格)이다. 오중(午中) 기토와 사중 경금이 년간과 월간에 투출했기 때문이다. 초년 기사, 무진운에 물려받은 가업이 넉넉했다. 정묘, 병인운은 용신과 희신인 토금이 상하여 두 아내와 네 자식을 잃고 재산도 흩어졌다. 을축운이 오자 돈을 벌었고 여자를 만나 자식을 두고 가업을 세웠다. 계속 갑자, 계해운으로 흐르자 가업을 크게 일으켰다. 비천녹마격으로 본다면 크게 나빴어야 했다.

```
己 乙 癸 丁
卯 卯 卯 丑

丁 戊 己 庚 辛 壬
酉 戌 亥 子 丑 寅
```

[옮김]

이 사주는 을목 일주가 월령과 시지를 함께 얻어 대단히 신왕하다. 년간에 정화 식신이 투출하여 목을 설하며 밝은 빛을 발하고 있다. 하지만 옆의 계수가 수기를 극하니 무정하다. 기토가 절지에 극을 받고 있어 정화를 돕지 못하니 애석하다. 학문을 계속하지 못하고 초년의 운마저 수목으로 흘러 모든 것이 피폐되었다가 무술, 정화운이 오자 다시 회복되기 시작하여 가업을 일으켰다. 이 사주 역시 비천녹마격으로 논한다면 무술운에 크게 실패했을 것이다.

```
甲 甲 癸 丁
戌 辰 丑 未

丁 戊 己 庚 辛 壬
未 申 酉 戌 亥 子
```

[옮김]

　이 사주는 속설로는 잡기재관격(雜氣財官格)이라고 말할 것이다. 진술축미(辰戌丑未) 네 고지(庫地)가 상충하고 있기 때문이다. 그렇지만 축미가 충이되어 관성이 상하고 무토가 충하여 진토 중 여기도 상한다. 재다신약(財多身弱)이 된 것이 맞다. 임자, 신해운은 부모의 덕으로 넉넉하였다. 경술운은 재성과 관성이 함께 오니 부모와 아내와 자식이 세상을 떠나는 슬픔을 겪었다. 기유, 무신운은 무기토(戊己土)가 천간으로 들어와 금이 수를 생할 수 없게 되자 모든 것을 파하고 죽었다.

```
辛 甲 癸 丁
未 子 丑 亥

丁 戊 己 庚 辛 壬
未 申 酉 戌 亥 子
```

[옮김]

갑목 일주가 축월에 태어나 해자축(亥子丑) 방국(方局)을 이루고 축(丑)중 신금과 계수가 투간되어 정화가 극거되고 미토와 축토가 멀리 있어 상충(相冲)됨이 약하니 중화를 이룬 사주다. 토, 금, 수 운이 모두 좋아 일찍 학교에서 공부했고 과거시험에 합격했다. 하지만 격국이 한냉한 관계로 주어진 관직은 바람직하지 못했다. 거문고 같은 악기를 연주하는 곳에서 근무했다. 묘고(墓庫)는 충이 되어야 발한다는 말은 틀린 말이다.

13. 체　용 (體　用)

[원문]

道有體用不可以一端論也　要在扶之抑之得其宜

도유체용불가이일단논야　요재부지억지득기의

[옮김]

　명리의 도(道)에는 체(體)와 용(用)이 있다. 다른 이치에서와 같이
한 가지 논리만 주장해서는 안 된다. 명리는 부조해야할 때와 억제
해야할 때가 있는 것이다. 이처럼 반드시 득기의(得氣宜)라는 적절
함을 얻어야 한다.

[원문 주]

　사주 명리에서 체용론은 한 가지로만 쓰이지 않는다. 일주를 체
(體)로 한다면 제강(提綱)을 용(用)으로 하게 되는데, 일주가 왕하면
식상이나 재 혹은 관을 용으로 하고, 반대로 일주가 약하면 일주를
돕거나 강한 것을 억제해주는 것을 용으로 한다. 제강이 식상이나
재관으로 왕하다면 인수나 비겁이 희신이 되고, 제강이 인수나 비겁
으로 왕하면 식상이나 재관을 용신한다. 이 둘이 체용론의 정법이
다. 체를 사주로 하고 용은 암장된 신으로 하면 원국에 용할 것이
없을 때만 암충이나 암합하는 것을 취할 수 있다. 격국이나 형상을
체로하고 일주를 용으로 한다면 반드시 8격의 기상(氣象), 암신(暗
神), 객신(客神)등이 하나의 체단(體段)을 이뤄야 한다. 체와 용이
각기 독립적인 경우, 체용이 모두 왕하면 승부를 구별하지 않는다.
체와 용이 모두 체(滯)한 경우, 예를 들어 목화가 왕한데 금수를 만

나지 못하면 모두 체(滯)가 되니 한 가지만 옳다고 해서는 안 된다. 무엇보다 가장 중요한 것을 용신으로 삼으니 2, 3, 4, 5군데가 용신인 것은 영묘한 사주가 아니다. 반드시 그 경중(經重)에 따라 억제하거나 부양해야하니 남거나 부족해서는 안 된다.

[임철초 주]

체(體)란 형상(形象)과 기국(氣局)을 말하는 것이다. 형상과 기국이 없다면 일주를 체로한다. 용(用)은 용신(用神)을 말한다. 체용이란 용어에서 용이란 용신을 말하고 있음이 틀림없는데 원주자(原註者)는 원문의 뜻을 제대로 파악하지 못하고 있는 것 같다. 왕하면 억제하고 약하면 부조하는 억부법(抑扶法)이 큰 원칙이지만, 그러니 억제할 수 없다면 아예 부조해야 한다. 반대로 약한 경우는 부조해야지만 부조할 수 없다면 억제해야 한다. 이것이 이른바 오행전도(五行顚倒)의 법칙이다. 한 가지만 옳다고 주장해서는 안 된다. 일주가 왕하면 관성이나 재성이나 식상을 모두 용신할 수 있다. 일주가 약하면 일주를 돕는 신을 용신한다. 제강이 록이나 양인이면 이를 체로하고 식상, 재성, 관성 등에서 필요한 것을 용신으로 해야 한다. 일주를 체로 하는 경우, 인수가 많으면 재성을 용신하고 관성이 약해도 재성을 용신한다. 일주가 약하고 관성이 왕하면 인수를 용신하고 일주가 약하고 식상이 많으면 인수를 용신한다. 일주가 약하고 재성이 왕하면 비겁을 용신한다. 곡직격등 5격은 일주가 원신이니 격상을 체로 하고 기상을 생조하는 것으로 용신하거나 식상으로 하거나 재성을 용시하는데 다만 관성은 좋지 않다. 원주(原註)에서 2, 3, 4, 5자가 용신인 경우는 확실히 영모한 사주가 아니라고 한 말은 잘못된 것이라 생각한다. 사주는 모두 8자인데 넷이나 다섯 자를 빼고 나머지에서 용신을 찾는다면, 일주를 제외하고 나면 두 자밖에 쓸 수 없으니 이치에 맞지 않는다. 용신에는 일정한 귀결점이 있다. 이것은 확고한 원칙이다. 용신은 일주가 기뻐하는 것이다. 사주에는 용신, 희신, 기신을 제외하면 한신과 객신이 있으니 자세히 살펴봐야한다. 천간의 작용은 생즉생(生則生), 극즉극(剋則剋), 합즉합(合則合), 충즉충(冲則冲)하여 보기가 용이하지만 지지의 작용은 종류가 많고 복잡하다.

[옮긴 이]

채용론에서 언급되는 사항들이 중요하다는 것은 재론의 여지가 없다 하겠다. 격국론도 마찬가지라고 생각한다. 사주 명리를 어느 각도에서 살펴봐야 용신을 쉽게 찾을 수 있는가에 초점이 맞춰져 있다는 사실에서만은 별난 차이점이 없다고 보는 것이 타당하지 않을까 생각해 본다. 채용론에서 언뜻 보기에는 '용'과 '용신'이 다른 것인가 싶기고 하다. '체'란 또 무엇을 말하는 건가? 약간은 혼란스러워지는 것이 일반적인 관점에서 느껴지는 느낌이다. '원문 주'와 '임철초 주' 모두에서 이곳저곳으로 끌고 다니면서 이것이 '체'이면 저것이 '용'이고 저것이 '체'라면 저쪽 것이 '용'이라고 말하고 있는 것 같지만 모두 옳은 논리이며 타당한 이치가 있는 말이다. 하지만 너무 광범위하고 때에 따라서는 애매한 것 같기도 하지만 자세히 살펴보면 한 가지 귀결점에 이르게 된다는 사실을 발견하게 될 것이다. 바로 용신이다.

```
癸 丙 甲 丙
巳 午 午 寅
庚 己 戊 丁 丙 乙
子 亥 戌 酉 申 未
```

[옮김]

이 사주는 여름에 일주가 태어났다. 월령에 양인이 있고 년지 인목이 오화와 합을 이루고 갑과 병이 천간에 있으니 화의 기세가 맹렬하여 목이 불에 타고 있는 형세이다. 시간의 계수 관성은 증발되고 미리 세(勢)에 좇아 가는 종강 사주다. 목 화 토운에는 재물이 늘었고 신유운에는 어려움이 많았으며 해수운에는 가업이 망했다. 수가 왕한 화기(火氣)를 충하였기 때문이었다. 약한 것이 왕한 것을 충하면 왕한 것이 노발하여 흉함이 있게 된다는 것이 그 말이다.

```
丙 丙 庚 戊
申 申 申 寅

丙 乙 甲 癸 壬 辛
寅 丑 子 亥 戌 酉
```

[옮김]

이 사주는 가을이 시작되는 달에 병화 일주가 태어났다. 월령뿐만 아니라 일지와 시지에 신금이 또 있어 세 개의 신금이 하나의 인목을 충하니 인목은 뿌리가 뽑히고 일주의 뿌리도 사라졌다. 시간의 비견도 힘이 없어진 건 마찬가지다. 년, 월간에 토와 금이 또 있다. 세에 따라가야 하는 입장이 되어 재성에 종하는 사주가 되었다. 비견이 병이 되었다. 수운을 만나 병을 제거하자 사업이 크게 번창했으나 병인운에는 일주는 돕고 금을 충하자 형상(刑傷)을 치르고 재산이 파산되었다. 일주의 약함이 한계에 이르면 부조하면 헛수고일 뿐이다. 오히려 해로움이 있게 된다는 경우에 해당되었다. 종격 사주에 이와 같은 경우가 많이 있다. 속설로는 앞의 사주는 금수 용신이고 이 사주는 목화를 용신이라 할 것이다. 그 말은 틀린 말이며 명리는 믿을 것이 못 된다는 말을 듣게 될 것이다. 두 사주를 논한 것은 후에라도 증거로 삼으라는 뜻에서이다.

14. 정 신 (精 神)

[원문]

人有精神不可以一偏求也　要在損之益之得其中

인유정신불가이일편구야 요재손지익지득기중

[옮김]

　사람의 명(命)에는 정(精)과 신(神)을 갖고 있다. 이 둘은 한 쪽
으로 치우치지 말고 필요할 때에 덜어주거나 보태서 중용을 이루어
주어야 한다.

[원문 주]

　정기(精氣)와 신기(神氣)는 원기(元氣)이다. 금수(金水)가 정기이
고 신기는 목화(木火)로 삼는다. 토는 근본이다. 신이 넉넉하면 정
도 넉넉하고, 정이 넉넉하면 신도 넉넉한 경우가 있다. 정신이 부족
하면 일주가 허왕되거나 고약한 경우가 있다. 신이 부족한데 정이
넉넉한 경우가 있고 정이 부족한데도 신이 넉넉한 경우가 있다. 정
신이 허한데 기가 왕성하기도 하고 정신이 왕한데도 기가 약한 경
우도 있다. 정과 신은 모두 기가 주관한다. 정과 신중 어느 한쪽만
을 구해서는 안 된다. 진퇴와 손익을 직절하게 활용해야 중용을 지
킬 수 있게 된다.

[임철초 주]

　정은 나를 생하고 신은 나를 극하는 것이다. 기(氣)는 이 둘의 본

질이며 이 둘을 관통한다. 정이 넉넉해야 기가 왕성하고 기가 왕성하면 신도 왕성한 것이다. 그래서 금수(金水)만이 정기이고 수목(水木)만이 신기가 되는 것은 아니다. 명리는 생화유통 되어 중용이 되어야 하며 정신기는 이때에 완벽하다고 할 수 있다. 손(損)은 극제(剋制)를 말하고 익(益)은 생조를 말한다. 정이 너무 과다하면 기가 상하고 기가 태왕하면 신이 상한다. 물이 많아 목이 부목 되면 목의 정신이 없고, 목이 많아 화기가 넘치면 화가 정신이 없고, 토가 뜨거워지면 토가 정신이 없고, 토가 많아 금이 매몰되면 금이 정신이 없고, 수가 탁하면 수가 정신이 없다. 금수가 정기가 되고 목화는 신기가 된다고 한 것은 사람의 오장에 비유한 것이다. 폐는 금에 속하고 신장은 수에 속하고 이 금수가 상생관계를 이루어 정기가 된다 하였고, 간은 목에 속하고 심장은 화에 속하며, 목화 상생관계가 신기가 된다고 하였다. 토는 전신을 이루고 있어 실체라고 하였다. 사주에서 설해야 좋을 때 이를 행하면 정이 충족되고 이는 신이 족(足)한 것과 같고 극해야 할 때 이를 행하면 신이 충족되니 이 또한 정이 족한 것과 같다. 진술축미월에 태어난 토 일주가 원국에 또 토가 많고 목이 없거나 간지에 금이 없다면 정이 족하고 신 역시 자족하고 있다 할 것이다. 토가 많은데 금은 없고 간지에 목이 있다면 신이 족하고 정도 자족되었다 할 수 있다. 토 이외의 오행도 이와 같이 추리하면 된다.

[옮긴 이]

사주의 일주가 중용을 이루는데 필요한 오행간의 상호역할을 정과 신으로 분류하여 심층 있게 논하고 있다. 한 인간의 육체가 살아가는데 있어서 정과 신이 따로 떨어져 있을 수도 없어 따로 작용할 수 없는 것이다. 정과 신은 일체이며 육체로부터 에너지를 받아야 존재할 수 있는 무형의 존재이다. 육체 또한 정신으로부터 감각과 느낌을 받아야 생명체로 존립할 수 있다. 사주를 육체로 보고 그 안의 오행들을 정신으로 보든지, 그 반대든지 그것들을 분류하는 것은 그다지 중요하지 않다고 본다. 오직 상호작용이 적절해야 생명체가 살아갈 수 있다는 것이 중요할 따름이다. 여기에 비추어 명리의 진리를 비유적으로 말하고 있다.

```
戊 丙 甲 癸
戌 寅 子 酉

戊 己 庚 辛 壬 癸
午 未 申 酉 戌 亥
```

[옮김]

이 사주는 갑목을 정(精)으로 한다. 약한 목이 수로부터 생을 받고 인목 록지를 만나 정이 넉넉하고 무토는 신(神)이 되어 술토에 근하고 있으며 인술(寅戌)이 합되어 무토를 생한다. 이로서 정이 넉넉하며 계수가 인수를 생하고 인수가 일주를 생한다. 일지 인목은 일주의 장생으로 기가 유통되고 상생과 억제가 조화롭고 좌우상하가 협조하니 관성 운이 와도 두렵지 않다. 비겁 운이 오면 관성이 있고 식신 운은 인수가 막아주고 동서남북 운이 막힘없이 유통된다. 평생 동안 안정과 장수를 누린 사주다.

```
庚 丙 乙 癸
寅 辰 卯 未

己 庚 辛 壬 癸 甲
酉 戌 亥 子 丑 寅
```

[옮김]

이 사주는 언뜻 보면 귀격 사주라 할 수도 있다. 시간에 경금 재성이 있고 관성과 인수가 상생관계에 있고 오행간에 특별한 결함이 보이지 않기 때문이다. 하지만 자세히 보면 재성과 관성이 멀리 있고 이것들에게 계절이 휴수기이다. 인묘진 목국이 토를 극한다. 금은 당연히 생함을 받지 못한다. 인목은 금의 절지이다. 관성은 인수에 설기 당하고 목은 더욱 기세가 왕해져 화기는 올라간다. 자연히 기(氣)가 죽고 신(神)이 마른다. 더욱 북방 수운에서 일주가 상(傷)하고 목의 정은 생조되지만 금운에는 노기(怒氣)를 일으키니 평생 고생만 한 사주다.

```
己 丙 乙 戊
丑 辰 丑 戌

己 庚 辛 壬 癸 甲
未 申 酉 戌 亥 子
```

[옮김]

이 사주는 병화 일주가 태반이 토 식상으로 채워졌다. 일주의 기
는 모두 설기되고 을목 인수는 생명력을 잃었으니 정이 고독하다.
임술 운에 일주가 상하고 신미 운에는 을목 인수가 극되니 그해 9
월에 죽었다.

15. 월 령 (月 令)

[원문]

月令乃提綱之府　譬之宅也

월령내제강지부　비지택야

人元爲用事之神　宅之定向也　不可以不卜

인원위용사지신　택지정향야　불가이불복

[옮김]

월령은 월지이며 사람이 사는 집과 같다. 사주에서는 제강(提綱)
이라 명칭 되기도 한다. 인원(人元)은 지장간이 되며 좌향을 정할
때 집의 향을 정하는 요체가 되니 인원을 살피지 않으면 안 된다.

[원문 주]

사주에서 일주 다음으로 중요한 곳이 월령이다. 그래서 용신이
월령을 차지하고 있으면 좋은 것이다. 사람의 거주처와 같은 역할을
하는 월령은 그 안에 소장된 삼원(三元)이 좌향(坐向)을 결정짓는
요소와 같아 그 작용을 잘 살펴야한다. 인(寅)월을 예로 들면 입춘
(立春)이 시작된 것이고 입춘 일에서 7일까지는 무토가 주관하고
14일까지는 병화가, 15일 이후에는 갑목이 용사하니 이것을 알아야
격국을 정할 수 있고 용신도 정할 수 있다.

[임철초 주]

사주에서 가장 중요한 곳이 월지, 즉 월령이다. 비유하자면 큰 건

물과 같다. 용신과 사주의 기상(氣象), 격국(格局)까지도 월령의 사령(司令) 시기에 영향 받고 있다. '인원이 용사한다.'란 말은 월지에 암장된 천간의 작용력을 말한다. 다시 말해 향도(向道)와 같다. 지지와 인원은 반드시 천간의 도움이 있어야 하고 용신이 천간에 있을 때는 반드시 지지가 사령(司令)해야 한다. 예를 들어 인월의 무토나 사월의 경금이 투간되었다면 사령하고 있는 인원이 투간된 것이다. 인월에 태어난 사람일 때, 무토가 사령할 때 갑목이 용사할때가 되지 않았거나 화토가 투출하지 않고 수목이 투출했다면 지쇠문왕(地衰門旺)이라하며, 수목이 투출하지 않고 화토가 투출했다면 문지양왕(門之兩旺)이라하여 복력이 평범하지 않은 것으로 본다. 천간에 목이 무토가 사령할 때 투출하고 수가 지지에 암상되었나면 문지동쇠(門之同衰)에 해당한다. 이렇게 되면 재앙을 예측하기 어려운 사주가 된다. 이상 인월(寅月)을 예로 든 것이다. 나머지 월(月)도 이와 같은 이치로 논하면 된다.

[옮긴 이]

사주의 월령은 인간의 집과 같다. 월령이 일주에 도움이 되지 못한다면 집을 떠난 나그네의 신세가 될 수도 있다. 그처럼 월령의 의미와 작용력은 대단하다. 월령에 암장된 천간의 기를 인원이라 한다. 세 글자가 암장되어 30일을 세 자가 주관하는 일자가 구분된다. 여기는 초하루에서 7일까지, 중기는 14일까지, 정기는 그 이후 말일까지 작용력을 주관한다. 이 기간의 작용력을 사령이라 명칭하고 있다. 용신이 월령에 있으면 그보다 좋은 경우가 없다. 월령은 부모의 덕유무를 알려주고 유업이 있는지도 알려준다. 인생의 시작이 부모가 어떤 부모이며 부모가 꾸린 가정형편이 그 자녀의 인생에 어떤 영향력을 미쳤는지를 돌이켜 보면 월령의 의미를 알 수 있다고 본다.

丙 戊 丙 甲
辰 寅 寅 戌

壬 辛 庚 己 戊 丁
申 未 午 巳 辰 卯

[옮김]

이 사주는 입춘절(立春節)15일이 지나 태어났다. 갑목이 사령하고
있다. 월과 일지의 두 인목이 양쪽의 토를 극하고 있다. 천간의 갑
목 또한 일주를 극하니 살왕신약(殺旺身弱)한 사주처럼 보인다. 하
지만 일주를 설하는 금이 없어 좋다. 수(水)재성이 없어 병화를 극
하지 않아 사주가 묘하다. 용신이 일주에 붙어 관성을 설하고 일주
를 생하니 유정하다. 과거에 합격하고 벼슬이 높았고 명리를 모두
얻은 사주다.

```
庚 戊 丙 甲
申 辰 寅 戌

壬 辛 庚 己 戊 丁
申 未 午 巳 辰 卯
```

[옮김]

　이 사주는 입춘절 6일이 지나 태어났다. 무토 여기가 사령하고 있으며 병화가 월간에 투출하였다. 일주는 일지 진토에 앉아 신왕하다. 이 사주는 신금 식신이 제살을 하고 있다. 속설로 본다면 먼저 사주보다 좋은 사주라 할 것이다. 하지만 1월의 목은 어리다. 토가 한냉할 때는 화를 좋아하는데 인수는 이미 관성을 설하고 있다. 관성을 충극하는 것은 좋지 않다. 일생동안 기복이 심했고 많은 풍파를 겪었다.

16. 생 시 (生 時)

[원문]

生時乃歸宿之地　譬之墓也
생시내귀숙지지　비지묘야
人元爲用事之神　墓之定方也　不可以不辨
인원위용사지신　묘지정방야　불가이불변

[옮김]

　생시(生時)는 귀숙지(歸宿地)와 같으니 비유하면 묘지(墓地)와 같고 인원은 용사(用事)하는 신으로 묘(墓)의 향(向)을 정하는 역할을 하니 자세히 살펴야 한다.

[원문 주]

　자(子)시에 태어난 사람도 자정(子正) 전(前)약 30분까지는 임수가 작용하고 그 후는 계수가 작용한다. 입춘이 시작되는 인(寅) 월에 태어나도 무토와 병화와 갑목이 작용하는데 따라 어떻게 다른가? 깊이 궁리하면 이는 묘를 쓰면서 향을 정하는 요소와 같다고 할 수 있다. 사람의 길흉화복을 판단하는 중요한 요소라 아니 할 수 없다. 같은 해, 같은 달, 같은 날에 태어나도 각자의 운명이 다른 것은 출생 시의 사령을 무엇이 하고 있는지에 달려있다고 한다면 자세히 살펴야 할 중요한 문제가 아닐 수 없다. 한 사람은 벼슬은 하는데 자식은 없고, 다른 사람은 자식은 많은데 벼슬을 못하고, 어떤 사람은 재물은 많은데 처복이 없고, 또 다른 사람은 처복은 있는데 재물이 없는 경우가 허다하다. 이 차이는 작은 차이에 불과하다. 출생지의 산천이 달랐다는 점도 한 가지 요소가 된다. 같은 마을에 산다 해도 집터와 집의 방향과 형태가 다르다. 또한 집집마다의 부귀빈천에 지대한 영향을 끼치는 세덕(世德)도 다르다. 이런 것들도 정확히 참작해야 한다. 같은 씨족의 집안이라도 어른들의 심성의 선악과 사정(邪正)도 다를 것이다. 그래서 부귀빈천이 절대로 같을 수가 없다.

[임철초 주]

'자정 전 까지는 임수가 용사한다.'라 함은 자(子) 중의 여기가 작용한다는 것이다. 대설 후 10일 전에는 임수가 용사하는 것과 같은 뜻으로 이해하면 된다. 나머지 시(時)도 같은 방식으로 추리해야 한다. 월령이나 출생한 시간이나 이점에서는 같다. 시는 묘의 깊이와 같고 인원은 묘의 좌향과 같다고 할 수 있으니 중요하지 않을 수가 없다. 입묘할 때 혈처는 좋으나 향이 나쁘면 반드시 길함이 적고 혈처가 나빠도 향이 좋으면 흉한 일이 적어진다. 예를 들어 병화 일주가 해시에 태어난 경우 해중 임수는 병화의 살인데 갑목이 용사하면 혈처는 나빠도 향은 좋다 할 수 있고 신금 일주가 미시에 태어나 정화가 용사하면 혈처는 좋지만 향이 나쁘다고 할 수 있다. 자연적인 산룡의 국세에는 자연적인 혈처와 그에 따른 향이 있고 득수처와 파구처가 있는 것과 같이 시가 어그러지지 않는다면 길흉은 스스로 나타난다. 또한 발복에 영향을 주는 요건이 있다. 산천이 같지 않음과 세덕(世德)의 다름과 인품의 덕성 여부이다. 그러고 인원의 용사는 월령이 사령하는 것과는 비교가 안 된다.

[옮긴 이]

'원문'과 '원문 주' 그리고 '임철초 주'모두에서 풍수의 이치와 그에 따른 길흉이 어떻게 나타나는지를 자세히 설명하면서 월령과 출생 시간이 똑같은 사주라 해도 그 사람들의 운명이 같을 수 없음을 설명하고 있다. 사람의 운명에 그 사람이 태어난 산천의 정기가 어떠했으며 현재 거주하고 있는 집의 좌향 등도 운명에 일정한 영향을 미치고 있다는 사실을 예를 들어가며 설명하고 있다. 한 인간의 운명에 영향을 끼치는 요소는 사주뿐만이 아니다 라는 사실을 엄숙히 받아드려야 하지 않을까 생각해 본다. 음택과 양택의 중요성을 강조한 것이 이채로우며, 타고난 인간의 심성 또한 무시할 수 없는 요소가 될 수 있음을 알 수 있다.

17. 쇠 왕 (衰 旺)

[원문]

能知衰旺之眞機　其于三命之奧思過半矣

능지쇠왕지진기　기우삼명지오사과반의

[옮김]

왕한지 쇠한지를 알 수 있고 삼명(三命)의 오묘함을 알 수 있다면 절반 이상은 아는 것이다 할 수 있다.

[원문 주]

왕하면 설하거나 극하는 것이 좋고 약하면 생하거나 조하는 것이 좋다는 것은 자평에서 말한 이치이다. 왕한 중에도 쇠약한 것이 있을 수 있으니 무조건 감손(減損)해서는 안 된다. 왕한 것이 극(極)에 이르면 극손(剋損)해서는 안 된다. 쇠함이 극에 이른 것도 더해주어서는 안 된다. 실제 감손해야 될 것 같아 그렇게 했는데 흉한 경우가 있고, 생조해야 될 것 같아 그렇게 했는데 해로움이 나타나는 경우가 적지 않다. 그래서 하나하나 자세히 살펴 나아가야 하는 것이다.

[임철초 주]

월령과 시를 얻으면 다 왕하다 하고 잃으면 약하다 하는 것이 일반적으로 명리에서 당연하다고하지만 이것은 사법(死法)이다. 휴수기에 들어간 춘토(春土)도 만물을 여전히 생하고 있고 역시 휴수기에 접어든 병정화도 여전히 세상을 밝히고 있다. 하물며 사주팔자도 예외가 될 수 없다. 월령을 가장 중히 여기고 여기에서 왕상휴수(旺相休囚)가 결정되지만 년지와 일지와 시지에서도 중요한 작용을 하고 있다. 왕쇠의 문제에 있어 한가지 이론만 주장해서는 안 된다. 봄철에 태어난 목 일주가 기세가 왕하다 해도 금이 많다면 목은 위태롭게 된다. 이런 경우엔 화가 금을 제압해주지 못하면 그 사주는 반드시 부유하지 못하며 토가 금을 생하고 있다면 그 사주는 요절할 것이다. 사주가 시령을 얻었어도 왕하지 못할 수 있다는 예이다. 목 일주가 가을에 태어났다 해도 같다. 간지에 비겁이 많다면 한 두 개의 금은 능히 견딜 수 있으며 수를 만나면 태왕해질 수도 있으니 시령을 잃었지만 약하지 않는 경우이다. 그래서 일주는 어느 지지를 막론하고 지지에 튼튼한 뿌리가 있기만 하면 재성 식상 관성을 받아드릴 수 있는 것이다. 일주가 지지에 장생이나 녹왕지를 얻으면 튼튼한 뿌리가 되고 묘고와 여기는 약한 뿌리가 된다. 비겁이 천간에 하나 있는 것 보다 지지에서 여기나 묘고를 얻는 것이 낫다. 묘란 진술축미를 말한다. 자기의 기와 같이 되는 삼합 토를 말하며 여기란 자기 계절의 방합 토를 말한다. 천간에 투출된 비겁 두 개보다 지지에 한 개의 장생지나 녹왕지가 낫다. 천간에 비겁이 많은 것 보다 튼튼한 지지의 뿌리가 더 중요하다. 일주가 실령했어도 다른 지지에 뿌리가 있는지 찾아보라. 함부로 약한 일주라 단정해서는 안 된다. 시령을 얻은 것만으로 일주가 왕하다 해서는 안 된다. 임계수가 진토를 만나고 병정화가 술토를 만나고 갑을목이 미토를 만나고 경신금이 축토를 만났다면 고에 뿌리를 내릴 수 있다. 또한 쇠왕에 있어 전도(顚倒)의 이치가 있으니 다음 열 가지이다. 태왕한 목은 금과 같아 화의 단련이 필요하고, 극왕한 목은 화와 같아 수의 극을 좋아하고, 태왕한 화는 수와 같아 토가 제지함을 좋아하고, 극왕한 화는 토와 같아 목이 극해주어야 하고, 태왕한 토는 목과 같아 금이 있어야하고, 극왕한 토는 금과 같아 화가 단련시켜야 하고, 태왕한 금은 화와 같아 수가 다스려야하고, 극왕한 금은 수와 같아 토가 필요하고, 태왕한 수는 토와 같아 목이 있어야 하고, 극왕한 수는 목과 같아 금이 있어야 한다. 전도의 이치는 쇠약한 경우에도 열 가지로 쓰인다. 목이 태쇠하면 금이 필요하고, 극약하면 화가 필요하고, 화가 태쇠하면 수가 필요하고, 극약하면 토가 필요하고, 토가 태쇠하면 목이 필요하고, 극약하면 금이 필요하고, 금이 태쇠하면 화가 필요하고, 극약하면 수가 필요하다. 수가 태쇠하면 토가 필요하고 극약하면 목이 필요하다. 이 현묘한 이치를 잘 깨달아야한다.

[옮긴 이]

대부분의 명리서가 오행의 상생 상극에서 일어난 일주의 왕약에 억부법을 적용하여 용신을 정하는 것으로 일관하는 경향이 있다. '오행 전도의 법' 같은 이치는 아주 특이하다. 왕과 약의 정도에 따라 또 이치를 말하고 있으니 그 수가 자그마치 20개에 이른다. 또한 고(庫)도 천간의 뿌리가 될 수 있다는 사실을 말하고 있다. 고는 일주의 입장에서는 재성이다. 이는 아극자재성(我剋者財星)으로 일주가 극하는 상대 오행이기에 천간에 있는 한 개의 비겁보다 고에 뿌리 두는 것이 더 기운을 얻을 수 있다는 주장은 새로울 수밖에 없다. 사실 이 이치는 '양균송'의 풍수지리 이기법에서 받아드린 것이 아닌가 생각된다. 양공(楊公)은 고에 묘향(墓向)을 할 수 있다는 이론을 펼치며 이를 정묘향(正墓向)법이라 하여 진신수법(進神水法)에 당당히 포함시켰기 때문이다.

```
戊 甲 丁 甲
辰 子 卯 辰

癸 壬 辛 庚 己 戊
酉 申 未 午 巳 辰
```

[옮김]

　갑목 일주가 묘 양인 월에 태어났다. 년지와 시지의 진토는 목의 여기가 있어 뿌리 내릴 수 있다. 묘진은 동방이고 자진은 수국을 이루고 있다. 목이 태왕하면 금과 같아 정화 상관을 용신하니 사화 운에 이름이 궁궐에 알려지고 경오. 신미운은 경신금이 투간되어 형 모(刑耗)가 있었지만 큰 어려움은 없었다. 미운은 자수를 극해 궁중 에서 일하였고 오화운은 자수가 극해 과거시험에 합격하지 못했다. 임신운은 금수가 함께와 아내와 자식이 잘못되고 계수운에 죽었다.

```
乙 甲 乙 癸
亥 寅 卯 卯

己 庚 辛 壬 癸 甲
酉 戌 亥 子 丑 寅
```

[옮김]

　이 사주는 지지 셋이 목이고 나머지 한 지지는 목의 장생지이다.

천간에 또 수가 목을 생하고 있어 목세는 극왕하고 다른 오행은 없어 화(火)와 같다. 풍족한 집안에 태어났고 축토운에만 형상(刑傷)이 있었다. 임자, 신해운 20년 동안 수운(水運)을 만나 거금을 벌었다. 경술운은 토금이 함께 들어오는 운이 되어 모든 재산을 날리고 죽었다.

辛 甲 甲 乙
未 申 申 丑

戊 己 庚 辛 壬 癸
寅 卯 辰 巳 午 未

[옮김]

이 사주는 지지가 두 개의 금과 두 개의 토가 있어 갑목 일주가 뿌리내리지 못하고 있다. 또 시간에 신금이 투출되어 일주가 태쇠한 상태가 되어 수와 같다. 계미, 임오초년 운은 금을 억제하고 목을 생하니 일찍 부모를 여의고 크게 어려웠다. 그러다 신사, 경진운에 금이 뿌리내리는 운을 만나 많은 돈을 벌었다. 기묘운은 기토가 목에 극되며 목이 득지하니 재물을 모두 파하고 인운에 죽었다.

```
丙 乙 己 己
戌 酉 巳 巳

癸 甲 乙 丙 丁 戊
亥 子 丑 寅 卯 辰
```

[옮김]

이 사주는 을목 일주가 네 개의 지지에서 아무런 도움을 받지 못하고 극설되고 있다. 천간 역시 화토만 있어 극쇠한 사주가 되어 토와 같다. 무진, 정화운에는 부모의 살림이 넉넉했고 묘운에는 부모가 돌아가셨다. 병화운엔 큰돈을 벌었지만 인운에 처를 극하고 재물 또한 흩어졌다. 을축운은 원국의 지지와 금국이 되어 나머지 재산마저 사라졌고 갑자운에 죽었다.

```
甲 丙 壬 乙
午 戌 午 丑

丙 丁 戊 己 庚 辛
子 丑 寅 卯 辰 巳
```

[옮김]

이 사주는 병화 일주가 월령과 시를 얻어 두 개의 오화 양인이 자리하고 있다. 월간 임수 관성은 뿌리가 없는 중에 목에 설기되고

있다. 화세가 태왕하니 수와 같다. 초년 경진, 신사운은 수가 생조
받는 운이 되어 의지할 곳 하나 없이 외롭기 그지없었다. 기묘운에
행운이 찾아왔고 무인운에 이르자 원국의 오행과 화국을 이루어 정
축운까지 20년 동안 거금을 벌었지만 자수운에 죽었다.

```
甲 丙 丁 戊
午 寅 巳 寅

癸 壬 辛 庚 己 戊
亥 戌 酉 申 未 午
```

[옮김]

병화 일주가 초여름에 태어났다. 지지에 두 개의 장생과 록왕이
있어 극왕하여 토와 같다. 초년부터 화운으로 흐르니 부모의 가업이
풍부했다. 머리가 총명하여 공부도 잘했다. 하지만 경금운이 되자
책을 던지고 향락에 빠져 집안의 재물을 탕진하다가 신금운에 죽었
다. 만약 목운을 만났더라면 명리를 얻을 수 있었던 사주다.

```
辛 丁 丁 辛
丑 酉 酉 巳
辛 壬 癸 甲 乙 丙
卯 辰 巳 午 未 申
```

[옮김]

　이 사주는 유금월 축시에 태어났고 지지가 금국을 이루니 뿌리가
없다. 년지 사화 왕지는 합변(合變)되어 도움 받지 못하게 되었다.
천간마저 두 개의 금이 있어 태쇠한 상태가 되어 목과 같이 되었
다. 초년 을미, 갑오운은 목화의 운이라 모든 육친의 덕이 없었다.
하지만 계사운이 되자 지지가 금국을 이루고 천간에 수운이 들어와
사업을 시작하였고 임진운에 거금을 벌었다.

```
己 丙 壬 辛
亥 申 辰 亥
丙 丁 戊 己 庚 辛
戌 亥 子 丑 寅 卯
```

[옮김]

　이 사주는 금 재성이 관성을 생하고 있다. 임수 관성이 일주의
옆에서 일주를 극하고 있다. 일주는 신금에 앉아 있고 신진(申辰)
수국(水局)이 되어 관성이 태왕하여 일주가 극쇠한 상태에 빠져 금

과 같이 되었다. 초년이 신묘, 경인운으로 흘러 부모가 돌아가셨고
부모가 남긴 가업도 없었다. 그러다가 기축운을 만나 집을 떠난 먼
곳에서 사업을 하여 돈이 수레를 따라오듯 하였다. 참으로 유유자적
한 삶을 살면서 아무런 어려움이 없었다. 운이 따르면 복은 저절로
따라온다 라는 말과 같이 된 사주다.

```
己 戊 戊 戊
未 申 午 辰

甲 癸 壬 辛 庚 己
子 亥 戌 酉 申 未
```

[옮김]

　무토 일주가 여름에 태어나 생함을 받고 있는데 비겁 또한 많다.
이로서 마치 목과 같이 되어 일지 신금이 용신이며 그 위에 앉아
있다. 경신운에 영광스러운 일이 있었고 신유운 신축년에 과거에 합
격했다. 청운의 뜻이 펼쳐지는 듯 했지만 뒤이어 찾아온 임술운에
집안에 형상을 당하면서 꿈이 꺾였고 병오년에 죽었다.

```
己 己 丙 戊
巳 巳 辰 戌

壬 辛 庚 己 戊 丁
戌 酉 申 未 午 巳
```

[옮김]

이 사주는 진월 사시에 태어나 모든 간지가 화토만으로 이뤄졌다. 너무 극왕하니 금과 같다. 처음 맞은 대운이 화운으로 시작되어 부모의 가업이 풍부했고 기미운에 과거에 응시했으나 합격되지 못했다. 경신운이 되자 집안의 가업이 바람에 날리듯 흩어졌고 신유운에는 더욱 피폐해졌고 임수운이 되자 병화를 극하여 죽었다.

```
癸 戊 辛 壬
丑 子 亥 辰

丁 丙 乙 甲 癸 壬
巳 辰 卯 寅 丑 子
```

[옮김]

무토 일주가 지지에 수(水) 재성국을 이루고 있다. 천간에 금과 수가 또 투출되어 있다. 년지 진토는 일주를 돕지 못하니 화와 같은 상태가 되었다. 갑인, 을묘 관성운에 하는 일마다 잘 되었으며 병화운에 이르자 아내와 자식이 잘못되고 많은 어려움을 겪게 되었고 정사운에 세운까지 화토가 함께 와 죽었다.

```
壬 戊 甲 癸
子 子 子 酉
戊 己 庚 辛 壬 癸
午 未 申 酉 戌 亥
```

[옮김]

　무토 일주인 이 사주는 모든 지지가 수다. 금의 생함까지 있어 토가 극쇠해졌다. 그래서 마치 수와 같다. 초년 계해운은 모든 것이 평안했다. 임술운은 수의 뿌리가 없고 일주가 득지하자 가업이 망하면서 형상까지 있었다. 하지만 신유, 경신 20년 동안은 제대로 운을 만나 빈손으로 10여 만금을 벌었다. 기미운에는 다시 모든 재산을 잃고 미운에 삶이 끝이 났다.


```
庚 庚 己 壬
辰 子 酉 申
乙 甲 癸 壬 辛 庚
卯 寅 丑 子 亥 戌
```

[옮김]

　이 사주는 일주가 양인월에 태어났으며 원국에 목화가 보이지 않는다. 금이 태왕하여 화와 같다. 해수운에 수가 득지하여 학교에 들어갔고 임자운은 용신이 득지하여 월계(月桂)에 올랐다. 계축운은

임수의 왕지를 합거하여 새가 달빛 아래에서 노래하는 듯했고 갑인,
을묘운은 토를 억제하고 수를 보호하니 벼슬길이 청고했다.

```
庚 庚 乙 庚
辰 戌 酉 申

辛 庚 己 戊 丁 丙
卯 寅 丑 子 亥 戌
```

[옮김]

이 사주는 경금 일주가 신유술 비겁국을 이뤘다. 여기에 토를 또
만나 금이 극왕하니 마치 수와 같다. 화운으로 시작된 초년은 가업
이 없었다. 무자운이 되자 돈을 많이 벌게 되었고 관직을 돈으로
샀으며 기축, 경금운은 명리가 있었다. 인운으로 바뀌자 직을 파직
당하고 재물도 흩어졌다. 묘운에 죽었다.

```
甲 辛 庚 己
午 卯 午 卯

甲 乙 丙 丁 戊 己
子 丑 寅 卯 辰 巳
```

신금 일주가 한 여름에 태어났다. 지지에 살을 만나 금이 태쇠하게 되어 토와 같다. 초년 기사, 무진운은 명예를 얻는데 어려움이 많았다. 정묘운이 되자 목화가 왕성해져 메마른 초목이 비를 만난 듯 갑자기 모든 것이 잘 풀려 재물이 불어나기 시작해 가세가 풍성해졌다. 그러던 것이 축운으로 바뀌어 설화 생금하게 되니 불록의 객이 되고 말았다.

```
丙 庚 丁 己
子 寅 卯 亥

辛 壬 癸 甲 乙 丙
酉 戌 亥 子 丑 寅
```

[옮김]

이 사주는 묘월 중춘절에 태어나 인목에 앉았다. 수가 생조하고 여러 곳에 재관을 만나 금이 극쇠하니 목과 같다. 을축운에 토금이 암왕하니 가업이 흔들렸지만 갑자운이 되자 수세가 왕해져 재화가 풍족해졌고 계해운에는 벼슬까지 하게 되어 명리가 쌍전하였다. 그러다 임술운에 파직당하고 귀향하였다.

```
辛 壬 辛 壬
丑 子 亥 寅

丁 丙 乙 甲 癸 壬
巳 辰 卯 寅 丑 子
```

[옮김]

  임수 일주가 초겨울에 태어난 사주다. 지지가 해자축 수국을 이루고 천간이 또한 금수로 되어 있어 태왕하니 토와 같다. 인목 식신이 용신이 되었다. 갑인운에 청운의 뜻이 크게 펼쳐지는 듯 했다. 중요한 자리에 올라 을묘운까지 벼슬길이 안정되다가 병화운이 되자 그만 죽었다.

```
庚 壬 癸 癸
子 子 亥 亥

丁 戊 己 庚 辛 壬
巳 午 未 申 酉 戌
```

[옮김]

  임수 일주의 사주가 해월 자시에 태어났으며 경금 인수 하나에 나머지는 모두 수 비겁이다. 그 기세를 누구도 막을 수 없다. 초년 임술운은 지지가 토라서 넘쳐나는 수세를 극하니 형상을 겪었다. 신유, 경신운은 아주 좋은 운으로 행복하였으나 기미운이 되자 아내와 자식이 모두 상하고 가업이 망하고 무오운이 되자 가난이 극심해지면서 정신적 고통에 시달리다 죽었다.

```
癸 壬 乙 丙
卯 午 未 辰

辛 庚 己 戊 丁 丙
丑 子 亥 戌 酉 申
```

[옮김]

임수 일주가 여름철 마지막 달에 태어났다. 또 목이 부조하고 있다. 수가 태쇠하니 금과 같다. 초년 병신, 정유운은 화가 개두(蓋頭)되었다. 신유금이 수를 생할 수 없게 되었다. 재는 왕한 것을 기뻐한다. 무술운은 가업이 넉넉했다. 기해운은 지지가 목국을 이루고 토가 뿌리하지 못하여 기쁘다. 어려움이 있기는 했지만 크게 흉한 정도는 아니었다. 경자운은 가산이 모두 파산되고 사람까지 죽고 말았다.

```
┌─────────────────────┐
│  丙 壬 戊 癸          │
│  午 寅 午 卯          │
│                     │
│  壬 癸 甲 乙 丙 丁    │
│  子 丑 寅 卯 辰 巳    │
└─────────────────────┘
```

[옮김]

　이 사주는 무계가 합화되고 병화가 당권하여 임수 일주를 매말라 들게 하고 있어 극쇠하게 되어 마치 화와 같다. 초년운이 화운이라 삶이 풍족했고 을묘, 갑인운엔 명리가 모두 좋았다. 계축운에 들자 관성과 싸워 재를 빼앗는 것이 되어 어려움을 겪다가 죽었다. 이상의 20가지 사주는 극왕하여 중화를 얻지 못한 경우들이다. 원주에 '왕중유쇠자존(旺中有衰者存), 쇠중유왕자존(衰中有旺者存)'이라 한 두 문장은 내가 말한 태왕, 태쇠에 해당하고, '왕지극자불가손(旺之極者不可損)' '쇠지극자불가익(衰之極者不可益)'은 내가 말한 극왕, 극쇠에 해당한다. 이것을 여기에 특별히 논한 것은 이 이론이 옳음을 증명하기 위함이었다.

18. 중 화 (中 和)

[원문]

旣識中和之正理　而于五行之妙　有全能焉

기식중화지정리 이우오행지묘 유전능언

[옮김]

중화의 바른 이치를 알면 오행 작용에 대한 묘리를 완전히 해득한 것이다.

[원문 주]

사주 원국의 오행들 간에 균형과 화합을 이루는 것이 중요하다는 것은 자평에서 가장 중요히 여긴 법칙이었다. 원국에 병이 있어야 귀하고 상함이 없으면 기국(奇局)이 아니라함은 이치가 아주 없는 건 아니지만 한 쪽만을 보고 한 말들이다. 원국의 병을 제거하는 것만으로도 중화된 사주이다. 귀격의 사주가 되기 위해서는 중화를 이뤄야 한다. 중화를 이루지 않아도 귀격이 되는 경우가 있기는 하다. 용신이 강한 경우와 기세가 편중되었어도 부귀할 수 있는 경우가 그렇다.

[임철초 주]

중화는 사주 명리의 올바른 정론이다. 중화된 사주는 반드시 명리가 따른다. 이론의 여지가 없다. 중화된 사주를 갖고 태어난 사람은 이런 면들이 있게 된다. 일생을 살아가는 동안 유유자적하게 되며, 억울한 일을 당하지 않고, 일이 뜻대로 풀린다. 험난하지 않고 장애를 겪지 않게 된다. 부모에 효도하고 인간관계가 좋고, 마음이 정직하고 구차스럽지 않다. 이런 사람은 모두 중화된 정기를 얻었기 때문이다. 약한 재성에 비겁이 중하거나, 관성이 약한데 상관이 왕하거나, 살이 왕한데 제살함이 약하거나, 약살인데 제살함이 강하면 중화는 되지 않았어도 그 기가 순수하면 은혜와 원수는 가릴줄 아는 사람이다. 또 재성이 약하고 비겁이 왕하면 처궁이 부족하고 제살은 강한데 관성이 약하면 자식궁이 부족하고, 관성이 약한데 상관이 강하면 명성이 부족하고, 관성은 강한데 제살함이 약하면 재물궁이 부족한데 그런 사주도 운이 부족함을 보충해주고 남는 것을 제거해주면 중화의 이치를 얻게 되어 나중에는 부귀하게 된다. 부자나 벼슬아치에 아첨하거나 가난한대도 허세를 부리는 사람은 사주가 한쪽으로 치우쳐 오행의 바름을 잃었기 때문이다. 이런 사람은 요행만을 바란다. 사주에 병이 있고 약이 있으면 길흉이 쉽게 분별되고, 병도 없고 약도 없으면 그 분간이 어렵다고 한 것은 잘 모르는 편견이다. 병이 있으면 근심이 많고 즐거움이 적으며 행동에 불편함이 따르지만 좋은 약을 쓰면 나을 수 있다. 하지만 약을 구하지 못하고 좋은 의사를 만나지 못하면 일생이 불편하지 않겠는가?

[옮긴 이]

　명리에서 중화의 중요함을 강조한 것은 세상에서 욕망하는 최고의 자리나 최고의 부자가 되는 유일무일한 지름길이라는 뜻이 아니다. 인간답고 사리의 분별이 분명하고 우매하지 않고 무엇이 진리인 줄 알며 구제의 손길이 필요할 때 서슴지 않고 행동으로 옮기며 악한 불의에는 주저 없이 항의하는 마음이 모두 중화된 사주에서 나온다는 것이 정론이다. 물론 중화된 사주는 평안과 명예와 넉넉한 삶이 보장되는 것도 사실이다. 중화된 사주를 갖고 태어나는 것은 하늘의 뜻이라고 생각한다. 그들은 모두를 갖고 있으면서도 겸손하고 인정이 있다. 불법으로 재물을 움켜쥔 졸부나 부정한 방법으로 권력을 쥔 자들과는 판이하게 다르다.

```
癸 癸 甲 辛
亥 卯 午 巳

戊 己 庚 辛 壬 癸
子 丑 寅 卯 辰 巳
```

[옮김]

이 사주는 재성이 왕하여 관성을 생할 수 있다. 일주가 시지 해수에 통근하였다. 묘한건 사해충하며 멀지만 금을 살려주고 있다. 그래서 인성이 쓰일 수 있고 목화가 극제되어 체용이 상하지 않고 중화를 이뤘다. 사람됨이 순수하고 지식이 깊었으며 국세의 후중함이 형산(荊山)의 박옥(璞玉)과 같다. 또 탁월한 재주에 문장이 주옥 같았으며 경금운에 신금을 도와 갑목을 제거하니 조정안에서 빛과 같은 사람이 되었다. 굳이 문제가 있다면 해묘가 국을 이뤄 목왕금 쇠하게 되어 자식을 두지 못하게 되었다는 점이다. 이 사주는 '막보제'라는 사람의 사주다.

```
戊 癸 丙 己
午 未 子 酉
庚 辛 壬 癸 甲 乙
午 未 申 酉 戌 亥
```

[옮김]

　이 사주는 왕(王)씨 성을 가진 관찰사(觀察使)의 사주다. 계수 일
주가 자월에 태어났다. 왕한 것 같지만 재관이 왕하여 약하게 되었
다. 월간에 재성이 있어 재물을 탐하고 시간 무토는 일주와 합을
바란다. 그런 까닭에 재주가 뛰어났지만, 가난한 집안 출신에 권모
술수가 뛰어나고 심술이 방정치 못했다. 계유운에 좌이(佐貳)라는
벼슬에서 관찰사가 되어 사치와 영화를 누렸지만 미토운에 화를 당
했다. 욕심이 지나쳐 자신의 몸을 태우고만 사주다.

19. 원 류 (源 流)

[원문]

何處起根源 流到何方住
하처기근원 유도하방주
機括此中求 知來亦知去
기괄차중구 지내역지거

[옮김]

 사주가 어디에서 근원이 시작되어 어떻게 진행하여 어디에 멈추는지 자세히 설펴보면 오고 가는 것을 알 수 있다.

[원문 주]

 사주가 득령했는지 여부를 논하기 전에 원국의 조종(祖宗)으로 여길만한 것이 있으면 이를 원두(源頭)로 삼아야 한다. 여기서 유행하기 시작하여 멈추는 곳이 어디인지 살펴 희신이 있다면 좋은 귀로가 된다. 예를 들어 신유, 계사, 무신, 정사라면 화가 원두이고 유행하여 금수의 방에 이르게 되면 대단히 부귀한 사주가 된다. 거기에서 유행하여 목(木)지에 이르면 설기가 되어 격국이 혼탁해진다. 흐름이 아직 길한 곳에 이르지 않았을 때 중간에서 저지하고 있는 것이 어떤 것인지 보고 길흉을 판단하고 마지막 멈춘 곳이 어디인지를 보고 지위가 어떤 사람인지도 알아야 한다. 예를 들어 사주가 계축, 임술, 계축, 임자라면 토가 원두가 된다. 수방(水方)에서 그쳤다. 일주가 술토 중에 암장된 화토의 기와 함께 있는 신금의 생함을 겨우 얻고 있으므로 승려가 된 사주이다.

[임철초 주]

원두(源頭)란 원국에서 왕신을 말한다. 재성, 관성, 인수, 식상, 비겁등 어느 것이나 원두가 될 수 있다. 원두는 원국의 오행 사이를 생화(生化)하며 사주를 유통시키는 출발점으로, 유리하면 좋은 것이다. 비겁 원두에서 재관(財官)에 멈추면 좋지만, 그 반대이면 꺼린다. 원두가 유행하다 머무는 곳이, 산룡(山龍)이 달려가다 혈(穴)을 맺는 것과 같다. 그래서 원두가 어디이며 어디에서 멈추는지가 중요하다. 원두가 유행하다 저지되면 산룡이 멈추는 것과 같다. 그래서 어디에서 멈추고 파손되었는지 자세히 봐야한다. 저지하는 것이 어떤 것인지 멈추는 곳이 어디인지를 보면 무엇이 길하고 흉한지 알 수 있다. 년월이 원두이면서 식상이나 인수이고, 멈춘 곳이 일시(日時)이며 재관이라면 조상의 음덕이 있다. 그러나 년월에서 시작되고, 일시에서 식상이나 비겁으로 멈춘다면 조업을 파하고 형처극자할 것이다. 또 일시의 재관이 년월(年月)에 멈추며 식상이나 인수가 되면 조상과 다투고, 일시에서 재관으로 시작되어 년월에서 식상이나 비겁(比劫)으로 멈추면 조업이 어려워 자수성가해야 한다. 원두가 관성이나 인수로 년에 멈추면 그 조상이 청고한 사람이다. 비겁이나 상관이면 한미한 조상이며, 월에 멈추며 재나 관성이면 그 부모가 가업을 일으켰으며 비겁이나 상관이면 패망하였음을 알 수 있다. 그러나 이런 판단을 하기 전에 용신을 관찰하여 길흉을 판단해야 틀리지 않는다. 원두의 흐름을 막고 있는 것이 인수면 윗사람에게서 화(禍)를 당하게 되며 이를 재성이 견제하면 아내의 내조가 있을 것이다. 또 이것을 비겁이 화하면 형제의 도움이 있지만 저지하는 것이 비겁이면 형제와 불화한다. 그러나 관성이 비겁을 견제하면 귀하게 된다. 만약 비겁을 식상이 화하면 자식의 도움을 받을 수 있고 재성이 저지하는 것이면 처가 화를 당하고 이를 비겁이 억제하면 형제간에 우애가 있다. 관성이 화(化)하면 귀인이 이끌어 주고 저지하는 것이 식상이면 자식이 걱정을 끼친다. 인수가 제지하면 윗사람 덕에 복을 누리고 재성이 화해주면 처덕(妻德)이 있다. 관성이 저지하는 것이면 관재구설이 있고 식상이 극제하면 자식이 도와주고 인수가 화하면 어른이 도와준다. 원두가 관성이면서 용신이면 귀하게 된다. 재성이면 재물을 얻고 인수면 인품이 청고하고 문장이 높고 식상이면 재물과 자식 복이 있다. 만약 관성이 기신이면 벼슬길이 막히고 재성이 기신이면 재물을 잃고 인성이 기신이면 문서가 손상되고 식상이면 자손이 걱정을 끼친다. 이상은 속서(俗書)의 이론과는 다르니 자세히 연구해야 한다.

[옮긴 이]

사주 명리의 모든 길흉을 원두가 어디이며 이디에서 멈추는지 그곳들의 육친의 명칭에 따라 화복이 바뀔 수도 있다고 말한다. 그러면서 또한 '원류를 판단하기 전에 용신을 잘 관찰해야 틀리지 않는다고 말하고 있으면서 풍수의 이치를 예로 들고 있다. '임철초 씨'는 중요한 항목마다 풍수 이야기로 이해를 높이고 있는 것으로 봐서 풍수의 대가(大家)임도 짐작할 수 있다. 명리의 용신과 풍수의 혈이 인간의 운명에 미치는 영향이 큰 것임을 잊지 않고 계속 말하고 있다. 흥미롭고 유념해볼 만한 이야기이다.

```
癸 丙 庚 辛
巳 寅 子 酉

甲 乙 丙 丁 戊 己
午 未 申 酉 戌 亥
```

[옮김]

　이 사주의 원두는 금이다. 원두가 인목으로 유행했고 인수가 일주를 생하고 있는 것이 묘하다. 일주가 사시에 득록하고 재성이 생조를 만났다. 계수 관성이 천간에 투출했으니 사주가 중화되어 순수하고 시작된 곳도 좋고 귀처는 더욱 좋다. 사림(詞林)이라는 하급 벼슬에서 시작하여 통정(通政)이라는 높은 벼슬에 올랐으며 일생동안 험한 일을 겪지 않았고 명리를 얻고 행복하게 삶을 마친 사주이다.

```
丙 戊 癸 辛
辰 申 巳 丑

丁 戊 己 庚 辛 壬
亥 子 丑 寅 卯 辰
```

[옮김]

　이 사주의 원두는 화(火)다. 유행하여 수지(水地)에 이르렀고, 묘

한 것은 월과 시간의 화가 모두 유통되고 금과 수가 귀처이므로 백
만장자가 되었고, 벼슬 또한 높게 되었다. 일생을 통해 평지만을 걷
는 것과 같이 평안하게 살았다. '오복이 함께 오는 듯이'라는 말이
어울리는 사주다.

```
甲 丙 辛 辛
午 子 卯 卯

乙 丙 丁 戊 己 庚
酉 戌 亥 子 丑 寅
```

[옮김]

이 사주의 원두는 목(木)이다. 오행 중에 토가 없다. 그래서 금으
로 유행하지 못했다. 재관 또한 막혔으며 충(冲)과 설(洩)이 되니
생화(生化)의 뜻이 없다. 초년 경인운에는 윗사람의 도움을 받았다.
기축운에는 자수(子水)와 합되어 재물이 왔고 무자운에는 왕한 수가
목을 생하여 형상파모가 컸고, 정해운에는 금을 극하고 원국의 묘목
과 합목되어 죽었다.

```
┌─────────────────────────┐
│      丁 戊 壬 庚         │
│      巳 午 午 寅         │
│                         │
│    戊 丁 丙 乙 甲 癸     │
│    子 亥 戌 酉 申 未     │
└─────────────────────────┘
```

[옮김]

이 사주는 화(火)가 원두가 되었다. 월간(月干) 임수가 저지하여
금에 이르지 못했다. 초년 토금운이 중화(中和)하여 하는 일이 순조
롭게 이뤄졌다. 병술운이 되자 인오(寅午)가 화국(火局)을 이루어
어려움이 시작되면서 아내 셋과 네 자식을 극하였다. 정해운에는 원
국의 간지와 합목(合木)을 이루자 의지할 곳 없이 외롭게 살다가 삭
발하고 중이 되었다. 원두를 따르면 모두 부귀하게 된다. 원국의 탁
기를 제거하는 것은 희신이니 이러하면 귀하거나 부유하며, 원국의
청기(淸氣)를 제거하는 것은 기신(忌神)이니 그렇게되면 가난하거나
천(賤)하게 된다.

20. 통 관 (通 關)

[원문]

關內有織女　關外有牛浪
관내유직여　관외유우낭
此關若通也　相邀入洞房
차관약통야　상요입동방

[옮김]

　상극(相剋)관계에 놓여 있는 두 기가 통한다는 것은 문 안에는 베
짜는 여자가 있고 밖에는 소치는 남자가 문을 통하여 신방에 드는
것과 같다. 중매자가 있어 두 기가 문을 통할 수 있게 연결해 준다면
직녀와 견우가 신방을 차려 서로 맞아들이는 것 같이 되어 사주 원국
은 새로운 국면에 접어들게 된다.

[원문 주]

　천기는 내려오고 지기는 올라가려 할 때 두 기운을 소통시켜주는
것이 있어야 한다. 양기가 상합(相合), 상화(相化), 상생(相生)하고자
할 때이다. 목과 토의 관계에서는 화가 있어야하고, 화와 금 사이에
는 토가 필요하고, 토와 수 사이에는 금이 있어야 하며, 금과 목 사
이에는 수가 통관시켜주는 것이다. 이는 견우와 직녀가 오작교를 건
너 신방을 차리는 것과 같다. 둘 사이가 상극관계이거나 장애가 있거
나, 멀리 있어 소통이 되지 않는 경우를 관(關)이라 한다. 운(運)에서
문을 열어 주어 소통하게 하는 것이 통관(通關)이다. 이는 닫힌 문을
활짝 열어 주는 것과 같아, 마치 견우와 직녀가 만나는 것과 같은
효과가 나타난다.

[임철초 주]

통관이란 둘 사이를 유통시켜주는 것이다. 음양의 기의 작용은 상호 교감하는데 있다. 천기가 하강하고 지기가 상승할 때, 천기가 동(動)하면 인원이 응하고, 인원이 동하면 천기가 따른다. 이것을 천지교태(天地交泰), 간지유정(干支有情), 좌우불배(左右不背), 음양 생육상통(陰陽生育相通)이라한다. 살(殺)이 중하면 인수가 좋고, 살이 노출되면 인수도 노출되고, 살이 암장되었을 때 인수도 암장되면 통 달된 것이다. 사주 원국에 인수가 없다면 운에서 인수운을 만나 통하 게 해야 한다. 인수가 원국에 있는데 재성이 파괴하면 관성이 화(化) 하거나 비겁이 나서 해결해야한다. 합거되면 충하여 풀어 주고 도움 받기가 어려울 때는 대운에서 역할을 해주는 것이 더욱 좋다. 년에 인수가 있고 관성은 시에 있거나 천간에 있고, 인수가 지지에 있는데 거리가 멀거나 그 사이에 한신이나 기신이 가로막고 있으면 사주 자 체로는 유통할 수 없으니 운에서 충하거나 합하여 통하게 해주어야 한다. 이 작용이 통관이다. 이렇게 하여 사주가 제대로 통관되면 뜻 을 이룰 것이며 적중할 것이니 견우가 직녀를 만나 신방을 차리는 것 과 같다. 관성과 인수의 관계를 예로 들었으니 식상과 재성 관성의 관계도 이와 같이 추리하면 된다.

[옮긴 이]

사주에서 소통과 통관의 중요함은 사람이 가족관계이든 인간관계 에서 원만한 의사소통이 필요한 것과 같다. 당사자끼리 소통이 되지 않는다면 제3자가 나서 소통시켜 주어야 한다. 이 역할이 통관이다. 소통을 가로막고 있는 것이 있다면 화(化)하거나 제거해 주어야 한 다. 사주 원국 자체에서 합거(合去)나 충거(冲去)나 합화(合化)로 이 문제가 해결되지 못하고 있으면 대운에서 해결해 주어야 한다. 문제가 해결될 때 비로소 바라던 소원이 이뤄진다. 그래서 통관이란 바로 문제의 해결점인 것이다.

```
丙 丁 甲 癸
午 卯 子 酉

戊 己 庚 辛 壬 癸
午 未 申 酉 戌 亥
```

[옮김]

이 사주에서 아주 묘한 점은 지지가 자오묘유 4충(冲)이 반대로 4조(助)가 되어 있다는 것이다. 사주의 간지가 상생 관계이거나 조하는 관계이며 귀처가 시주(時柱)이다. 금이 수를 보면 목을 극하지 않고, 수가 목을 보면 화를 극하지 않으니 상애물이 없다. 그래서 약한 일주가 왕으로 변했다. 수 대운을 만나면 목을 생할 수 있으며 금 대운은 수를 생하므로 인수가 상하지 않는다. 과거시험에 합격하여 벼슬이 관찰사에 이르렀다.

```
辛 丁 癸 戊
亥 未 亥 寅

己 戊 丁 丙 乙 甲
巳 辰 卯 寅 丑 子
```

[옮김]

이 사주는 월간 계수가 왕지에 앉아 일주를 극하는 것 같지만 무
토에 합거되어 화(火)가 되니 일주를 돕게 되었다. 월령 해수도 인
목과 합목 되니 일주를 돕게 되었다. 또한 인목은 합이 되어 일주
와 가깝게 되었다. 시지 해수는 미토와 반합이 되어 이 또한 ·일주
를 생하고 있다. 그로인해 통관에 막힘이 하나도 없는 사주가 되었
다. 과거에 급제하여 높은 벼슬을 하였다.

```
丁 辛 乙 戊
酉 丑 卯 辰

辛 庚 己 戊 丁 丙
酉 申 未 午 巳 辰
```

[옮김]

이 사주는 묘월에 태어나 일주가 약하다. 시간(時干)의 정화 관성
이 일주를 가까이서 극하고 있다. 멀리 년주에서 일주를 생하고 있

지만 월주에 막혀 통하기 어렵다. 또한 월령에서 토인수를 극하니 일주를 돌볼 수 없게 되었다. 축토 역시 같은 상황이다. 원국에 통관되는 모습을 찾을 수 없다. 중년이 화운으로 풍상을 겪었다. 경신운에 와서야 좋은 인연을 만나 여러 차례 전공을 세웠고 신유운까지 20년 동안 많은 공적을 쌓아 벼슬이 높게 되었다. 대운에서 금이 목을 극해주어서 인수가 일주를 생조할 수 있게 통관되었기 때문이었다.

```
乙 辛 丁 己
未 卯 卯 巳

辛 壬 癸 甲 乙 丙
酉 戌 亥 子 丑 寅
```

[옮김]

이 사주는 일주가 묘월생이다. 목화가 당권하고 있어 일주는 신약하다. 년에 인수가 있지만 정화 관성에 막혀 통할 수 없다. 시지 미토는 묘목과 반합되어 목이 되니 일주에 도움이 되지 않는다. 대운조차도 수목운으로 흘러 조상의 유업을 파하고 어렵게 살다가 해수운에 목국을 이루어 칠살을 생하니 죽었다.

21. 관 살 (官 殺)

[원문]

官殺混雜來問我 有可有不可

관살혼잡내문아 유가유불가

[옮김]

 관살혼잡(官殺混雜)에 대해 나에게 묻는다면 혼잡이 될 수도, 안
될 수도 있다고 말하겠다.

[원문 주]

 살(殺)은 관(官)의 다른 이름이다. 그러나 관과 살이 원국에 함께
있으면 혼잡(混雜)이 된다. 살의 기세가 강하면 관은 자연 살을 따
르니 혼이 아니다. 관의 기세가 약하면 살은 자연 관을 돕게 되어
혼이 아니다. 원국에 비겁이 왕하면 살과 관은 함께 쓰일 수 있다.
이런 경우는 혼잡이라 할 수 없다. 약한 관성은 인수를 생할 수 없
어 살로 생해야 하는데 이런 경우도 혼이 아니다. 살이 홀로 식상
을 보면 관이 살을 도와야 한다. 이 역시 혼이 아니다. 원국에서 세
력이 관에 있으면 살은 자연 관에 의지하게 되는데 운에서 살을 돕
는다 해도 관과 섞일 수 없다. 반대로 세가 살에 있으면 관은 살에
의지하게 되는데, 운에서 관을 돕는다 해도 살과 섞일 수 없다. 살
이 천간에 있고 관이 지지에 있는 경우 합거되고 살만 남으면 관과
섞일 수 없다. 살이 지지에 있고 관이 천간에 있는 경우 살이 합거
되고 관만 남으면 살과 섞이지 않게 된다.

[임철초 주]

살이 곧 관이라 함은 일주가 왕할 경우 살을 감당할 수 있어 살이 관과 같이 되는 것을 말한다. 관이 곧 살이다 하는 말도 일주가 약하면 관이 살과 같은 작용을 하기 때문이다. 관을 제거하는 것은 식상이다. 살이 강하다 해도 식상의 세력이 건재하고 일주가 지지에 뿌리를 내리고 있으면 살의 위세에 맞설 수 있다. 살이 인수를 생하고 인수가 일주를 생하면 벼슬이 높게 되고 일주가 재성을 감당하고 재성이 약한 살을 자양해도 이름이 높게 된다. 살이 중하여 일주가 약하게 되면 가난하거나 요절하고, 약한 살을 제함이 지나치면 공부를 해도 써먹지 못하게 된다. 살이 약한 일주는 홀대하면 집안이 기울기 때문에 살이 무조건 귀가 되는 것이 아니다. 살이 있어 귀함이 되는 것은 그 쓰임이 마땅하게 되어 있기 때문이다. 천간의 갑, 병, 무, 경, 임이 살이 되는 경우 지지의 묘, 오, 축, 미, 유, 자가 살의 왕지가 되는데 이것은 혼이 아니다. 갑을목 천간에 인목, 병정화에 사화, 무기에 진술토, 경신에 신금, 임계에 해수이면 관에 살이 섞여 있는 것이니 거관(去官)되어야 한다. 또 갑을 천간에 묘목, 병정 천간에 오화, 무기에 축미토, 경신에 유금, 임계에 자수이면 살이 관에 섞여 있어 거살(去殺)되어야 한다. 년월간(年月干)에 살이 하나 있고 그 양 지지 중에 재가 있고 관성이 시간(時干)에 있으면서 뿌리가 없으면 관이 살에 따라가니 혼이 아니며 년, 월간에 관이 하나 있고 그 양(兩) 지지(支支)중에 재가 있고 시간의 살이 뿌리가 없으면 살은 관에 따라가니 혼이 아니다. 관에 세(勢)가 있고 지지에 록이 있고 살이 년간의 도움을 받으면 혼이 되며, 세가 살에 있고 지지에 록이 있고 관이 년간의 도움을 받으면 혼이 된다. 패재(敗財)가 살을 합하거나 비견이 살을 대적하면 관은 혼이 될 수 있다.

관이 거듭 인수를 보면 설기 되는데 관이 살을 돕고 있으면 혼이 아니다. 하나의 살이 식상을 만나면 살이 제거되는데 관이 살을 도와주면 혼이 아니다. 관과 살이 지지에 뿌리를 두지 않고 천간에서 비겁이나 인수를 만나면 혼이 기쁘며 재가 살과 관을 생하는 것도 기쁘다. 환언하면 일주가 왕하면 혼이 될 수 있고 휴수되면 혼이 될 수 없다. 살을 여섯 단계로 나눠 자세히 설명하니 참고 하기 바란다.

[옮긴 이]

관성에서 편관을 칠살(七殺)혹은 살이라 부른다. 칠살이라 부르는 이유는 일주에서 일곱 번째가 편관이 되기 때문이다. 예를 들어 갑목에서 7번째가 경금이다. 음양이 같은 경금이니 살이라 부르고, 7번째 있으니 7을 붙였다. 관성을 정관과 편관으로 나눠 부르는 이유가 무엇일까? 관성이 일주와 음양이 다르면 정관이라 부른다. 관성의 역할이 원국에서 긍정적으로 작용하는 상황이면 일주는 상대가 관이든 살이든 받아드린다. 그렇지 않으면 일주는 정관도 순수히 대할 수 없다. 원국에 정관과 편관이 함께 나타나 혼잡된 경우가 좋은지 나쁜지는 일주의 형편에 달려있다. 혼잡 자체만을 두고 논할 이유는 없다고 본다. 자세히 연구하기 바란다.

1) 재자약살격(財滋弱殺格)

```
庚 庚 丙 己
辰 申 寅 酉

庚 辛 壬 癸 甲 乙
申 酉 戌 亥 子 丑
```

[옮김]

이 사주는 일주가 봄에 태어나 휴수된 때이다. 그래서 당령하지는 못했어도 년, 일지에 록왕이 있고 진토 인수와 비겁이 있어 약한 일주가 왕으로 변했다. 휴수철의 목은 어리고 금은 왕하다. 병화가 투간되었기에 인목이 더 이상 상처를 받지 않고 병화 역시 인목이 생해주니 존재할 수 있다. 재성이 살을 자양해야 하므로 둘 중 하나라도 없어서는 안 된다. 갑목운에 형편이 나아지고 자수운에 수국을 이루어 목을 생하니 좋았고 계수운은 기토가 년상에 있어 무난했으며 해수운은 인목과 합목되어 절처봉생(絕處逢生)하여 보람이 있었다. 임술운은 서방지가 시작되니 앞길이 막히게 되면서 불행이 시작되었다. 신유운에 죽었다. 만약 이 사주가 서북 금수운으로 흐르지 않고, 동남 목화운으로 행하였다면 과갑하여 관리로서 명예가 크게 되었을 것이다.

```
┌─────────────────────┐
│   辛 庚 庚 丙         │
│   巳 申 寅 申         │
│                      │
│   丙 乙 甲 癸 壬 辛   │
│   申 未 午 巳 辰 卯   │
└─────────────────────┘
```

[옮김]

이 사주는 비겁이 투간되었고 지지에 록이 있다. 병화 역시 록이
있다 해도 경신금이 투간되어 금의 생지도 되니 재가 살을 생해주
어야 한다. 진토운은 목의 여기가 있어 생동감이 있었다. 사화운에
과거에 합격하고 갑오, 을미운에 벼슬길이 평탄했다. 만약 팔자(八
字)로만 본다면 이 사주는 앞의 사주보다 못하다. 하지만 전조(前
造)는 운이 서북운으로 흘렀고, 이 사주는 동남운으로 행하였기에
부귀를 누릴 수 있었다. 비록 부귀가 원국의 격국에서 정해진다고
하나 궁통(窮通)은 운의 흐름에 달려있다. 운 좋은 것이 명 좋은 것
보다 낫다는 본보기이다.

2) 살중용인격(殺重用印格)

```
甲 戊 甲 戊
寅 午 寅 子

庚 己 戊 丁 丙 乙
申 未 午 巳 辰 卯
```

[옮김]

이 사주는 일주가 인월 인시에 태어났다. 목이 많아 왕성하다. 일
지에 오화를 둔 것이 기쁘다. 이를 두고 '중살횡행 일인가화(重殺橫
行 一印可化)'라 한다. 자수(子水) 재성은 목을 생하고 오화를 충하
지 않는다. 운이 화토로 흐르니 일찍 황갑(黃甲)벼슬에 올랐으며 그
길이 순탄했고 이름을 널리 떨쳤다.

```
甲 戊 丙 己
寅 子 寅 亥

庚 辛 壬 癸 甲 乙
申 酉 戌 亥 子 丑
```

[옮김]

이 사주는 재성이 일지에서 살을 생하고 있다. 앞의 사주는 일지의 인수가 살을 모두 생으로 화(化)하게 하여 일주가 견고했다. 운이 서북방으로 흘러 무오년에 향방(鄕榜k)벼슬에 오르고 기축년에 진사(進士)벼슬이 되었다. 무오 기축년이 비겁을 돕고 좌하의 재성을 충거한 묘함이 있었다. 임수운에는 병화가 극되어 인수가 무너지니 부모상과 화재를 당했다. 술토운은 인수를 일으켜 조금 나아졌다. 장차 신유운에 토를 설하여 수를 생하고 병화를 합거하니 재앙을 면치 못할 것이다.

甲 甲 庚 戊
子 子 申 辰

丙 乙 甲 癸 壬 辛
寅 丑 子 亥 戌 酉

[옮김]

이 사주는 금이 날카로워 목이 꺾이고 토가 금을 생하고 있어 두렵다. 다만 지지가 수국되어 생화유정하니 기쁘다. 계해운에 과거에 합격하고 영광을 얻었고 병인, 정묘운은 잘 풀려 국경을 지키는 지휘관이 되어 관운이 평탄했다. 전혀 어려움 없이 살았다.

```
丙 庚 丙 戊
戌 寅 辰 午

壬 辛 庚 己 戊 丁
戌 酉 申 未 午 巳
```

[옮김]

이 사주는 천간에 살(殺)이 두 개 있고 지지에 살국(殺局)을 이루고 있다. 기쁜 것은 무토(戊土)가 살을 설하는 것이다. 인목은 인수를 극하지만 화국(火局)을 이루어 토를 생하는 관계가 되니 기쁘다. 기미운에 과갑(科甲)하고 경신, 신유운에 일주를 돕게 되어 명성을 떨치고 장래의 전망도 밝다.

```
癸 丁 癸 癸
卯 卯 亥 亥

丁 戊 己 庚 辛 壬
巳 午 未 申 酉 戌
```

[옮김]

이 사주는 정화 일주가 천간에 계수가 셋 투출하고 지지에는 두 개의 해수가 있어 두렵다. 기쁜 것은 금이 없는 것이다. 두 개의 묘목이 목국을 이뤄주니 사주가 유정하게 되면서 순수하다. 신유, 경신운에 뜻이 좌절되고 어려움이 닥쳤으나 기미운이 되자 천간의 살

이 억제되고 지지는 인수국이 되니 한꺼번에 여러 즐거움이 있게
되었고 무오, 정사, 병운으로 계속 이어지니 벼슬이 관찰사가 되고
다른 행복도 따라왔다.

3) 식신제살격(食神制殺格)

```
甲 壬 戊 戊
辰 辰 午 辰

甲 癸 壬 辛 庚 己
子 亥 戌 酉 申 未
```

[옮김]

이 사주는 원국이 대부분 토가 되어 살로 이뤄졌다. 다행한 것은 지지에 세 개의 진토가 일주의 뿌리가 되었다. 또한 금이 없는 것이 기뻤고 진토는 목의 여기다. 시간의 갑목이 여기(餘氣)에 뿌리하여 살을 억제하고 있으니 일장당관(一將當關)이라 하겠다. 계해운에 식신이 생을 만났고 일주도 록을 얻으니 과거시험에 합격했다. 갑목운에 벼슬이 아주 높이 올랐고 자수운에 쇠신이 왕신을 충하니 죽었다.

```
丙 甲 庚 庚
寅 戌 辰 申

丙 乙 甲 癸 壬 辛
戌 酉 申 未 午 巳
```

[옮김]

이 사주는 일주가 진월에 태어나 여기가 있다 해도 월간에 경금이 투출하여 세력을 얻었다. 기쁜 것은 시지에 인목이 있어 뿌리가 되고 그 위에 병화가 투출하여 살을 억제하고 있는 것이다. 오화운에 화국을 이루어 향방벼슬에 올랐다. 하지만 갑신, 을유운에는 어려움이 여러 가지로 닥쳤으며 병술운에는 언제 그랬는가 싶게 벼슬이 올랐다.

```
戊 丙 壬 壬
戌 戌 子 子

戊 丁 丙 乙 甲 癸
午 巳 辰 卯 寅 丑
```

[옮김]

이 사주는 년주와 일주가 똑 같이 임자로 살의 기운이 왕하다. 다행히 일지와 시지가 술토라 일주가 고장에 통근했다. 무토가 투출하여 안정되었다. 기쁜 것은 운이 동남방으로 흘러 살을 억제하며 일주를 돕고 있다. 을묘운에 과거시험에 합격하였다. 궁중의 연희장에 참석하였고 높은 벼슬인 군수(郡守)에 올랐다.

```
丙 庚 丙 壬
戌 午 午 申

壬 辛 庚 己 戊 丁
子 亥 戌 酉 申 未
```

[옮김]

 아 사주는 월지와 일지에 살이 당권하고 있으니 두렵다. 년간 임수
가 장생지에 앉아 있어 살을 억제하고 있다. 목이 없는 것이 여간 다
행스럽지 않다. 신금(申金)운에 처음으로 벼슬을 하게 되었고 유운에
서방 금국이 되니, 명예가 더욱 높게 되었으며 큰 기쁨이 있었다. 앞
날의 금수(金水)운에 여명이 더욱 밝았다.

4) 합관유살격(合官留殺格)

```
壬 丙 戊 癸
辰 午 午 丑

壬 癸 甲 乙 丙 丁
子 丑 寅 卯 辰 巳
```

[옮김]

병화 일주가 한 여름에 태어났다. 왕세(旺勢)가 대단한데 무계합(戊癸合)까지 되어 있다. 기쁜 것은 일주가 고근(庫根)하였고 년지 축토가 화기를 설하고 금을 생하며 수를 저장하니 계수가 뿌리를 내릴 수 있다. 무계(戊癸)는 합화(合化)까지는 되지 않아 기쁘게 되었는데, 임수를 대적하지 않게 되었기 때문이다. 을묘, 갑인운에 토를 극하면서 수가 보호되니 앞길이 양양하게 되었다. 계축운에 벼슬이 더욱 높아졌고 임자운에 명리가 더욱 남아돌게 되었다.

건융(乾隆) 38년 4월 18일 진시(辰時)

```
壬 丙 戊 癸
辰 午 午 巳

壬 癸 甲 乙 丙 丁
子 丑 寅 卯 辰 巳
```

[옮김]

이 사주는 '임철초 씨' 자신의 것이다. 병화 일주가 한 여름에 태어났다. 앞의 사주와는 년지 축토 한 자만 사화로 바뀌었을 뿐인데 결과는 큰 차이가 났다. 축토는 일주의 화세(火勢)를 설하고 축수(蓄水) 생금(生金)할 수가 있다. 사화(巳火)는 수의 절지(絕地)로 물한 잔으로 섶단에 타오르는 불을 끄려는 상황이다. 앞의 사주는 무계(戊癸)합이 화(化)하지 않았다. 이 사주는 합화(合火)하여 살을 도울 수 없다. 오히려 양인을 편들고 있다. 사(巳)중 경금이 살을 돕지 못하고 임수는 오직 진토에 뿌리하고 있어 청고한 사주가 되었다. 운마저 자그만치 40년을 목화(木火)로 흐르니 부모의 뜻을 받들지 못하고 자신의 꿈을 이룰 수 없었다. 물려받은 재산은 물론이고 가업도 지키지 못했다. 혈육의 관계마저 좋지 않았다. 반평생을 뜬구름 쳐다보듯 세월이 흐르고 말았다. 묘운에 양인을 생하니 골육의 변을 당하였고, 집안이 몰락하였다. 그때는 명리를 알지 못하고 있던 때였다. 다른 사람에게 자신의 사주를 좀 봐 달라 했지만, 돌아온 말은 거짓된 칭찬의 말만 들었을 뿐이었다. 자신은 통탄했다. 부친을 여의였고 가업이 낙엽처럼 흩어진 뒤 생계를 이어보고자 명리를 배우는데 집중했다. 하지만 웃음거리만 되었다. 매사에 뜻대로 되는 일은 하나도 없고 6척 장신의 몸이 남 보기에 초라하기 짝이 없었다. 모든 것이 운명대로 되어간 것이다.

```
壬 丙 癸 戊
辰 午 亥 申

己 戊 丁 丙 乙 甲
巳 辰 卯 寅 丑 子
```

[옮김]

이 사주는 일주가 양인에 앉아 있지만 태어난 때가 해월이니 휴수기였다. 원국에 목이 없고 임계가 투출하여 지지에 튼튼한 뿌리를 두고 있다. 다만 무계가 합변(合變)하여 일주를 돕고 있어 혼(混)이 될 수 없다. 묘한 것은 대운이 동남으로 흘러준 것이다. 처음 향방이란 작은 벼슬이 높은 중앙의 벼슬자리로 나아갔다.

```
壬 丙 癸 戊
辰 戌 亥 午

己 戊 丁 丙 乙 甲
巳 辰 卯 寅 丑 子
```

이 사주는 일주가 겨울철에 태어났다. 시지에서 일주의 고(庫)를 충거하고 있다. 임계가 함께 투출하였지만 무토가 계수를 합하여 거관유살(去官留殺)하니 기쁘다. 또 년의 겁재로부터 일주를 조(助)하니 기쁘다. 화기가 시들지 않았다. 앞의 사주보다 나은 것은 금이 없기 때문이다. 과갑출신으로 국가의 여러 직을 두루 누렸다.

```
癸 丁 丁 壬
卯 未 未 申

癸 壬 辛 庚 己 戊
丑 子 亥 戌 酉 申
```

[옮김]

정화 일주가 여름철 미월에 태어났고, 월주와 일주가 정미(丁未)로 똑 같다. 시간의 계수는 뿌리가 없지만 년간 임수가 있다. 정화와 합이 된 것이 안타깝지만 다행히 임수가 신금(申金) 장생지(長生地)에 앉아 화하지는 않았다. 신금을 쓸 수 있다. 운이 서북지로 흘러준 것이 다행이다. 지방의 하찮은 벼슬이 차츰 중앙 정부로 들어가 승승장구했다.

```
乙 戊 己 甲
卯 辰 巳 辰

乙 甲 癸 壬 辛 庚
亥 戌 酉 申 未 午
```

[옮김]

이 사주는 무토 일주가 초여름에 태어나 진토에 앉았다. 두 개의
진토는 목의 여기(餘氣)라 충분한 역할을 하고 있다. 관과 살이 록지
가 있어 거살유관(去殺留官)하는 것이 좋다. 묘하게도 생화하는 좋은
곳으로 운이 흘러가 주어 일찍 벼슬길에 올라 시종(侍從)으로 임금을
가까이 보필하는 자리에 앉았다.

```
丁 庚 辛 丙
丑 申 卯 辰

丁 丙 乙 甲 癸 壬
酉 申 未 午 巳 辰
```

[옮김]

이 사주는 경금 일주가 봄철에 태어나 당령하지 못했다. 하지만 지
지에 인수와 록이 있어 약한 사주가 왕하게 되었다. 병신(丙辛)합변
하여 시간의 정화만 남아있게 되었다. 합수(合水)는 목을 생하고 목
은 관을 생하고 있다. 운이 동남 목화지로 흘러주었다. 모든 사람의
모범이 되는 훌륭한 인재가 되었다.

```
庚 乙 辛 丙
辰 亥 卯 辰

丁 丙 乙 甲 癸 壬
酉 申 未 午 巳 辰
```

[옮김]

이 사주는 을목 일주가 일지에 생지를 만났다. 봄철에 태어나 재를 쓸 수 있다. 신(辛)금이 병화를 합거하니 기쁘다. 병신, 정유운은 화(火)가 금(金)을 덮고 있어 벼슬길이 순탄치 못했다. 하지만 마침내 금지(金地)로 들어오니 높은 벼슬자리에서 평안히 지낼 수 있었다.

```
己 壬 戊 癸
酉 午 午 亥

壬 癸 甲 乙 丙 丁
子 丑 寅 卯 辰 巳
```

[옮김]

이 사주는 살이 왕하다. 재성이 있어 더 왕해진 살과 합이 되는 것이 유정하다. 년간 계수가 왕지에 앉아 합이 되었지만, 화(化)는 되지 않고 다만 살이 일주를 극하지 못하게 되었으니 유정하다. 합화하여 화(火)가 되었으면 무정(無情)한 것이다. 초년부터 시작된 목화운에는 청운의 뜻을 펼치기가 어렵지만 수(水)대운에 가면 인수를 보호하게 되어 뜻을 이루게 될 것이다.

5) 관살혼잡격(官殺混雜格)

```
癸 丙 壬 壬
巳 寅 子 辰

戊 丁 丙 乙 甲 癸
午 巳 辰 卯 寅 丑
```

[옮김]

　이 사주는 관살이 거듭 있고 월령을 차지했다. 하지만 병화 일주
는 시지에 사화 록을 얻고 일지에 인수가 있어 수를 설기하여 일주
를 생하니 관살의 위세가 두렵지 않다. 더욱 묘하게 원국에 금이
없는 것이 기쁘다. 병화운이 일주를 돕고, 기사년 세운에 관의 습함
을 제거해주니 뚜렷한 전공을 세우고 출세하였다.

```
丁 己 乙 甲
卯 巳 亥 子

辛 庚 己 戊 丁 丙
巳 辰 卯 寅 丑 子
```

[옮김]

이 사주는 관이 장생지를 얻고 살이 왕지에 앉았다. 일지 사화가
해수에 충이 되어 위험하지만 묘목의 생을 받아 유지됨이 묘하다.
인목운에 해수를 합거하여 인수를 생하여 거듭 대과(大科)에 합격했
다. 경진, 신사운에 갑을목 관살이 충거되어 명리를 누리는 기쁨이
있었다.

```
戊 庚 丁 丙
寅 午 酉 辰

癸 壬 辛 庚 己 戊
卯 寅 丑 子 亥 戌
```

[옮김]

이 사주는 경금 일주가 관살이 혼잡된 상태로 왕하여 신약하다.
살은 장생지가 있고 관은 록지가 있다. 다행한 것은 금일주가 유금
월에 태어난 것이고 진토 인수가 화기를 설하여 일주를 생하고 있
는 것이다. 여간 다행스럽지 않다. 운마저 수운으로 흘러가 주니 시
험에 합격하고 벼슬자리에 올랐다. 신축. 임수운에는 더욱 신상이
평안하고 권력을 중용에 써 선망을 얻었다.

```
辛 壬 己 戊
亥 申 未 午

乙 甲 癸 壬 辛 庚
丑 子 亥 戌 酉 申
```

[옮김]

이 사주는 일주가 여름에 태어나고 미토 관이 당령하였다. 일주
는 일지 장생에 앉고 시지에 해수 록을 얻어 왕성한 관살을 상대할
수 있게 되었다. 초년부터 금수운으로 시작되어 계속 흐르니 과거에
합격하고 여유롭게 중용을 지키며 사람들을 다스리니 추앙을 받고
문장도 빛났다. 이 사주에서 '임씨'는 이렇게 말했다. '관살이 혼잡
되어도 부귀한 경우가 많다. 관이나 살이 당령한 경우에는 일지에
인수가 있어 관성의 기를 유통시키면 정(情)이 있게 된다. 이렇게
되면 살을 상대할 수 있다. 기(氣)가 일과 시에 없거나 일지에 인수
가 없으면 빈천한 사주가 된다. 관살이 당령하지 않았으면 이렇게
논하지 않는다.'

6) 제살태과격(制殺太過格)

```
己 丙 戊 辛
亥 辰 戌 卯

壬 癸 甲 乙 丙 丁
辰 巳 午 未 申 酉
```

[옮김]

이 사주는 시지에 해수 살이 하나 있을 뿐인데 숱한 식상들이 극하고 있다. 년지 묘목도 신금의 극을 받고 있다. 가을 목은 토를 소통하기 어렵다. 해(亥)중 갑목이 살을 보호할 수 있다. 을미운에 목국이 되어 승전보를 올리고 조정에 이름이 알려졌다. 갑오운에 목이 오(午)에 사(死)하고 기에 합하여 토가 되니 부모상을 당했다. 기사년에 해수를 충하여 죽었다.

```
壬 丙 戊 辛
辰 辰 戌 卯

壬 癸 甲 乙 丙 丁
辰 巳 午 未 申 酉
```

이 사주 또한 식상들로부터 살 하나가 억제당하고 있다. 앞의 사주에 격이 미치지 못하는 것은 목국을 이루지 못한 것에 있다. 일찍 향시에 합격했지만 전도가 불투명했다. 그나마 기쁜 것은 시상에 살이 투출하였기에 진토에 고근(庫根)할 수 있었다. 형모는 많았지만 큰 우환은 없었고 일신은 그런대로 지낼 수 있었다.

```
壬 丙 丙 壬
辰 午 午 辰

壬 辛 庚 己 戊 丁
子 亥 戌 酉 申 未
```

[옮김]

이 사주도 살이 식상의 억제를 받고 있다. 하지만 두 개의 살이 있어 앞의 사주와는 다르다 유운에 진토를 합거하고 재성이 살을 생하니 발복하여 조정에 들게 되었다. 경운에 벼슬이 계속 올랐고 술운에는 조열한 토가 임수의 뿌리를 충하고 무진년에는 임수를 극하여 죽었다.

```
壬 壬 戊 甲
寅 辰 辰 寅

甲 癸 壬 辛 庚 己
戌 酉 申 未 午 巳
```

[옮김]

이 사주는 세 개의 식신으로부터 세 개의 살이 극을 받고 있다.
살이 당권하고 있으나 목도 웅장하다. 일주는 신약하지만 다행히 진
토에 고근하고 있고 시간에 비견이 돕고 있다. 임신운에 인목을 충
하고 일주를 생하여 진사 시험에 합격하여 계유운 20년 동안 큰 벼
슬에 명리가 크게 있었다.

```
庚 戊 戊 庚
申 寅 寅 申

甲 癸 壬 辛 庚 己
申 未 午 巳 辰 卯
```

[옮김]

이 사주는 두 개의 인목 살이 4개의 식신에 극을 당하고 있다.
인목 살이 월령에 있기에 극을 받아도 완전히 뽑히지 않아 다행이
다. 오운에 금을 억제하며 일주를 생하여 높게 발탁되고 갑신운에
또 식신의 억제를 받아 전쟁에 임하다 진중에서 죽었다. 임씨가 말

하기를 살을 제하는 것이 지나치면 혼잡된 것보다 못하다 했다. 제
살태과하면 살이 불구가 된 것과 같아 또 살을 억제하는 운에는 살
아남기 힘들다 했다. 관살혼잡은 일주가 왕하고 인수가 상해입지 않
은 상태에서는 부귀하지는 못한다 해도 신상에는 평안함이 있을 것
이다. 일주가 휴수되고 재성이 인수를 극하면 한 개의 살은 관이
섞이지 않아도 뜻을 펴기가 어렵고 근심은 많을 것이다. 잘 살펴봐
야 할 것이다.

22. 상 관 (傷 官)

[원문]

傷官見官果難辨　可見不可見
상관견관과난변　가견불가견

[옮김]

　상관이 관성과 만나면 분별하기가 쉽지 않다. 상관이 관성을 만나서 괜찮은 경우와 그렇지 않은 경우가 있기 때문이다.

[원문 주]

　일주가 신약하고 상관이 왕한 경우라면, 인수가 있는 때는 관이 있어도 괜찮고, 일주가 왕하고 상관도 왕하면서 재가 있으면 관이 있어도 괜찮다. 상관이 왕하고 비겁이 있으면서 재성이 약할 때는 관이 있는 것이 좋다. 일주가 신왕하고 상관이 약하면 인수가 없고 관이 있어야 한다. 상관이 왕하고 재성이 없고 관이 있으면 화를 당한다. 상관이 왕하고 일주가 신약할 때 관을 만나도 화가 일어난다. 약한 상관에 가벼운 재성이 있을 때 관을 보면 화를 당하게 되고, 상관이 약할 때 인수가 있고 관을 봐도 화가 일어난다. 상관이 재성과 같이 있다면 관이 있는 것이 괜찮다. 그러나 상관만 있고 재성이 없는 경우는 관을 봐서는 좋지 않다. 무엇보다 중요한 것은 신왕한지, 신약한지 일주의 형편을 보고나서 재성, 관성, 인수, 비겁에 부합되는지 여부를 살펴야 옳은 것이다. 목, 화, 토, 금, 수 오행으로 굳이 구분할 필요는 없다. 상관용인격은 재성이 없는 것이 좋고 재성이 있으면 좋지 않다. 또 상관용재가 되는 경우라면 인수가 보이지 않아야 한다. 자세히 살펴야 한다.

[임철초 주]

상관은 일주의 기운을 설하는 것이다. 그러므로 선량하다고 보기
어렵다. 일주의 기를 상하게 하니 방자한 행위를 한다고 볼 수도
있다. 그러나 선악(善惡)이 일정한 것이 아니니, 일주가 제대로 상
관을 관리할 수 있으면 영화롭고 지혜가 총명한 것이다. 관성의 경
우도 옳고 그름을 분간하려면 원국의 상태가 어떤지를 먼저 살펴야
하는데 그 경우도 같을 수만은 없다. 그래서 한 가지 이론만을 고
집해서는 안 된다. 원국에서 상관은 상관용인, 상관용재, 상관용비,
상관용상격이 있는데 이중 상관용재는 일주가 왕하고 상관도 왕하면
재성을 사용하는 것이 좋고, 비겁이 있다면 관도 괜찮고, 비겁이 없으
면 관이 보여서는 안 된다. 일주 약, 상관 왕이면 인수가 마땅하다.
하지만 재성은 안 된다. 일주와 상관의 형편이 먼저와 같으면 인수가
없는 경우는 비겁이 마땅하고 비겁과 인수가 함께 있는 경우는 괜찮
으나 재관을 보게 되면 좋지 않다. 왕한 일주에 재관이 없으면 상관
을 쓸 수 있고, 상관과 재성을 함께 보는 것은 좋지만, 관인은 꺼린
다. 왕한 일주에 비겁이 많고 재관은 약하고 상관 역시 약하면 관성
이 있음이 마땅하고 재성도 괜찮지만 상관과 인수는 좋지 않다. '상
관견관 위화백단(傷官見官爲禍百端)'이란 말은 신약한 일주에 비겁이
필요할 때 관성을 보면 비겁은 극을 당해 화가 일어남을 말한다. 상
관용인격에 원국에 재성이 없는 경우 인수가 왕해지는 운으로 흘러주
면 귀함이 있게 되고, 재성이나 상관운으로 흐른다면 빈천하게 된다.
상관용재격에 재성이 뿌리가 있으면 재성이나 상관이 왕해지는 운이
면 부유하게 되고 인수나 비겁이 왕해지는 운으로 흐르면 빈천하게
된다. 상관용겁격은 귀하게 되기 위해서는 인수가 왕해지는 운이 와
야 하며, 상관용관은 재성이 왕해지는 운이 되어야 부자가 되고, 상

관용상은 재성운으로 흐르면 부귀하게 된다. 상관용재는 지위의 높낮이 재물의 풍요 여부를 살피는 것에 불과하다. 자세히 살펴야 한다.

[옮긴 이]

상관만을 논한 항목 같지만 식신도 함께 논한 것이다. 한 사주에서 상관의 역할이 어떤 것인가? 식상 자체가 원국에서 과다하거나 적거나 적당한 경우를 자세히 논하였다. 상관은 재성을 생하고 관성을 견재하고 인수로부터는 상처를 입고 일주의 기운은 설기하는 존재가 되므로 무엇보다 일주가 신약한 경우에는 상관은 일주의 형편을 더욱 어렵게 한다. 하지만 관성이 일주를 괴롭힐 때는 인수가 일주를 보살피는 경우보다 더욱 일주를 평안하게 해주는 역할을 하기도 한다. 약한 재성에는 힘을 보태준다. 하지만 상관의 평가는 일주의 왕약 파악이 우선이다.

1) 상관용인격(傷官用印格)

```
己 丙 辛 己
丑 寅 未 丑

乙 丙 丁 戊 己 庚
丑 寅 卯 辰 巳 午
```

[옮김]

이 사주는 토 상관이 많이 있다. 화(火)의 세가 계하(季夏)이지만 아직 화기가 남아있어 다행이다. 일주는 장생지에 앉아 있고 목을 써야 한다. 인중(寅中) 갑목이다. 정묘운에 이르자 신금을 재거하고 축토를 극하니 병이 있는데, 약을 쓰는 격이 되어 경사스러운 자리에 참석하게 되었다. 병인운이 되자 채용이 모두 마땅하게 되어 높은 벼슬에 올랐다.

```
辛 戊 丁 辛
酉 午 酉 酉

辛 壬 癸 甲 乙 丙
卯 辰 巳 午 未 申
```

[옮김]

이 사주 또한 상관이 많다. 하지만 재성이 없어 기쁘고 순수하게
청한 사주다. 초년운이 목화운으로 흘러 과거에 일찍 급제했다. 안
타까운 것은 중년운으로 계사, 임진운이 오게 되니 화를 극하면서
금을 생조하게 되니 본래 가지고 있는 절개와 지조를 호소할 길이
사라져 막연하게 되었다. 인생의 중년을 넘어가면서 자신의 삶이 초
라해짐을 느끼게 되었다.

```
己 庚 壬 壬
卯 辰 子 戌

戊 丁 丙 乙 甲 癸
午 巳 辰 卯 寅 丑
```

[옮김]

이 사주는 금수 상관격이다. 월령에 상관이 있다. 지지에 따뜻한
토가 있어 안정이 유지될 수 있다. 재성이 병이 되니 안타깝다. 초

년운이 목화가 되어 학문을 이어갈 수 없게 되었으나 다행히 병진 운부터 화토운이 되어 벼슬길이 순탄하게 나아갔다. 오화운에 약신이 왕신을 충하니 노발하여 다정한 동료들과 이별의 아픔을 갖게 되었다.

```
丙 乙 癸 丙
子 丑 巳 辰

己 戊 丁 丙 乙 甲
亥 戌 酉 申 未 午
```

[옮김]

이 사주는 목화상관으로 계수가 록지에 근하여 유정한 격국을 이루고 있다. 재성이 극하지만 모두가 습토라서 화기를 설하는데 치중한다. 운이 초년부터 수운이 아니어서 한유(閑儒)에 그쳤다. 신금운에 화가 절되고 수가 생조받으니 자리에서 일어나 뜻을 펴보기 시작했지만 번번이 시험에 낙방하여 끝내 뜻을 펴보지 못했다.

2) 상관용재격(傷官用財格)

```
乙 丁 戊 丙
巳 卯 戌 申

甲 癸 壬 辛 庚 己
辰 卯 寅 丑 子 亥
```

[옮김]

  이 사주는 인수와 비겁이 거듭 있고 화토상관격을 이루고 있으면서 신왕하다. 신금 재성을 사용하는 사주로 유업이 넉넉했고 신축, 임수운에 사업을 하여 재물을 많이 모았다. 인묘운에는 금의 절지가 되고 비겁의 장생지가 되어 왕한자가 약한자를 충하여 약한자가 뿌리가 뽑혀 죽고 말았다.

```
乙 壬 乙 癸
巳 申 卯 亥

己 庚 辛 壬 癸 甲
酉 戌 亥 子 丑 寅
```

[옮김]

이 사주는 수목 상관격이다. 일주가 일지 장생을 두고 년지에 록이 있어 사화 재성을 사용할 수가 있다. 하지만 금수운으로 중년이 시작되니 많은 고난을 겪으며 하는 일마다 실패하였고, 술토운에 해수를 극하고 묘목과 합화하여 재물을 얻게 되었지만 유금운에 상관을 충하고 겁인(劫印)을 생조하니 죽었다.

```
丁 戊 辛 戊
巳 午 酉 子

丁 丙 乙 甲 癸 壬
卯 寅 丑 子 亥 戌
```

[옮김]

일주가 지지에 녹왕을 두고 비겁과 인수가 거듭 있는 토금 상관격이면서 년지에 자수 재성이 있다. 자수는 유금에 의지하고 유금은 자수를 보호하니 생활은 어렵지 않게 가업이 있었다. 갑자, 을축운

20년은 자수성가하여 재물을 많이 벌었지만 병인운이 오자 금수를 극설하고 화토를 생조하니 죽었다.

```
庚 辛 辛 壬
寅 酉 亥 申

丁 丙 乙 甲 癸 壬
巳 辰 卯 寅 丑 子
```

[옮김]

이 사주는 금수 상관격이다. 사주에 비겁이 많다. 인목 재성을 쓸 수 있다. 해수는 금을 설하고 목을 생하니 기쁘다. 이로서 비겁이 재성을 두고 싸우지 않게 되고 해수로 인해 신금의 충함이 없게 되었다. 해수가 있어 일생동안 도산하지 않았으니 재성을 지켜준 복성이 된 셈이다. 갑인, 을묘운은 자수성가로 부를 쌓았고 화운에는 원국과 대운이 싸우니 평안이 사라지고 재성을 설하여 빛이 바랬다. 사화운에 비겁이 생함을 얻고 해수를 충하니 죽었다.

3) 상관용겁격(傷官用劫格)

```
己 戊 辛 癸
未 申 酉 亥

乙 丙 丁 戊 己 庚
卯 辰 巳 午 未 申
```

[옮김]

이 사주는 토금 상관격 사주다. 재성이 왕하여 학문에 뜻이 있었으나 이루지 못했다. 시지 미토에 겁재가 통근하여 쓰이게 되었다. 운이 아름답게 흘러주어 재물로 벼슬을 얻고 그 자리가 높았다. 정사, 병진운에 왕한 인수가 용사(用事)하여 벼슬이 한층 높아졌고 재물도 넉넉했다. 하지만 을묘운은 충극되어 파직당하여 귀향했다.

```
庚 戊 癸 己
申 戌 酉 未

丁 戊 己 庚 辛 壬
卯 辰 巳 午 未 申
```

[옮김]

이 사주는 토금 상관격이다. 지지가 금 방국을 이루고 있다. 식상이 왕하다. 비겁을 용신하며 월간 계수를 극하니 학문을 계속할 수 있게 되었다. 운이 초년부터 화운으로 흘러 낮은 벼슬에서 승진길이 쉽게 열려 높은 벼슬에 올랐다. 일생동안 관리로서 풍파 없이 살았다.

```
甲 癸 甲 癸
寅 亥 寅 亥

戊 己 庚 辛 壬 癸
申 酉 戌 亥 子 丑
```

[옮김]

이 사주는 수목 상관이다. 원국에 재성이 없어 기쁘다. 그래서 선비의 품위를 유지할 수 있었다. 하지만 지지가 인해 합목을 거듭하고 있어 학문의 뜻을 펴기 어려웠다. 신금운에 입반(入泮)하고 해수운에 곡식이 곳간에 쌓이고 경술운에 늦게 관리가 되었다. 기유, 무신운 20년 동안 아무런 고난 없이 관리로서의 길이 순탄했고 재물도 넉넉했다.

```
己 丙 己 戊
丑 戌 未 申

乙 甲 癸 壬 辛 庚
丑 子 亥 戌 酉 申
```

[옮김]

이 사주는 토식상이 가득하다. 만약 월령이 축술월이였다면 종아격으로 명리가 있었을 텐데, 미월은 계하(季夏)이며 화의 여기가 있다. 미중 정화를 용신해야 한다. 하지만 대운이 금수로 흐르니 조업이 흩어지고 계해운에는 가난이 말할 수 없었다. 삶에 아무런 즐거움이 없게 되자 종교에 귀의하고 말았다.

```
癸 己 庚 戊
酉 酉 申 辰

丙 乙 甲 癸 壬 辛
寅 丑 子 亥 戌 酉
```

[옮김]

이 사주는 상관용겁으로 년지 진토 겁재가 습토라 금을 생하고 일주를 충분히 돕지 못하고 있다. 대운이 금수로 집안의 모든 것이 잿더미로 변했다. 이상의 다섯 개 사주는 비겁을 사용하는 사주였다. 먼저의 세 사주는 명리가 있었지만 나중의 두 개는 그렇지 못했는데 그 이유는 대운이 따라주지 않았기 때문이었다. 그래서 사람의 노력이 없었던 게 아니고 대운의 작용이 컸던 때문이다.

4) 상관용상관격(傷官用傷官格)

```
庚 壬 己 庚
子 辰 卯 辰

乙 甲 癸 壬 辛 庚
酉 申 未 午 巳 辰
```

[옮김]

아 사주는 일주가 묘월에 태어났다. 수목 상관격이다. 월간 기토 관성이 절지에 앉았다. 양 진토는 목의 여기로 작용한다. 년지 진토는 금을 생하고 일지 진토는 합수되었다. 따라서 진토는 수를 억제할 수 없고 금을 생하고 있어 묘목을 사용해야한다. 초년운이 금을 돕고 있으니 뜻을 이룰 수 없었다. 임오운이 되자 재를 생하면서 금을 억제하여 이름을 알리게 되었다. 계미운에 목을 돕고 갑신운은 수국을 이루니 벼슬이 자연 높아졌다. 그야말로 높은 자리까지 올랐다. 하지만 유운이 되자 묘목을 충하니 파직을 당했다. 용신이 충되니 어쩔 수 없었다.

```
癸 癸 戊 乙
丑 酉 寅 酉

壬 癸 甲 乙 丙 丁
申 酉 戌 亥 子 丑
```

[옮김]

일주가 상관월에 태어나 수목 상관이다. 인수가 많고 유축 금되
니 축토까지 인수가 되었다. 인목을 용신하니 재능이 뛰어났다. 을
해운에 향시에 합격하면서 갑술, 계유 20년 동안 벼슬길이 순풍에
돛단 듯이 출사했다. 그런데 유운이 되자 소문도 없이 파직당하고
말았다. 만약 원국에 화가 있었다면 금운으로 흘렀다 해도 이처럼
허무하게 되지는 않았을 것이다.

```
丁 甲 庚 己
卯 寅 午 卯

甲 乙 丙 丁 戊 己
子 丑 寅 卯 辰 巳
```

[옮김]

목화 상관격을 이룬 사주다. 년, 월간에 투출한 토금이 뿌리가 없
어 사용할 수가 없게 되었다. 시간 정화 상관이 오화에 뿌리하고
있으니 상관 용신해야 한다. 머리가 총명한 사람이다. 정묘운에 관

리로서 생활이 더욱 넉넉해졌다. 하지만 을축운이 되면서 경금과 합
되고 화를 설하여 금을 생하니 자리에서 물러났다.

```
乙 丙 乙 丙
未 辰 未 子

辛 庚 己 戊 丁 丙
丑 子 亥 戌 酉 申
```

[옮김]

　이 사주는 화토 상관이다. 사주에 금이 없다. 미토를 사용해야하
는데 월간에 투출된 을목이 어렵게 하고 있다. 병신, 정유 초년운에
재물이 늘었고 무술 10년 동안 아주 넉넉한 살림을 살았다. 기해운
에 이르자 토가 뿌리가 없어 목의 극을 받아 형모가 일어났다. 해
수운에는 목이 화를 생하여 병으로 세상을 떠났다.

5) 상관용관격(傷官用官格)

```
乙 戊 己 壬
卯 戌 酉 戌

乙 甲 癸 壬 辛 庚
卯 寅 丑 子 亥 戌
```

[옮김]

일주가 상관월에 태어나 토금 상관격이다. 지지에 두 개의 술토가 있어 조(燥)하다. 다행히 년간 임수가 금을 설하여 토를 습하게 하니 목 관성을 쓸 수 있다. 해수운에 재관이 생부 되니 뜻이 이뤄져 공명을 얻게 되었다. 임자운에는 더욱 뜻을 이룰 수 있었다. 계축운에는 신분이 더 높아졌고 갑인, 을묘 20년 동안 그 자리가 더욱 높아져 부러움을 샀다.

```
己 壬 己 庚
酉 申 卯 午

乙 甲 癸 壬 辛 庚
酉 申 未 午 巳 辰
```

[옮김]

이 사주는 임수 일주가 묘목 상관월에 태어나 수목 상관이 되었다. 사화운에 관성이 왕지에 들어 반궁(泮宮)에 들게 되었고, 과거에 합격했다. 임오, 계미운에 벼슬길에 오르고 더욱 영전했다. 갑신, 을유운은 금이 득지하고 목이 절되니 벼슬에서 물러났다. 하지만 예능 방면의 고상한 취미를 즐기며 행복하게 살았다.

```
己 壬 辛 辛
酉 辰 卯 未

乙 丙 丁 戊 己 庚
酉 戌 亥 子 丑 寅
```

[옮김]

임수 일주가 묘월에 태어나 수목 상관이 되었다. 신금이 년간과 월간에 투출하였고 지지에 진유를 만나 수의 근원이 왕하게 되고 관의 뿌리를 확고하게 하였다. 상관이 설하는 작용을 하고 있어 기토 관성을 용신한다. 식량걱정 안 하고, 무자운에는 향시에 실패했다. 하지만 가업은 나아졌다. 정운에도 큰 어려움은 없었다. 해운에 이르러 지지가 목국을 이루니 상관이 멋대로 하게 되어 형모를 겪으며 일신을 망쳤다.

```
癸 丙 己 癸
巳 午 未 酉

癸 甲 乙 丙 丁 戊
丑 寅 卯 辰 巳 午
```

[옮김]

병오 일주가 남방 방국이 되어 있고 미토가 당령하였으며 기토가 투출하니 화토 상관이다. 재가 암장되어 비겁이 극하고 있을 때 관성이 없으면 재성이 존립하기 어렵다. 또한 재성이 없어도 관성 역시 무근한 것과 같다. 화염토조한데 관이 투출하여 관성을 용신하면 화토운에는 형상파모를 겪게 된다. 을묘, 갑인운에 화를 생하지만 상관을 억제하여 관성을 보호하게 되었다. 이로서 크게 재복이 있었고, 재물을 받쳐 벼슬을 얻었다. 계축, 임자운에 크게 승진하고 명리가 모두 충만했다.

6) 가상관격(假傷官格)

```
乙 丁 戊 戊
巳 巳 午 申

甲 癸 壬 辛 庚 己
子 亥 戌 酉 申 未
```

[옮김]

　이 사주는 정화 일주가 화세로 인해 극왕에 가깝다. 화토상관격 (火土傷官格)이다. 다행한 것은 상관이 투출하여 화기를 발설하고 있고 묘한 것은 재성이 득용된 것이다. 경신, 신유운에 일찍 사업을 시작하여 재물이 10여만이 되었다. 임술운은 다행히 수가 무근하여 형모가 있긴 하였지만 큰 화는 없었다. 계해운에 화세를 충동하고 재성을 설하니 불록 되었다.

```
癸 壬 辛 壬
卯 子 亥 子

丁 丙 乙 甲 癸 壬
巳 辰 卯 寅 丑 子
```

[옮김]

임수 일주가 해월에 생하였다. 사주 8자 중 6자가 수다. 수가 당권하여 수세가 범람하는 지경에 이르니 오직 묘목으로 설기함에 의지해야 한다. 초년운이 수운인데 목의 도움을 얻어 그런대로 무난했다. 갑인, 을묘 목대운에 비로소 용신이 득기 하여 재물이 넉넉하게 되었다. 병진운이 되자 군비쟁재가 일어났다. 세 자식 중 두 자식을 먼저 잃고 뒤따라 부부도 죽었다.

```
癸 壬 壬 壬
卯 子 子 辰

戊 丁 丙 乙 甲 癸
午 巳 辰 卯 寅 丑
```

[옮김]

이 사주는 자수 양인이 월령에 있고 천간이 모두 비겁이며 일지에도 왕을 두고 있다. 다행히 묘목과 진토가 원국에 기쁨을 주고 있어 일찍 독서에 열중했다. 안타까운 것은 목의 원신이 천간에 투출함이 없어 시험에 합격할 수 없었고 불행히도 대운이 화운으로 흘러 수명에 위협을 받게 된 것이다. 병화운 경오년에 수화 상쟁하니 죽었다.

```
辛 戊 丙 戊
酉 辰 辰 午

壬 辛 庚 己 戊 丁
戌 酉 申 未 午 巳
```

[옮김]

　무토 일주가 진월에 태어나고 원국에 화토가 거듭 있다. 시지가 유시인 것이 기쁘다. 상관이 투출하여 밝은 빛을 보여주고 있다. 하지만 30세 이전에는 아무것도 이룰 수 없었고 학업의 길도 순탄치 못했다. 경신운이 오자 운이 수직상승하여 신유, 임술, 계해운까지 40년 동안 체용이 좋아 관리로 등용되면서 부럽지 않은 지위에 올랐고 삶이 그지없이 풍요로웠다.

```
丙 戊 辛 乙
辰 午 巳 酉

乙 丙 丁 戊 己 庚
亥 子 丑 寅 卯 辰
```

[옮김]

　이 사주는 화세가 당권하였다. 년간 을목 관성은 뿌리 없이 시들고 말았다. 당연히 신금이 용신이다. 신축운에 관직에 나아갔으나 그 후부터 시험에 번번이 낙방하였다. 축운이 오자 금국(金局)을 이루어 그제서야 과거에 합격했다. 병자, 을해운은 지지가 수이기에 화기를 억제할 수 있었지만 천간의 목화가 합을 이루지 못해 그만 관직에서 물러났다.

```
丙 戊 乙 丁
辰 午 巳 酉

己 庚 辛 壬 癸 甲
亥 子 丑 寅 卯 辰
```

[옮김]

　이 사주는 먼저 사주와 신(辛)자 하나가 다르다 원국만으로 봐서는 앞의 사주보다 못하다. 하지만 운로가 먼저 사주보다 좋다. 이 사주도 신금 용신이다. 정축년에 습토가 생금하고 화기를 설하면서 금국을 이루어 주니 발갑하여 사림(飼林)이라는 벼슬자리에 들어갔다. 때가 신축운이었고 세운 또한 좋았다.

```
辛 己 丙 丁
未 酉 午 丑

庚 辛 壬 癸 甲 乙
子 丑 寅 卯 辰 巳
```

[옮김]

기토 일주가 여름철에 태어나 왕하다. 금은 절(絶)이 되고 화기는 조(助)를 얻고 있다. 원국에 수목이 하나도 없는 것이 묘하며 다행한 것은 금이 투출되고 통근한 것이다. 하지만 동남으로 대운이 흘러 화를 돕고 금을 극하니 공명이 좌절되었다. 재물의 바닥마저 흔들렸다. 신축운 무진년에 화를 설하고 금을 생하며 식신이 비겁지를 좋아하여 향시에 합격되어 늦게나마 뜻을 이루고 명리를 누리게 되었다. 대운이 따라주었기 때문이다.

23. 청 기 (淸 氣)

一淸到底有精神　管取生平富貴眞
일청도저유정신 관취생평부귀진
澄濁求淸淸得去　時來寒谷也回春
징탁구청청득거 시래한곡야회춘

[옮김]

　청기가 끝까지 지속되어주면 정(精)과 신(神)이 나타나 부귀한 인생을 살게 되며 탁기를 침전시켜 청하게 되면 추운 골짜기에 봄이 온 것과 같다.

[원문 주]

　청(淸)이란 한 오행만으로 이룬 국을 말하는 것이 아니다. 신왕한 정관격에 재성이 있거나 신약한 일주에 인성이 있을 때는 상관이나 칠살이 혼잡되어서는 안 된다. 비겁이나 식상 인성이 혼잡되어있어도 상호간에 마땅하면 길하게 될 것이다. 간혹 한신이 있어도 국을 파하지 않으면 청하게 되는 것이고 정(精)과 신(神)이 고(枯)하거나 약하지 않아야 좋은 것이다. 탁(濁)은 사주에 오행이 모두 혼란스럽게 섞여있는 것을 말하지 않는다. 신약한 정관격도 살이나 재성이 있고 식상이 있으면 관성이 다치지 않게 되고, 그렇지 않으면 관성이 상할 수 있다. 만약 인수가 여기(餘氣)에 있다면 이런 경우에는 인수가 일주를 생하지 못하고 재성과 다투게 되어 탁(濁)이 된다. 하나의 오행이라도 운에서 도움을 받아 탁기를 제거하고 충할 수 있으면 청정하게 되어 부귀한 사주가 된다.

[임철초 주]

　사주를 판단하는데 가장 어려운 것은 청과 탁의 문제이다. 이 장의 '징탁구청(澄濁求淸)' 네 자에 중요한 의미가 있다. 청한 기운이 유기(有氣)하면 의식이 풍요하고 청하지만 무기(無氣)하면 정신이 영락하게 된다. 정신이 메마르면 사기(死氣)가 들고, 사기가 들면 청기가 산기 되며 청기가 산기 되면 가난하거나 천한 인생이 된다. 청탁은 어느 사주에도 다 있는 것이며 정관만을 논한 것은 아니다. 신약한 정관격에 인수가 있으면 재성이 없어야 청하고, 재성이 있다 해도 탁이라 단정 짓지 말고 자세히 정세를 살핌이 중요하다. 재관이 가까이 있거나, 관인이 가까이 있거나, 일주 가까이 인수가 있으면 재생관 관생인 인생신하여 인수의 원천이 증가한다. 재차 인수를 돕는 운이 오면 부귀하게 된다. 재성이 없어도 성급히 청하다 단정 짓지 말고 그 정세를 잘 살펴야 한다. 인수가 무기하고 관성이 무근거나 일주가 태약 하여 인수의 생함을 받지 못하거나, 일주 옆에 관성이 있고 인수는 멀리 있어 일주가 관의 극을 받아도 인수가 생화할 수 없는데 재차 재관을 만나면 가난하지 않으면 요질한다. 신왕한 정관격이 재성을 기뻐한다면 인수는 싫어하는 것이며 다음으로 상관도 싫어하지만 이 역시 정세를 살펴 판단해야 한다. 식상과 재성이 가깝고 재관이 붙어있고, 관과 비겁 또한 그러하면 관성이 장애가 되지 않는다. 이 경우 상관이 비겁을 화하여 재를 생하고 재는 관을 생하면 관의 원천은 더욱 깊게 되며 대운이 재관운이 되면 명리가 따르게 된다. 재성과 상관이 멀리 있고 관성이 가까이 있으면 재성은 힘이 없게 되며 대운의 지지가 상관을 만나면 빈천한 삶을 살아가게 된다. 천간에 상관이 있고 지지에 재성이 있으면 천간이 재운이 되어주어야 어려움이 풀리고, 지지에 상관이 있고 천간이 재성이면 지지대운이 재

(財)일 때 통할 수 있다. 재관이 가까이 있는데 재성이 합거되면 운이 그 상대 신을 충하여 풀어주어야 징탁구청하게 된다. 정관을 예로 들었지만 8격을 모두 이와 같이 논할 수 있다. 용신은 지지에 뿌리를 두고 생함을 받아야 좋고, 일주와 가까이 있어야 좋고, 기신은 일주와 멀리 떨어져 있고, 세를 얻지 못하고 있어야 유정한 것이다. 일주가 인수를 필요로 할 때 일주의 옆이나 좌하에 있으면 인수는 일주의 정신이 되어준다. 관성이 일주의 옆에 있거나 일지에 있으면 관성은 인수의 정신이 된다. 나머지도 모두 이와 같이 추리하면 된다.

[옮긴 이]

'임철초 주'에서 말한 대로 어느 사주라도 청탁의 문제를 안고 있다. 다만 그 정도가 문제이며, 그 문제가 원국에서 해결되고 있는지, 아니면 어느 시기의 대운이 해결해주고 있는지가 다른 것이다. '임철초 주'에서 정관을 예로 들면서 너무도 자세히 설명했다. 그분의 말대로 8격을 모두 이와 같이 논해야 된다는 수고가 우리 앞에 놓여 있을 뿐이다.

乙 丙 甲 癸
未 寅 子 酉

戊 己 庚 辛 壬 癸
午 未 申 酉 戌 亥

[옮김]

이 사주는 일주가 자월에 태어났다. 일지에 장생을 두고 월, 시간
에 인수가 투출하여 뿌리가 깊다. 관성이 당령하였고 투출하였다.
인수가 생함을 얻어 약한 일주가 왕으로 변하여 '일청도저유정신(一
淸到底有精神)'이 된 사주다. 멀리서 흘러와 생함이 이어지니 순수
하다. 금수운에 과거에 합격하여 이름이 학자들의 모임에 까지 알려
졌지만 중년운이 화토운이 되어 이름이 알려진 것으로 그치고 말았다.

辛 己 丙 甲
未 亥 寅 子

壬 辛 庚 己 戊 丁
申 未 午 巳 辰 卯

[옮김]

기토 일주가 봄에 태어나 일지에 해수를 두고 있어 재관이 왕하
다. 인수가 생을 받고 있어 유정하다. 재성이 관을 생하고 있어 인
수가 더욱 힘을 얻고 시지에 기가 통하고 있어 신약한 사주가 아니

다. 묘한 것은 년에서 시까지 이어지고 있으며 운 또한 따라주니
궁궐 가까이 살게 되고 벼슬도 요직을 두루 거쳤다.

```
丁 丙 甲 癸
酉 寅 子 未

戊 己 庚 辛 壬 癸
午 未 申 酉 戌 亥
```

[옮김]

이 사주는 앞의 사주와 비슷하다. 년주가 계유인 사주는 관성인
계수가 재성위에 앉았으나 이 사주는 관성이 상관 위에 앉았다. 자
수가 미토 옆에 있어 천간의 관성이 지지와 함께 상해를 받고 있
다. 더욱 좋지 않은 것은 비겁이 재성을 극하여 관이 상하게 된다.
일찍 공부를 시작했어도 향시에 합격되기 어려웠고, 신유, 경신운에
벼슬 대신 가업이 풍요롭게 되었다. 기미운이 되자 처자를 극하고
화재까지 당했다. 이로서 이 사주에서도 궁통(窮通)은 운에 달려 있
음을 알 수 있다.

24. 탁 기 (濁 氣)

滿盤濁氣令人苦　一局淸枯也苦人
만반탁기영인고　일국청고야고인
半濁半淸猶是可　多成多敗度晨昏
반탁반청유시가　다성다패도신혼

[옮김]

　사주에 탁기가 가득하면 사람이 고통스럽게 되고 청고(淸枯)하면
가난으로 고생한다. 그래서 반탁 반청이 좋을 수 있으나 성패가 빈
번히 바뀌는 면이 있어 조심하며 살펴봐야 한다.

[원문 주]

　원국에 청한 기운이 없고 운에서 마저 탁한 기운을 제거해 주지
않으면 그 사람은 반드시 빈천하게 살아가게 된다. 만약 청하다 해
도 중요한 것은 정신에 있다. 원국이 고약무기(枯弱無氣)하고 운에
서 마저 도와주지 않으면 역시 청고(淸枯)한 삶을 살게 된다. 탁기
를 제거하기 어렵고 청기도 진실 되지 못하고 운마저 청기운을 만
나지 못하고 탁기를 재거해주지 못하면 그 삶도 마찬가지다.

[임철초 주]

　사주가 혼잡 되어 있는 것을 탁(濁)이라 한다. 정신이 힘이 없고
사기(邪氣)가 세를 얻으면 이런 기를 탁이라 한다. 월령이 파손되어

다른 용신을 구할 수밖에 없다면 이것은 격의 탁이 된다. 관성이 왕하여 인수를 기뻐할 때 재성이 인수를 극하면 이는 재탁(財濁)이 된다. 비겁의 탁은 관성이 약하여 재성이 있어야할 때 비겁이 재성을 극하는 경우가 된다. 재성이 왕하여 비겁이 필요할 때 비겁이 관성의 극을 받게 되면 관탁(官濁)이 된다. 인수탁은 재성이 약하여 식상을 기뻐할 때 인수가 당권한 경우이다. 일주 신왕하고 살이 약할 때 식상이 세를 얻으면 식상의 탁이 된다. 청한 가운데 탁이 될지언정 청중의 고(枯)가 되면 좋지 않다. 운에서 탁기를 제거해주면 일어날 수 있다. 청고는 일주가 무근하거나 용신이 무력한 것을 말한다. 고(枯)는 뿌리가 썩은 것을 말하며 운이 도와도 일어날 수 없다. 약은 뿌리가 약한 것이기에 생조하면 일어나게 된다. 일주가 고하면 가난하거나 요절(夭絶)한다. 용신이 고하면 가난하거나 고독하게 된다. 결론은 청하며 정신이 있으면 발하고 편고하고 무기하면 고빈하게 되는 것이다. 역시 대운에서 청기는 돕고 탁기를 억제하면 삶은 형통해 진다.

[옮긴 이]

  사주의 청탁, 체용의 상태, 일주의 신약과 신왕, 육신의 역할이 긍정적인지 부정적인지, 용신과 기신의 세가 어떤지, 월령과 시지가 일주를 돕고 있는지 등을 자세히 살펴보고 난 후 대운의 작용을 보는 것이다. 현재의 논밭의 상태가 어떻다 한들 그것들은 하늘의 작용에 따라 뒤바뀔 수 있는 것이다. 바람이 잘 불어 주어야 연을 날릴 수 있는 것과 같다. 바로 바람과 하늘이 대운인 것이다. 깊이 생각하기 바란다.

丁 戊 庚 乙
巳 戌 辰 亥

甲 乙 丙 丁 戊 己
戌 亥 子 丑 寅 卯

[옮김]

이 사주는 일주가 진월 사시에 태어나 토는 당권하였지만 관성은
퇴기되었다. 또한 인수가 거듭 있다. 관성으로 토를 극하려 해도 경
금이 합하려 하니 사용될 수 없다. 화가 금을 극하니 재성도 쓸 수
없다. 멀리서 사화가 충하고 있다. 하지만 재관에 기운이 남아있어
을해운에 재와 관이 생조 받아 일어날 수 있었다. 큰 발복은 아니
었지만 살아갈만하게 되었다.

```
己 丙 己 癸
丑 午 未 亥

癸 甲 乙 丙 丁 戊
丑 寅 卯 辰 巳 午
```

[옮김]

　병화 일주가 계하(季夏)에 태어났다. 일주가 왕하다고 할 수도 있
겠지만 여름의 기운이 물러가는 때이다. 상관의 설기가 심하다. 축
토는 습토로 화를 설하여 화세를 약화시키니 왕이 약으로 변하였고,
탁기가 당권하고 청기가 세를 상실했다. 초년 30년 동안의 운이 화
토로 흘러 반평생이 어려웠다. 을묘, 갑인운에 목이 토를 소통하여
탁기가 제거되고 일주가 생을 받고 관성이 보호되니 그제서야 하는
일이 순조롭게 되기 시작했다.

```
己 庚 丁 丁
卯 午 未 卯

辛 壬 癸 甲 乙 丙
丑 寅 卯 辰 巳 午
```

[옮김]

이 사주는 언뜻 보기에 재생관, 관생인, 인생신하여 유정한 것 같이 보인다. 하지만 오미 화되고, 토가 메마르고 금이 생함을 받을 수 없다. 또 목이 인수를 극하며 화세에 따르니 청고하게 되었다. 초년부터 운이 동남지로 흐르니 이 안타까움 어찌하랴. '달 밝은 밤의 맑은 바람을 함께 즐길 사람이 없고, 아름다운 악기 연주 소리를 들어줄 친구가 하나도 없구나!'

25. 진 신 (眞 神)

[원문]

令上尋眞聚得眞　暇神休要亂眞神
영상심진취득진　가신휴요난진신

眞神得用生平貴　用假終爲碌碌人
진신득용생평귀　용가종위녹녹인

[옮김]

천간에서 진신(眞神)을 찾으면 반드시 있어야 하고 가신(暇神)이
진신을 어렵게 하면 안 된다. 득용(得用)하는 신이 진신이면 일생을
귀하게 살아가며, 가신을 득용하면 종래 고달픈 사람이 된다.

[원문 주]

목화가 천간에 투출하고 인월에 태어났다면 진신이 있는 것이다.
이 경우는 금수가 난립하면 좋지 않다. 진신이 사용할만하고 기신
(忌神)이 괴롭히지 않으면 귀하게 된다. 예를 들어 금수를 써야하는
사주에 금수가 당권하지 못한 상태에서 목화와 불화하면 용렬한 사
람이 된다.

[임철초 주]

진(眞)이란 시령(時令)을 얻은 것이다. 가(暇)는 시기가 지나서 기
가 물러가는 것이다. 일주에 쓰임이 있는 오행이 월령에서 천간에
투출되었다면 진신을 얻은 것이다. 그 진신이 가신에 파손되지 않아

야 부귀한 사주가 된다. 가신은 주의 대상이다. 그 가신이 있다 해도 원국의 배합 상태가 좋고 한신이 합거하거나 진신이 가까이 있지 않으면 해로움은 없다. 일주에 도움 되는 운이 진신을 돕고 가신을 억제하면 일신이 평안하다. 그래서 희신은 사생(四生)되고 기신은 사절(四絶)되어야 한다. 사주 원국이 조화를 이루고 대운이 도울 때 인생의 기틀이 확실해 진다. 명리를 배우고저 하는 사람은 반드시 삼원(三元)의 이치를 공부하여 그 진가(眞暇)를 살피고, 충합(冲合)의 좋고 나쁨까지 연구하여 대운의 마땅함과 그렇지 못함까지 논해야 한다. 간명법과 그 이론을 비록 말로 전할 수 있다 해도 그 묘용(妙用)은 오로지 각인의 마음으로 깨달아야 한다.

[옮긴 이]

월령에 암장된 인원의 기가 천간에 투출해 있다면 진신이 있는 것이다. 하지만 진신이 용신과 동의어는 아니다. 진신이 용신일 때 그 기쁨이 더 큰 것이다.

```
甲 己 丙 甲
子 丑 寅 子

壬 辛 庚 己 戊 丁
申 未 午 巳 辰 卯
```

[옮김]

　이 사주는 상동에 사는 '유중당'이라는 사람의 것이다. 기토 일주
가 유금월에 태어났다. 한습한 체(體)여서 신약하다. 다행히 갑목과
인수가 투출해 있어 청하여 진기이다. 원국에 금이 없어 수(水)가
화(化)함을 얻게 되니 가신(假神)이 조용한 편이다. 더욱 다행한 것
은 대운의 흐름이다. 인수가 왕한 동남방으로 흐르니 벼슬이 높아져
임금의 옆에서 나라를 덕으로 다스리는데 일조했다.

```
乙 丙 壬 壬
未 子 寅 申

戊 丁 丙 乙 甲 癸
申 未 午 巳 辰 卯
```

[옮김]

　'철재군'이라는 사람의 사주다. 인목 진신이 당권하고 을목 원신
이 시간에 투출해 있다. 관성이 재성을 마음대로 하고 있으며 그
재성이 인목을 충하니 이것이 병이다. 대운이 화운으로 흘러 병을

제거해주니 벼슬이 높아졌고 명성이 알려졌을 뿐더러 고을 백성을
보살피는 덕이 있고 재주가 있는 사람이었다.

```
甲 壬 戊 庚
辰 子 寅 申

甲 癸 壬 辛 庚 己
申 未 午 巳 辰 卯
```

[옮김]

이 사주는 지지에 신자진 수국을 두고, 자수 왕지에 앉았으니 약
하지 않다. 기쁜 것은 시간에 갑목 진신이 투출했다. 하지만 년주가
경신금인데 월간 무토가 금을 생하니 가신이 진신을 어지럽히고 있
다. 이로서 향시에 여러 차례 실패했고 임오운에 와서야 합격되어
늪이 되었으나 신금운이 오자 가신을 도우며 인목을 충하니 불록되
고 말았다.

26. 가 신 (假 神)

[원문]

眞假參差難辯論 不明不暗受迍邅
진가참차난변론 불명불암수둔전
堤綱不與眞神照 暗處尋眞也有眞
제강불여진신조 암처심진야유진

[옮김]

　진신과 가신에 대한 이론이 분명하게 이해되지 않으면 논하기가
어려워져, 밝고 어두운 것이 분명치 않게 된다. 제강(提綱)이 진신
과 빛남을 함께 하지 않아도 지장간(支藏干)에 진신이 있으면 진
(眞)이 있는 것이다.

[원문 주]

　진신이 득령했다 해도 가신이 국을 이루거나, 가신이 득령하고
진신이 국을 이루면 진가의 가치가 나타나지 않는다. 이처럼 우열이
분명치 않고 정리되지 않으면 큰 화는 없다 해도 잘못되는 일이 많
고 주저하고 편안함이 적을 것이다. 일월생인데 목화가 투출되어 있
지 않고 투출한 금을 용신한다면 월령이 돌보지 않아 바람직스럽지
못하게 된다. 회국(會局), 합신, 종화(從化), 용신, 왕약, 정쇠(情衰),
상격(象格), 심전(心迹), 재덕(才德), 사정(邪正), 완급, 생사, 진퇴
등이 진가(眞暇)에 관계되지 않는 것이 없다. 자세히 분별해야 한다.

[임철초 주]

기(氣)에는 진가(眞暇)가 있다. 진신(眞神)이 세를 잃으면 가신(暇神)이 국을 얻게 되는데 이렇게 되면 진(眞)이 가(暇)가되고 가가 진이 된다. 또 기에는 선후가 있는데, 진기(眞氣)가 아직 오지 않고 가기(暇氣)가 먼저 오면 가가 진이 되고, 진이 가가 된다. 예를 들어 인(寅)월생인데 갑목이 투출되지 않고 무토가 투출하여 지지에 진술축미 토가 있으면 작용할 수 있고 무토 대신 금이 투출하면 다른 천간에 무기(戊己)토가 있고 지지에서 생조 하면 진신이 실세(失勢)하고 가신이 득국한 것으로 역시 취하여 쓸 수 있다. 사주에 진신이 부족하고 가신 역시 약하면 일주는 가신을 좋아하고 진신을 미워하며, 운에서 진신을 돕고 가신을 억제해야 발복한다. 세운에서 진신을 돕고 가신을 억제하면 흉화가 멈추게 된다. 실(實)로 허(虛)를 받아드리고, 허로 실을 이용한다는 것이 이것이다. 격국에도 진가가 있고 용신에도 진가가 있다. 평안을 누리고 복을 얻는 것은 진신의 쓰임이 많기 때문이다. 편안함이 적은 사람은 가신이 국을 이루고 다수를 차지하기 때문이다. 진신이 상해를 당하면 일생 되는 일이 없다. 세상사가 평탄치 않은 것은 가신이 많기 때문이다. 자세히 연구하면 틀림없을 것이다.

[옮긴 이]

진가의 분별과 그에 따른 정도의 분별이 있어야 사주의 격을 볼 수 있다. 우선 진신과 가신의 세의 분포가 어느 쪽이 우세한지 분별함이 우선이다. 진가의 위치는 바뀔 수 있다. 그렇게 되면 허허실실의 이치가 적용된다. 진가의 이론을 자세히 공부해야 한다.

```
庚 壬 戊 乙
戌 午 寅 酉

壬 癸 甲 乙 丙 丁
申 酉 戌 亥 子 丑
```

[옮김]

이 사주는 일주가 입춘절이 지나고 22일 후에 태어났다. 정기인 갑목 진기가 사령할 때이다. 하지만 천간에 토금이 함께 투출했고 지지의 토금에 뿌리가 있어 진신이 세력을 잃고 가신이 국을 이뤄 무토 관살을 경금이 화하고 있으니 가신을 진신으로 삼을 수 있게 되어 순수하다. 다만 지지가 화국을 이뤄 금을 극하고 수를 증발시키는 것이 바람직하지 않지만 화가 천간에 투출되지 않아 유정하고 무토가 생화하니 묘하다. 운이 서북으로 흘러 일찍 벼슬하고 이름이 알려졌다. 관직이 높았지만 화국이 병이 되어 벼슬길에 반드시 장애가 있을 것이다.

```
癸 癸 戊 庚
丑 未 寅 戌

甲 癸 壬 辛 庚 己
申 未 午 巳 辰 卯
```

[옮김]

　　일주가 입춘이 26일 지나서 출생하여 갑목 진신이 사령하고 있
다. 토금이 천간에 투출하여 뿌리가 있다. 상관이 월령을 점하고 있
지만 관살이 단연코 위세가 있어 상관이 맞설 수 없다. 경금이 비
록 가신이지만 일주는 진신을 싫어하고 가신을 좋아한다. 당연히 경
금을 써야하니 두 가지 묘함이 있다. 그 중 하나는 관성을 설하는
것이고 또 하나는 일주와 비견을 생하여 수(水)로 토를 습하게 하여
다시 금을 생하게 하는 것이다. 하지만 남방운을 만나게 되자 관성
을 생하고 인수와 상극되니 어려운 경우가 빈번하게 닥쳤고 갑신운
으로 바뀌자 그제서야 용신이 득지하니 전쟁터에서 무공을 세워 높
은 벼슬에 발탁되고 을유운에는 더욱 지위가 높아졌다. 병화운에 불
록했다.

```
己 辛 己 丙
亥 酉 亥 子

乙 甲 癸 壬 辛 庚
巳 辰 卯 寅 丑 子
```

[옮김]

속설로 이 사주를 본다면 금 일주가 겨울에 태어나 화(火)를 기
뻐한다고 할 것이다. 또 일주가 록지에 앉아 병화를 써야한다고 말
할 것이다. 그러나 이 사주는 수세가 위세를 떨치고 있다. 병(病)은
사주의 원신을 훔쳐가는 것이니 관을 쓸 수 없다. 기토로 수세를
억제하고 금을 생하면서 화관성을 보호해 주어야 한다. 병화는 해수
가 절지가 된다. 병화가 토를 생하려 해도 수의 극을 받으니 토를
생할 여지가 없다. 오히려 기토가 수의 공격을 받으니 진신이 무정
하고 기신은 허탈하다. 초년운 경자, 신축은 비겁이 일주를 도와주
니 의식이 풍족했지만 임수운에는 부모상을 당하고 인목운이 되자
토가 상하여 조업이 망하고 처자를 극하고 외지로 나가 소식이 두
절되었다.

27. 강 유 (**剛 柔**)

[원문]

柔剛不一也不可制者　引其性情而己矣

유강불일야불가제자 인기성정이이의

[옮김]

　강(剛)과 유(柔)는 그 성질이 다르다. 제(制)할 수 없다면 그 성정을 이끌어 내야 한다.

[원문 주]

　강과 유는 서로 돕고 함께해야 한다. 태강자(太剛者)는 유(柔)하게 인도 되어야 하는데 그렇지 못하게 되면 강한 것을 돕게 된다. 예를 들면 7월생 경금이 정화를 만나면 경금을 자극하게 되고 을목을 만나면 경금의 난폭함을 도우며 기토를 만나면 뜻이 이뤄지고 계수는 금의 예리함을 도와준다. 유한 것으로 강한 것을 도와야하는데 임수가 그 역할을 할 수 있다. 임수는 경금의 정을 끌어낼 수 있다. 강한 것이 강한 것과 맞서면 그 화(禍)는 말할 수 없이 크다. 태유자(太柔者)는 강이 다스려야 하는데 능히 통제하지 못하면 더 약해진다. 8월생 을목이 갑, 병, 임을 기뻐하고 무, 경은 두려워하면 자신을 망각한다. 강이 유를 도와 성사되게 하는 것이 좋은데, 정화가 그렇다. 정화는 을목을 움직이게 할 수 있다. 유한 것이 유한 것과 합이 되면 그 폐단이 자못 크다. 나머지도 이와 같이 추리하라.

[임철초 주]

강유의 도(道)는 음, 양, 건(健), 순(順)이다. 강중에 유가 있고, 유중에 강이 있다. 춘목(春木), 하화(夏火), 추금(秋金), 동수(冬水), 계토(季土)는 세력과 성질이 강건하여 설해야 맑고 빼어나다. 설하지 않으면 완고하고 어리석게 된다. 강한 것이 유한 것을 쪼개면 노여움을 자극하여 더욱 강하게 된다. 춘금(春金), 하수(夏水), 추목(秋木), 동화(冬火), 중토(仲土)는 실시(失時)하여 무기(無氣)하므로 생조 하지 않으면 약하고, 유연하여 도움이 없으면 열리거나 화하지 않는다. 그러면 폐물이 되고 만다. 약한 것이 강한 것을 이끌어 내는데 있어 도움이 없으면 더 약하고 유하게 된다. 그러므로 설(洩)에는 생장하는 묘함이 있고 극(剋)에는 성취하는 공(功)이 있고 인(引)에는 화평 하는 정이 있는 것이다. 종(從)에는 변화의 묘가 있으니 극(剋), 설(洩), 인(引), 종(從) 네 자는 자세히 살펴야 한다. 반드시 무에서 유를 찾고 실에서 허를 찾아야 하니 이것이 근본적으로 제일 중요하다. 경금이 7월에 태어나면 금수가 필요하고 을목이 8월에 태어나면 정화가 필요하다고 하는 것은 사법(死法)이다. 때를 얻어 당령했는데 극제하는 것이 없으면 설해서 재를 생해야 무에서 유가 있게 된다. 때를 잃어 휴수되었다면 겁인의 생부가 있던지 식신으로 살을 억제해야 한다. 살이 견제되고 인수의 생을 얻으면 실에서 허를 찾아 활용해야하니 한 가지만을 고집해서는 안 된다.

[옮긴 이]

강과 유는 원국에서 오행간의 문제이다. 당권하고 시를 얻었느냐에 따라 1차 강유가 나뉜다. 이와 상관없이 양간이 록왕에 득기해도 강이 될 수 있다. 유는 음간이고 실시(失時), 실령(失令)한 경우이다. 두려운 것은 강과 강의 대결이다. 약한 것과 유한 것은 똑같은 경우가 아니다. 약한 것이 강한 것에 맞서거나 충극을 서슴지 않는 것은 심히 두려운 현상이 일어난다. 도움을 받는 것은 중요하지만 격렬한 화(禍)가 일어나는 것은 반드시 피해 가야 한다.

```
甲 庚 戊 壬
申 辰 申 申

甲 癸 壬 辛 庚 己
寅 丑 子 亥 戌 酉
```

[옮김]

이 사주는 경금 일주가 7월에 태어났다. 지지에 신금이 셋 있어 극에 이르렀다. 시간 갑목은 뿌리가 없다. 년간 임수가 강한 기운을 설해야 하는데 월간 인수가 식신을 극하니 바람직하지 않다. 초년이 토금운으로 흘러 형상을 겪게 되었고 조업도 시들해졌다. 신해, 임자, 계축운이 오자 뜻한바가 성사되고 재물도 크게 늘었다. 뒤늦게 공부를 시작하게 되었는데 운이 받쳐주었기 때문에 꿈이 이뤄지게 된 것이다.

```
丙 庚 戊 壬
戊 寅 申 戌
甲 癸 壬 辛 庚 己
寅 丑 子 亥 戌 酉
```

[옮김]

　이 사주 역시 일주가 신금월에 생하고 인수가 많아 극왕에 가깝
다. 술토에 앉은 임수는 술토의 극을 받아 탈식(奪食)되었다. 시간
에 병화가 투출하였다. 지지에 인술(寅戌)이 화국을 이루어 뿌리가
되었다. 반드시 병화를 써야한다. 40년 동안 대운이 금수운으로 흘
러 애석하게 한 가지도 성사되는 일이 없었다. 갑인운에 와서 편인
을 극하여 병화가 생기를 얻었다. 을묘운까지 20년 동안 큰 부자가
되었다. 냇가의 약한 버들잎은 가을이 오기 전에 시든다. 하지만 송
백(松柏)은 겨울 동안에도 무성하다.

```
丁 乙 丁 辛
丑 未 酉 酉

辛 壬 癸 甲 乙 丙
卯 辰 巳 午 未 申
```

[옮김]

　이 사주는 일주가 유금월에 태어났다. 예리한 금에 일주는 극을 받아 시들어진다. 하지만 일지 고에 뿌리가 있고 양(兩) 정화가 살을 억제해 주니 가업이 풍요한 집안에서 학업에 열중했다. 사주의 병은 축토가 금을 생하고 화를 설하며 미토를 충한데 있다. 천간 목화는 모두 미토에 의지하고 있는데 충이되니 축중 금수가 상하게 되어 시험에 실패했다. 계사운이 되자 금국이 되고 계수가 정화를 극해 불록했다.

```
┌─────────────────────────────┐
│      甲 乙 己 戊            │
│      申 亥 酉 辰            │
│                             │
│    乙 甲 癸 壬 辛 庚        │
│    卯 寅 丑 子 亥 戌        │
└─────────────────────────────┘
```

[옮김]

이 사주 역시 을목 일주가 유금월에 생하였다. 다행한 것은 일지 인수가 관성과 소통시킨 것이다. 더욱 묘한 것은 시간에 갑목이 투간하여 갑목을 타고 오르니 임자운에 과거에 합격하고 일찍 벼슬길에 올랐다. 축운에 부모상을 당하였다. 갑인, 을묘운을 만나자 승진을 거듭하였고 벼슬이 아주 높게 되었다. 이렇게 행운이 있게 된 것은 해수 때문이었다. 다른 지지에 해수가 있었다면 명예가 적게 이뤄졌을 것이다.

28. 순 역 (順 逆)

[원문]

順逆不齊也不可逆者　順其氣勢而已矣

순역부제야불가역자 순기기세이이의

[옮김]

순과 역은 성질이 다르다. 역이 될 수 없는 것은 기세에 순응해야 한다.

[원문 주]

강유의 도는 순해야 하며 역은 안 된다. 곤륜수는 순해야하며 역하면 안 된다. 세력이 이뤄졌으면 그 세에 순종해야지 거역해서는 안 된다. 이인동심(二人同心)도 순이 마땅하고 역이 되면 안 된다.

[임철초 주]

순역의 틀은 진퇴가 분명해야 한다. 당령 득세하면 그 세에 따라야 한다. 사주 원국에는 순역이 있다. 오행에는 상하전후가 섞여 어지러울 수 있지만 작용하는 데는 법이 있으니 따라야 한다. 기에는 음과 양이 있다. 음중에 양이 있고 양중에 음이 있다. 세(勢)에는 청과 탁이 있다. 탁속에 청이 있으면 귀함이 있게 되고 청속에 탁이 있으면 천하게 된다. 역으로 시작되어 순으로 가면 부가 따르고 순으로 시작하여 역으로 가면 가난하게 된다. 이것이 순역의 묘함이다. 남아도는 것은 제거하고 부족하면 채워야한다. 하지만 그 안에 깊고 얕은 기밀이 있으니 잘 이해해야 한다. 사주에서 신(神)을 제대로 모르면서 어떤 육신이나 막론하고 승권득세(承權得勢)하고 있는 신에게 도움을 주는 것을 이인동심(二人同心)이라고 말하거나, 일주가 왕하고 사주가 모두 공합을 이루면 권세가 하나에 귀속된다, 라고 한다. 그 기세에 순응하여 통하게 하면 복이 되고, 강한 것을 함부로 억제하면 노하여 흉함이 있게 되는 것이다. 자세히 살펴야 한다.

[옮긴 이]

명리에서 순역의 이치는 인간이 험한 세상을 살아갈 때 꼭 필요한 지혜와 같다. 순종할 때는 기꺼이 순종하고 항거할 때는 당당히 항거해야 상대로부터 보살핌과 양보를 받게 되는 것이 세상 삶의 지혜인 것이다. 무조건 굴종하거나 무조건 항거하면 그에게는 모멸과 박해가 기다리고 있을 뿐이다. 사주명리의 원리도 이에 한 치의 다름도 없다. 명리에 많은 이치가 있지만 모두가 순역의 이치에 따르고 있다.

庚	庚	庚	庚
辰	申	辰	辰

丙	乙	甲	癸	壬	辛
戌	酉	申	未	午	巳

[옮긴 이]

이 사주의 천간은 모두 경금이다. 일주는 좌하에 록이 있고 세개의 경금은 인수에 앉아 강함이 한 곳에 집중되어 극에 이르렀다.

이 사주의 경금일주는 년간과 월간, 그리고 시간이 모두 경금비견이며 월령이 진토 인수로 일주를 생하고 있다. 여기에 일지 신금 비견이 또 있다. 뿐만 아니라 년지와 시지 또한 진토 인수가 있어 이들이 년간의 경금과 시간뿐 아니라 일주까지 생하고 있다. 사주 원국 전체가 토인수와 금비견으로 이루어졌다. 이로서 대단히 극왕하다.

마치 한 나라의 제왕에 모든 권한이 집중되어 있는 것과 같은 형국을 이루고 있는 사주라 하겠다. 경금은 숙살지기를 띠고 있는 체성이 아주 강한 금이다.

이처럼 강한 경금이 수를 보면 상생관계를 이루며 맑음이 아주 깨끗해진다. 병화를 만나면 제련이 되어 예리해진다.

그러나 갑목을 보면 사정없이 극해버린다 하지만 을목을 보면 다정하게 합이 되어 품에 안는다.

가을에 태어난 경금은 초목들에게 다가올 추운 겨울을 대비하게 한다.

갑목에 대해서도 겨울에 살아남게 하기 위해 가지의 모든 잎을 낙엽으로 땅에 떨어뜨리게 하여 목의 생명력을 땅속뿌리에 저장하게 해주니 생명유지에 대한 자연의 섭리가 놀랍기만 하다. 군인 신분으로 임오, 계미운에 천간의 임계가 지지의 화를 덮고 있어 해로움이 없다. 갑신, 을유운에 벼슬이 높게 되었다. 하지만 병화운에 이르자 왕신을 충하여 진중에서 죽었다.

```
甲 庚 甲 癸
申 辰 子 酉

戊 己 庚 辛 壬 癸
午 未 申 酉 戌 亥
```

[옮김]

이 사주는 일주가 년, 시지에 록왕을 두었다. 지지는 수국을 이루면서 당권하였고 갑목 재성은 두 개 모두 무근하고 고목이 되었다. 남은 것은 금수 이인동심이다. 이것들에 순응해야 한다. 계해, 임수운에 넉넉하였고 술운에는 기세에 역행하며 수를 억제하여 형상을 겪었다. 신유운에 길하였고 경신운에 등과하였다. 기미운이 되자 가업이 몰락의 길로 접어들고 처자를 극하였다. 무오운에 수를 마쳤다.

```
丙 乙 辛 壬
子 亥 亥 子

丁 丙 乙 甲 癸 壬
巳 辰 卯 寅 丑 子
```

[옮김]

　이 사주는 지지가 모두 수이니 곤륜의 수라 할 수 있다. 넘쳐나
는 물은 병화의 열기를 꺼트리고 만다. 풍요로운 집안에서 자랐고,
갑인, 을묘운은 그 기세에 순응하니 가업이 날로 늘어났다. 그러던
것이 병운으로 바뀌자 처자가 형극 되고 가업이 파산에 이르렀다.
진운은 잠시 어려움이 멈추는 듯했지만 정사운이 되자 화재를 두
번 당하면서 집안이 완전 몰락하고 사람마저 죽었다.

29. 한　난 (**寒　暖**)

[원문]

天道有寒暖發育萬物　人道得之不可過也
천도유한난발육만물　인도득지불가과야

[옮김]

　천도는 추우면서 따뜻한 기운도 있어 만물을 발육시키고 인도는
그것을 이용함에 지나침이 없어야 한다.

[원문 주]

　음지(陰支)는 춥고 양지(陽支)는 따뜻하다. 서북은 춥고 동남은
따뜻하다. 금수는 춥고 목화는 따뜻하다. 추울 때는 따뜻한 기운을
만나야 발육되고 더울 때는 서늘한 기운을 만나야 이룰 수 있다.
한기가 심하거나 냉기가 심하면 좋은 자리가 없다. 오양(五陽)이 자
월(子月)에 태어나면 자월은 만물이 잉태할 때라 양이 양을 승(乘)
하면 동서가 괜찮다. 오음(五陰)이 오월(午月)에 태어나면 만물을
거둬들일 때라 음이 음을 승하면 남북이 괜찮다.

[임철초 주]

　한(寒)하고 난(暖)한 것은 만물이 살아가는 바탕이다. 서북 금수
는 한이 되고 동남 목화는 난이라고 고집하면 잘못이다. 변화하는
내면을 살펴보면 위로 오른 것은 반드시 내려오고 닫힌 것은 반드
시 열리게 되어 있어 이것이 기밀 아닌 기밀인 것이다. 양의 생은
반드시 음에서 시작되고 만물을 생하는 양이라 해도 음이 없으면

그 일들이 일어나지 않는다. 음은 만물을 싹트게 하나 양이 없이 자라서 살아남을 수 없다. 음양은 배합과 한난에 불과한 것인데, 자월에 양이 생하고 오월에 음이 생한다 고집할 수 있겠는가 한한 기운이 많으면 난한 기운이 필요하고 그 반대의 경우도 같다. 그래야 만물이 생성될 수 있다. 그렇지만 지나치게 한한 경우라면 난한 기운이 없음이 좋고 그 반대의 경우도 같다. 한이 극에 이르면 난의 기틀이 되고 난이 극에 이르면 한의 조짐이 시작된다. 이것이 천지자연의 이치이다.

[옮긴 이]

한과 난은 음양의 다른 표현일 수 있나. 단지 기후를 말할 때 음양으로 표현하는 것보다 한난으로 표현함이 더욱 합당한 것이라 표현이 달라지지 않았나 싶다. 본문과 '임철초 주'에서 한과 난을 논하면서 만물의 잉태와 발육을 거듭 말하고 있는 것을 봐도 한난의 조화가 음양의 조화만큼 지극히 필요한 동등한 천지자연의 이치이며 기밀임을 알 수 있다.

```
戊 庚 丙 甲
寅 辰 子 申

壬 辛 庚 己 戊 丁
午 巳 辰 卯 寅 丑
```

[옮김]

　이 사주는 일주가 자월에 생하여 금수가 한하다. 토 역시 한하며
목은 추위에 시들었다. 인목은 목화의 뿌리가 되었다. 추위가 너무
심하다. 따뜻한 기운이 필요하다. 인목이 바로 그 역할을 한다. 지
지에서 기가 상승하여 병화가 생을 얻고 추위를 녹여주고 있다. 묘
한 것은 인신충에 있다. 이를 동(動)이라 하며 동하여 화를 생하게
된다. 충이 가까우면 극이 되지만 멀리서 충하면 동이 된다. 운이
동남으로 흘러준 것이 더욱 기쁘다. 과갑 하여 벼슬이 높게 되었다.
한한 사주가 난한 기운을 만나 발복했다.

```
甲 庚 丙 己
申 辰 子 酉

庚 辛 壬 癸 甲 乙
午 未 申 酉 戌 亥
```

[옮김]

　이 사주 또한 금수가 한냉하다. 목은 시들고 토는 얼었다. 앞의
사주와 대동소이하다. 하지만 이 사주에는 인목이 없다. 자연 화는
절지에 앉아 온난한 기운은 없다. 그런 것이 오히려 기쁘게 되었다.
처음의 운이 을해운이 되어 길하였다. 갑술운에는 병화의 뿌리가 있
어 불길하였으며 계유, 임신운에 가업이 날로 흥하였고 신미운에는
운로(運路)가 남방으로 돌아가 병화가 득지한 운이라 어려움이 심하
게 일어났다. 경오운 인년에 목화가 함께 와 불록되었다.

```
壬 丙 丙 丁
辰 午 午 丑

庚 辛 壬 癸 甲 乙
子 丑 寅 卯 辰 巳
```

[옮김]

　이 사주는 화기가 심한 한여름에 태어났다. 화기가 거듭 있어 충

만한데 시간의 한 점 임수가 화기를 억제하기가 힘이 겹다. 다행한 것은 시지에 진토가 있어 임수가 고장에 뿌리를 내릴 수 있게 된 것이다. 더욱이 년지에 축토가 있어 화기를 설해 주니 여간 다행하다. 과갑하여 높은 벼슬에 올랐으나 운이 순탄치 못해 삶에 어려움이 많았다.

```
癸 丙 丁 癸
巳 午 巳 未

辛 壬 癸 甲 乙 丙
亥 子 丑 寅 卯 辰
```

[옮김]

이 사주는 지지가 모두 화이니 온난이 지극하다. 두 개의 계수가 있지만 뿌리가 없다. 오히려 한기가 없어 다행이다. 초운 병진운에 음비(蔭庇)의 복을 입고 을묘, 갑인운이 수를 설하고 화를 생하여 가업이 번창하게 되었으며 계축운에 들자 한기가 뿌리를 내려 부모상을 입고 괜찮은 자식까지 상함을 입었다. 임자운에는 집안이 망하면서 자신마저 죽었다.

30. 조 습 (燥 濕)

[원문]

地道有燥濕生成品彙　人道得之不可偏也

지도유조습생성품휘　인도득지불가편야

[옮김]

지도(地道)에는 건조함과 습한 성질이 있어 여러 가지를 생성하는
데 인도(人道)에서 그것을 취하되 어느 한쪽으로 치우치면 안 된다.

[원문 주]

습(濕)한 것이 지나치면 이루는 것이 없게 되고 조(燥)한 것이 지
나쳐도 화(禍)가 일어난다. 금이 한(寒)토를 만나고 수를 생하면 더
욱 습하게 되며 난(暖)토를 만난 화를 목이 생하면 더욱 조하게 되
니 다 편고한 것이다. 목화 상관이 길하려면 습한 것을 찾아야 하
고 금수 상관이 길하려면 조한 것을 구해야 한다. 토가 습하여 조
한 것이 필요하면 먼저 토를 쓰고 화(火)는 나중에 쓴다.

[임철초 주]

수화(水火)가 더불어 완성되는 것을 조습(燥濕)이라 말한다. 음기
(陰氣)를 습이라 하는데, 조한 것을 만나야 성사되고 양기는 조를
말함이니 반드시 습함을 만나야 생하게 된다. 여름에 생한 목이 기운
이 발생되려면 반드시 임계수가 생해주고 진축토로 배양해야 화기가
치열하지 않게 되며 목이 말라죽지 않게 된다. 토가 메마르지 않고

수가 고갈되지 않아 생성의 뜻이 있게 된다. 술미 조토가 있는 경우에는 화(火)는 설하지 못하니 수가 있어도 도움이 되지 못한다. 금만이 단련을 받아도 색이 변하지 않는다. 겨울에 태어난 금이 설기가되어도 병정화가 있으면 한기를 대적할 수 있고 술미 조토로 습기를 제(制)하면 화(火)가 어두워지지 않는다. 수가 넘치지 않고 금이 차갑지 않고 토가 얼지 않으면 생발의 기운이 있게 된다. 진축토는 수를제할 수 없다. 화가 있다 해도 힘이 되지 못한다. 이것이 지도생성(地道生成)의 묘리다.

[옮긴 이]

사실 한난과 조습의 차이가 뚜렷이 무엇인지 논하기가 쉽지 않다. 한난의 항목에 없는 술미토와 진축토가 조습의 항목에서 중요이슈로 등장하고 있다. 술미토는 조토로 진축토는 습토로 중요하게논하고 있다. 먼저 항목은 천지자연의 이치를 중심으로 논하였다면이 항목은 사주 원국을 중심으로 조습의 묘리를 논하고 있음이 차이 점이라 할 수 있겠다.

```
丙 庚 辛 丙
子 辰 丑 辰

丁 丙 乙 甲 癸 壬
未 午 巳 辰 卯 寅
```

[옮김]

이 사주를 속설(俗設)로 논한다면 일주가 한금(寒金)이라 난을 기뻐하는데 신금이 병화를 합거하여 두 개의 병화에서 한 개만 남겨놓아 청하게 되어 명리가 있다 할 것이다. 하지만 이렇게 논하면 잘못이다. 습토가 지지에 거듭 있고 년간의 병화가 합거 되어 시간의 병화는 사용할 수 없게 된 것을 모르고 하는 말이다. 이 사주는 수를 쓸 뿐 화는 쓸 수 없다. 초년 임인, 계묘운이 토를 제하고 수를 보호하니 의식이 풍부했지만 병오, 정미운 20년은 처자가 모두 상하고 가업도 망하여 삭발하고 승려가 되었다.

```
丙 庚 壬 丁
戌 戌 子 未

丙 丁 戊 己 庚 辛
午 未 申 酉 戌 亥
```

[옮김]

이 사주는 수(水)의 형편을 논하고 있다. 경금 일주가 태어난 때
는 한 겨울이다. 다행히 조열한 술토가 지지에서 습한 기운을 없애
주고 자미(子未)가 상극하니 임수를 돕지 못한다. 또한 정임합으로
병화를 극하지 못한다. 토금운에 벼슬에 나아갔으나 자신의 환경은
여의치 못했고 뜻이 좌절되는 경우가 많았다. 처음의 생각과 어긋나
는 경우가 많았다. 다행히 정미, 병오운을 거듭 만나 20년 동안 벼
슬이 한층 높아졌다.

```
庚 甲 丁 癸
午 午 巳 未

辛 壬 癸 甲 乙 丙
亥 子 丑 寅 卯 辰
```

[옮김]

이 사주는 갑 일주가 지지에 화(火)방국을 두고 있다. 열기(熱氣)

가 극에 달했다. 천간에 금수가 있지만 뿌리가 없고 화기(火氣)만 충동시키고 있다. 화세에 순응해야 한다. 초년이 목화운이라 기세에 순응하니 재산이 불어났다. 계축운에 들자 집안이 형상을 겪고 어려운 일이 많이 일어났다. 임자운에는 더욱 심한 고통을 만나고 화재까지 당하여 집안이 몰락되어 일신을 망쳤다.

```
庚 甲 丁 癸
午 辰 巳 丑

辛 壬 癸 甲 乙 丙
亥 子 丑 寅 卯 辰
```

[옮김]

이 명조는 앞의 사주와는 진축 두 자(字)만 다르다. 축토는 습토라 계수가 뿌리를 내리고 화를 어둡게 하고 진토도 습토이며 목의 여기이니 갑목이 뿌리를 내린다. 초년 목운은 용신을 돕고 일주를 보호하여 집안의 행복과 평화가 충만했다. 뒤이어 계축운에서 신해운까지 30년 동안 사업을 비롯하여 모든 것이 만족스러웠다.

31. 은 현 (隱 顯)

[원문]

吉神太露起爭奪之風　凶物深藏成養虎之患

길신태로기쟁탈지풍　흉물심장성양호지환

[옮김]

길신이 노출되면 쟁탈이 일어나고 흉신이 깊이 암장되면 화(禍)를 일으킨다.

[원문 주]

사주 원국에서 희신이 천간에 투간되면 기신운을 만나게 되는 경우 쟁탈이 일어나게 된다. 그래서 길신은 조용하게 쓰여지는 것이 좋다. 흉신이 깊이 암장되어 있을 때는 운에서 충하여 동(動)하게 되면 그 화(禍)는 결코 적지 않다. 때문에 기신은 천간에 투간되어 쉽게 제화(制化)되게 해야 한다.

[임철초 주]

천간에 노출된 길신은 쟁탈되기 쉽다. 재물은 감추어 둬야지 보이게 되면 누구나 가져가 쓰려고 하는 것과 같다고 할 수 있다. 천간에 투간되어 있는 갑을목이 재성이라면 경신금운을 만나면 재를 차지하려고 다툼이 일어난다. 이런 경우에는 천간에 병정화가 있어 극함이 있게 되면 다툼이 진정된다. 만약 병정화가 없는 경우라면 임계수가 화(化)해 주면 괜찮다. 그래서 길신은 지지에 깊이 감추어 있는 것이 좋다. 하지만 흉신은 감추어지면 마치 호랑이를 기르는 격이다. 제화하기에 어렵게 된다. 집안의 도둑은 지키기 어렵고 근심을 기르는 것과 같다. 인중 병화를 겁제로 할 때 신금운을 만나면 신중의 경금이 충하여 비록 목은 극을 당한다 해도 병화는 제거할 수 없다. 해자운을 만나면 목을 생하거나 합하여 화의 뿌리가 되거나 생하여 준다. 결론적으로 말하면 길신은 천간에 나타나 지지에 뿌리가 있으면 해(害)가 되지 않고 흉신은 암장되어 있어도 휴수기에 처해 있다면 별로 해가 없다.

[옮긴 이]

사주 명리는 길신과 흉신간에 세의 대결이다. 원국에서 길한 쪽으로 평정되지 않으면 대운에서 평정해 주면 더욱 좋다. 이와 같이 평정의 문제에서 길신은 투간되어 뿌리가 있으면 해를 당하지 않고 오히려 좋을 수 있다. 흉신은 뿌리 없이 투간되어 쉽게 제거되거나 암장되어 있다면 실령한 상태에 있어야 좋다. 길신이 암장되어 있으면 다칠 위험이 적어져 그 복이 오래 간다.

```
辛 丙 辛 己
卯 子 未 卯

乙 丙 丁 戊 己 庚
丑 寅 卯 辰 巳 午
```

[옮김]

　이 사주는 병화 일주가 미월에 태어나 화기가 왕하다. 일지 자수 관성은 미토의 극을 받고 있어 월간의 신금을 용신한다. 미토는 조 토라서 금을 생할 수 없다. 그 안에는 비겁이 암장되어 있다. 년간 기토는 금을 생할 수 있으나 지지에서 극을 받고 있다. 초년 기사, 무진운은 재물이 넉넉했다. 어려움이 없었다. 정묘운은 토금이 상하 게 되어 화재를 거듭 당했고 가족이 일곱이나 상했고 병인년에 외 지로 나간 후 소식이 두절되었다.

```
丙 丁 乙 壬
午 丑 巳 午

辛 庚 己 戊 丁 丙
亥 戌 有 申 未 午
```

[옮김]

　이 사주는 원국에 비겁이 왕하다. 일주가 여름에 태어났고 인수
가 있다. 천간 임수 관성은 뿌리가 없어 사용할 수 없다. 하지만 축
중 재성이 암장되어 있다. 축토는 화기를 설하는 습토이기에 재성을
쟁탈하는 사태가 일어나지 않고 생하는 기능이 있다. 초년이 병오,
정미운이라 한미한 집안에 태어나 학업의 기회를 얻지 못했지만 중
년이 되면서 30년이 토금운으로 흘러가 주어 큰 거부가 되었다. 소
위 길신심장,종신지복(吉神深藏,終身之福)인 것이다.

32. 중 과 (衆 寡)

[원문]

强衆而敵寡者　勢在去其寡
강중이적과자　세재거기과
强寡而敵衆者　勢在成乎衆
강과이적중자　세재성호중

[옮김]

　강한 것이 무리지어 있는데 대적할 상대가 적으면 적은 것을 버리고, 강한 것이 적고 상대가 무리 짓고 있으면 세는 무리를 이루는데 있다.

[원문 주]

　강한 것이 적고 대적할 상대가 많으면 강한 것을 도와야 길하고, 강한 것이 많고 대적할 것이 적으면 상대를 미워하는 것이기 때문에 대적할 것이 무리를 지으면 막히게 된다.

[임철초 주]

　중과(衆寡)의 의미는 강약과 같은 것이다. 원국에서 일주와 사주는 둘로 나누어 논해야 한다. 일주로 중과를 나누는 경우를 보자. 화(火)일주가 인묘(寅卯)나 사오(巳午)월에 태어나면 수(水)는 관성이 되는데 수가 생함을 받지 못하거나 오히려 극을 당하면 일주는 무리를 이루고 상대인 관성은 과하기 때문에 세는 관성을 버리게 된다. 따라서 운은 부중억과(扶衆抑寡)해야 길하다. 사주로 중과를 나눈다면 사주의 강약을 구분한 것이니 일주와 부합됨을 바란다. 배반하지 않아야 묘하게 된다. 관성인 수가 휴수되어 무기하고 토상관이 당령하면 그 세는 관성을 제거할 수 있어 운에서 관성을 제거해 주면 길하다. 화(火)일주라면 통근되어 뿌리가 있어야 토를 생하게 되며 목이 토를 극하면 일주가 목을 화(化)해야 일주와 부합된다. 관성이 때가 되지 않았어도 재성이 돕거나 재성국을 이루고 있으면 관성이 강한 입장에 있게 될 수 있으니 이런 경우에는 부과억중(扶寡抑衆)해야 길하게 된다. 재관(財官)을 예로 들었지만 나머지도 이렇게 추리하면 된다.

[옮긴 이]

이 항목에서 논한 중과(衆寡)는 다른 항목에서 논한 강유나 한난 조습이나 모든 것은 최종 목표인 중화로 가는 길에 어떤 장애물이 나타나면 어떻게 조화롭게 제거하거나 생 혹은 화하며 나아가야 된다는 또 하나의 가르침이다. 중과는 강유와 같은 개념이라고 보면 된다.

```
┌─────────────────────────┐
│      辛 戊 乙 戊          │
│      酉 戌 丑 辰          │
│                          │
│    辛 庚 己 戊 丁 丙      │
│    未 午 巳 辰 卯 寅      │
└─────────────────────────┘
```

[옮김]

이 사주는 을목은 뿌리가 없지만 토는 거듭 있다. 상관이 왕하여
관성을 상대하기가 힘겹지 않다. 초년 병인, 정묘운은 관성이 득지
하여 어려운 일들이 많았다. 무진운이 들어서고서야 벼슬을 하게 되
었고 기사운까지 벼슬이 높게 올랐다. 미토운에 금을 파해 벼슬을
내려놓았다.

```
┌─────────────────────────┐
│      癸 丁 壬 戊          │
│      卯 卯 戌 午          │
│                          │
│    戊 丁 丙 乙 甲 癸      │
│    辰 卯 寅 丑 子 亥      │
└─────────────────────────┘
```

[옮김]

이 명조는 월령이 상관이며 월, 시지에 인수가 있다. 투출한 관성
은 뿌리가 없다. 원국의 형편은 관성을 제거하는 쪽으로 기울었다.
초년이 수운으로 흐르자 한 가지도 이루어지는 일이 없었다. 병인,

정묘운은 사업을 하여 많은 재물을 모았고 무진, 기사운은 관성을 제거하여 자손들이 등과하고 늦게 재능을 인정받고 품성도 뛰어남이 알려졌다. 이 사주는 술오(戌午)가 화세를 이루고 지지에 두 개의 인수가 있어 극왕에 가까워져 인수를 포기하지 않았던 것이지 거관유살(去官留殺)이라고 해서는 안 된다.

```
庚 丙 壬 癸
寅 午 戌 丑

丙 丁 戊 己 庚 辛
辰 巳 午 未 申 酉
```

[옮김]

이 사주는 병화 일주가 9월에 태어나 실령했지만 일지에 양인이 있으면서 화국을 이루어 강해졌다. 관성 임계수는 진기에 들었고 계수는 통근했다. 축토가 화기를 설하고 금을 생하니 임계수는 중(衆)이 되었다. 신유, 경신운에 세가 중(衆)에 있어 금생수하니 유업이 번창했다. 하지만 기미운이 되자 화토가 함께 왕하여 부모님이 사망하고 무오운에 가업이 파산되고 처자까지 상하였다. 병진운에 타향에서 죽었다.

33. 진 태 (震 兌)

[원문]

震兌主仁義之眞機勢不兩立　而有相成者存
진태주인의지진기세불양입　이유상성자존

[옮김]

　진태(震兌)는 진정한 인의(仁義)의 바탕으로 세(勢)가 양립할 수 없지만, 서로 도와주며 완성될 수 있다면 함께 존재할 수 있다.

[원문 주]

　안에 진(震)이 있고 밖에 태(兌)가 있다함은 월(月)이 묘(卯)이고 일(日)이 해(亥)나 미(未)이며 축(丑)이나 사(巳)가 년(年)이고 시(時)가 유(酉)인 것을 일컫는다. 진에 기쁨이 있다면 적(敵)이 태가 되는 것이니 반드시 화공(火攻)을 사용해야 한다. 태에 기쁨이 있다면 진은 시작한 쪽이 되는데 하지만 방비만하고 제거할 필요까지는 없으니 군사를 동원할 필요는 없다. 안에 태가 있고 밖에 진이 있다함은 월(月)이 유(酉)이고 일(日)이 축(丑)이나 사(巳)이며 미(未)나 해(亥)가 년(年)이고 묘(卯)가 시(時)인 것을 말한다. 기쁨이 태에 있고 진이 떠도는 병사가 되면 쉽게 제압할 수 있지만 진이 무리를 이루면 제압하기 어렵다. 진에 기뻐하는 바가 있고 도적이 태가되면 멸하기가 어렵다. 태를 도와주면 안 된다. 수(水)로 상하에 섞이게 해야 한다. 유년 묘월 축일 해시 이거나 갑년 경월 갑일 신시인 경우는 기쁘고 꺼리는 것을 살펴 공격과 수비를 논할 수 있다. 그러나 금이 목을 꺼리지만 목이 화(火)옆에 있지 않고 목이 토를 극하지 않으면 목을 제거할 필요가 없다. 목이 금을 꺼리고 금이 강하면 목은 금과 싸울 수 없다. 다만 가을 금이라도 목이 무성하면 목은 금에 상처입지 않으며 오히려 금의 인자함을 이루게 된다. 봄철의 목이 왕하여 금이 절된다 해도 금이 왕하면 목을 제할 수 있어목의 의(義)가 온전하다. 목이 당령하고 년, 월, 시가 모두 금이면희기(喜忌)를 따질 것 없이 목의 본성에 순응해야 한다. 금이 월령일 때 년, 월, 일, 시가 모두 목이면 희기를 논할 필요 없이 금의성정을 완성시킴이 좋다.

[임철초 주]

진(震)은 앙이다. 음이 확고하면 앙이 음이 된다. 대(兌)는 음이다. 양이 확고하면 음 역시 양이 된다. 진은 장남이고 태는 소녀이다. 장남이 소녀와 짝을 이루면 천지 생성의 신묘한 작용이 일어난다. 장녀와 소남이 짝하면 양은 생해도 음은 완성되지 않는다. 이런까닭에 진태는 비록 양립할 수 없으나 서로를 필요로 하여 완성시키게 된다. 진태의 이치는 공성윤종난(攻成潤從暖) 다섯 가지다. 초춘의 목은 어리기 때문에 금이 견고하면 화로 금을 공격해야 하며중춘은 목은 왕하기에 금이 약하니 토가 완성시켜야 하며 여름 목은 목이 설되고 금은 조한 상태이니 수가 윤택하게 해야 한다. 가을 목은 쇠약하고 금은 한하므로 화로 추운 기운을 온난하게 해야한다. 이처럼 양립할 수 없는 세력이지만 이 둘이 있어 인의(仁義)의세를 완성시키는 것이다. 안과 밖은 쇠왕상적(衰旺相敵)의 뜻일 뿐이다. 설할 것은 설하고 제할 것은 제해야 한다. 반드시 금과 목의 역할을 살펴야 한다. 안과 밖을 꼭 구별 지을 필요는 없다.

진태의 이론은 선천팔괘(先天八卦)의 이론으로 사주 명리가 꼭 필요로 하는 이론은 아니라고 생각한다. 진 장남과 태 소녀가 짝을 이뤄야만이 천지가 생성되는 묘함이 일어난다는 이론이 은유적으로, 비유적으로 명리가 참고할 사항은 될지언정 그 이상은 아니라고 생각한다. 예를 들어 지구 물리학자가 바다 밑 터널 공사를 설계, 감독할 수 없고, 의과대학의 해부학 교수가 안(眼)질환이나, 피부질환을 치료할 수 없는 것과 같다 하겠다. 또한 주역(周易)에 통달 했다 해서, 명리학을 따로 공부하지 않는 이상, 절대로 사주를 간명할 수 없다. 이들 모두 실재로는 판이하게 활용하는 지식과 영역이 다르기 때문이다.

```
乙 甲 庚 丙
丑 申 寅 寅

丙 乙 甲 癸 壬 辛
申 未 午 巳 辰 卯
```

[옮김]

이 사주는 갑 일주가 입춘이 되고 4일 후에 태어났다. 월지 인목은 어린 목이다. 갑 일주는 신금에 앉아 있고 경금이 투출해 있으며 축토가 또한 금을 생하고 있다. 금이 견고하여 화로 금을 억제해야 한다. 년간 병화가 투출하여 장생의 생을 받으며 따뜻하게 하니 만물이 소생하는 봄기운에 젖어 있다. 초년 신묘, 임진운은 병화가 상하니 학문을 할 수 없었다. 계사운에 돈을 바쳐 벼슬자리에

오르고 연이어 화운으로 이어지자 그 자리가 높게 되었다. 신금운에
벼슬이 끝났다.

```
丁 甲 己 庚
卯 寅 卯 戌

乙 甲 癸 壬 辛 庚
酉 申 未 午 巳 辰
```

[옮김]

갑 일주가 중춘(仲春)에 태어났다. 일지 록지에 앉았고 시지에 양
인이 있다. 목은 왕하고 금은 쇠하다. 토가 화를 설하고, 약한 금을
생해야 한다. 계미운에 관청에 들어갔다. 갑신, 을유운에 목은 무근
하고 금이 지지에서 득지하니 벼슬이 계속 올랐다.

```
丁 甲 壬 庚
卯 辰 午 辰

戊 丁 丙 乙 甲 癸
子 亥 戌 酉 申 未
```

[옮김]

갑 일주가 한 여름에 태어나 시간에 정화가 투출했다. 수를 써야
되는 사주다. 수는 금의 생을 받고 금 역시 수의 보살핌을 받고 있
다. 양 진토는 화를 설하여 금을 생하고 수를 축장하고 있다. 일찍
과거에 합격했고 벼슬이 높아졌다. 평생을 살면서 병술운 동안만 금
수가 상하여 어려움이 있었고 그때 말고는 뜻한 데로 모두 이뤘다.

乙 甲 甲 庚
丑 戌 申 戌

庚 己 戊 丁 丙 乙
寅 丑 子 亥 戌 酉

[옮김]

갑목 일주가 가을에 태어났고 재성은 관을 생하고 있다. 갑을목
비겁이 투출했지만 뿌리가 없다. 자연 목은 시들었다. 격은 종살(從
殺)이 되었다. 술토운에 무과 벼슬을 하고, 하지만 정해운에 목을
생하고 금을 억제하니 형모를 겪었다. 무자, 기축운에 들자 재성이
관성을 생하여 벼슬이 한껏 높아졌다.

```
丙 甲 庚 辛
寅 子 子 酉

甲 乙 丙 丁 戊 己
午 未 申 酉 戌 亥
```

[옮김]

　갑목 일주가 자월에 태어났다. 일주가 추운 계절이라 쇠하고, 금은 차가워 화로 따뜻하게 해야 한다. 또한 금은 억제되어야 한다. 시지에 록왕함을 얻었다. 일양(一陽)이 추위를 녹여주니 추운 계절에 태어났어도 따뜻한 기운을 만나 피어나게 되었다. 이처럼 한목은 더운 기운으로 생함을 받아야 한다. 과갑연등하여 벼슬이 시랑(侍郎)에 이르렀다.

34. 감 리 (**坎 離**)

[원문]

坎離宰天地之中氣　成不獨成而有相持者在

감리재천지지중기　성불독성이유상지자재

[옮김]

　감리(坎離)는 천지의 중기(中氣)를 주관하며 독립적으로 완성되지 않고 각기 본성을 지키며 존재한다.

[원문 주]

　임계수가 천간에 투출하고 지지가 화세(火勢)라면 천기가 하강해야 하고 병정화가 투출하고 지지가 수세(水勢)이면 지기가 위로 상승해야 한다. 천간이 모두 수(水)이고 지지가 모두 화(火)면 교구(交媾)하여 신왕하면 부귀하게 된다. 천간이 모두 화이고 지지가 모두 수면 교전하게 되는데 신약하면 부귀할 수 없다. 감(坎)이 밖에 있고 리(離)가 안에 있으면 미제(未濟)가 되는데 원국이 리(離)를 기뻐하면 수갈(水竭)이 필요하고 기뻐하는 것이 감(坎)에 있으면 길하지 못하다. 리(離)가 밖에 있고 감이 안에 있으면 기제(旣濟)가 되는데 기뻐함이 감에 있으면 화기(火氣)가 내려와야 하고 리에 기쁨이 있으면 목이 조화롭게 해주어야 한다. 수화(水火)가 천간에 섞여 화가 주가되고 수가 왕하면 존재할 수 있고 감리가 함께 지지에 있으면 감을 기뻐할 때 감이 왕하면 발전하게 된다. 자오묘유는 전기(專氣)이므로 서로 제하고 본성을 지키는 것이 마땅하다. 사생(四生)이나 사고(四庫)에 해당해도 확실한 도움은 자오묘유이니 그 이치를 자세히 알아야 한다.

[임철초 주]

감(坎)은 양이고 리(離)는 음이다. 감의 선천의 자리는 우측이고 수는 7이다. 리의 자리는 좌측이고 수는 3이다. 감은 중남(中男)이고 천도(天道)는 아래에서 이뤄지고 일양(一陽)은 북에서 생한다. 리(離)는 중녀(中女)이다. 지도(地道)는 위로 향하며 이음(二陰)은 남에서 생한다. 리는 일(日)의 체이며 감은 월의 체다 수화의 상제는 남녀가 정을 통하는 것과 같다. 만물이 생하게 된다. 감리는 어느 하나라도 빠져서는 안 된다. 서로가 그 본성을 유지해야 묘하게 되는 것이다. 천간의 리가 약하고 지지의 감이 왕하면 반드시 지지에 목이 있어야 지기가 상승함을 돕게 된다. 천간의 감이 약하고 지지의 리가 왕하면 천간에 금이 있어야 천기가 쉽게 하강할 수 있다. 천간이 모두 화이고 지지가 모두 수라면 반드시 목운이 와야 수화가 통하여 화목하게 된다. 천간이 모두 수이고 지지가 모두 화라면 금운이 와야 어려움이 해결된다. 수화가 천간과 지지에서 싸우면 반드시 강자를 억제해 주어야 한다. 감리의 작용이 이와 같으니 어느 쪽이든 한쪽의 세력만으로는 이뤄지는 것이 없고 본성을 유지해야 예(禮)와 지(智)가 있다.

[옮긴 이]

오행 가운데 대표적인 상극관계가 수화(水火)상쟁이다. 수화는 만물의 탄생과 성장에 제일 필요한 조건이면서 직접 부딪치면 서로를 용납하지 않고 격렬하게 싸운다. 어느 쪽이 꺼지거나 고갈되어야 싸움이 그친다. 이와 같은 수화의 자연적 이치가 사주 원국에 들어 올 때 여러 상태로 놓이게 되는 그들 간의 싸움을 말리며 조화롭게 사주 원국에 기여할 수 있도록하기 위해 다섯 가지 법칙이 있음을 자세히 설명하고 있다.

```
戊 丙 己 丙
子 寅 亥 子

乙 甲 癸 壬 辛 庚
巳 辰 卯 寅 丑 子
```

[옮김]

이 사주는 병화가 초겨울에 태어나 년간에 비견이 투출했다. 지지는 감(坎)이 왕하고 화는 약하다. 인목을 용신하니 임인운에 과거에 합격했다. 묘운에 관직에 보직되고 계속 운이 도와주니 벼슬이 높아졌다.

```
庚 壬 壬 壬
戌 戌 寅 午

戊 丁 丙 乙 甲 癸
申 未 午 巳 辰 卯
```

[옮김]

이 사주는 초봄에 태어난 임수 일주가 지지에 화국을 이루고 있다. 두 개의 비견이 천간에 있지만 모두 뿌리가 없으니 감(坎)은 약하다. 리(離)가 지지에 왕하니 경금으로 아래로 내려야 한다. 하지만 운이 동남으로 행하자 40년간 떠돌아 다녔을 뿐 하나도 이룬 것이 없었다. 다행히 50이 넘어 무신운이 오자 좋은 일이 있게 되었

고 재물도 모아 여자를 만나 세 자식을 두게 되었고 무토운에 세상
을 하직했다.

```
丙 丙 丙 丙
申 子 申 子

壬 辛 庚 己 戊 丁
寅 丑 子 亥 戌 酉
```

[옮김]

　이 사주는 지지에 두 개의 신금과 두 개의 자수가 있다. 병화가
천간에 네 개가 있지만 지지에 뿌리가 없으니 리(離)는 약하고 감
(坎)은 왕하다. 목운만이 화(化)하게 할 수 있다. 50년 동안 운이
금수로 흘러 삶의 고달픔은 말로 다 할 수 없었다. 50이 넘어 목운
이 와서 돈을 벌기 시작했고 계묘, 갑인운에 꽤 많은 재산을 모았
다.

```
壬 壬 壬 癸
寅 午 戌 巳

丙 丁 戊 己 庚 辛
辰 巳 午 未 申 酉
```

[옮김]

술월에 태어난 임 일주가 지지에 화국을 이루고 있다. 년지도 사화
이다. 천간은 감(坎)이며 반드시 금운이 와서 해결해야 한다. 초년 경
신, 신유운에 기제(旣濟)의 공(功)을 이루게 되어 문제를 해결하니 의
식이 풍족했고 기미운이 되자 형모가 일어났고 무오운에 재살(財殺)
이 왕하여 출타하여 도적을 만나 거리에서 일신을 망쳤다.

```
丙 壬 丙 壬
午 子 午 子

壬 辛 庚 己 戊 丁
子 亥 戌 酉 申 未
```

[옮김]

이 사주는 천간 지지가 수화 상쟁하고 있다. 임수 일주에 화가 당
령하고 수는 휴수되었다. 다행히 토가 없어 극을 당하지 않는다. 초
년 정미운, 무오년에 부모가 돌아가시고 거지가 되어 떠돌아다니게
되었다. 그러다 신운에 좋은 사람을 만나 기유운에 재산을 모아 여자
를 만났고 가정을 이루어 자식을 두게 되었다.

육 친 론 (六 親 論)

육 친 론 (六 親 論)

35. 부 처 (夫 妻)

[원문]

夫妻因緣宿世來　喜神有意傍天財
부처인연숙세래 희신유의방천재

[옮김]

　부부의 인연은 전생에서 오는 것이다. 희신이면 천재(天財)와 가깝다는 뜻이 있다.

[원문 주]

　처(妻)와 자식은 우연히 만나고 우연히 태어나는 것이 아니다. 이들이 사주 원국에서 희신에 해당하면 자신의 부귀가 이들로부터 인한 것이며 그들도 함께 부귀를 누린다. 재성을 처로 삼고 희신이면 그 부인이 아름답고 부귀하다. 재성과 희신이 상극되지 않아도 좋다. 그렇지 못하면 극처하거나 부인이 아름답지 않거나 부부사이가 화목하지 않게 된다. 원국에서 재성을 볼 때는 자세히 살펴야 한다. 어떻게 봐야 되는가. 재성이 약하면 재를 생조하고 재성이 왕하고 일주가 신약하면 비겁을 기뻐한다. 재성이 인성을 극하면 관성이 필요하고 재약(財弱), 관성이 많으면 상관이 필요하다. 재성은 충이 필요하면 충하고 설할 때는 설하고 합할 때는 합하고 고(庫)할 것은 고해 있는 것이 필요하다. 재성이 지나치게 설기되거나 극함이 심하거나 신왕한데 재성이 없으면 부부의 인연이 박하다. 일주 신왕하고 재왕하면 반

드시 부귀하며 처첩도 많다. 명을 볼 때는 반드시 경중을 자세히 살
펴야 한다.

[임철초 주]

재성을 아내로 삼는 것은 자평(子平)의 법이다. 재성은 내가 극하
는 오행이며 나를 섬기는 재(財)라 했는데 이는 정론이라 할 수 있
다. 재를 아버지라 보는 것은 잘못이다. 재가 부(父)가 되고 관이
자식이 된다면 인륜이 무너지는 것이다. 육친관계의 법을 다시 정해
본다. 나를 생하는 것이 부모가 되며 정인과 편인이 있다. 내가 생
하는 것이 자식이며 식신과 상관이 있다. 내가 극하는 것은 처이며
정재와 편재가 있다. 나를 극하는 것은 관이며 조부에 비유된다. 나
와 같은 것은 형제이며 비견과 겁재라 한다. 이러한 이치는 바꾸면
안 된다. 재성이 청하면 아내가 어질고, 재능이 있고 재성이 탁하면
성질이 여자답지 못하고 포악하다. 청하다 하는 것은 재성이 희신으
로 쟁투하지 않는 것이며, 탁하다 하는 것은 인수를 상하게 하고
관을 생하고 쟁투를 일삼아 무정한 것을 말한다. 반드시 일주의 왕
약에 따라 원국의 배합관계를 넓게 살펴야 한다. 관이 없고 재약(財
弱)한데 비겁이 많으면 아내를 극하게 되고 재다(財多)한데 일주 약
하고 비겁이 없어도 처를 극하게 된다. 관성이 왕하여 인수가 필요
한데 재성이 있으면 처가 현명치 못하고 관성이 약하여 재성이 필
요한데 왕한 일주에 비겁이 있으면 처는 아름답지만 극하게 된다.
비겁이 왕하며 재성이 약하고 식상과 편인이 있으면 아내가 흉사한
다. 재가 약하고 관성이 왕하며 식상이 없고 인수가 있으면 아내가
병약하게 된다. 비겁이 왕하고 재가 없는데 식상이 없으면 현명한 처
는 극함을 당하지만 현처가 아니면 상해당하지 않는다. 비겁이 왕하

고 재성이 약하고 식상이 있으면 처가 현처이면 극을 당하지 않고 현명치 못하면 상해를 입는다. 약한 관성이 식상이 있거나 재성이 있으면 현명한 처는 극하지 않고 약한 관성이며 식상은 중하고 인수가 있으며 재성을 보면 처가 현명치 않으면 극하지 않는다. 일주 신왕하고 관성이 약할 때 재성이 관성을 생하거나 관성약 상관이 많을 때 재성이 상관을 화하거나 인수가 거듭 있고 재성이 생을 받으면 처가 현처이며 아름답거나 아내를 얻고 부자가 된다. 관성이 중하고 일주 신약한데 재생관하거나 관성이 많아 인수 용신하는데 재성이 인수를 극하거나 하면 처로 인하여 화를 당한다. 일지 재성이 길신이 되면 재복(財福)이 있다. 일주가 재성이 필요한데 재성이 한신과 합병되어 재성이 되먼 아내의 도움을 얻게 된다. 하지만 합되어 기신이 되면 아내가 정부를 두게 되고 재성을 싫어할 때 합화되어 재성이 되면 부부 화합하지 못한다. 자세히 연구해야 한다.

[옮긴 이]

한 남자에게 재성은 아내가 되며 그녀와 부부의 연을 맺고 가정을 이루어 자녀를 두며 돈을 벌어가며 세상을 살아가게 된다. 그 사람에게 재성의 역할 즉 아내의 역할이 어떠할지가 자신의 사주 원국에 고스란히 나타나게 된다. 현처가 되는지 악처를 만나게 될지, 부인이 정부를 두게 될지까지. 부부의 불화로 인생이 멍들고 망해 갈 지까지 자신의 원국에 나타나니 두렵지 않을 수가 없다. 남자의 사주에서 재성을 자세히 살펴야 하는 이유가 여기에 있다.

```
┌─────────────────────────┐
│      丁 庚 乙 癸         │
│      丑 申 丑 卯         │
│                         │
│    己 庚 辛 壬 癸 甲     │
│    未 申 酉 戌 亥 子     │
└─────────────────────────┘
```

[옮김]

 이 사주는 축월에 생한 경금 일주가 일지에 록을 두고 있다. 또한 시지에 인수가 있다. 화로 차가운 기운을 덥게 해야 한다. 그 역할을 시간의 정화가 한다. 년간의 계수가 정화를 극하려 하지만 을목 재성이 설하여 화를 생하니 재성의 역할이 아름답다. 재성이 희신이다. 또한 기쁜 것은 재성이 일주와 합이 되는 것이다. 이것을 재래취아(財來就我)라 한다. 아내가 정숙하고 부지런하고 현명했다. 세 자식을 두었고 자식 모두 선비가 되었다.

```
癸 丁 乙 丁
卯 酉 巳 未

己 庚 辛 壬 癸 甲
亥 子 丑 寅 卯 辰
```

[옮김]

　　정화 일주가 사(巳)월에 생하고 비겁과 인수가 또 있고 실권을 장악하고 있다. 시간 계수 관성이 일주를 상대하기가 여간 부족하지 않다. 다행히 일지의 유금 재성이 시지의 묘목을 억제하며 계수를 생해주고 있다. 가난한 집안 출신이었지만 계수운에 공부를 시작하고 재산이 많은 여자와 부부가 되었다. 인수운에 과거에 합격하여 신축운에 벼슬길이 순탄했다. 이 사주에 일지 유금이 없었다면 명예를 얻지 못했을 것이다.

```
壬 丙 庚 乙
辰 申 辰 亥

甲 乙 丙 丁 戊 己
戌 亥 子 丑 寅 卯
```

[옮김]

　이 사주는 병화 일주가 진월에 생하고 월간에 경금 재성이 투간
되고 일지 신금 재성에 뿌리하니 일주가 신약하다. 을목 인수는 뿌
리가 있어 생왕하다. 을목을 용신해야 하는데 아쉽게도 월간 경금과
합화하여 금이 되면서 수관성을 생하고 인수를 극하니 그 처가 성
질이 사납고 현명하지 않았으며 자식을 낳지도 못했다. 재성이 해를
끼쳐 집안이 화목하지 못했다.

36. 자 녀 (子 女)

子女根枝一世傳　喜神看與殺相連

자녀근지일세전 희신간여살상연

[옮김]

자녀가 한 세대를 이어주는 것이니 희신이 관성과 어떤 연관을 맺고 있는 지를 살펴보라.

[원문 주]

관성을 자식으로 본다. 관성이 희신이면 그 자식이 훌륭한 인물이 된다. 관성과 희신이 투기하지 않아야 한다. 그렇지 못하면 자식이 없을 수도 있고, 있다 해도 부모의 뜻을 받들지 못하고 극하게도 된다. 관성을 볼 때는 원국의 상황을 넓게 살피는 것이 중요하다. 관성은 약하면 생조해야하고 살로 인하여 일주가 약하면 인수나 비겁이 있어야 한다. 관성이 없으면 재로 논하고 관성에 막힘이 있으면 충극하여 풀어 주어야 하며 관성을 설기함이 지나치면 반드시 재성으로 보호해 주어야 한다. 관성이 중하고 일주가 약한데 제함이 없으면 딸이 많다.

[임철초 주]

관성을 자식으로 본다는 것은 이치에 맞지 않는다고 본다. 왜냐하면 관이란 글자가 바로 나를 극한다는 의미가 있기 때문이다. 부모라면 나를 범하는 자를 자식으로 받아드릴 수 있겠는가? 심히 잘못된 생각에서 비롯되었다고 생각한다. 또한 관의 의미는 통제하고 지도하고 단속하는 것을 뜻하기에, 조정에서 백성을 지도하고 다스릴 때 사용되는 말인 것이다. 관의 다스림에 불복하는 자는 당연히 관으로부터 처벌받지 않겠는가 아비가 자칫하면 자식에게 처벌된다? 이건 아니잖는가 이렇게 되면 아버지가 어떻게 자식을 훈계하고 잘못된 것을 꾸중할 수 있겠는가 그러므로 극부하는 것을 옳은 이치로 볼 수 없으니 당연히 수정되어 식신과 상관을 자녀로 봐야 마땅하다고 본다. 자식을 보는 데는 먼저 일주의 왕약과 식신과 상관 그리고 사주의 희기(喜忌)를 살펴야 한다. 예를 들어 일주가 왕하고 인수가 없고 식상이 있으면 자식이 많고, 일주 왕하고 인수 많고 식상 없고 재성 있으면 자식 많고, 일주 약하고 인수 있고 식상 없으면 자식 적고, 일주 약하고 인수 약하고 식상 많으면 자식 적고, 일주 약 식상 많고 인수 없으면 자식 없다. 일주 약 식상 약 비겁 없고 관성 있으면 자식 없다. 일주 약하고 관성 많고 인수 약 재성 암장되면 딸이 많다. 일주가 약하고 편관 많고 식상 약 비겁 있으면 딸 많고 아들 적고, 일주 약 관성 많고 인수 없고 비겁 없으면 자식 없다. 일주가 왕하고 식상은 약하며 재성이 있으면 자식은 적고 손자는 많다. 일주 왕 인수 왕 재성 있고 관성 약하면 자식은 극을 당해도 손자는 있다. 일주 약 식상 왕 재성이 있고 인수가 있으면 자식 있다, 하지만 없는 것과 같다. 일주 약 관성 왕 인수 있고 재성 있으면 자식 있지만 역(逆)한다. 일주 왕 인수 없고 식상 암장되고 관성 있으면 자식 많다. 일주 왕 비겁 왕 인수 없고 식상 암장되면 자식이 많은 것은 모두 멸자(滅子)의 뜻이 있다. 목다화식(木多火熾)하면 금극목해야 화가 살아나고, 화다토조(火多土燥)하면 수극화해야 토가 윤택해지고, 토다금매(土多金埋)되면 목극

토로 금을 쓰게 되고, 금다수탁(金多水濁)하면 화극금해야 수가 살
아난다. 관성을 자식으로 한다는 것은 이런 경우를 말한다. 신왕하
면 재성이 자식이 될 수 있고, 신약하면 인수가 자식이 될 수도 있
는데, 모두 내가 시험해 본 것이다. 그래서 감히 이론을 수정하는
것이니 틀림이 없을 것이다.

[옮긴 이]

  본문에서 밝힌 이치를 임철초 씨가 정면에서 부정하는 말을 한
것은 이 항목이 유일하지 않을까 생각한다. 먼저 이와 같은 견해
차이에 '옮긴 이'의 의견을 우선 밝히면, 옮긴 이는 본문의 주장에
동의하는 바이다. 임씨는 아비를 극하는 관성을 어떻게 자식으로 볼
수 있느냐 하는 지극히 인륜적인 편에서 바라본 듯하다. 그래서 부
모로부터 생을 받아 태어나는 식신과 상관을 남자의 사주에서도 자
식으로 보아야 한다고 말하고 있다. 이 관점에서 논해 보자. 사실
자식을 잉태하여 세상에 태어나게 하는 쪽은 어머니다. 임신 10개
월 동안 자신의 몸이 파괴되며 자신의 영양분을 대부분 흡수하여
태아가 자라고, 태아가 자라면서 숨이 차고 몸의 거동이 심히 불
편해지고 출산과정에서는 벗어 놓고 방에 들어간 저 신발을 다시
신게 될지 모를 정도로 생애 최고의 분만 통증을 감수해야되고 자
칫하면 과다출혈로 산모가 사망에 이르는 경우가 현대 의료 수준에
서도 끝이지 않고 있다. 어머니 입장에서는 태어난 자식은 식신 상
관이다. 여자의 사주에서만은 임씨의 주장함이 옳다고 본다. 원문은
안타깝게도 남자의 사주만을 위주해 말한 것이라고 본다. 그렇다면
여기에서 식신과 상관만의 의미를 살펴보자. 아내의 사주에서 관성
이 남편이 되는데, 이 관성을 그대로 옮겨 일주가 되게 한 남편의

사주에서 보면, 아내의 입장에서 자식인 식신과 상관이, 남편이 일
주가 된 입장에서는 관성인 것이다. 결국 남자의 사주만을 놓고 볼
때 관성을 자식이라고 한 원문의 말이 잘못된 것이 아님을 알 수
있다.

```
癸 戊 辛 辛
丑 戌 丑 丑

乙 丙 丁 戊 己 庚
未 申 酉 戌 亥 子
```

[옮김]

이 사주는 비겁이 많다. 당연히 일주가 신왕하다. 년, 월간에 신
금 상관이 투출하여 뿌리가 있다. 축토는 축수(畜水) 생금(生金) 화
설(火洩)하는 습토다. 겨울이지만 일지 습토에 일주가 앉아 일주는
춥지 않다. 화의 고장지이기 때문이다. 가업이 풍부했고 운이 잘 흐
르고 있다. 나는 자식이 많다고 했지만 그 수는 정하지 못했다. 16
명의 자식을 두었고 모두 무고했다. 그런 이유는 인수가 없어서이
다. 신금 상관이 혼잡되지 않고 윤택하며 목화의 묘함에 이유가 있다.

```
癸 丁 甲 癸
卯 酉 子 亥

戊 己 庚 辛 壬 癸
午 未 申 酉 戌 亥
```

[옮김]

이 사주는 자수 관성이 당령했다. 종격 사주의 조건을 갖췄는데 다만 갑목이 투출하여 종할 수 없다. 살중용인(殺重用印)격으로 보면 묘유충이 되어 아쉬움이 있다. 원국의 천간이 유정하여 가업이 넉넉한 집안이었지만 지지는 불협하는 상태여서 8명의 처첩에서 딸들만 있었을 뿐 아들은 없었다. 신약한 일주에 인수를 아들로 해야 하는데 재성이 파괴하니 아들이 없게 된 것이다.

```
丁 戊 辛 乙
巳 戌 巳 未

乙 丙 丁 戊 己 庚
亥 子 丑 寅 卯 辰
```

[옮김]

무토 일주가 사(巳)월에 생했다. 원국에 화토가 많다. 상관 신금이 투출했지만 뿌리가 없다. 시지까지 사(巳)시이고 시간의 정화가 신금을 극하고 있다. 습기가 없는 사주다. 년간 을목이 목생화하는 것이 바람직하지 않다. 두 명의 아내를 극하였고 12자식 중 두 명만 생존했다.

```
甲 壬 癸 戊
辰 戌 亥 子

己 戊 丁 丙 乙 甲
巳 辰 卯 寅 丑 子
```

[옮김]

겨울에 태어난 원국의 사주에 금이 없는 것이 다행스럽다. 시간의 갑목이 투출하여 선비의 길이 마땅함을 말해준다. 병인운에 향교에 입학하고 10명의 자식을 모두 공부시켰다. 아내를 극하지 않은 것은 화가 없기 때문이다. 뜻한 바를 이루지 못한 것은 지지에 목이 없기 때문이었으며, 만약 술토 대신 인목이 있었다면 인생의 뜻을 이뤘을 것이다.

```
辛 辛 丙 庚
卯 亥 戌 寅

壬 辛 庚 己 戊 丁
辰 卯 寅 丑 子 亥
```

[옮김]

이 사주는 일주가 술월에 태어나 인수가 당권했다. 술토는 병화의
고장으로 인목과 함께 병화를 생조한다. 시간 비견은 해수를 생하지
못하고 해묘 목국을 이루고 있다. 재관이 왕한 사주가 되어 2처 4첩
에 3명의 아들을 모두 극하고 12명의 딸들 중에서도 9명을 잃었다.
한데도 일주가 가을에 태어나 가업은 넉넉했다.

```
丁 戊 丁 丁
巳 戌 未 酉

辛 壬 癸 甲 乙 丙
丑 寅 卯 辰 巳 午
```

[옮김]

무토 일주가 여름의 마지막 달에 태어났다. 인수는 거듭 있는데
수(水)가 한 점도 없다. 자연히 토는 조토가 되었고 그래서 화기를
설할 수 없게 되었으며 금을 생할 수도 없게 되었다. 세 명의 아내와
자식 다섯을 극하는 아픔을 겪었다. 아주 늦은 인생에 축토운을 만

나 금국을 이뤄주니 자식 하나를 두었다. 이걸 봐도 식신 상관이 자식이 되는 것이 분명하다. 사주에서 자식이 있는지 아는데는 다섯 가지 이치가 있는데 수일(水一) 화이(火二) 목삼(木三) 금사(金四) 토오(土五)가 그것이다. 당령한 것은 이 수에 배(倍)로 하고 실령한 것은 반으로 줄인다.

```
丁 甲 辛 辛
卯 辰 卯 卯

乙 丙 丁 戊 己 庚
酉 戌 亥 子 丑 寅
```

[옮김]

갑목 일주 묘월에 생하여 모습이 웅장하다. 두 개의 신금 관성은 뿌리가 없다. 시간 정화 상관이 신금을 극하는 것이 기쁘다. 기축, 무자운에 지식을 두었으나 양육에 실패했다. 재물의 손실도 컸다. 정해운에 목국이 되고 천간이 화이며 병술운은 더욱 좋은 운으로 자식 다섯을 다시 두고 가업도 늘어났다. 화용신 사주는 목화운에 자식을 두게 된다. 목화 세운에서도 자식이 있다. 이런 운에 태어나지 않은 자식은 자식의 사주에 목화가 많거나 일주가 목화가 될 수 있다. 그렇지 않은 경우에는 재앙을 만나거나 못난 자식을 두게 되는 것을 수차례 경험했다. 사주의 용신은 아내, 재물, 자식, 록뿐만 아니라 궁통요수(窮通夭壽)등이 모두 용신에 의해서 결정되니 소홀히 할 수 없다.

37. 부 모 (父 母)

[원문]

父母或隆與或替　歲月所關果非細

부모혹융여혹체 세월소관과비세

[옮김]

부모가 흥하기도 하고 망하기도 하는데 그것은 세월과 밀접한 관계가 있다.

[원문 주]

재성을 아버지로 인수를 어머니로 하여 길흉을 판단하면 10중 9는 적중한다. 이것은 자평(子平)에서 말한 법이다. 여기에 년과 월을 중요하게 참작해야 한다. 년과 월의 기가 희신을 상하지 않으면 부모는 번창한다. 하지만 년과 월의 재기(財氣)가 시간을 상하게 하면 아버지를 먼저 극하고 년과 월의 인기(印氣)가 시지를 상하게 하면 어머니를 먼저 극하는데, 재성과 인수만이 아니고 원국의 전체를 잘 살핀 후 논해야 한다. 원국을 잘 파악하면 흥망의 여부를 모두 알 수 있다. 흥망은 재성과 인수에만 좌우되지 않는다. 음양의 많고 적음도 논해야 한다.

[임철초 주]

부모는 일주인 나를 생하는 것이다. 이는 세월에 관계되며 흥망이 일치하지 않는 것을 알 수 있다. 원주에 재성과 인수를 부모라 논한 것은 속설에 미혹된 것이다. 부모에게 어떻게 극(剋)자를 쓸 수 있나. 조상의 덕을 입고 후손으로부터 영광의 소식을 듣기 위해서는 관인이 년월에서 서로 생하고 재와 상관이 관인을 일시(日時)에서 극하지 않아야 한다. 조업과 집안이 파괴되는 것은 일시가 서로 상충하기 때문이다. 조상이 청고한 사주는 년이 관이고 월이 인수이거나, 년이 인수이고 월이 관성인 경우이다. 조상의 유업이 빛나는 사주는 일주가 관성을 기뻐하고 일과 시에 재성이나 관성이 있으면서 일주가 인수를 기뻐하는 경우이다. 조상의 유업을 지키지 못하는 사주는 일주가 관성을 기뻐하는데 일시에 상관이 있거나, 일주가 인수를 기뻐하는데 일과 시에 재성이 있는 경우이다. 부모를 도와 집안을 일으키는 사주는 재성이 년에 있고 인수가 월에 있거나 시에 관성이 있고 일에 인수가 있으면서 일주가 인수를 기뻐한다. 년에 인수가 있고 월에 재성이며 시간에 관성이 있으면서 일주가 인수를 기뻐하는 사주는 부모가 패망한다. 인수가 일과 시에 있으면 자수성가하는 팔자다. 관성이 년에 있고 인수가 월이며 일주가 관성을 기뻐하면 부귀하게 태어나고 그것을 지킬 수 있다. 년에 상관이 있고 월에 비겁, 년이 인수, 월이 비겁이거나, 시와 일이 재나 상관이면서 일주가 재성을 기뻐하면 빈천한 집안 출신으로 자수성가한다. 비겁이 년이고 재성이 월일 때 일주가 재성을 기뻐하면 유업이 풍부하고, 년이 비겁, 월이 재성일 때 일주가 비겁을 좋아하면 청빈한 사람이다. 년이 관, 월이 상관이며 일시에 관이 있는데 일주가 관을 좋아하면 자식이 아버지보다 뛰어나며 시와 일에 비겁이 있으면 반드시 패망한다. 결론하자면 년과 월에 재. 관, 인수가 있고 일주의 희신이면 귀하거나 부자이고, 일주의 기신이 되면 가난하거나 천할 것이다. 자세히 살펴야 한다.

己 丙 乙 癸
丑 子 丑 卯

己 庚 辛 壬 癸 甲
未 申 酉 戌 亥 子

[옮김]

이 사주는 관성과 인수가 투출하고 각기 녹을 얻고 재성은 암장되어 축에 들어 있어 원국이 아름답지 못하다. 축토 상관이 시지에 있는 것이 바람직하지 않다. 관성은 퇴기하고 약한 일주는 인수가화를 생하며 관성을 보호하는데 의지하고 있다. 년, 월이 관인이라서로 생하니 관가 출신이다. 해수운에 입반(학교)하고 임술운은 고생이 많았다. 유금운에 인수를 극하니 나라의 형벌을 받아 처형되었다.

丙 戊 丁 乙
辰 午 亥 卯

辛 壬 癸 甲 乙 丙
巳 午 未 申 酉 戌

[옮김]

이 사주는 일주가 해월에 태어났다. 재성이 월령에 있고 관인이모두 뿌리가 있다. 일주가 왕지에 앉고 생함을 얻어 사주가 순수하다. 또한 운이 원국의 국을 파하지 않았다. 관료 집안의 출신으로

과갑하고 다섯 자식 모두 사적에 이름이 오른 부귀와 수를 누린 사
주다.

```
戊 戊 辛 丁
午 子 亥 巳

乙 丙 丁 戊 己 庚
巳 午 未 申 酉 戌
```

[옮김]

　이 사주는 원국에 일주를 생하는 화가 둘 있고 비견이 있어 왕한
것 같지만 해자수가 인수를 충극하여 천간의 화토가 약해졌다. 할아
버지 대는 큰 부자였지만 부모는 그렇지 못했다. 초년부터 금수운이
라 계속 고생스러운 삶을 살았다. 정미, 병으로 화운이 돼서야 크게
성공하여 많은 재물을 벌었다.

```
癸 丙 辛 乙
巳 辰 巳 亥

乙 丙 丁 戊 己 庚
亥 子 丑 寅 卯 辰
```

[옮김]

이 사주는 병화 일주가 월과 시지에 사화 녹을 두고 있다. 또한 인수가 뿌리가 있어 왕하다 생각하고 재성을 사용해야 복을 누린다고 잘못 판단할 수 있다. 일주가 여름에 태어났지만 인수가 재성의 극을 받고 사해충이 되니 목화는 세력을 잃고 오히려 금수가 득세했다. 일지 진토 역시 일주를 설하고 시간 관성도 시지를 극하니 일주가 약하게 되었다. 사화를 써야 한다. 초년이 목운으로 유업이 넉넉하였지만 축토운에 들자 금을 생하고 화를 설하니 가업이 망하면서 부부가 함께 죽었다.

38. 형 제 (兄 弟)

[원문]

兄弟誰廢與誰興　堤用財神看重經
형제수폐여수흥　제용재신간중경

[옮김]

어느 형제가 흥(興)하고 어느 형제가 폐(廢)하는가는 제강(提綱)의
작용과 재신(財神)의 경중(經重)을 보면 알 수 있다.

[원문 주]

형제는 비견과 겁재가 된다. 재성과 희신의 경중을 비교한다. 관
성과 재성이 약하고 삼자가 나타나 양탈하면 형제는 강하고, 왕한
재성과 관성에 삼자가 나타나 일주를 도우면 형제는 아름답다. 재관
과 일주의 세가 비슷하고 삼자가 나타나지 않으면 형제는 귀하다.
비견이 중하고 상관, 재성, 관성 또한 왕하면 형제는 부자이다. 삼
자가 나타나지 않고 인수가 있으며 일주 신약하면 형제가 많다. 신
왕한 일주에 삼자가 나타나고 관성이 없으면 형제가 쇠하게 된다.

[임철초 주]

형을 비견으로 보고 아우는 겁재로 본다. 관살 왕하고 식상과 인
수가 없고 겁재가 살을 합하면 동생의 도움을 받는다. 관살왕, 식상
과 인수약, 재가 있고 비견이 살을 대적하면 형의 도움을 받게 된다.
관약하고 식상이 왕한데 비겁이 식상을 생하면 형제로부터 해로움을

받게 된다. 재약하고 비겁이 왕하고 인수가 상관을 억제하면 고립무원에 빠지게 된다. 재관이 약한데 겁제가 왕하면 형제의 배반이 염려된다. 비겁이 일주를 돕고 재생관하면 함께 공존한다. 살왕하고 인수가 없고 일주가 약한데 상관이 암장되어 있으면 비겁이 도와야 평안하다. 살왕하고 인수는 암장되고 비견이 약하면 형이 쇠하고, 관왕하며 인수는 약하고 재성이 기를 얻으면 아우는 성공하지 못한다. 일주약, 월령의 인수왕하면 형제 많다. 재성약, 비겁 있고 관성이 나타나면 형제가 다투지 않는다. 편인과 비겁이 거듭있고 재성 약하고 관성이 암장되면 슬퍼짐을 면할 수 없다. 일주약, 인수유, 재성이 비겁을 만나면 형제의 다툼이 있다. 제강(堤綱)의 희기(喜忌)를 말할 필요가 없다. 모두 일주의 애증(愛憎)에서 그 정을 잘 살펴보면 적중할 것이다.

```
丁 丙 壬 丁
酉 子 寅 亥

丙 丁 戊 己 庚 辛
申 酉 戌 亥 子 丑
```

[옮김]

이 사주는 병화 일주가 이른 봄에 태어났다. 월간 임수가 통근하여 관성이 왕하다 할 수 있는데 제함이 없어 불안하다. 정임합, 인해합되어 인수로 화(化)되어 은혜롭게 되었다. 시지 재성이 관성을 생하고 인수를 극하려 하지만 정화가 억제하여 7형제가 모두 학문을 하고 우애 또한 깊었다.

```
┌─────────────────────────┐
│     庚 丙 戊 癸          │
│     寅 午 午 巳          │
│                          │
│   壬 癸 甲 乙 丙 丁       │
│   子 丑 寅 卯 辰 巳       │
└─────────────────────────┘
```

[옮김]

 이 사주는 양인이 당권했다. 또 일주가 생왕지를 얻고 있다. 무계
가 합화되어 화가 되니 좋지 않다. 재성을 비겁들이 극하고 있다.
이 사주는 내(임철초) 사주와 년, 월, 일이 같고 시주 임진만 다르
다. 6형제였으나 똑똑한 자는 일찍 죽고 나머지 형제는 모두 성공
하지 못했다. 부모의 재산을 모두 탕진하고 몰락했다. 비겁이 왕하
고 재관이 쇠약하면 형제가 적고, 있다 해도 없는 것만 못하다. 관
성이 태왕하면 일주와 인수가 함께 왕해야 한다. 관인이 통근하면
우애가 깊다.

39. 하 지 장 (何 知 章)

[원문]

何知其人富　財氣通門戶
하지기인부　재기통문호

[옮김]

부자의 사주를 어떻게 알 수 있을까? 재성이 문호에 통하면 부자
사주다.

[원문 주]

일주가 왕하고 재성도 왕하고 관이 재를 보호하거나, 기신이 인
수일 때 재가 인수를 충분히 억제해주거나, 희신이 인수일 때 재생
관하거나, 상관이 많을 때 재성이 유통하며 재성이 많을 때 식상이
많지 않거나, 천간에 재가 없고 지지에만 재성국을 이루거나, 천간
에 재성이 투출하고 식상이 투출하면 재기가 문호에 통하여 부자일
수 있다. 재성을 처로 보는 것이다. 처가 현명한데 가난하거나, 부
자인데 처가 잘못되는 경우는 충합(冲合)관계를 봐야한다. 재성이
청하고 일주 왕하면 처가 아름답고, 신왕한데 재성이 탁하면 재물은
풍부하다.

[임철초 주]

신약한 일주에 재왕하면서 관성이 없으면 식상이 있어야 하고,
신왕 재왕한데 식상이 없다면 관성이 있어야 한다. 일주왕하고 인수

왕하며 식상약하면 재성이 국을 이뤄야하고 일주왕하고 관약 인수 왕하면 월령에 재성이 있어야 하고, 신왕하고 재성과 인수무 식상이 있거나, 신약하고 재성왕 관인무 비겁이 없으면 재기통문(財氣通門)이다. 재성을 처로 본다. 재성이 청하면 처가 아름답고 탁하면 부자라고 하는 것은 깊은 이론이라 할 수 없다. 신왕하고 관성이 인수에 설될 때 식상이 없으면 재생관하게 되는데, 식상이 없으면 재성도 천하여 처가 아름답다 하더라도 재물은 빈약하다. 신왕하고 인수무 관약한데 재성이 식상을 설하여 재생관하면 통근이 되며 처가아름답고 부유하다. 신약하고 관약 식상왕하면 재성이 관과 불통하니 부자라도 처는 아름답지 못하다. 신왕하고 관성무 식상이 있으면 재성이 비겁과 연(連)하지 못하니, 처재가 모두 아름다운 경우에는 인수가 없고 인수가 있으면 부자라도 처가 상하게 된다. 이 네 가지는 자세히 연구해야 한다.

```
辛 壬 丙 甲
亥 寅 子 申

壬 辛 庚 己 戊 丁
午 巳 辰 卯 寅 丑
```

[옮김]

이 사주는 양인이 당령한 11월생 임수 일주다. 갑목과 병화는 뿌리가 없다. 일지 식신이 충파한다. 인해합은 기쁜 현상이다. 합목된 기는 목화의 기를 결속한다. 신자(申子)수국되어 식신을 생하니 재기통문(財氣通門)되어 거부의 사주가 되었다. 재성이 많지 않아도 생화유정하면 재기통문된다. 재성이 왕지에 앉아 있으면 관이 있는 것이 좋지 않고, 일주가 실령하고 있으면 비겁이 조(助)해야 한다. 이런 명은 아름답다.

```
戊 癸 丙 壬
午 亥 午 申

壬 辛 庚 己 戊 丁
子 亥 戌 酉 申 未
```

[옮김]

일주가 오월 오시에 태어나 재성이 왕하다. 일지 득지하고 겁재가 장생지에 앉아 재성이 유기하다. 원국에 목이 없어 다행이다. 수를 설하여 화를 생함이 없어 겁재를 용신한다. 운이 서북으로 흘러 금수가 득지하여 조상의 유업은 넉넉하지 않았지만 자수성가하여 50만 거부가 되었고 1처 4첩에 자식을 8명 두었다.

[원문]

何知其人貴 官星有理會
하지기인귀 관성유리회

[옮김]

귀한 사주는 관성이 어떠한 처지에 있는지를 보면 알 수 있다.

[원문 주]

　신왕 관왕하고 관성이 인수의 보호를 받으면 비겁이 기신이라 관성이 비겁을 제거하고, 관성이 인수 희신을 생하거나, 왕한 재성이 관성과 통하거나, 재성이 유기하고 관성이 왕하거나, 관성이 천간에는 없지만 관성국을 이루거나, 관성과 재성이 함께 암장되어 있으면 귀한 사주인 것이다. 관성을 자식으로 보는데, 자식은 많지만 관운이 없거나, 그 반대의 경우라면 합충을 살펴야한다. 신왕하면서 관성이 청하면 반드시 귀하고, 신왕하면서 관성이 탁하면 자식은 많다. 상(象)과 기(氣)와 국(局)과 격(格)을 얻으면 처자와 부귀를 함께 누리게 된다.

[임철초 주]

　신왕한데 관약하면 재성이 관을 생해야하고 신약 관왕하면 관성이 인수를 생해야하고, 인수왕하고 관약하면 재성이 인수를 극하고, 관왕 인수약하면 재성이 없어야하고, 비겁왕 재성약하면 관성이 비겁을 억제하고, 인수가 재성의 극을 받으면 관성이 인수를 보호하고, 필요한 관성이 암장되어 있으면 재성은 안정되어야 하고, 필요한 인수가 천간에 있고 관성도 천간에 있으면 모두가 귀함이 있게 된다. 신왕 관왕 인수왕하면 청한 격국인데, 원국에 식상과 재성이 없으면 관성은 정을 주고 인수의 정은 일주에 가니 관은 있지만 자식은 없다. 이런 경우엔 식상이 있어도 인수가 극하니 자식이 없다. 신왕 관왕하고 인수약하고 식상이 암장되어 관을 극하지 않고 인수가 극하지 않게 되면 귀하며 자식도 있다. 신왕 관약에 식상 유기하고 재가 인수를 극하지 않고 천간엔 재가 없지만 재국을 이루고 있으면 귀하지는 않아도 자식은 많다. 신왕 관약하고 식상왕하고 재가 없으면 자식은 있지만 가난하다. 신약 관약 식상왕 인수가 없으면 가난하지 않아도 자식이 없다. 인수가 있어도 재가 있으면 같다.

```
辛 丁 癸 癸
亥 卯 亥 卯

丁 戊 己 庚 辛 壬
巳 午 未 申 酉 戌
```

[옮김]

이 사주는 관성이 월령에 있어 두렵게 보여진다. 다행히 지지에서 인수국을 이루고 있다. 수기(水氣)를 흐르게 하여 관성이 안정되어 있다. 초년은 신유. 경신운이라 관성을 생하고 인수를 극하니 이로움이 없었다. 하지만 기미운이 오자 목국을 이루면서 식신이 투출하니 벼슬이 높게 되었다. 사주는 맞는 운을 만나야 출세한다. 그렇지 못하면 한유(寒儒)에 그치고 만다.

```
壬 丙 丁 癸
辰 午 巳 酉

辛 壬 癸 甲 乙 丙
亥 子 丑 寅 卯 辰
```

[옮김]

　병화 일주 초여름에 생하고 일지 왕지이다. 사유 금국에 재생관하고 비겁은 관의 억제를 받고 있다. 시간 임수가 관을 돕고 있다. 30이 넘어 운이 수운에 이르자, 등과하여 명리를 얻었다. 관살혼잡을 나쁘다고 해서는 안 된다. 신왕한 일주라면 관살혼잡을 더 반기게 된다.

```
己 辛 丙 甲
丑 酉 寅 午

壬 辛 庚 己 戊 丁
申 未 午 巳 辰 卯
```

[옮김]

　이 사주는 관성은 장생에 앉고 재성이 있으며 일주는 일지에 녹이 있고 시주가 인수이며 기토는 통근하고 있다. 천간 4글자 모두 지지에 녹왕이 있다. 수가 없는 것이 순수하다. 일주가 목절에 태어나 약하지만 인수가 생조하고 있다. 경금운 계유년에 등과했다. 오운에 몸이 병들고 형상을 겪었지만 신유운 계묘년에 발갑하여 벼슬이 높았다. 금수운으로 계속 이어지니 벼슬이 끝이 없었다.

```
甲 庚 辛 乙
申 辰 巳 巳

乙 丙 丁 戊 己 庚
亥 子 丑 寅 卯 辰
```

[옮김]

이 사주는 경금 일주가 입하 5일 전에 태어났다. 그래서 토가 당령하고 아직은 화가 주관하지 못하고 있다. 일주는 일지와 시지에서 생조받고 있어 신왕하다. 관성은 약하다. 재성이 투출해 있지만 뿌리가 없고 비겁이 있어 가난한 집안 출신이다. 정화운에 관성 원신이 나타나며 무인, 기묘 두 해에 재성이 득지하니 과감하여 벼슬길에 올랐다. 서(書)에서 말한 '이살화권 정현한문귀격(以殺化權 定顯寒門貴格)이란 이를 이른 말이다.

何知其人貧　財神反不眞
하지기인빈　재신반부진

[옮김]

재신(財神)이 반(反)하거나 참되지 못하면 그 사람이 가난하다는 것을 알 수 있다.

[원문 주]

재성의 부진(不眞)은 설기나 비겁의 극함만을 뜻하지 않는다. 재성이 중하고 상관이 약하면 그 기가 얕고, 재약한데 관이 중하면 기가 설되고 상관이 중하고 인수가 약하면 일주가 신약하고, 재가 중하고 비겁이 약하면 일주가 신약하니 이런 경우는 모두 재성이 부진이다. 청기가 한 점이라도 있으면 가난하지만 천하지는 않다.

[임철초 주]

재성이 부진한 경우가 9가지가 있다. 재중(重) 식상다(多)한 것이 첫째이고, 두 번째는 재약(弱)하여 식상을 기뻐하는데 인수가 왕한 경우이며, 셋째 재약 비겁중한데 식상이 없는 경우이며, 재다하여 비겁이 필요한데 관성이 비겁을 극함이 네 번째이고, 인수가 필요한데 재성이 이를 극할 때가 다섯 번째. 인수를 싫어할 때 재성이 관을 생하는 경우가 여섯 번째. 필요한 재성이 합변하는 경우가 일곱 번째. 필요하지 않은 재성이 합변하여 다시 재성이 되는 것이 여덟 번째. 관성 왕하여 인수를 좋아할 때 재성국이 있는 경우가 아홉 번째이다. 다만 가난해도 등급이 있으니 모두 같은 수준일 수는 없다. 가난하지만 귀한 경우, 바른 경우, 천한 경우가 있다. 반드시 분간해야 한다. 재약 관약한데 식상이나 인수가 있는 경우와 좋아하는 인수를 재성이 극할 때 관성이 구제하면 가난해도 귀하다. 관성 왕(旺) 일주 신약할 때 재성이 관을 생할 경우 인수가 있다면 벼슬할 수 있고, 없으면 평생 청빈한 선비에 그치고 만다. 재왕하면 물질을 탐하고 관왕하면 권세를 탐한다. 종(從)하나 참되지 않고, 합하나 화(化)하지 않는 명은 부귀해도 진솔하지 못하고 아첨하는 자이며 귀될 수 없다. 지나치게 많거나 모자라면 참될 수 없어 끝내는 부귀할 수 없다. 격국은 많아 일일이 글로 다 쓸 수 없으니 세밀히 연구해야한다.

辛	戊	戊	壬
酉	戌	申	子

甲	癸	壬	辛	庚	己
寅	丑	子	亥	戌	酉

[옮김]

무토 일주가 신유술 방국을 이루고 7월에 태어났다. 오행이 유행(流行)하는 사주다. 부자집 출신이다. 년간 재성이 통근하고 재성국이 되니 재성이 부진(不眞)하다. 대운이 금수로 흘러 재물이 흩어지기 시작했다. 무토운은 잠시 길하여 자식을 얻었고 신해, 임자운에 가난이 극심했다.

```
己 丁 甲 癸
酉 巳 寅 卯

戊 己 庚 辛 壬 癸
申 酉 戌 亥 子 丑
```

[옮김]

이 사주는 살인 상생하고 있어 연주상생격으로 귀격으로 볼 수 있다. 유업이 20여만이었다. 년간의 살이 인수에게 설되며 뿌리가 없다. 이로서 쓰지 못하여 유금 재성을 쓴다. 목왕하고 토가 약하고 화가 생함을 얻고 있어 사유금국의 역할이 어렵게 되어 재가 부진하다. 임자운에 목을 생하고 금을 설하니 가산이 몰락되어 회생하기 어려웠다. 해운이 인수 장생지라 굶어 죽었다.

```
庚 丙 壬 庚
寅 寅 午 午

戊 丁 丙 乙 甲 癸
子 亥 戌 酉 申 未
```

[옮김]

이 사주는 일주가 5월에 태어났다. 관성이 약하여 재로 생해야 하는데 지지가 목화로 되어 있어 뿌리가 없다. 한 잔의 물로 타오르는 불길을 잡아야 하는 형국이다. 당연히 불을 끌 수 없고 재성을 설할 뿐이다. 부진하게 되었다. 초년 개미, 갑신, 을유운은 토금운이라 넉넉했지만 병술운에는 화국이 되자 처자를 극하고 재산의 손실이 많았고 정해운은 원국의 오행과 합목되어 고독을 견디지 못하고 죽었다. 관성과 양인이 모두 청하므로 명리가 있는 사주라 논할 수도 있겠으나 그렇게 보면 화가 왕한 계절이라 금이 패절지임을 모르고 하는 소리다.

壬 庚 乙 乙
午 寅 酉 卯

己 庚 辛 壬 癸 甲
卯 辰 巳 午 未 申

[옮김]

가을은 금의 계절로 재관이 왕하고 식신이 빼어나 겉으로 보면 부귀한 명이라 할 수 있다. 관성이 국을 이루고 재성이 왕하여 일주가 신약하여 재관을 감당할 수 없다. 따라서 겁인에 의지해야 하는데 묘목이 충하고 오화가 극한다. 시간의 임수는 화를 극할 수 없다. 재성이 부진하다. 초년 갑신운은 일찍 입반하였지만 화운으로 행하면서 가난이 극심해 견디기 어려웠다.

```
庚 癸 丙 辛
申 巳 申 丑

庚 辛 壬 癸 甲 乙
寅 卯 辰 巳 午 未
```

[옮김]

　이 사주는 아름다운 사주처럼 보인다. 재성이 좌하(坐下)에 녹이 있고 하나의 살이 청하다. 인수가 태왕함을 꺼리며 축토가 화를 설하여 금을 생하고 병신합수(丙辛合水)되고 신금 또한 사화와 합하여 수로 화하니 재성이 더욱 부진하다. 초년 을미, 갑오운은 조업이 넉넉했고 계사운은 신금과 합되니 가업이 망하고 걸인이 되었다.

```
乙 丁 乙 庚
巳 丑 酉 辰

辛 庚 己 戊 丁 丙
卯 寅 丑 子 亥 戌
```

[옮김]

　이 사주는 시지에 일주가 왕을 만나고 두 인수가 일주를 생하니 화염의 기세가 있다. 금이 왕하여 부한 사주로 볼 것이다. 을목이 합변하고 금국을 이루고 있다. 모두 재성이니 부진하다. 초년은 조업이 풍요했다. 병술, 정해운은 재물이 뜻한데로 늘어났지만, 무자,

기축운이 되자 금생하고 화가 어둡게 되어 재물과 집안이 모두 흩어지고 한파에 떨다가 먹지 못해 죽었다.

[원문]

何知其人賤　官星還不見
하지기인천　관성환불견

[옮김]

천한 사람임을 어떻게 알아보는가?
관성이 나타나지 않으면 그렇다.

[원문 주]

관성은 실령했거나 극함을 당하지 않은 것뿐 아니라 일주 약한데 관이 중하거나 관약한데 인수가 중하거나 재가 중한데 관성이 없거나 관다(多)한데 인수가 없다면 모두 관성이 나타나지 않았다고 본다. 원국에 탁한 재성이라도 하나만 투출되어 있어도 가난하지는 않다. 기신이 왕하고 용신은 힘이 없어 일주가 적에게 복종을 받을 수 없거나 약한 것을 외면하고 왕한 것을 도와 마땅함을 잃었는데 대운이 돕지 않으면 빈천하게 된다.

[임철초 주]

원주가 많이 생략되어 있다. 부귀해도 천할 수 있고, 빈천해도 귀할 수 있으니 천(賤)함을 안다는 것은 쉽지 않다. 신약 관왕한데 인수의 화함을 사용 못 하고 상관의 제함이 있거나 신약 인수약한데 관성이 인수를 생하지 못하고 재성이 인수를 극하거나 재중 일주 약한데 비겁이 일주를 조(助)하지 않고 재성을 극하는 것 등을 꺼리는데, 이런 명은 현자의 가르침을 듣지 않고 조부의 적덕하였음을 보지 못하니 재앙이 있게 됨을 예측도 못하고 자손에게 불행이 전해질 것이다. 신약에 인수약하거나 관왕에 재가 없거나 신왕에 관약하며 재가 없으면 이런 명은 빈곤에 처해도 자존심을 버리지 않고 부귀하게 된다 해도 그 뜻을 굽히지 않고, 예가 아니면 행하지 않고 의롭지 않으면 나아가지 않는다. 관성불견(官星不見)에는 3가지 종류가 있다. 관성약(弱) 인수중(重) 일주왕(旺)하거나, 관인이 균등하고 일주 휴수된 경우등은 상등(上等) 관성불견이고, 관약 비겁중(重) 재무(無)나 관태과(太過) 인수무(無) 재약 비겁중 관암장된 것 등은 중등(中等)관성불견이며, 관왕(旺)하여 인수가 필요할 때 재가 인수를 극하거나 관왕 인수무 식상의 억제가 강하거나, 관다(多) 재를 꺼릴 때 재성국이 되거나 관성을 기뻐할 때 관성이 합변되어 상관이 되거나 관성을 꺼릴 때 관성이 타신과 합하여 관이 되는 것 등은 하등(下等) 관성불견이다. 자세히 연구하면 현자와 불초(不肖)도 분명히 구분된다.

```
甲 丁 壬 丁
辰 亥 子 丑
丙 丁 戊 己 庚 辛
午 未 申 酉 戌 亥
```

[옮김]

이 사주는 정화 일주가 한 겨울에 태어났다. 자(子)월에 해자축
수국을 이루고 있고 월간에 임수가 투출해 관성이 왕하다. 진토는
수를 머금고 있는 습토라서 수를 억제하지 못한다. 화를 설기하여
어둡게 하고 시간의 인수도 자신의 일도 하지 못할 만큼 시들어 있
다. 물에 젖은 목이라서 일주를 생할 수 없으니 청고한 상이다. 관
성부진으로 볼 수 있다. 다행히 금이 없기에 사람의 인성이 올바르
고 처세가 자신을 낮추고 청빈함을 부끄러워하지 않아 상등관성불견
(上等官星不見)에 해당한다.

```
壬 丙 庚 丙
辰 午 寅 辰

丙 乙 甲 癸 壬 辛
申 未 午 巳 辰 卯
```

[옮김]

이 사주는 병화 일주가 인목월에 태어났다. 재성이 뿌리가 없어 절지(絕地)에 앉았고 관성도 고(庫)에 겨우 근(根)하고 있어 무기(無氣)하다. 초년부터 운이 동남으로 흘러 어린 소년기에 아버지를 여의고 다른 남자에 재가한 어머니를 따라가 살던 중 얼마 안 가 어머니마저 여의게 되어 처지가 말할 수 없게 되었다. 평생 남의 밑에서 고되게 일만 하였고 후일에 시력마저 잃게 되어 구걸로 연명하였다.

```
癸 辛 甲 丁
巳 亥 辰 卯

戊 己 庚 辛 壬 癸
戌 亥 子 丑 寅 卯
```

[옮김]

신금 일주가 봄의 마지막 달에 태어났다. 원국에 화가 있어 인수로 관성을 화하는 것이 이치로는 마땅하나, 목이 인수를 극하고 계정충

(癸丁冲)이 되어 있고 해수가 사화를 극함이 유정한 조치라고 보여질 수도 있겠으나, 목화는 왕하고 봄철의 수는 휴수되어 화를 극할 수 없다. 오히려 수생목(水生木)하고 금을 설하고 있다. 재성과 관성은 정신적 물질적으로 본래 일주를 풍요하게 하지만 그 역할은 일주가 재관을 감당할 능력이 있을 때인 것이다. 그렇지 않으면 마음이 갈구해도 아무런 이익도 얻을 수 없다. 이 사주는 원래 출신이 미천하다. 발성에 장애를 갖고 태어나 관리를 따라다니며 시중드는 일을 하다가 영특한 머리에 아첨도 뛰어나 돈을 벌게 되자 주인을 배반했다. 그런 후 재물로 벼슬을 얻어 몹쓸 짓을 다하며 세도를 부리다 죄를 범하여 자리에서 물러난 후 옛날처럼 초라하게 살았다.

[원문]

何知其人吉　喜神爲輔弼
하지기인길 회신위보필

[옮김]

사람이 길할 것인지 어떻게 알 수 있을까?
희신이 상하좌우에서 보필하는 지를 보면 된다.

[원문 주]

사주팔자 네 기둥 여덟 자에 희신이 전후좌우에서 힘을 얻으면 반드시 길하다. 대세가 순탄하고 주종(主從)이 뚜렷하면 한 두 개의 기신이 있다 해도 흉이 되지 않는다. 나라 안이 편안하면 외부의 침략을 두려워 할 필요가 없는 것과 같다고 할 것이다.

[임철초 주]

희신은 용신과 더불어 일주를 보조해 주는 신이다. 사주팔자에는 꼭 희신이 있어야 한다. 희신이 있어야 용신을 돕게 되어 평생 동안 흉은 없고 길이 있게 된다. 그래서 희신은 길신이다. 원국에 용신만 있고 희신이 없으면 운에서 기신운을 만나게 되면 반드시 흉함을 겪게 된다. 인월에 태어난 무토 일주를 예로 들어 본다. 인(寅)중에 암장된 갑목을 용신한다면 경신, 신유금이 기신이 된다. 용신을 극하는 신이다. 무토 일주의 원신이 뚜렷하면 임계, 해자수를 희신하는데 희신이 있으면 금은 수를 생하느라 목을 극하지 않는다. 무토 일주의 원신이 뚜렷하지 못하면 병정, 사오화가 희신이 되는데 이때는 화를 두려워한 금이 목을 극하지 못한다. 무토 일주가 신약하여 인중 병화를 용신하는 경우라면 용신이 천간에 투출됨을 기뻐하며 자연히 비겁이 희신이 되고 기신은 수가 된다. 관을 쓰고 인수를 쓰는데는 법칙이 있다. 일주가 신왕하면 관을 쓰고 재는 희신이 되며, 신약하면 인수를 쓰고 나서 관이 희신이 되는데, 비겁이 있고 나서 이다. 왜냐하면 비겁으로 재성을 억제해야 인수가 상처를 입지 않게 때문이다. 원국에 용신은 있으나 희신이 없으면 기신을 만나도 충이 되지 않아야 하는데 그렇게 되기 위해서는 용신이 먼저 시령을 얻어 기상이 웅장하고 사주가 안화(安和)하며 일주 옆에 바싹 용신이 붙어 있어야 한다. 원국에 희신이 없고 기신이 있는 경우라면 용신이 당령하지 못하거나 기신이 암장되어 운에서 기신을 인출하거나 기신을 직접 돕거나 하면 반드시 흉함을 겪게 된다. 토를 이와 같이 논했으니 나머지도 같은 이치로 추리하면 된다.

```
己 戊 丙 甲
未 寅 寅 子

壬 辛 庚 己 戊 丁
申 未 午 巳 辰 卯
```

[옮김]

이 사주는 무토 일주가 인월에 태어나 신약하다. 왕한 관성이 재의 생을 받고 있다. 병화로 용신해야 한다. 재성이 인수와 떨어져 있고 기가 유행하니 유정하다. 더욱 시지 미토가 일주를 돕고 있다. 원국의 주종(主從)이 정연하고 순수하다. 일찍 과거에 급제하여 흉함이란 전연 없고 길하였다. 벼슬이 높았으며 은퇴 후에도 고향에 낙향하여 여유롭게 지냈다. 여섯 자식이 모두 등과하였고 부부가 행복하게 해로하며 장수했다.

```
戊 庚 己 丙
寅 辰 亥 申

乙 甲 癸 壬 辛 庚
巳 辰 卯 寅 丑 子
```

[옮김]

이 사주는 경금이 10월에 태어나 화가 필요하다. 시지 인목 쟁생지에 뿌리한 병화의 불꽃이 뚜렷하다. 하지만 일주가 재관을 쓰기 위해서는 반드시 신왕해야 하는 조건이 있다. 다행히 이 원국은 신금 녹지가 있고 인수의 생함을 얻고 있다. 식신을 생하느라 인목을 충하지 않는다는 것이다. 이 사주는 토금이 한(寒)한 것을 화가 녹여 주고 있으며 수가 왕하여 목이 없으면 화가 허약하므로 화 용신에 목을 희신 하니, 두 오행 중 하나라도 없어서는 안 된다. 일생 행복하고 등과 발갑하여 벼슬길에 어려움이 없었다. 자손들이 부모의 길을 계승하였고 80넘게 살았다.

[원문]

何知其人凶 忌神輾轉攻
하지기인흉 기신전전공

[옮김]

그 사람의 흉함을 어떻게 알 수 있는가? 기신(忌神)이 여러 형태로 공격하면 흉하게 된다.

[원문 주]

사주의 용신이 무력하고 재관이 무기(無氣)하면 인생의 발전은 기대할 수 없으며 어렵고 흉한 일만 내 앞에 기다린다. 기신이 여러 형태로 일주를 공격하거나 지나치게 많은 경우 원국에 그것들을 방어할 능력이 없으면 파패를 면할 길이 없다. 죄를 범하게 되거나 어려움을 겪게 되며 말년까지 길한 일을 만나보지 못하게 된다.

[임철초 주]

기신(忌神)은 일주와 용신에 위해를 가하는 신이다. 사주팔자는 기신은 세력이 약하고 희신이 있는 것이 매우 중요하다. 기신은 인체의 병이고 희신은 인체의 약이라고 이해하면 된다. 병이 있을 때 약이 있어야 하는 것이며 약이 없다면 어떻게 되겠는가. 일생을 살아가며 길한 것은 보잘 것 없고 흉한 일이 많은 것은 모두 기신이 세력을 얻고 있기 때문이다. 예를 들어보자. 인월에 태어난 사주가 목을 쓰지 못하고 토를 쓰게 되면 갑목은 당령한 기신이 되고 마는 것이다. 일주의 의향에 따라 화로 목을 화하거나 금으로 억제하면 좋은 현상이 될 것이며 여기에 운에서 희신을 돕고 기신을 억제해 주면 흉이 길함으로 바뀔 수 있지만, 운에서 마저 희신을 돕지 않고 기신을 억제하지 않거나 친하게 지낸다면 그 인생은 참담할 수밖에 없게 되는 것이다. 목을 이와 같이 논하니 나머지도 같은 이치로 추리하면 된다.

```
甲 丙 戊 乙
午 子 寅 亥

壬 癸 甲 乙 丙 丁
申 酉 戌 亥 子 丑
```

[옮김]

이 사주는 인수가 당권한 인월생이다. 양인이 시지에 있고 두 개의 인수가 투출하여 왕하다. 원국에 금이 없다. 인해합목(寅亥合木)

되고 자수가 충파되어 쓸 수가 없다. 토식상을 써야 한다. 갑목이 기신인데 해자수(亥子水)가 목을 생하고 있어 기신(忌神)이 여러 형태로 공격하는 모습이다. 정축 초년운이 용신을 생조하는 운이라 조상의 유업이 풍부하여 마음껏 누렸지만 병자운은 화가 뿌리가 없어 부모가 돌아가시고 화재를 거듭 만났으며 3처 4자를 극하고 나서 물을 건너다 익사했다.

```
己 丙 庚 辛
丑 辰 寅 巳

甲 乙 丙 丁 戊 己
申 酉 戌 亥 子 丑
```

[옮김]

병화 일주가 인월에 생하였지만 아직 한기(寒氣)가 대단하다. 인목은 아직 어린 목이다. 당연히 일주는 생조 받아야 한다. 축시에 태어나 원국의 원신인 화를 설하니 인목이 용신이다. 어린 목위에 경금이 개두하여 인목이 매우 약해 있다. 기축, 무자 초년운부터 화를 설하고 금을 생하여 어려서 부모를 잃었다. 그 고생이 말로 다할 수 없었다. 정해, 병술운이 되어서야 기신을 완전히 제거할 수 없는 서북에 있었지만 세상의 고난을 무릅써 가며 조금씩 가업을 일으켰다. 그러던 것이 을유운이 되며 간지가 모두 기신이 되니 처자를 극하고 나서 수액을 당하여 사망했다.

[원문]

何知其人壽　性定元神厚

하지기인수 성정원신후

[옮김]

그 사람이 장수 할 지를 어떻게 알 수 있을까?

사주가 성정(性定)하고 원신(元神)이 후덕하면 장수한다.

[원문 주]

정(靜)하면 장수한다. 사주 원국이 충, 합, 결함, 탐(貪)함이 없으면 원국의 성품이 안정된 것이다. 원신이 후(厚)하다 함은 정기(精氣), 신기(神氣), 육친배합이 모두 온전함을 말한다. 절지에 관성이 앉지 않고 재성이 멸하지 않고 상관은 유기하고 용신이 힘이 있고 시에서 뿌리를 생하고 사주에 필요한 대운이 와 주면 원신이 후하게 된다. 갑을인묘의 기가 충, 극, 설, 상, 편(偏), 왕, 부(浮), 범(泛)을 겪지 않고 사주 원국이 평온하면 반드시 장수한다. 목은 인(仁)이며 인자(仁者)는 장수한다. 빈천한 사람도 장수하는 것은 신왕하기 때문이며 신약한 사주가 장수하는 것은 운이 받쳐주었기 때문이다.

[임철초 주]

인(仁), 정(靜), 관(寬), 덕(德), 후(厚) 다섯 자는 모두 수(壽)를 나타낸다. 사주가 성정(性定)한 것은 다음의 조건을 갖추고 있다. 일주 득지, 오행 균정(均停), 기신충거(忌神冲去), 한신합화(閑神合化)하여 용신이 되고 희신은 결합이 없고 편고(偏枯)하지 않으면 성정한 것이다. 성정한 사주는 사사로움에 연연하지 않고 매사를 순리대로 처리하고 인품이 후덕 화평하니 부귀 수복을 누리게 된다. 원신이 후(厚)하다함은 관약할 때 재성이 생하고 재약할 때 식상이 있고 신왕할 때 식상이 투출되어 있거나 신약할 때 인수가 당권한 경우이다. 여기에 대운과 용신과 희신에 패(悖)함이 없으면 원신이 후한 것이다. 청하고 순수하면 반드시 부귀 장수하고 혼잡하면 천하지만 수는 누린다.

```
丙 甲 癸 辛
寅 子 巳 丑

丁 戊 己 庚 辛 壬
亥 子 丑 寅 卯 辰
```

[옮김]

이 사주는 월령 사화에서 접속상생(接屬相生)이 시작되어 시간의 병화에까지 연속되고 있다. 또 갑일주는 인에 거(居)하고 계수는 자수에 뿌리하고 병화는 사화에, 신금은 재지에 앉아 있으며 재성은 사화의 생을 받고 있다. 이로서 오행과 원신이 모두 넉넉하며 천간이 모두 통근되어 좌우상하가 유정하니 인품이 강유와 어짊과 덕을 겸비하고 벼슬이 높았고 재물이 거부(巨富)였으며 열 세 자식에, 수명이 백세에 달했고 평생을 건강하게 인생을 마쳤다.

```
戊 丙 乙 己
子 寅 亥 酉

己 庚 辛 壬 癸 甲
巳 午 未 申 酉 戌
```

[옮김]

이 사주는 년지 유금에서 근원이 시작되어 월령 해수를 생하고 인목을 생하고 일주를 생하고 일주는 무토를 생하고 있다. 처음 벼슬은 하급 관리였지만 아주 높은 벼슬에 까지 올랐다. 인품이 후덕하고 용모도 단정했다. 아홉 자식에 24명의 손자를 두었다. 부는 백여만에 달했고 나이는 120세 까지 살았으며 평생 병 없이 일생을 마쳤다.

```
壬 壬 辛 己
寅 寅 未 酉

乙 丙 丁 戊 己 庚
丑 寅 卯 辰 巳 午
```

[옮김]

이 사주는 기토가 근원이 된 사주다. 기토는 신금을 생하고 신금은 일주를 생하고 임수는 인목을 생하여 생화 유정한 사주가 되어 원신이 순수하고 두텁다. 더욱 기쁜 것은 화가 투출되지 않았다. 일찍 과감하였고 벼슬이 높게 올랐다. 인성이 후덕 겸손하였다. 여덟 자식에 손자 19명, 수는 96세에 이르렀다.

```
丙 庚 庚 丁
子 辰 戌 未

甲 乙 丙 丁 戊 己
辰 巳 午 未 申 酉
```

[옮김]

이 사주는 근원이 정화이다. 화가 토를 생하고 토는 금을 생한다. 목재성은 투출되지 않았다. 일주가 신왕하니 관을 용신해야 한다. 중년운이 도와주어 관리가 되었고 명리가 함께하기 시작했다. 사람이 강단 있고 결단력이 있었으며 남을 업신여기지 않았다. 목이 없어 화의 원신이 약한 것이 애석하다. 이로서 자식은 많았지만 자식들의 상함으로 많은 슬픔을 겪어야 했다.

```
庚 乙 戊 乙
辰 卯 寅 未

壬 癸 甲 乙 丙 丁
申 酉 戌 亥 子 丑
```

[옮김]

이 사주는 지지가 목국이 되어 곡직인수격(曲直仁壽格)이다. 재관
이 투출되어 있어 명리가 넉넉히 남아 돌 것 같은 사주지만 화가
없어 재성의 원신이 약하다. 동방 목국을 이루어 목이 왕하다. 하지
만 관성의 뿌리가 박하여 열심히 살았지만 나타난 명리는 참으로
보잘 것 없었다. 평생 재물에 욕심 두지 않고 교만이나 아첨할 줄
모르고 성현들의 가르침을 좇아 청빈하게 살면서 네 자식을 모두
성공시키고 94세에 세상을 마감했다.

```
庚 戊 甲 癸
申 戌 寅 丑

戊 己 庚 辛 壬 癸
申 酉 戌 亥 子 丑
```

[옮김]

무토 일주가 경신시에 태어나 식신이 유력하다. 관성이 왕하다.
인수가 없어 관성을 충분히 제할 수 있다. 아홉 명의 자식을 두었

는데 몇 명의 자식은 귀하게 되어 일품의 벼슬자리에 앉았다. 토금이 유정하였기 때문이었다. 사람의 인성이 욕심이 많고 미워하는 마음을 갖춘 것은 원국에서 관성을 화할 수 없기 때문이었다. 예의가 없는 것은 화가 없고 수가 득지한 때문이었다. 인목과 술토에 암장된 화는 극을 받아 기운이 소진되었다. 이로서 사람이 무례했다. 년간 계수가 정화였다면 인망과 덕이 있었을 것이다. 시지 신금의 힘으로 그런대로 부귀를 누렸다.

```
戊 己 庚 戊
辰 卯 申 辰

丙 乙 甲 癸 壬 辛
寅 丑 子 亥 戌 酉
```

[옮김]

이 사주는 토금 상관격이다. 진토와 신금에 암장된 수가 재성이라 비겁이 약탈할 수없다. 지지가 음습하여 하는 일에 괴이한 일이 많았다. 인성이 재물만을 중하게 여기고 인간관계를 소홀히 하니 중년이 지나도록 자식이 없었다. 수는 90을 넘었고 죽고 나서 많았던 재물도 모두 흩어졌다. 수명은 오복의 첫째이다. 부귀와 수를 누리면서 자식이 없는 것은 가난하면서 수를 누리고 자식이 없는 것보다 못하다. 종교에 재물을 바치는 행위는 공은 되지 않고 과실은 있다. 친족에게 재물을 나누어 주면 과실은 없고 공은 있다. 덕을 쌓으면 후손이 보답을 얻는다. 이것은 인간이 살아가는 세상의 모든 이치가 선을 베풀면 상서로움이 내려지기 때문이 아니겠는가?

[원문]

何知其人夭　氣濁神枯了
하지기인요 기탁신고료

[옮김]

단명한 사주를 어떻게 알 수 있는가?
기탁신고(氣濁神枯)하면 단명하다.

[원문 주]

기탁신고한 사주는 보기가 지극히 어렵다. 인수가 태왕하거나 재와 관성이 태왕한데 일주가 기댈 곳이 없거나 기신과 희신이 다투거나 용신이 절지에 앉거나 충거되거나 원국이 습하여 유통되지 않거나 조(燥)하여 답답하거나 정기가 설되거나 월과 시가 탈(脫)되면 수를 누리지 못한다.

[임철초 주]

기탁신고한 사주는 보기가 쉬우면서 어렵다. 탁이란 약(弱)의 의미다. 기탁은 일주가 실기하고 용신이 약한데 기신이 중하고 월, 시가 부조(不照)하고, 충이 좋은데 충이 없고, 합을 꺼리는데 합이 되고, 운이 돕지 않고 기신이 무리 짓는 사주는 수는 누리지만 자식은 없다. 신고는 신약한 일주에 인수가 지나치게 많거나, 신왕한데 극설이 없거나, 인수가 필요한데 재성이 극하거나, 인수가 없고 신약한데 식상이 중하거나, 금수가 한냉하고 화염토조하여 목이 마르면 요절하며 자식도 없다.

```
辛 丙 乙 乙
卯 辰 酉 丑

己 庚 辛 壬 癸 甲
卯 辰 巳 午 未 申
```

[옮김]

　이 사주는 일주를 생하는 인수가 셋 있고, 진유합으로 충이 사라지고, 수가 없어 종격의 사주 같다. 하지만 진축토가 화를 설하고 금을 생한다. 진토는 목의 여기지만 유금과 합하여 재가 되니 목은 뿌리를 의지할 수 없다. 진유합금되어 오히려 목이 상한다. 신약한 사주가 오화운에 유금을 억제하여 목을 보호하니 자식을 얻었다. 신사운은 금국되어 인수를 극하니 원기가 크게 상하고 재가 모였지만, 반드시 재는 반(反)하게 되니 부부가 죽었다.

```
戊 辛 戊 己
戌 亥 辰 丑

壬 癸 甲 乙 丙 丁
戌 亥 子 丑 寅 卯
```

[옮김]

　이 사주는 토가 중한데 어린 금을 매장하니 일주가 위태롭다. 원국에 목이 없어 소양(疎揚)의 이익을 득할 수 없다. 해수가 극절되니 암장된 목을 인출할 수 없다. 춘토(春土)는 약하므로 암장된 재성을 쓴다. 초년운이 목운이라 조상의 음덕이 있어 인운에 자식을 얻었지만 을축운에는 토가 통근하여 요절했다.

```
壬 甲 壬 壬
申 寅 寅 寅

戊 丁 丙 乙 甲 癸
申 未 午 巳 辰 卯
```

[옮김]

이 사주는 춘목이 녹을 거듭 만났다. 시지 신금은 목다(木多)하여 금결되니 화가 있어야 한다. 인중 병화가 천간의 세 임수로부터 극을 받아 신고(神枯)하여 생기가 없다. 병화운이 임수에 회극(回剋)되니 가업이 망하고 요절하고 자식도 없었다. 수목이 왕한데 토가 없으면 화운을 제일 꺼린다. 일신을 상해하지 않는다 해도 어려움이 심상치 않다. 이 사주를 속설로 논하면 신금을 써야한다. 병화가 금을 극하면 해가 되는데, 을사운은 아름다웠다.

```
癸 癸 辛 辛
丑 酉 丑 丑

乙 丙 丁 戊 己 庚
未 申 酉 戌 亥 子
```

[옮김]

일주가 계수인 이 사주는 습토가 중중하고 한금(寒金)또한 첩첩히 있다. 일주가 탁하다. 얼어 있어 음험함이 심하고 한습이 심해 생발의 여지가 없다. 기탁신고하여 한 가지 일도 이루지 못했다. 무술운에 수를 극하고 금을 생해 요절했다. 잘못된 이론에 따른다면 금수가 쌍청하고 지지에는 벗인 축토가 셋이나 있으며 양간(兩干)이 혼잡되지 않은데다 살인상생(殺印相生)의 아름다움을 이루고 있어 귀격이라 할 것이다. 앞의 사주는 춘목이 약한 금을 띄고 있어 큰 그릇을 이루어 명리가 있는 격이라 할 것이다. 요절(夭折)하는 사주를 알지 못하는 것은 모두 이와 같은 격이니 자세히 연구해야 한다.

40. 여 명 장 (女命章)

[원문]

論夫論子要安詳　氣靜平和婦道章
논부논자요안상 기정평화부도장
三奇二德虛好語　咸池驛馬半推詳
삼기이덕허호어 함지역마반추상

[옮김]

남편과 아들을 돌아 볼 때는 안정과 상서로움이 있어야 하고 기가 고요하며 평화스러우면 부인의 도(道)가 아름답다. 삼기(三奇)와 이덕(二德)은 그릇된 말이며 함지(咸池)와 역마는 반만 규명하면 된다.

[원문 주]

사주에 관성의 자리가 합당하면 남편이 귀하고 길할 것이다. 관성이 태왕하면 남편은 상관으로 보고, 관성이 태약하면 재성을 남편으로 본다. 비겁이 왕하고 관무하면 상관이 남편이고, 상관왕 재관무하면 인수가 남편이다. 관성이 많아 일주를 기만하면 인수가 있는 경우는 남편이 일주를 극하지 못한다. 인수가 많아 관성의 기를 설할 경우 재성이 쓸만하면 일주는 남편을 극하지 않는다. 남자의 사주에서 자식과 귀를 논하는 이치가 같다. 상관이 청현(淸顯)하면 자식이 귀(貴)하고 친(親)함이 있다. 상관이 태왕하면 인수를 자식 삼고, 상관이 태약하면 비겁을 자식 삼고, 인수왕 상관무하면 재성을 자식 삼고, 왕한 재성이 식상을 설하면 비겁을 자식으로 보니 관성만을 자식이라 보지마라. 또한 식상을 자식이라 고집할 필요도 없다. 안(安), 상(祥), 순(順), 정(靜)을 귀하게 보면 된다. 이덕(二德) 삼기(三奇)는 필요 없는 것이고, 함지 역마는 응험이 있다 해도 그 이치가 다른 것에 비해 더 나은 것이 없다.

[임철초 주]

여명(女命)은 부성(夫星)의 성쇠를 살펴보면 남편의 귀천을 알 수 있고 원국의 청탁을 보면 우둔한지 현명한지도 알 수 있다. 음사와 질투가 있는지는 원국의 생극제화와 유정과 무정을 떠나 생각할 수 없고, 정숙함과 단정함 역시 오행의 이치에서 찾아야 한다. 이덕 삼기는 터무니없는 말이며 함지 역마도 지어낸 말이다. 재성이 가볍고 비겁이 중하면 시부모에 불효한다. 관성이 약하고 일주가 왕하면 남편을 공경하지 않는다. 관성이 뚜렷하면 남편이 공경 받고 성공하며, 기가 고요하고 평화스러우면 부도(婦道)가 유순하다. 관성태왕 비겁이 없으면 인수가 남편이고, 비겁 있고 인수가 없으면 식상이 남편이다. 관성이 태약하고 상관이 있으면 재성이 남편이고, 재성이 없고 비겁이 왕하면 역시 식상이 남편이다. 비겁이 많고 인수나 관성이 없으면 식상이 남편이고, 인성이 많은데 관성과 상관이 없으면 재성이 남편 된다. 재성은 남편의 은성(恩星)이니 여명이 신왕하고 관이 없고 재성이 득국 득령하면 상격이다. 관성이 약하고 재성이 없거나 일주가 왕하고 상관이 중하면 반드시 극부한다. 관성약(弱) 재성무(無) 비겁이 왕하면 남편을 속인다. 관성약 재성무 일주왕(旺) 인수 중(重)하면 남편을 기만하고 극한다. 관성약 인수다(多) 재성무 하면 남편 극하고, 비겁왕 관성무 인수왕 재성 없으면 남편 극한다. 관성왕 인수약하면 남편 극하고, 비겁왕 관성무 상관유(有) 인수중 하면 남편 극한다. 식상다 관성약 인수유 재성 있으면 남편 극한다.

여명은 용신이 남편, 희신이 자식이 된다. 관성만이 남편이고 식상만이 자식이라 주장해서는 안된다. 일주왕 상관왕 인수무 재성유하면 자식 많고 귀하다. 일주왕 상관왕 재성무하면 자식 많고 강인하게 된다. 일주왕 상관약 인수유하면 재가 국을 이룰 때 자식·많고 부자가 된다. 일주왕 식상무 재성유 관성 없으면 자식 많고 능력 있다. 일주약 식상중 인수유 재성무하면 자식 있다. 일주약 식상약 재성무하면 자식 있다. 일주약 재성약 관인왕하면 자식 있다. 일주약 관성왕 재성무 인수유하면 자식 있다. 일주약 관성무 상관과 비겁유하면 자식 있다. 일주왕 인수유 재성무하면 자식 적고, 일주왕 비겁다 관성무 인수유하면 자식 적다. 일주왕 비겁다 관성무 인수유히면 자식 적다. 일주왕 인수중 재성무하면 자식 없다. 일주약 상관중 인수약이면 자식 없다. 일주약 재성중 인수유하면 자식 없다. 일주약 관성왕하면 자식 없다. 일주약 식상왕 인수무하면 자식 없다. 또한 자식이 없는 경우는 다음과 같다. 화염토조, 토금습, 수범목부(水泛木浮), 금한수냉, 인수중첩, 재관태왕, 식상충만한 경우 등이다. 이처럼 자식 없을 사람이 있게 되면 남편을 극하고 그렇지 않으면 요절한다. 사음의 경우는 원국을 자세히 연구해야 한다. 음천한 경우는 다음과 같다. 일주왕 관성약 재성무하여 일주가 관성을 대적할 수 있는 경우, 일주왕 관성약 재성무하여 일주가 관을 기만할 수 있는 경우, 일주왕 관성약 일주가 타신을 생조하여 관을 제거할 수 있는 경우, 일주왕 관성약 관성이 일주와 합화하는 경우, 일주왕 관성약하여 관성이 일주에 의지하는 경우, 일주약 재성무 식상유 인수유하여 일주가 주(主)가 되는 경우, 일주왕 재성무 관성약 식상중하여 관성이 의지할 곳이 없는 경우, 일주왕 관성약 일주가 재성과 합이 되는 경우, 일주약 상관중 인수가 약한 경우, 일주약 상관중 인수무 재성이 있는 경우, 식상이 당령하고 재관이 세를 잃은 경우, 관성유 재성무 비겁이 식상을 생하는 경우, 상관이 충만한 원국에 재성이 없는 경우, 재성이 충만하고 인수가 없는 경우, 비겁 충만하고 식상이 없는 경우, 인수 충만하고 재성이 없는 경우 등은 모두 음천한 여명이다. 여명에 상관이 중하면 좋지 않다. 중하면 음란하다. 상관이 많아 신약한데 인수가 있거나 신왕한데 재성이 있으면 총명하고 용모가 아름답고 정결하다. 여명을 살피는데는 관계되는 것이 많다. 경솔하게 사음하다고 해서는 안 된다. 한가지 이치만으로 명을 논해서는 안 된다.

```
丁 壬 甲 戊
未 寅 寅 申

戊 己 庚 辛 壬 癸
申 酉 戌 亥 子 丑
```

[옮김]

이 사주는 임수 일주가 인월에 생하였다. 관성은 허하고 목은 왕하다. 살을 억제함이 지나치다. 인신충으로 목이 극되지 않는다. 목이 왕하면 금이 결(缺)되기 때문이다. 금이 결되어 관성이 의지할 곳이 없다. 일주는 수의 본성대로 흐르다가 시간 재성이 세가 있어 재성을 따라가니 남편을 극하고 자식도 버리고 다른 남자를 따라갔다.

```
丁 甲 乙 丁
卯 午 巳 未
辛 庚 己 戊 丁 丙
亥 戌 酉 申 未 午
```

[옮김]

이 사주는 일주가 4월에 태어났다. 지지가 화국을 이루고 년, 시간에 투출한 정화가 세가 강하여 설기가 지나치다. 원국에 수가 없어 비겁을 쓴다. 초년운이 화운으로 흘러 일찍 남편과 사별했다. 총명함에 자태까지 미모였지만 인성이 방정맞아 수절하지 못했다. 무신운에 목화와 전국이 일어나니 고생이 막심했다.

```
戊 丙 己 戊
戌 辰 未 戌
癸 甲 乙 丙 丁 戊
丑 寅 卯 辰 巳 午
```

[옮김]

이 사주는 상관이 너무 많고 목이 없다. 인수가 없어 격은 순수하다. 용모가 아름답고 총명했다. 토가 지나치게 조하며 금이 없다. 부성(夫星) 신금(辛金)이 술 안에 있어 음란함이 지나쳤다. 남편이 흉사하고 다른 남자를 만났지만 몇 달 만에 또 극했다. 을묘운에 스스로 자결했다.

```
丙 戊 乙 戊
辰 戌 丑 午

己 庚 辛 壬 癸 甲
未 申 酉 戌 亥 子
```

[옮김]

　무토 일주 축월에 태어났다. 토는 왕하지만 목은 시들었다. 월령 축토는 금의 고지이다. 신금(辛金)이 암장되어 있지만 뿌리를 의탁할 수 없다. 진술충이 또 되니 암장된 관이 제거된다. 그런 중에 인수가 일주를 생하니 일주는 남편을 기만하고 마음 밖에 있다. 서방 중년운에 음천함이 극에 달했다.

```
庚 丁 丙 己
戌 亥 寅 亥

壬 辛 庚 己 戊 丁
申 未 午 巳 辰 卯
```

[옮김]

　이 사주는 일주가 인월에 생하여 목이 당권하였다. 화가 왕하게 되어 해수 관성을 남편으로 본다. 년지 해수는 인해목 되고 일지 해수는 경금이 격절되어 생부 받지 못하고 술토의 극을 받고 있어 일주의 정은 경금을 바라보게 되니 음천함이 말할 수 없었다.

```
丁 庚 癸 丁
亥 子 丑 未

己 戊 丁 丙 乙 甲
未 午 巳 辰 卯 寅
```

[옮김]

이 사주는 경금 일주가 축월에 태어나 한금이니 화를 기뻐한다.
지지가 해자축 수국이 되어 수를 꺼린다. 계수가 정화를 극하고 또
축미충이 되니 미중의 정화가 제거된다. 원국에 목이 없다. 생화의
유정함이 없다. 시간 정화의 뿌리가 없으니 일주를 다스리기 어렵
다. 이로서 일주는 정화에 기대하지 않는다. 음란기 있는 여자임을
알 수 있다.

```
乙 庚 癸 丁
酉 子 丑 丑

己 戊 丁 丙 乙 甲
未 午 巳 辰 卯 寅
```

[옮김]

12월에 태어난 경금 일주가 차가운 금이라 화를 기뻐한다. 유금
양인을 시지에 두었고 축토가 당권하여 화로 차가운 기운을 대적해
야 한다. 계수가 자수에 근하여 정화를 극하고 있으니 관을 속이는

것이고, 일주는 을목과의 합을 기뻐하니 마음은 재를 보고 있다. 남
편을 배반하고 음기를 감당하기 어려운 여자였다.

丙辛壬丁
申巳子丑

戊丁丙乙甲癸
午巳辰卯寅丑

[옮김]

이 사주는 일주가 자월에 태어났다. 월간 임수가 정임합화하니
살이 합거되었다. 병화 관성은 일지 사화가 녹지이다. 이름있는 가
문 출신의 여자로 그 미모가 얼마나 뛰어났던지 양귀비에 비길만하
다고 말하였다. 어린아이 때부터 용모가 뛰어났고 소녀 때는 아름다
움이 그림속의 사람 같았다. 18세에 선비의 아내가 되었다. 남편은
본래 온화한 인품에 학문을 좋아했는데 아내의 미모에 빠져 헤어나
지 못하고 학업을 전폐하고 과색으로 약해져 죽었다. 남편이 죽고
난 후 색욕을 이기지 못하여 일신을 망치고 이름이 더럽혀지고 의
지할 곳이 없게 되자 자살하였다. 이 사주는 합이 너무 많다. 병신
합은 관이 상관으로 화해 관의 역할을 잊게 되었고 사신합도 상관
으로 변하고 정임합은 재성으로 화하니 마음은 벌써 병화 관성을
떠난 상태였다. 오직 정임으로 정이 기울었다. 원국의 간지가 모두
합이 되었다. 가는 곳마다 만나는 남자마다 모두 마음에 들었다.

```
戊 癸 戊 戊
午 酉 午 子

壬 癸 甲 乙 丙 丁
子 丑 寅 卯 辰 巳
```

[옮김]

　계수 일주가 오월 오시에 태어나 재관이 왕하다. 인수가 일지에
있고 록이 년지에 있어 중화(中和)를 이룬 것 같기도 하다. 하지만
세 개의 무토 관성이 투간되어 일주와 쟁합하려 하니 일주는 어느
쪽에 마음을 줘야할지 모른다. 두 오화가 일지를 극하고 있어 어느
쪽이 더 강한지 분별하기 어렵다. 일주의 정은 재성의 세에 쫓아가
게 된다. 년간의 관성은 재의 세력이 없어 힘이 월, 시간의 두 관성
에 대적할 수 없다. 이 사주는 남편을 배반하고 불륜에 빠진 사주
다. 을묘운에 화를 생하여 왕해지니, 월, 시의 두 무토는 생부를 받
았으나 년간 무토는 화하지 못하여 극을 받으니 남편은 병들어 죽
었다.

丙	乙	辛	乙
戌	亥	巳	未

丁	丙	乙	甲	癸	壬
亥	戌	酉	申	未	午

[옮김]

이 사주는 사화 상관이 당령하였다. 해수 인수가 사화를 충하여 상관을 억제해 주니 기쁘다. 이로서 신금의 극함에서도 보호된다. 독살(獨殺)이 홀로 청하게 되니 미모가 뛰어났고 재주도 많아 서화에도 정통하였다. 시지 술토가 해수를 극하는 것은 좋지 않다. 강력한 힘을 받고 있는 시간 병화가 신금을 상해하니 부자(夫子)의 궁이 불리하게 되었다. 인성 또한 좋지 않아 남을 비난하기 좋아하고 못된 술책을 부리기도 했다.

乙	癸	戊	丁
卯	丑	申	巳

甲	癸	壬	辛	庚	己
寅	丑	子	亥	戌	酉

[옮김]

이 사주는 인수가 당령했고 식신과 관성은 록을 두고 있다. 재는 관을 생하느라 인수를 극하지 않는다. 인수가 일주를 돕고 득지한 식신이 일기상생(一氣相生)을 이뤄 오행이 고르게 분포되어 안상순수(安祥純粹)하여 남편과 자식이 귀하게 되어 양 대에 걸쳐 높은 벼슬에 봉해졌다.

```
丙 甲 癸 己
寅 辰 酉 亥

己 戊 丁 丙 乙 甲
卯 寅 丑 子 亥 戌
```

[옮김]

일주가 태어난 8월은 관성에 해당한다. 일지 진토 재성이 월지를 생하고 있다. 일주가 인시에 태어나 년의 해수와 인목이 일주의 장생과 녹이 되고 있다. 천간에 투출한 계수와 병화가 극을 받지 않고 생화하는 정이 있다. 재성이 득지하여 생화유정함이 순수하니 남편과 자식 모두 귀하게 되어 일품의 벼슬에 올랐다.

```
甲 丁 壬 辛
辰 巳 辰 酉

戊 丁 丙 乙 甲 癸
戌 酉 申 未 午 巳
```

[옮김]

정화 일주가 진토 상관월에 태어났다. 왕한 상관이 유금과 합되어 금이 되니 관성의 원신이 더욱 후해졌다. 사화가 금국이 되고 있다. 진토가 금을 또 생하니 재의 원신이 더욱 확고하다. 인수가 시간에 투출하여 일주를 돕고 진토 상관을 억제한다. 이로서 목이 마르지 않고 화가 맹렬하지 않고 수가 고갈되지 않고 금이 결되지 않아 기가 정(靜)하고 화평하다. 남편과 자식이 이대에 걸쳐 부귀했다.

```
甲 壬 癸 己
辰 辰 酉 巳

己 戊 丁 丙 乙 甲
卯 寅 丑 子 亥 戌
```

[옮김]

인수가 당권하고 일주가 통원(通源)한 사주다. 왕한 관성을 제하거나 화하거나 합함이 좋다. 갑목이 투출하여 살을 억제하고 있다. 그 기가 수려하고 충만해 인품이 단정하고 시와 서예에 능통했다.

대운에 화운이 없어 기쁘다. 이로서 관을 돕지 않고 인수도 상하지 않아 남편이 귀하게 되고 자식들의 능력도 뛰어났고 모두 높은 벼슬을 하였다.

```
癸 乙 壬 庚
未 亥 午 辰
丙 丁 戊 己 庚 辛
子 丑 寅 卯 辰 巳
```

[옮김]

을목 일주가 오(午)월 여름에 생하였다. 화기가 맹렬하여 금이 유약하다. 임계수가 통근해 화를 억제하고 있다. 진토 또한 화를 설하며 금을 생하니 화토가 조열하지 않게 되었다. 이로서 수와 목이 메마르지 않고 접속상생 하게 되어 청하고 순수하게 되었다. 재능이 뛰어난 여자의 사주로 세 아들을 두었다. 두 아들은 등과하고 한 아들은 발갑하였다. 남편의 벼슬은 낭중(郎中)이었고, 아들의 벼슬은 어사였다.

```
壬 乙 戊 庚
午 酉 寅 辰

壬 癸 甲 乙 丙 丁
申 酉 戌 亥 子 丑
```

[옮김]

　이른 봄에 태어난 을목 일주라 목은 어리고 견고한 금을 두려워
하고 있다. 오시가 살을 억제하니 여간 기쁘지 않다. 일주는 보호받
는다. 한목(寒木)이라 양(陽)을 향하고 관인이 모두 청하다. 재성이
관성을 생하여 인수가 무너지지 않는다. 사주가 순수하고 안화(安
和)하다. 남편의 벼슬은 이품(二品)이고 다섯 아들에 23손을 두었
다. 일생 병 없이 부부해로 하였고 8순이 넘도록 장수했다. 그 후손
들도 모두 귀하게 되었다. (이상의 사주는 모두 관성이 남편이었다.)

```
甲 丁 癸 丙
辰 丑 巳 辰

丁 戊 己 庚 辛 壬
亥 子 丑 寅 卯 辰
```

[옮김]

　정화 일주 사월에 태어났다. 부성(夫星)계수가 청하게 투출해 있
다. 인수인 갑목이 청하게 시간에 투출해 품성이 단정하고 정결했

다. 안타깝게 병화가 상관을 생하니 부부가 이별했다. 그래도 기쁜
것은 사축금국되어 재성을 득용하며 신왕하여 재성을 자식 삼는다.
두 자식을 두었고 잘 가르쳐 두 자식이 모두 아주 귀하게 되었다.

```
戊 癸 辛 丙
午 酉 卯 寅

乙 丙 丁 戊 己 庚
酉 戌 亥 子 丑 寅
```

[옮김]

　계수 일주가 묘월에 생하여 수가 설기되는 시기이다. 원국의 재
관이 왕하여 일주 신약하다. 인수가 남편이다. 품행이 단정했고 근
검하고 베틀에 앉아 일했다. 축토운에 금국이 되며 화를 설하니 두
아들을 낳았고 무자운에 오화가 충거되며 유금이 보호되니 남편이
등과 발갑하였다. 이 사주의 병은 왕한 재성에 있다. 병신합수되고
지지에서는 오화가 유금을 극하고 당권한 인묘목이 화를 생하고 있
다. 정해운에 인해목변하여 왕신을 돕고 정화가 신금을 극해 불록했다.

```
癸 丙 辛 辛
巳 子 卯 丑

丁 丙 乙 甲 癸 壬
酉 申 未 午 巳 辰
```

[옮김]

　병화 일주가 묘월에 생하여 중화(中和)의 상을 얻었다. 재성이
년, 월간에 투출하고 지지는 사축합 되어 왕한 재성이 관을 생하고
관은 일지에 근하고 있다. 인수로 남편 삼는다. 진신 득용이니 천성
이 근검하고 베를 짜서 남편의 공부를 돕고 정성으로 음식을 만들
어 시부모를 모시니 집안이 화평했다. 갑오운에 남편이 연이어 갑방
에 오르고 오품(五品)벼슬에 올랐다. 유금운에 금국되어 인수를 극
하니 불록되었다.

丙 丙 癸 丁
申 辰 卯 酉

己 戊 丁 丙 乙 甲
酉 申 未 午 巳 辰

[옮김]

　병화 일주가 묘월에 태어나고 인수가 당권하고 비겁이 투출해 있어 신왕한 일주처럼 보인다. 그러나 묘유충 되고 투간 된 관성이 정화를 충하고 있다. 이로서 목화가 상하고 금수가 세력이 있음을 알 수 있다. 일주는 오직 비견에 의지해야 하는데 이마저 신금위에 앉아 있어 스스로도 벅차다. 신금은 일주의 병지다. 다행한 것은 진토 중에 목의 기운이 남아 있다. 미약한 싹이지만 계절이 봄철이라 쓸 수 있다. 인수로 남편을 삼는다. 사람됨이 단정하며 정숙하고 시경(詩經)과 상서(尙書)의 이치에 정통하였다. 병오운에 남편이 등과하고 두 아들을 낳았고 사품(四品)벼슬에 올랐다. 40이 넘어 무신운에 금을 생하여 아깝게도 불록되었다.

```
己 戊 庚 癸
未 午 申 丑

丙 乙 甲 癸 壬 辛
寅 丑 子 亥 戌 酉
```

[옮김]

무토 일주가 가을에 태어났다. 비겁이 많고 인수까지 있어 월령 신금이 남편이 된다. 계수가 습하게 토를 적셔 금을 자양(滋養)해 수기유행(秀氣流行)하고 있다. 단정한 인품에 대의(大義)를 알고, 가난한 생활 속에서도 남편을 공경하고 시부모에 효도했다. 계해운에 남편이 향시에 합격하고 진사를 거쳐 높은 벼슬에 올랐다. 남편이 귀하게 되었다. 하지만 결코 도도하게 행동하지 않았다. 집안에서도 서민처럼 살았다. 네 아들을 두었고 모두 용모가 아름답고 제주가 뛰어났다. 병화운에 식신을 탈(奪)하니 불록했다.

```
己 戊 庚 癸
未 戌 申 未

丙 乙 甲 癸 壬 辛
寅 丑 子 亥 戌 酉
```

[옮김]

　이 사주와 앞의 사주는 술미(戌未) 두 자만 바뀌었고 나머지는
같다. 축미는 토이고 오화가 술토로 바뀌었다. 금을 쓰고 화는 제거
함이 마땅하다. 이 사주가 앞의 사주보다 못한 것처럼 보이는 건
무엇 때문일까? 습토인 축은 화를 설하고 수를 축장하고 금을 생한
다. 미토는 화를 돕고 수를 말리고 금을 무르게 한다. 술토는 조열
한 토이지만 다행히 추금을 용사(用事)하여 귀하게 되었다. 빈한한
출신이지만 사람이 단정 근검하고 성실했다. 두 아들을 두었으며 남
편의 벼슬이 아주 높았다.

```
壬 戊 辛 己
戌 辰 未 酉

丁 丙 乙 甲 癸 壬
丑 子 亥 戌 酉 申
```

[옮김]

　무토 일주가 미월에 생하였고 목이 없어 귀한 사주가 되었다. 일
주가 여름의 여기에 흥성하여 금을 만나 토수(吐秀)하고 있다. 시와
서예 등에 통달하였다. 유금운에 남편이 등과하고 자식도 낳았다.
갑술운에 정화가 투출하니 안채에 어떤 원한이 들어 집안이 쇠퇴하
게 되었지만 젊은 나이에 수절하고 자식을 가르쳐 명예를 회복했다.
임자운에 자식이 등과하고 고관 벼슬에 봉하여졌다. 인목운에 수를
마쳤다.

```
甲 癸 壬 丁
寅 丑 子 亥

戊 丁 丙 乙 甲 癸
午 巳 辰 卯 寅 丑
```

[옮김]

　계수 일주가 자월에 태어나 지지에 수국을 이루고 월간에 겁재가
투출해 있다. 수가 범람하는 형국이다. 년간 정화는 수세에 밀려 뿌
리 두지 못하고 있어 괴롭지만 시지 인목이 수를 설하고 있는 것이

기쁘다. 시간의 갑목 부성이 녹지에 앉아 있어 사람이 총명하고 용모가 미모이며 정숙했다. 운이 계속 목화운으로 흐르니 남편에게 영광이 계속 이어졌고 자식의 전도도 밝았으며 부귀가 넘쳐났다.

```
丁 乙 丙 乙
亥 卯 戌 卯

壬 辛 庚 己 戊 丁
辰 卯 寅 丑 子 亥
```

[옮김]

을목 일주가 가을에 태어났다. 두 개의 녹지와 하나의 장생지가 있어 신왕함을 알 수 있다. 병정화 식상이 투간되어 상처 없이 목을 설하고 토를 생하고 있다. 부성은 재성으로 한다. 사람이 단정하고 청순했다. 남편은 향방 벼슬을 거쳐 금당(琴堂)벼슬에 오르고 세아들을 두었다. 인수운에 수를 마쳤다.

辛 丁 甲 戊
丑 未 寅 寅

戊 己 庚 辛 壬 癸
申 酉 戌 亥 子 丑

[옮김]

　정화가 봄에 태어났고 인수가 왕하다. 시지 축토를 기뻐해야 하
는 사주인데 축미충이 되면서 미중 비겁과 인수를 충거해 주고 있
다. 신금을 남편으로 삼고 축토는 자식으로 삼는다. 안타깝게 초년
운이 수운이어서 목을 생하면서 금을 설하니 출신이 가난했다. 다행
히 이어진 경술운에서부터 30년 동안은 토금운이 되니 남편이 재물
을 넉넉히 모으고 세 아들이 모두 귀하게 되었다. 인수를 버리고
재를 취해 남편을 만나고 후사도 발한 사주다.

癸 辛 己 壬
巳 丑 酉 辰

癸 甲 乙 丙 丁 戊
卯 辰 巳 午 未 申

[옮김]

　신금 일주 중추에 태어났다. 지지에 사유축 금국을 이루고 있다.
원국에 목이 없고 화가 금을 완성하였다. 관을 써야할 이유가 없다.

년, 시간에 투출한 임계수가 정영(精英)함을 설하고 있어 기뻐한다. 사람이 총명 단정하고 근면하면서 시경과 예(禮)에 능통하였다. 안타깝게 19세에 정미운을 만나 남방 화가 왕하여 토를 생하고 수를 증발시켰다. 경술운에 지지가 수를 극해 자식도 없이 요절하였다.

```
己 乙 丙 甲
卯 卯 寅 午

庚 辛 壬 癸 甲 乙
申 酉 戌 亥 子 丑
```

[옮김]

을목 일주가 인월 묘시에 생하여 신왕하다. 월간에 병화가 투간하여 통명(通明)한 상을 이루고 있다. 금수가 없어 순수하게 청하며 혼잡되어 있지 않다. 단정한 사람으로 병화를 부(夫)로 삼는다. 하지만 애석하게도 초운이 북방 수운으로 가고 있다. 수명이 짧은 사주다. 세 아들을 두었지만 그 중 하나만 남았다. 인수운에 병화를 극해 모든 일이 허사가 되었다. 이 사주가 남자의 사주였다면 명리가 있었을 것이다.

```
己 乙 壬 丁
卯 卯 寅 未

戊 丁 丙 乙 甲 癸
申 未 午 巳 辰 卯
```

[옮김]

　을목 일주 목이 무성해 왕함이 극에 달했다. 기토가 무근하여 정화가 부가 된다. 년, 시간의 정임이 합되는 것은 수를 제거함은 좋으나 목으로 화됨은 마땅치 않다. 빈한한 가문 출신이다. 초년이 지나 대운이 남방 화운으로 흐르자 남편을 잘 도와 집안이 일어났고 자식도 여럿 두었다. 수명은 신금운에 끝이 났다. 임수가 생지를 만났기 때문이다. 이 사주는 전조보다 운이 좋게 흘러 보람 있는 삶을 살았다. 명 좋은 것이 운 좋은 것만 못한 것이 남녀 명 모두 같다.

41. 소 아 (小 兒)

[원문]

論財論殺論精神　四柱和平易養成
논재논살논정신　사주화평이양성
氣勢攸長無斬喪　殺關雖有不傷身
기세유장무착상　살관수유불상신

[옮김]

　재와 살과 정신을 논해야 하지만 사주가 화평해야 기르기 쉽고, 기세가 유장하고 착상(斬喪)함이 없다면 살과 유관함이 있어도 일신이 상하지 않는다.

[원문 주]

　재성이 칠살과 한 통 속을 이루지 않고 정신을 충분히 차릴 수 있게 일주가 왕하고, 간지가 안돈(安頓) 화평하고 기세가 있는지 잘 보아야 한다. 기세가 일주에 있어 왕하거나, 재관에 기세가 있어도 일주를 배반하지 않거나, 동남에 기세가 있는데 5, 7세 전에 서북으로 행하지 않거나, 서북에 기세가 있으면 5, 7세 전에 동남으로 행하지 않거나, 대운이 착상(斬喪)을 만나지 않아야 기세가 유장(攸長)해서 비록 살과 관련이 있다 해도 몸이 상하지 않는다.

[임철초 주]

　아이의 명도 근원이 깊은지 얕은지를 살펴보아야 한다. 아이의 명을 볼 때마다 청귀(淸貴)하면 기르기 어렵고 혼탁하면 기르기 쉬운 것을 알게 된다. 가문의 운명에 아이의 명이 관련이 있다 해도 그렇다. 아이의 명은 과수나무에서 싹이 처음 움트는 것과 같다. 출생한 후에도 지나치게 소중하게 생각하거나 음식을 가려 먹이지 않거나 아이의 방이 한난상태가 고르지 못하면 질병이 많게 되니 잘 살펴야 한다. 아이가 출생이 가까워지면 부모의 방사행위는 금하는 것이 좋다. 그렇지 않으면 태중의 태아가 해로움을 당하게 된다. 더욱이 적악지가(積惡之家)의 집안이면 경사스러운 일이 적은 법이니 비록 소아의 사주가 순수하다 해도 양육하기 어려울 수 있다. 또 묘지를 함부로 옮기거나 손괴시키면 그로인해 아이가 요절하는 수가 있다. 이런 것들이 모두 아이의 명을 보기 어렵게 한다. 이런 단서들 말고도 명을 논할 때는 반드시 사주가 화평하고 편고하지 않고 기가 생시를 관(貫)하고 살왕하면 인수가 있고, 인수가 약하면 관이 있고, 관이 약하면 재가 있고, 재가 약하면 식상이 있어야 생화유정하여 기르기 쉬운 것이다. 또한 일주의 용신이 뚜렷하고 처음과 끝이 서로 의지하고 통하며 운도가 안상(安祥)하면 자연스럽게 성인으로 성장할 수 있으나 이와 반대면 양육하기가 쉽지 않다. 아이의 명(命)에도 관련된 살이 많으나 모두 헛된 것들이니 조심해야 한다.

```
        丁 丙 癸 辛
        酉 子 巳 丑

        丁 戊 己 庚 辛 壬
        亥 子 丑 寅 卯 辰
```

[옮김]

병화 일주가 4월에 생하여 월령이 녹지다. 원국에 목의 생조가 없고 재관이 투출해 있다. 유금과 자수를 보게 됨은 무정하다. 금국을 이룬 것 역시 같다. 사화가 녹지이지만 일지가 아니고 월지에 있다. 정화 겁재가 돕지만 계수가 있어 재다신약이다. 관성 또한 왕하다. 일주의 허약함이 지나치다. 초년에 임수운을 만나고 신해년에 임계수가 병정화를 극하고 해수 또한 사화를 충해 병들어 사망했다.

```
        辛 丙 己 癸
        卯 寅 未 丑

        癸 甲 乙 丙 丁 戊
        丑 寅 卯 辰 巳 午
```

[옮김]

전조는 요절한 이유가 재관이 태왕한 탓이었다. 이 사주는 일지에 장생이 있고 하절기에 태어나 용신은 재관이고 희신은 상관이다. 생화유정한 것처럼 보인다. 하지만 재성이 절지에 앉아 있고 관성이 휴수기에 투간되어 있어 후(厚)하지 않다. 미월에 생한 계수이며 기토가 당권해 있으며 축미충 되어 금수의 근원이 제거되고 있다. 또한 절지에 있는 신금이 수를 생할 수 없다. 기토도 떨어져 있어 금을 생하지 못한다. 대운마저 목화로 흐르니 조상의 유업을 지킬 수 없는 사람이다.

```
己 丙 壬 庚
亥 寅 午 戌

戊 丁 丙 乙 甲 癸
子 亥 戌 酉 申 未
```

[옮김]

병화 일주가 신왕하여 관성이 필요한데 관성의 뿌리가 약하다. 다행히 재성이 약살을 생하니 명리가 쌍전해야 하는데, 지지가 화국이고 인해목되어 화를 생하니 무정하게 되었다. 정사년에 해수를 충하여 임수의 녹지가 제거되고 정화가 임수를 합거하여 열병으로 죽었다.

```
戊 壬 戊 壬
申 申 申 申

甲 癸 壬 辛 庚 己
寅 丑 子 亥 戌 酉
```

[옮김]

　임수 일주가 가을에 태어났다. 특이하게 지지가 모두 장생지이다. 천간에는 두 개의 무토와 두 개의 임수가 있다. 언뜻 보면 지지가 하나의 기로 되어있고, 천간도 혼잡되지 않고 살인상생하니 귀격같이 보이지만 금이 많으면 수탁하고 모다(母多)하면 자식이 병든다. 원국에서 금이 극을 받지 않으면 수를 생할 수 없다. 대단히 사주가 편고하여 기르기 힘든 사주다. 명리를 대단히 갖기 어려운 사주다. 3세인 갑술년에 사망했다.

```
戊 壬 甲 壬
申 申 辰 申

庚 己 戊 丁 丙 乙
戌 酉 申 未 午 巳
```

[옮김]

　임수 일주가 봄의 끝 달에 태어났다. 장생지 신금을 지지에 셋이나 두고 있고 갑목 식신이 제살하니 귀격같이 보인다. 목절의 토는

기가 허약하다. 진토는 제함을 받고 무토도 극을 받고 있다. 원국에
는 화가 없어 생함의 묘가 없으며 모다(母多)하여 자식은 병들고 있
다. 편고한 상이다. 기르기 어려운 사주로 후일 죽었다.

```
壬 丁 壬 癸
寅 亥 戌 丑

丙 丁 戊 己 庚 辛
辰 巳 午 未 申 酉
```

[옮김]

이 사주는 정화 일주가 늦가을에 태어났다. 중첩되어 있는 관살
로 인해 양육하기 어렵다고 볼 수도 있겠지만 묘한 것이 일주가 태
어난 달이 술월이라 고(庫)에 근하고 있다. 수를 충분히 억제할 수
있다. 더욱 금이 없어 상관이 상하지 않고 납수할 수 있다. 양육이
어렵지 않은 사주다. 관과 살을 분리해서 어떤 것은 미워하고 어떤
것은 기뻐해서는 안 된다. 일주가 신약하면 관도 살이 되는 것이고,
신왕 일주에는 살도 관이 되기 때문이다. 재가 있고 인수가 있으면
아름다운 명이 된다. 정화는 인목에서 사(死)가 된다고들 말하는데
이는 맞지 않는다. 인중의 갑목이 정화의 적모(嫡母)인데 사가 될
수 없다. 음간이 생지에서 사가 되고 사지(死地)에서 생이 된다는
말은 그릇된 이론이다. 이 사주는 어린 시절 아프지 않고 총명함이
뛰어났다. 갑술년에 학교에 들어가고 운이 화토로 행하자 살을 제하
고 일주를 돕게 되어 길함이 넘쳐났다.

己丁甲壬
酉酉辰戌

庚己戊丁丙乙
戌酉申未午巳

[옮김]

　이 사주는 지지에 토금이 거듭되어 있는 것이 안타깝다. 천간의 수목이 뿌리를 내릴 수 없어 일주에 도움을 주기에는 턱없이 부족하다. 갑목이 진월에 생하면 퇴기하는 목이 된다. 진유가 합금되면 목의 여기는 절되며 술토가 있어 금이 생수할 수 없다. 술토는 인수를 극하여 수가 목을 생할 수 없다. 유금이 정화의 장생지라 하는데 이는 오행이 전도(顚倒)되는 것이다. 유(酉)중의 신금은 순수하여 타기(他氣)가 섞여있지 않아 금은 수를 생하지 화를 생하는 것은 이치에 맞지 않는다. 유금은 화의 병지가 된다. 시간 기토가 일주를 설하여 금을 생하니 수, 목, 화가 모두 허하다. 양육하기 어려운 사주로 계유년에 사망했다. 소아의 명을 보는 것은 쉽지 않다.

42. 재 덕 (才 德)

[원문]

德勝才者　局合君子之風
덕승재자 국합군자지풍
才勝德者　用顯多能之象
재승덕자 용현다능지상

[옮김]

　덕(德)이 재(才)를 이기는 것은 군자의 풍(風)에 부합되는 것이고,
재가 덕을 이기는 것은 용신이 다능(多能)한 것으로 나타난다.

[원문 주]

　일주가 평화롭게 부합하는 것은 정신(正神)이다. 정기(正氣)가 쓰
여진다면 다른 문제가 일어나지 않고 농담이 진담이 되지도 않는다.
군자의 기풍이 나타나기 위해서는 재관이 희신이 되어야 하며 그러
면 평생을 만족하게 된다. 사사로운 일에 마음 두지 않고 너그럽고
일을 처리함이 올바르다. 재가 약한데도 재를 탐하거나 관이 약한데
의지를 이루고자하면 해를 입게 된다. 일주 신약하고 다른 육신은
강하고 한신과 합을 다투고 용신이 3, 4개 되면 요행을 바라게 되
고 다능하다하지만 바람직한 상은 아니다. 안에는 양이 있고 밖에는
음이 있어 격렬하거나 거만하지 않으면 덕이 재주를 이긴 것이다.
병인, 무진 월일이 기묘, 계묘 년시에 태어난 자가 이에 해당한다.
양이 밖에 있고 음이 안에 있어 따르며 이(利)를 탐하는 것은 재주
가 덕을 이긴 것이다. 기묘, 기사 월일이 병인, 무인 년시에 태어난

자가 해당된다.

[임철초 주]

선, 악, 사, 정(善, 惡, 邪, 正)은 오행의 이치에서 벗어나지 않는다. 군자와 소인은 사주의 정(情)에서 떠나지 않는다. 양기는 뻗어나는 기상이 있어 광형(光亨)의 의를 볼 수 있고 음기는 거두어들이는 이치가 있어 그 뜻이 깊다. 사주가 순수하고 화평하며 격국이 청하고 쟁투하지 않으면 정신(正神)이다. 관이 필요할 때 재가 관을 생하고 재를 기뻐할 때 관이 비겁을 억제하고 인수를 기피할 때 재가 있고 인수를 기뻐할 때 관이 인수를 생하며 양이 넉넉하고 음이 약하면 양이 당권하고 기뻐하는 것이 양이면 교만하지도 아첨도 하지 않으니 군자의 모습이다. 이와 달리 기가 치우쳐 혼잡스럽고 약한 것을 외면하고 강한 것을 찾으며 쟁합이 많고 정기를 합거한 것은 모두 사신(邪神)이다. 관을 기뻐하는데 겁지에 앉거나 재를 기뻐하는데 인수에 앉거나 음은 성하고 양은 쇠한데 음기가 당권하거나 쓰이는 바가 모두 음기라면 재의 세력에 편승하며 다능(多能)한 상이다. 그러나 기세가 화평하며 용신이 분명하면 반드시 정당하게 능력이 발휘된다.

```
┌─────────────────────────┐
│      丁 庚 戊 癸          │
│      丑 寅 午 酉          │
│                          │
│    壬 癸 甲 乙 丙 丁      │
│    子 丑 寅 卯 辰 巳      │
└─────────────────────────┘
```

[옮김]

경금 일주가 여름에 태어났다. 정관이 녹을 얻었고 유축에 통근
하여 중화를 이룬 상이다. 인오 재관이 합이 되어 인수가 극되지
않는다. 관이 인수를 생하니 생화에 빈틈이 없다. 무계합으로 음탁
한 기가 합거되어 품행이 단정하고 윗분의 가르침을 따르고 일찍
반수(泮水)에 들고 아이들을 가르쳤다. 정유년에 등과하고 지현 벼
슬에 임명되었지만 부임하지 않고 가르침에 만족하고 마음을 여유
롭게 지냈다. 그는 말하기를 '공을 이루면 이름은 따라서 알려지는
것이며 재물 모으기에 재능이 없는 내가 교직에서 의식을 걱정하지
않으며 자유롭게 사는 것을 만족하게 여긴다.'라고 말했다.

```
甲 己 庚 丙
戌 亥 子 寅

丙 乙 甲 癸 壬 辛
午 巳 辰 卯 寅 丑
```

[옮김]

기토 일주가 겨울에 생하고 기후가 한냉하여 목이 시들고 금이
또 목을 극하고 있다. 혼탁한 원국처럼 보인다. 그런데 묘하게 병화
가 투출하여 한기를 녹여주며 경금을 억제해 목이 살아나게 돕는다.
또한 술토는 수를 억제해 범람을 막고 목을 배양하자 일주의 근원
이 확고해 졌다. 갑기합은 중화의 합이여서 모습이 단정하고 군자의
기풍이 있다. 아쉬운 것은 수세가 태왕하여 공명이 크지 않다는 것
이다.

```
甲 己 辛 丙
子 卯 丑 戌

丁 丙 乙 甲 癸 壬
未 午 巳 辰 卯 寅
```

[옮김]

이 사주는 일주가 겨울에 생하였다. 금, 수, 토 모두 한냉한 기운

에 젖어 있고 목은 메마르다. 하지만 병화가 있어 해동해 주니 유정한 사주처럼 보인다. 그러나 그렇지 못했다. 병신합수 되어 양이 음으로 되니 한냉한 기운이 더 심해졌다. 양정(陽正)함이 음사(陰邪)하게 되었다. 이로서 사람이 만족할 줄 모르고 탐욕이 늘었고, 간교한 술책을 꾸며내고, 권세 앞에 아첨하고, 부당한 재물도 마다하지 않는 사람이 되었다. 재주가 많은 사람이다.

43. 분 울 (奮 鬱)

[원문]

局中顯奮發之機者　神舒意暢
국중현분발지기자 신서의창
象內多沈埋之氣者　心鬱志灰
상내다침매지기자 심울지회

[옮김]

원국에 분발하는 기미가 있으면 신의(神意)가 따라주고 침매(沈埋)의 기운이 많으면 마음이 침울하게 된다.

[원문 주]

밝음이 세력을 주도하고 용신이 힘을 얻고 간지가 협조하면 신(神)이 나타난다. 그러면 정이 통하게 되어 반드시 분발하게 된다. 음울함이 세력을 주도하고 정(精)이 사사로움에 연연하고 일주가 약하고 신하가 강하면 신이 숨고 정이 설기되어 사람이 곤울하게 된다. 일주 신왕하고 재관 또한 왕하면 반드시 분발한다. 하지만 순음(純陰)의 국으로 신약하고 관살이 많으면 우울함이 많다.

[임철초 주]

원국에 태과와 결함이 없고, 쓰이고 기뻐하는 오행은 모두 힘을 얻고, 기신은 힘을 잃고 실시하고, 한신이 기신을 돕지 않으면 유익함이 있게 된다. 합을 꺼리는데 충이 되거나, 충을 꺼리는데 합이 되거나, 체는 음이나 용은 양인 것이 그런 것들이다. 운에서 격과 용신을 도와주면 반드시 분발하게 된다. 밝음이 적고 우울함이 있게 되는 것은 다음과 같은 이유에서다. 쓰이는 것들이 실령되었거나, 기뻐하는 것들이 무력하거나, 한신에 겁탈 당했거나, 합이 필요한데 충을 당했거나, 합이 싫은데 합이 되었거나 한 경우와, 운에서 용신을 돕지 못하거나, 기신을 제거하지 못하면 반드시 우울하다. 원국이 밝지 못해도 운에서 밝게 해줄 수 있고, 밝은 원국도 운에서 어둡게 하여 우울해질 수 있다. 해중의 갑목을 써야 하는 경우인데, 임계수가 있으면 무인, 기묘운이 와야하고, 경신이 있으면 병인, 정묘운이고 병정화가 있으면 임인, 계묘운이 좋고 무기토가 있으면 갑인, 을묘운이 길하다. 오중의 기토를 쓰는 경우인데, 천간에 임계수가 있으면 무오, 기미운이 좋고, 천간에 경신금이 있으면 병오, 정미운이 좋고, 갑을목이 있으면 경오, 신미운이 좋다. 천간의 목을 쓴다면 지지가 수로 왕하면 병인, 정미운이 좋고, 천간에 수가 있으면 무인, 기묘운이 좋고, 지지에 금이 많으면 갑술, 을해운이 좋고, 천간에 금이 있으면 임인, 계묘운이 좋다. 천간에 토가 있으면 갑자, 을축운이고, 지지에 화가 많으면 갑진, 을사운이 마땅하고, 천간에 화가 있으면 임자, 계축운이 좋다. 배합이 이와 같으면 대체로 쟁전(爭戰)의 환(患)이 없고, 제화(制化)의 정이 있다. 이와 반대면 아름답지 못하다. 세밀히 살피면 기밀을 찾을 수 있다.

```
辛 壬 甲 戊
亥 子 子 辰

庚 己 戊 丁 丙 乙
午 巳 辰 卯 寅 丑
```

[옮김]

임수 일주가 한 겨울에 생하였다. 녹왕을 셋이나 지지에 두고 있
다. 곤륜수와 같으니 순응해야 한다. 다행히 자진 수국 되어 무토의
뿌리가 확고하지 않게 되었다. 갑목을 용신하여 넘치는 수를 설기할
수 있게 되었다. 병인, 정묘운이 오자 한목이 화로 인해 발영하게
되어 음한한 금토를 제거하였다. 그리하여 일찍 벼슬에 나가 높은
곳에까지 이름이 올랐다. 무진운에 수의 세를 거역하여 삶을 마쳤
다.

```
癸 癸 丙 甲
亥 亥 子 申

壬 辛 庚 己 戊 丁
午 巳 辰 卯 寅 丑
```

[옮김]

계수 일주 자월에 생하고 녹왕지가 셋이나 있어 그 세력이 만만
치 않다. 그런데 다행스러운 것은 갑목과 병화가 있는 것이다. 지지

에서 절처봉생을 만나게 되었다. 목과 토가 서로 호위하고 금이 유
행하고 수가 따뜻함을 얻어 목이 발영하여 화가 생조받게 되니 용
신은 갑목이 된다. 분발하는 계기가 있게 되었다. 무인운에 뜻이 곧
바로 이뤄지고 기묘운에 영광을 얻었다. 하지만 경진, 신사운이 오
자 벼슬길이 좌절되고 관리의 록이 나타나지 않았다.

```
┌─────────────────────────────┐
│         壬 丁 庚 甲          │
│         寅 亥 午 申          │
│                             │
│      丙 乙 甲 癸 壬 辛       │
│      子 亥 戌 酉 申 未       │
└─────────────────────────────┘
```

[옮김]

이 사주의 특징은 천간 네 글자가 모두 지지에 녹왕지를 두고 있
다. 특히 일주가 월령에 녹을 두고 있다. 재성과 관성을 감당할 수
있어 청하면서 충분히 왕하여 동서남북의 운이 모두 허물이 없다.
부자 집안 출신이며 일찍 과갑 되어 높은 벼슬에 올랐고 60넘어 관
직을 그만 두고 낙향하였다. 일처 사첩에 13자식을 두고 유유자적
하게 살았으며 90넘게 살았다.

癸 癸 乙 癸
丑 丑 丑 丑

己 庚 辛 壬 癸 甲
未 申 酉 戌 亥 子

[옮김]

　이 사주는 천간에 세 개의 계수가 있고 지지에 네 개의 축토가
일기(一氣)를 이루고 있다. 식신이 청하게 투간되어 살인상생을 이
루어 명리가 쌍발하는 격이라 할 것이다. 그러나 모두 습한 토이다.
겨울에 태어난 계수 일주다. 토와 수가 함께 얼어붙어 생발의 여지
가 보이지 않는다. 구거(溝渠)의 수와 같다. 부귀한 사주는 한난이
알맞고 편고함이 없기에 부귀한 것이다. 임신년에 부모가 돌아가시
고 가업을 지키지 못했다. 성격 또한 유약하여 하나도 제대로 이루
는 일이 없었다. 끝내 걸인이 되고 말았다.

44. 은 원 (恩 怨)

[원문]

兩意情痛中有媒　雖然遙立意尋追
양의정통중유매　수연요립의심추
有情却被人離間　怨起恩中死不灰
유정각피인리간　원기은중사불회

[옮김]

　사람의 뜻과 정이 통하는데 있어 중매자가 있으면 멀리 있어도 그 정이 통할 수 있지만, 정이 있어도 둘 사이를 갈라지게 하면 원한은 은혜 가운데 있게 되니 죽어도 잊을 수 없다.

[원문 주]

　희신과 합신이 정이 통하면 중매자가 있는 것과 같다. 이런 경우는 은혜로움은 있어도 원한 같은 것은 없다. 그런데 합신과 희신 사이를 기신이 갈라놓으면 종신토록 원한을 갖게 된다. 해로운 존재는 멀리 있어야 하고 가까운 사이라면 더욱 가까이 있어야 한다. 우연히 만나면 그 기쁨을 갖게 될 것이나, 사사롭게 정을 통하는 것은 제거해야 기이하게 된다.

[임철초 주]

　은원(恩怨)이란 희신과 기신을 말한다. 일주의 희신이 일주에서 멀리 있는 경우 합신이 있어 화해지면 가까이 다가오는 것이다. 이런 경우는 은혜로움이 있다. 희신이 멀리 있으면 일주와 정이 있다 해도 한신이나 기신이 가로 막는 경우가 생긴다. 이런 때 한신과 기신이 회합하여 희신이 되면 사사로운 정에 끌린다고 한다. 일주와 희신이 가까이 있으면 유정하다고 한다. 합화하여 기신이 되거나 일주와 희신이 떨어져 있으면 유정하지 못한 것이다. 희신과 한신이 합하여 기신이 되거나 기신을 돕게 된다면 이는 마치 은혜를 원수로 삼는 것과 같이 된다. 예를 들어 일주가 병화를 필요로 하는데 그 병화가 시간에 있다면 월간에 있는 임수를 꺼리게 된다. 이 임수를 연간의 정화가 합변시키면 기신이 제거되면서 희신을 생하게 된다. 일주가 경금을 기뻐할 때 년간에 있다면 멀리 있어 월간의 을목이 합하여 가까워지면 숭매자가 있는 것과 같은 것이다. 일주가 화를 기뻐하는데 원국에 화가 없는 경우 무토와 계수가 합화하여 화가 되면 희신이 된다. 일주가 금을 기뻐할 때 년지에 유금이 있다면 일지 사화가 합화해주면 희신이 가까이 오게 된다. 이를 사정견합(私情牽合)이라 한다. 나머지도 이와 같이 추리하면 된다.

戊 戊 甲 丁
午 戌 辰 酉

戊 己 庚 辛 壬 癸
戌 亥 子 丑 寅 卯

[옮김]

이 명조는 갑목이 퇴기에 있어 토를 소통할 수 없다. 무토 일주는 후중(厚重)하다. 토는 유금이 있어 청화(菁華)함을 발설한다. 금이 화를 만나고 있다. 그 뜻은 일주를 돕는데 있다. 기쁜 것은 진유 합되어 가까워진 것이며 마치 중매자가 있는 것처럼 되었다. 초운 계묘, 임인운에는 공명이 없고 어려움이 많았으나 신축운에 화를 설하고 금국이 되니 길하였고 연이어 과갑하고 경자, 계해, 무술운에 벼슬이 더욱 높아졌다.

```
丙 丁 乙 丁
午 丑 巳 酉

己 庚 辛 壬 癸 甲
亥 子 丑 寅 卯 辰
```

[옮김]

정화 일주 사월 오시에 생하였다. 목화의 생조함이 있어 세력이 맹렬하다. 일주가 기뻐하는 유금은 멀리 있고 정화에 덮여있다. 또한 사화가 극하니 무정한 사주처럼 보인다. 기쁜 것은 일지에 축토가 있는 것이다. 열기를 설해주고 생육과 자애스러운 마음이 일어난다. 화기를 설하면서 금국을 이루니 유정하다. 발갑하여 명리를 함께 누리게 되었다.

```
甲 丙 戊 癸
午 辰 午 酉

壬 癸 甲 乙 丙 丁
子 丑 寅 卯 辰 巳
```

[옮김]

　일주가 오월 오시에 태어나 신왕하다. 년간 계수는 본래 탁수가
아니지만 무토에 합거 되어 화기를 보탰다. 년지 유금은 진토와 합
하고자하나 오화로 인하여 어렵게 되었다. 대운마저 목화운으로 행
하니 일생토록 어려움을 겪었으며 기쁨이란 없었다. 삼처, 칠자를
극하고 네 번의 화재를 당하였고 인목운에 죽었다.

45. 한 신 (閑 神)

[원문]

一二閑神用去麼　不用何妨莫動他
일이한신용거마　불용하방막동타
半局閑神任閑着　要緊之場作自家
반국한신임한착　요긴지장작자가

[옮김]

한 두 개의 한신을 쓰든지 못쓰던지 그것을 움직이게 할 것이 없다면 무방하다. 원국에서 한신은 작게나마 한가하게 있는 중에도 필요할 때에는 할 일을 한다.

[원문 주]

희신은 숫자가 많은 것이 필요한 것이 아니라 한 개의 희신이 열 가지 일을 해낼 수 있다. 기신 역시 많아서 걱정되는 것이 아니다. 한 개의 기신이 열 개의 해악을 끼칠 수 있다. 희신과 기신을 제외하면 나머지는 한신이 된다. 예를 들어 천간에서 충합을 이루는데 지지의 오행이 허탈하거나 무기하면 충합이 되어도 무정하고 지지에서 조(助)합을 이루는데 천간의 오행이 유산부범(遊散浮泛)하면 일주에 장애가 되지 못한다. 양이 양을 돕고 있을 때 음기가 정박하면 충동도 합조도 않으며 음이 음을 돕고 있을 때 양기가 정박하면 역시 합조하지 않는다. 일과 월이 유정하면 년과 시가 보살피지 않아도 일주에 해가 되지 않는 것은 일, 시를 얻었기 때문이다. 년과 월이 돌보지 않아도 일주가 해롭지 않은 것은 일주에 충과 합이 없기 때문이다. 한신은 타신으로 변하지 않고 필요한 위치에 있다가 운이 와서 자가변계(自家邊界)로 행하면 기이하다고 할 수 있다.

[임철초 주]

용신이 있으면 희신이 반드시 있게 된다. 희신은 격과 용신을 보조하는 것이다. 기신은 희신이 있으면 역시 반드시 있는 신이다. 기신은 격을 파손하고 용신을 상하게 한다. 용신과 기신 희신을 제외하면 나머지는 한신이다. 한신이 희신에 장애가 되지 않으면 타신으로 움직일 필요가 없게 된다. 한가롭게 한신이 있다가 운이 격을 파하고 용신에 상처주고 희신이 격을 도울 수 없게 되고 용신을 보호할 수 없게 될 때 이를 요긴지장(要緊之場)이라 한다. 한신이 세운의 신과 합되어 기쁘게 쓰인다면 한 집안 가족이 되는 것이다. 원국에서 '한신이 있어도 타신으로 변하지 않고 한 곳에 있다가 대운이 와서 자가변계(自家邊界)를 행하면 기이하다.'라고 했는데 이와 같이 논한다면 자가(自家)를 이루지 못하고 적귀(賊鬼)의 제방을 쌓는 것과 같다고 할 것이다. 이 점에는 일정한 법칙이 있는 것이 아니다. 예를 들어 목을 쓸 때 목이 많으면 희신을 화로 하고 기신을 금으로 하고 구신은 수로 하니 자연 토는 한신이 된다. 목이 부족한 경우라면 희신이 수가 되고 토는 기신이 되며 구신은 금이 되니 자연 화는 한신이 된다. 그래서 반드시 용신은 희신이 보좌하고 한신의 도움을 받아야 된다. 목을 논한 것이니 나머지도 이렇게 추리하면 된다.

```
丙 甲 戊 庚
寅 寅 子 寅

甲 癸 壬 辛 庚 己
午 巳 辰 卯 寅 丑
```

[옮김]

　갑목 일주가 자월에 태어났다. 몇 개의 양(陽)이 진기이다. 왕한 인수가 일주를 생하고 있다. 세 개의 인목이 송백의 기상을 갖고 있다. 왕할 뿐 아니라 견고하기까지 하다. 경금은 절지에 임하여 목을 극할 수 없으며 기신이 되었다. 한목은 양을 향하고저 하는데 병화가 투출해 그 청영함을 설하고 있으니 용신이 되지만 겨울의 화는 허약하니 목이 희신이 된다. 무토는 한신으로 금을 생하고 수를 억제한다. 수가 구신이다. 청순한 병화를 기뻐하는데 묘운에 과 갑하였고 임진, 계사운에 한신을 억제하고 합이 되어 관리의 길이 평탄했고 갑오, 을미운은 더욱 높게 올랐다.

```
庚 甲 丁 甲
午 寅 卯 子
癸 壬 辛 庚 己 戊
酉 申 未 午 巳 辰
```

[옮김]

일주가 묘월 봄철에 생하였다. 녹인을 지지에 두고 비견이 투출해서 왕이 극에 이르렀다. 경금이 뿌리 없는 것이 바람직하지 않지만 높은 기상을 내뿜고 있는 정화가 용신이 되니 일찍 과감하고 벼슬이 높게 되었다. 토 한신이 없는 게 안타깝다. 임신운에 채용이 상하게 되어 흉함을 면할 길이 없었다.

[원문]

出門要向天涯遊　何事裙釵恣意留

출문요향천애유　하사군채자의유

[옮김]

집을 떠나 청운의 꿈을 펼치지 않고 어찌 여인에게 마음을 주고 머물고 마는가?

[원문 주]

분발할 수 있는 사람이 일주와 합이 되어 용신을 바라보지 않고, 용신과 합이 되어 일주를 돌보지 않고 원치 않는 귀를 만나게 되고 녹을 원하지 않는데 만나게 되고 합을 원치 않는데 합이 되고 생함을 바라지 않는데 생을 만나면 모두 유정한 것 같지만 무정한 것이며 이는 여자에게 머물고 마는 것과 같다.

[임철초 주]

합이 되면 화되는 것이 좋다. 화된 것이 좋으면 명리가 있게 되며 화한 것이 좋지 않으면 재앙과 흉함이 반드시 나타나게 된다. 합은 되었지만 화되지 않으면 머물고 마는 것과 같으니 저것을 바라면 이것을 꺼리게 되어 장래성 있는 큰 포부가 없어진다. 일주와 합이 되면 용신이 나를 돌아보지 않게 되어 큰 뜻이 꺼려진다. 용신과 합이 되면 어찌 되는가? 일주가 바라는 것을 돌아보지 않게 되고, 공을 이루도록 돕지 않는다. 합신이 참되면 화할 수 있는데 합하는 신을 돕게 되면 화할 수 없다. 일주가 휴수되면 본래 종하게 되는데 합신이 돕게 되면 종할 수 없다. 이렇게 되면 유정한 것이 무정하게 되는 것이니 이것이 여인의 치마폭에 머물고 마는 것과 같은 것이다.

```
丙 戊 庚 乙
辰 辰 辰 未

甲 乙 丙 丁 戊 己
戌 亥 子 丑 寅 卯
```

[옮김]

무토 일주가 봄에 태어난 사주다. 년간에 투출되어 있는 을목 관
성이 미토에 근본을 두고 있다. 여기도 진토에 있어 쓸 수 있다. 경
금과 합되는 것은 꺼린다. 합을 바라보느라고 극을 망각했다. 일주
가 원하는 것을 외면했고, 합화하지 못하여 경금도 작용할 수 없다.
시간에 병화가 투출해 21세에 책을 멀리하고 음주를 일삼으며 해야
할 일을 하지 않았다. 큰소리치며 깃발을 들었지만, 자신을 행복하
게 하지 못했고 오직 편안하게 인생을 낭비하는 쪽으로만 살았다.

```
辛 丙 癸 丁
卯 戌 卯 丑

丁 戊 己 庚 辛 壬
酉 戌 亥 子 丑 寅
```

[옮김]

병화 일주가 봄에 태어났다. 정관과 인수가 청하다. 일주가 신왕
하니 관성을 쓸 수 있다. 병신합이 되어 일주를 도와주는 용신을

돌보지 않는다. 신금은 유연하여 병화와 합이 되는 것을 겁낸다. 유한 것은 강한 것을 억제할 수 있어 아쉽게도 장래성 있는 큰 뜻을 버린다. 묘술합은 바람직스럽지 않은 것으로, 뛰어난 능력을 갖고 태어났지만 후일 주색에 빠져 학문과 재산을 파하고 한 가지도 이루지 못했다.

[원문]

不管白雪與明月　任君策馬朝天闕
불관백설여명월 임군책마조천궐

[옮김]

흰 눈과 밝은 달을 아랑곳하지 않고 말발굽을 달려 천궐(天闕)에 알현하는 일을 군(君)의 뜻에 일임한다.

[원문 주]

용신을 타고 일주가 달린다면 사사로운 일은 지나칠 수 있고 큰 뜻을 이룰 수 있다. 이것이 무정한 것 같으나 사실은 유정한 것이다.

[임철초 주]

충하면 동이 일어나고 동하면 달리게 된다. 그래서 충이 되면 득용할 수 있게 되는 것이다. 원국에서 길신을 제외한 나머지를 일주가 다른 오행들과 가까워하는 것을 용신과 희신이 충하여 제거하면 일주는 희신이란 말을 타고 달리는 것이다. 또한 용신과 희신이 다른 오행과 탐연(貪戀)하면 이젠 일주가 나서 다른 오행을 충거해 주

면 일주를 따라 모두가 달릴 수 있다. 이렇게 되면 무정한 것이 유
정하게 되니 장부가 큰 뜻을 성사시키는 것과 같게 되는 것이다.

```
丙 丙 辛 丁
申 寅 亥 卯

乙 丙 丁 戊 己 庚
巳 午 未 申 酉 戌
```

[옮김]

이 사주는 해월에 태어나 실령하였다. 그러나 왕한 인수가 지지
에 있고 비겁도 투간되어 신왕하니 관성을 쓸 수 있다. 이런 경우
에는 관성이 합되는 것은 부당하다. 합이 되면 돌아보지 않게 되는
데, 일주에 신금이 가까이 있어 합을 바라보느라고 정이 속박되지만
정화가 신금을 제거하니 속박에서 풀려나게 되고 또 신금이 인목을
충거하니 기쁘다. 더욱 묘한 것은 신금이 살을 도와주어 일주는 목
적을 향해 질주하게 된다.

```
庚 壬 丙 辛
戌 寅 申 巳

庚 辛 壬 癸 甲 乙
寅 卯 辰 巳 午 未
```

[옮김]

임수 일주가 신월 가을에 생하였다. 재성과 관성이 왕하지만 일
주 역시 월령의 장생지에 뿌리가 있어 신금을 용신한다. 천간 병신
과 지지의 사신이 합되고 화가 되니 일주를 생조할 수 있다. 합이
되고도 화에 이르지 못하면 속박되어 돌아보지 않게 되니 일주를
생조하는 것이 용신이다. 금은 당령하였고, 화는 통근하고 있어 탐
하는 마음이 있지만 화하지는 않는다. 묘한 것이 병신합이 되지 않
는 것이 일주가 병화를 극하기 때문이고 신금이 인목을 극하니 병
화의 뿌리가 뽑힌 상태가 되었다. 용신이 일주를 따라 질주하고 있
다. 계사운에 급제하여 벼슬이 관찰에 이르렀다.

46. 종 상 (從 象)

[원문]

從得眞者只論從　從神又有吉和凶

종득진자지론종　종신우유길화흉

[옮김]

종은 진종만을 종으로 논한다. 종신(從神)이 되면 길한 경우도,
흉한 경우도 있다.

[원문 주]

일주가 고립되고 무기(無氣)하며 천지인 삼원조차 생조하지 않고
재관이 강하면 진종(眞從)이다. 종(從)이 되면 종신(從神)을 따라야
한다. 재(財)에 종하였다면 재를 주(主)로 삼는 것이고, 그 재성이
목으로 왕하면 화를 원하는지, 토를 원하는지, 아니면 금을 원하면
대운에서 얻으면 길하고, 얻지 못하면 흉하다. 나머지도 이처럼 추
리하면 된다. 금이 목을 극하는 것은 안 된다. 목을 극하면 재가 쇠
퇴하게 된다.

[임철초 주]

종상(從象)은 재관만이 아니고 몇 가지가 더 있다. 일주가 고립되
어 있으면서 무기하고 관성이 원국에 충만 되어 있으면 종관(從官)
이라 하며, 재성이 충만해 있으면 종재(從財)라 한다. 금 일주의 경
우를 보자. 목이 재성이며 태어난 계절이 봄이면서 수의 생을 받고
있다면 당연히 태과하니 화로 행해야 하고, 여름에 태어나 화에 설

기되면 수로 생해주어야 한다. 수가 가을에 태어나 목이 부목 되면 토를 이용하여 배양해야 한다. 이런 경우에는 화로 따뜻하게 해주면 길하다. 이와 반대 되면 반드시 흉하다. 그래서 종신(從神)은 흉하기도 길하기도 하게 된다. 종왕(從旺), 종강(從强), 종기(從氣), 종세(從勢)가 되는 경우는 종재나 종관에 비해 추산하기가 더 어렵다. 종왕은 원국이 모두 비겁인데도 관살의 억제가 없고, 인수의 생함만이 있어 그 왕함이 극에 달하게 되어 그 왕신을 따라야 하는 경우를 말한다. 당연히 비겁과 인수운이 길하다. 관살운은 왕신을 범하여 흉하고 재성운을 만나면 군비쟁재(群比爭財)가 일어나 구사일생하게 된다. 종강(從强)은 원국에 인수가 많고, 비겁이 거듭 있어 일주도 당령하고 재성과 관성의 기는 전연 없고 그런 상태에서 강함이 극에 달한 것으로 순응해야지 거역할 수가 없다. 비겁이나 인수운으로 행하는 것이 길하다. 식상운에 인수가 충극 되면 흉하다. 재성운은 왕신을 노발시켜 더욱 흉하다. 종기(從氣)는 재성, 관성, 인수등을 떠나서 기세가 목화에 있다면 목화운이 길하고, 금수에 있다면 금수운이 좋다. 그렇지 않은 운은 흉하다. 종세(從勢)는 일주가 뿌리 없고 무기한 것은 같고 원국에 재, 관, 식상이 모두 세가 비슷하여 강약이 구별되지 않고 일주를 생조하는 겁인이 없는 경우라면 어느 한 오행에 종할 수 없다. 이렇게 되면 재성운으로 흘러가는 것이 제일이며, 다음이 관성, 마지막이 식상이다. 비겁이나 인수운은 흉함이 있다. 누차 경함한 바이다.

```
丙 乙 丙 戊
戌 未 辰 戌

壬 辛 庚 己 戊 丁
戌 酉 申 未 午 巳
```

[옮김]

을목 일주가 진월에 생하였다. 미토에 통근하고 진토에 여기가
있다. 재다신약(財多身弱)처럼 보이지만, 모두 재성이니 반드시 세
력에 종(從)해야 한다. 봄철의 토는 기가 허하다. 병화가 있어 실하
게 되었다. 화는 목의 수기(秀氣)이며 토는 화의 수기라 세 오행이
모두 온전하다. 금이 없어 토가 설되지 않는다. 화를 극하는 수가
없다. 운이 화운으로 흘러가니 과거에 합격하고 문장 또한 화려했
다. 많은 공적을 남기면서 장원급제까지 했다.

```
戊 庚 壬 壬
寅 寅 寅 寅

戊 丁 丙 乙 甲 癸
申 未 午 巳 辰 卯
```

[옮김]

　초봄에 생한 경금 일주인데, 원국의 지지가 모두 인목이며 하나
의 무토가 생한다 해도 사(死)와 같다. 기쁜 것은 년과 월간에 두
개의 인수가 투간하여 일주를 설하고 있다. 어린 목이 생함을 받게
되니 재성에 종하게 된다. 수기가 유행하여 동남운으로 흐르며 재성
이 넉넉해져 과거에 일찍 합격하고 황당이란 높은 벼슬에 올랐다.

```
乙 壬 庚 丙
巳 午 寅 寅

丙 乙 甲 癸 壬 辛
申 未 午 巳 辰 卯
```

[옮김]

　임수 일주가 목이 당령한 봄에 태어나고 화가 생을 만났다. 월간
경금은 절지에 앉았으며 년간 병화가 금을 단련하고 있어 종재격
(從財格)이 되었다. 목은 수의 생함을 얻고 화를 생하니 수기가 유

행되었다. 등과 발갑하여 시랑이란 벼슬에 올랐다. 종재격은 식상이
돋보여야 한다. 그러면 공명이 빼어나게 되며 일생동안 재앙과 기타
의 흉함이 없게 된다. 종재격이 가장 꺼리는 것은 비겁운이다. 원국
에 식상이 있어야 하는 이유는 비겁을 화하여 재를 생할 수 있기
때문이다. 식상이 없으면 학문을 이룰 수 없고 비겁운의 생화의 정
이 없어 뜻하지 않게 형상과 파모를 겪게 된다.

丙 庚 壬 丁
戌 午 寅 卯

丙 丁 戊 己 庚 辛
申 酉 戌 亥 子 丑

[옮김]

이 사주는 일주가 인월에 생하였다. 지지에 화국이 있다. 재가 살
을 행하고 있어 조금도 생부(生扶)하고자 하는 의사가 없다. 정임은
합목되어 화되어 화(火)의 세를 따라가니 모두 살로 모여든 격이 되
어 종상(從象)이 된다. 처음의 벼슬은 향방이었지만 지현이란 높은 벼
슬에 올랐다. 유금운에 모친상을 당하였고 신금운에 자리를 빼앗겼다.

```
乙 乙 辛 辛
酉 酉 丑 巳

乙 丙 丁 戊 己 庚
未 申 酉 戌 亥 子
```

[옮김]

　이 사주는 을목 일주가 겨울에 태어났고, 지지에는 금국을 이루고 있다. 년간과 월간에 두 개의 신금이 투출되어 종살이 되는 것이 마땅하다. 무술운에 등과 갑제하여 한원이란 벼슬에 이름이 올랐다. 정유, 병신운은 화는 병사(病死)지에 앉고 금이 득지했다. 거듭 벼슬이 올랐다. 을미운에 금국이 충파되고 일주가 득지하니 죽었다.

```
乙 甲 乙 癸
亥 寅 卯 卯

己 庚 辛 壬 癸 甲
酉 戌 亥 子 丑 寅
```

[옮김]

　봄철에 태어난 갑목 일주가 지지에 두 개의 양인을 두고 있다. 녹지인 인목이 있고 생지인 해수가 있으며 천간에 을목이 돕고 인수인 계수가 있어 극왕하게 되었다. 당연히 왕신을 따라야 하니 갑목 초년운에 일찍부터 학문을 했다. 계축운은 수의 역할을 하는 북

방 습토라 등과 발갑하였다. 임자운은 인성이 조림(照臨)하고 신해
운은 금이 득지하지 못했다. 하지만 지지는 생왕을 만나 벼슬이 황
당에 올랐다. 경술운은 토금이 함께 왕하여 왕신을 범하여 왕신이
노발하여 흉함을 당했다.

```
甲 丙 甲 丙
午 午 午 午
庚 己 戊 丁 丙 乙
子 亥 戌 酉 申 未
```

[옮김]

병화 일주가 한 여름에 태어났다. 지지가 모두 양인이다. 천간은
갑목과 병화만으로 되어 있다. 자연 극왕하게 되어 순응해야지 거역
하면 안 된다. 초년 을미운에 반궁에 들고 병화운에 등과했다. 신금
운에는 병이 들어 위험했다. 정화운에 발갑하고 유금운에 모친상을
당했다. 무술, 기토운은 신상이 평안했지만 해수운은 왕신을 극하여
군대에서 죽었다.

```
丁 庚 癸 癸
亥 申 亥 酉

丁 戊 己 庚 辛 壬
巳 午 未 申 酉 戌
```

[옮김]

경금 일주가 겨울에 태어났다. 해수가 당권하고 일주는 녹왕을
두었다. 시간 정화 관성은 무근하고 원국이 금수의 기세로 왕하다.
자연 금수에 순응해야 한다. 정화는 병이 된다. 초년 계해운은 하루
하루가 행복했다. 정화를 충거해 줬기 때문이다. 임술운에 입반하였
지만 상했다. 그 이유는 술토가 수를 극하였기 때문이다. 신유 경신
운에 과거에 급제하고 벼슬이 아주 높게 올랐다. 이 사주는 일주가
간여지동(干與支同)이다. 시간의 정화 관성이 뿌리가 없고 차라리 충
거되어 여간 다행스럽지 않게 되었다. 기미운에는 화토가 함께 와 벼
슬을 내려놓고 무오운에는 큰 흉함을 당했다.

```
甲 癸 壬 丙
寅 巳 辰 戌

戊 丁 丙 乙 甲 癸
戌 酉 申 未 午 巳
```

[옮김]

계수 일주가 봄의 마지막 월에 태어났다. 원국에 재성과 관성, 식상의 세력이 모두 왕하다. 인수는 암장되어 기운이 없다. 일주 또한 휴수되어 무근하다. 당령한 관성의 세에 순응해야한다. 일지 재성이 상관과 통하여 기쁘다. 갑오운에 화국이 되어 관성을 생하게 되니 신상에 좋은 일이 일어났고 을미운에 출사하였으며 신유금운에는 병정화가 개두하여 벼슬길이 그런데로 평탄하였다. 무술운에는 벼슬이 관찰에 올랐다. 해수운은 사화를 충하면서 일주에 조하니 불록되었다. 일주의 약함이 극에 달하면 부조해서는 안 된다. 원국의 일주가 신약하면 생조하고 신왕하면 극하거나 설기함이 중요한 이론임은 틀림없지만 이 사주의 경우에는 일수가 신약한데도 오히려 금수로 생조하면 흉함을 맞게 된다. 그래서 신유금 인수운에 가정에 형상을 겪고 기타의 어려움이 많았다. 어떤 이론도 사주에 일률적으로 적용되지 않는다는 사실을 알아야한다.

```
┌─────────────────────────┐
│   丙 丙 乙 癸            │
│   申 申 丑 酉            │
│                         │
│ 己 庚 辛 壬 癸 甲        │
│ 未 申 酉 戌 亥 子        │
└─────────────────────────┘
```

[옮김]

　　병화 일주가 축월에 태어나 일지에 신금을 두어 병지에 앉아 신약하다. 또한 유축 금국이 되어 월간 을목 인수가 뿌리 없이 시들었다. 계수 관성이 재성에 임했고 재성은 상관의 생함을 받아 금수가 세를 이뤘다. 계해운에 등과했다. 신유, 경신운은 인수를 충거하며 관성을 생하여 현령 벼슬에서 주목 벼슬로 옮겨 앉으며 주변이 풍부해졌다. 기미 상관운이 오자 비겁을 돕게 되니 불록되었다.

47. 화 상 (化 象)

[원문]

化得眞者只論化　化神還有幾般話

화득진자지론화 화신환유기반화

[옮김]

　화(化)는 진화(眞化)만 화(化)로 논한다. 화신(化神)은 알아야 할 것이 몇 가지 있다.

[원문 주]

　예를 들어 갑일주가 사계(四季)에 생하고 월간이나 시간에서 기토를 만나 갑기합(甲己合)되고 임, 계, 갑, 을, 술을 만남이 없고 진토가 지지에 있으면 화(化)는 진화(眞化)이다. 병과 신이 겨울에 생하고, 무계가 여름에, 봄에 정임이 생하여 상합하고 진토운을 얻으면 진화가 된다. 화신(化神)을 말할 때는, 예를 들어 갑기합토에 토가 음한하면 화기가 필요하며 토가 태왕하면 재성으로 수를 택해야 한다. 이렇게 되면 관은 목이 되고 식상은 금이니 그에 따라 희기(喜忌)를 논하면 된다. 갑을을 또 만나도 쟁합이나 투합(妬合)이라 하지 않는다. 진화는 두 남자를 섬기지 않는 열녀와 같다. 세운에서 만나는 것은 모두 한신(閑神)이다.

[임철초 주]

　합화(合化)의 근원은 옛날 한 황제가 하늘에 제사를 지내자, 하늘에서 십간(十干)을 내려 주면서 12지를 만들어 짝을 짓게 한데 있다고 알려지고 있다. 그래서 일주를 천간(天干)이라 부르게 되었다고 한다. 천간은 갑1, 을2, 병3, 정4, 무5, 기6, 경7, 신8, 임9, 계10이 되었다. 낙서(洛書)는 중앙에 5가 있다. 그래서 1이 5를 보면 6이 되어 갑기합이 되고, 2가 5를 보면 7이 되어 을경합이 되고, 3이 5를 보면 8이 되어 병신합이 되고, 4가 5를 보면 9가 되어 정임합이 되고, 5가 5를 보면 10이 되어 무계합이 된다고 전해져 오고 있다. 이렇게 짝을 이루는 화상(化象)의 작용에도 배합되는 이치에 따라 희기가 있고, 또한 화된 신에는 몇 가지 알아야 되는 일이 있다. 화한 신이 이 신을 보면 무조건 기뻐하는 것으로 고집해서는 안 된다. 화상 또한 왕약을 살피고 허실과 희기를 자세히 봐 길흉을 찾아야 하며, 그러면 부태(否泰)가 분명해 진다. 예를 들어 갑기합되어 토로 화하는데 미월이나 술월에 태어나면 토가 왕하면서 조하며 병정화가 투출하고 사오화가 또 암장되어 있으면 유여지만 다시 화토운으로 흐르면 반드시 태과하게 되어 불길하게 된다. 그러면 그 의향에 순해야 한다. 원국에 수가 있으면 금운이 좋고, 원국에 금이 있으면 수운이 길하다. 금이나 수가 없다면 토의 세가 태왕한 것이니 금으로 설해야 한다. 화토가 너무 조하면 수를 띤 금운이 조토를 습하게 해야 한다. 갑기토가 진축월에 생하면 토는 습하여 금수가 함께 있으면 토의 세가 약한 것이니 그 의향에 따라야 한다. 금이 원국에 있으면 화운으로 행하고, 수가 있으면 토운이어야 한다. 그리고 허습한 금수가 같이 있으면 화를 띤 토운이 와야 허습한 것을 제거하고 화신을 도와 길하게 된다. 생합 투합이란 말은 잘못된 것이다. 이미 합화된 것은 마치 정부가 상대 남자와 짝지어 두 마음으로 살지 않는 것과 같다. 무기는 저편과 동류이며, 갑을은 나의 본기라 서로 우의가 있다. 합이 되었으면서 화하지 않는 것은 억지를 부리는 것이라 좋은 짝이 아니다. 쟁투(箏妒)의 바람이 일어나는 것은 무기를 많이 보기 때문이고 갑을을 많이 보게 되면 강약이 바뀐다. 갑기합을 논하였지만, 나머지도 같이 추리하면 된다.

```
己 甲 甲 乙
巳 辰 申 丑

戊 己 庚 辛 壬 癸
寅 卯 辰 巳 午 未
```

[옮김]

이 사주는 년간과 월간에 투출한 갑을목이 신금과 축중 신금의 억제함을 받고 있어 쟁투가 일어나지 않는다. 왕지에 앉아 있는 시간의 기토는 일주와 합화하니 진화(眞化)라 한다. 다만 가을의 금이 월령에 있어 화신을 설하여 부족하게 되었다. 오화운에 화신을 도와 향방 벼슬을 얻고, 신사운은 금, 화, 토가 왕하여 황당 벼슬에 까지 올랐다. 경진운은 을목과 합되고 비겁을 억제하여 벼슬이 더 높게 되었다.

```
己 甲 壬 戊
巳 辰 戌 辰

戊 丁 丙 乙 甲 癸
辰 卯 寅 丑 子 亥
```

[옮김]

갑목 일주가 술월에 태어났다. 당권한 토는 천간의 임수를 극하고 있다. 원국에 비겁이 없어 합신은 참되다. 화기(化氣)가 더욱 유여(有餘)하다. 애석한 것은 운이 동북 수목지로 행하여 공명이 전조에 미치지 못한다. 축운 정유년에 금국이 되어 화신을 설하고 토수(吐秀)하니 등과하여 무술년에 발갑하고 벼슬이 주목이 되었다.

```
甲 壬 丁 己
辰 午 卯 卯

辛 壬 癸 甲 乙 丙
酉 戌 亥 子 丑 寅
```

[옮김]

이 사주는 임 일주가 묘월에 태어나 화상(化象)이 진이다. 갑목 원신이 발로해 화기가 여유하며 남아도는 기운은 설되니 화신이 빼어나다. 일지에 오화가 있어 기쁘고 진토를 생하니 바로 수기가 유행하여 소년 때에 과갑하여 한원(翰苑)에 이름이 높았다. 하지만 중년운이 수운이 되어 명예가 뜻대로 되지 않았고 현재 벼슬이 머물렀다.

```
癸 壬 丁 己
卯 午 卯 卯

辛 壬 癸 甲 乙 丙
酉 戌 亥 子 丑 寅
```

[옮김]

이 사주는 앞전의 사주와는 시주만 바뀌었다. 화상(化象)이 참되고, 화신이 더욱 여유롭다. 비겁이 쟁재하는 것은 바람직하지 못하다. 아쉽게 년간 기토가 멀고 무근하여 계수를 충거할 수 없어 오화가 유행하지 못한다. 벼슬이 향방에 머물고 말았다.

```
壬 癸 戊 丙
戌 巳 戊 戌

甲 癸 壬 辛 庚 己
辰 卯 寅 丑 子 亥
```

[옮김]

　계수가 술월에 태어난 사주다. 년간에 병화가 투출하고 통근하였
다. 화(化)가 참되다. 시간 임수가 병화를 극하는 것은 바람직하지
않다. 벼슬이 향방에 머문 이유이다. 묘운이 와서야 지현벼슬에 올
랐지만 세 번이나 역임하면서도 끝내 승진하지 못했다. 임수가 탈재
한 때문이었다.

48. 가 종 (假 從)

[원문]

眞從之象有幾人　假從亦可發其身

진종지상유기인　가종역가발기신

[옮김]

진종(眞從)사주는 얼마 안 된다.

가종(假從)사주도 발할 수 있다.

[원문 주]

재관이 강한데 일주가 약하면 종하지 않을 수 없다. 하지만 비겁의 암생(暗生)이 있다면 그 종은 참되지 않다. 운이 와서 재관이 뿌리를 내리게 되면 가종도 부귀할 수 있다. 다만 화(禍)를 면할 수 없거나 마음이 단정하지 못한 경우는 있다.

[임철초 주]

가종(假從)이란 사람의 경우, 힘이 없고 기반이 약해 혼자서는 일어날 수 없는 것과 같다. 원국에 겁인이 있어도 자신을 돌아볼 여유가 없고 일주 또한 그것들에 의지하기 어려워 부득이 다른 사람에 의지하는 형상의 사주로 그 상은 여러 가지다. 재관으로만 논한다는 것은 잘못이다. 진종과 별다른 차이가 없다. 사주에 당령하고 주변에서도 때를 만났다면, 당연히 일주는 허약하고 무기한 상태가 되므로 비록 비겁이나 인수가 생조한다 해도 원국에 식신의 생함을 받고 있는 재성이 인수를 파하거나, 관성이 비겁을 제하면 자연 일주는 의지할 곳이 없게 된다. 그래서 재관의 세력에 따라야한다. 이렇게 될 때, 재를 따라가면 종재가 되고, 관을 따라가면 종관이 된다. 종재격이 되면 대운이 식상이나 재성운이 좋고 종관격은 재성이나 관성운으로 가야 한다. 가종도 대운이 진운으로 흘러가 준다면 역시 부귀할 수 있다. 그럼 진운(眞運)이란 무엇인가? 예를들어 종재하는데 비겁이 분쟁을 일으키면 관성운에는 귀하게 되고, 식상운으로 흐르면 부자가 되는 것을 말한다. 인수가 암생하면 재성운이어야 하고, 재성은 관살이 설하면 식상운으로 행해야 한다. 종관격에 비겁이 일주를 조하면 관성운에 이름이 높아지고, 식상이 관을 파하면 재성운이거나, 관의 녹이 중하거나 관을 인수가 생한다면 재성운이 와야하는데, 이는 가행진운(假行眞運)이라하여 귀하게 되지는 않을지라도 부자는 된다. 이와 반대의 경우가 되면 흉하다. 운이 도와주면 한미한 출신의 사람도 집안을 일으키고 하는 일이 올바를 것이다. 자세히 연구해야 한다.

```
癸 己 乙 癸
酉 亥 卯 巳

己 庚 辛 壬 癸 甲
酉 戌 亥 子 丑 寅
```

[옮김]

이 사주는 일주가 묘월에 태어나 기가 약하다. 살이 당권하고 재

성은 왕지를 보고 있다. 기쁜 것은 사해충되어 인수를 파하여 기명
종살(棄命從殺)이 된 것이다. 하지만 묘는 유에 충을 당하고 사유로
금국을 이루고 있어 진종이라고 할 수 없고 출신도 한미했다. 그런
데 묘하게도 묘와 유 사이에 해수가 있어 탁한 것이 청하게 된 것
이다. 그래서 형제 중에 집안을 일으키고 일찍 반수에 들었다. 임자
운에 과갑하였고 벼슬이 황당을 거쳐 관찰이 되었다. 신해운은 벼슬
길이 평탄했다. 경술운은 수목을 상하게 하는 토금이 함께 왕하니
풍파를 면할 수 없을 것이다.

```
壬 丙 壬 丁
辰 申 寅 丑

丙 丁 戊 己 庚 辛
申 酉 戌 亥 子 丑
```

[옮김]

　병화 일주가 인월에 태어났다. 이른 봄이라 목은 어리고 따라서
화기는 허하다. 어린 목이 가까이 있는 금에게 충을 당해 뿌리가
뽑힌다. 신금은 진토의 생을 받고 있어 살의 세가 더욱 왕해졌다.
이로서 종살격이 되어 재를 쓰게 된 것이 묘하다. 년지 축토가 화
를 설하여 금을 생하고 있어 관리 집안 출신으로 일찍 과갑했다.
운이 금수운으로 흘러 벼슬이 관찰이 되었다. 토운을 만나도 흉함이
없었다.

```
癸 戊 己 乙
亥 辰 卯 卯

癸 甲 乙 丙 丁 戊
酉 戌 亥 子 丑 寅
```

[옮김]

　무토 일주가 목이 당권한 봄철에 태어났다. 진토가 수를 막고 목을 배양하고 있다. 원국에 금이 없으며 화가 없어 설함이 없어 종관격이 되었다. 하지만 일주가 쇠약하다 할 수는 없다. 과거시험에 합격하지는 않았지만 병자, 을미운에 벼슬은 사판(仕版)을 거쳐 봉강(封疆)에 올랐다. 계유윤에 이르자 파직 되면서 죽었다.

```
庚 辛 丙 丁
寅 亥 寅 卯

庚 辛 壬 癸 甲 乙
申 酉 戌 亥 子 丑
```

[옮김]

　일주가 이른 봄 인월에 태어났다. 4개의 천간 오행이 서로 상극하고 있다. 또 금은 절에 임하고 화는 생지에 앉고 인목이 당권하고 있다. 인해가 합목되어 종살격이 되었다. 초년운이 목을 생하는 수운이며 화를 도와 흉함이 없었다. 벼슬이 갑방에 오르고 뒤이어

현재를 거쳐 군수 벼슬에 올랐다. 아들 셋을 두고 자녀들도 모두
뛰어난 인물이 되었다.

```
丁 己 乙 癸
卯 未 卯 亥

己 庚 辛 壬 癸 甲
酉 戌 亥 子 丑 寅
```

[옮김]

이 사주는 기토 일주가 봄에 생하였다. 살이 당령하고 국을 이루
고 있다. 년간 계수의 극을 받아 시간의 정화가 제거되고 미토는
합되어 목국을 이루는데 합세하니 종관해야 한다. 과갑출신으로 벼
슬이 관찰에 올랐다.

49. 가 화 (假 化)

[원문]

假化之人亦多貴　孤兒異姓能出類
가화지인역다귀　고아이성능출류

[옮김]

가화(假化) 사주로 태어난 사람도 귀하게 되는 경우가 많다. 고아
(孤兒)나 이성(異姓)에도 나타날 수 있다.

[원문 주]

일주가 무근하고 약한 상태에서 참된 합신을 만나면 화해야 한
다. 하지만 조금이라도 일주를 돕거나 합화된 신이 허약하거나 화한
신에 대해 운에서 돕지 않으면 참된 화가 아니다. 운에서 합신을 생
조하고 기신을 억제해 주면 가화의 사주도 발복할 수 있다. 고아나
이성도 발췌(拔萃)할 수 있다. 단 고집과 망설임과 골육에 흠결이 생
길 수 있다.

[임철초 주]

가화(假化)의 사주는 그 상(象)이 하나가 아니다. 상의 종류로는
합신이 진실 되고 일주는 고약(孤弱)한 것, 화신은 여유롭고 일주는
근묘(根苗)를 띄고 있는 경우, 합신이 진실 되지 않고 일주가 무근한
경우, 화된 신과 합이 되고 일주가 비겁이나 인수의 생조를 받고 있
는 것, 한신이 합화된 신을 상하게 하는 경우 등이다. 그래서 가화는

진화보다 보기가 더욱 어려운 경우가 많다. 세밀하게 연구해야 한다. 예를 들어 갑기합이 술축월에 생한 경우는 합화된 신이 참되다 해도 고약(孤弱)하고 도움이 없어 화해야 한다. 가을이나 겨울에 태어나면 기온이 춥고 금이 생조하니 반드시 화가 한습한 기를 제거해 주어야 중(中)을 얻고 난하게 된다. 진미월에 생하면 화신이 여유롭다해도 진은 목의 여기이고, 미는 목의 고장이라 통근하니 근이 있다. 봄과 여름은 기가 온난하며 수목의 뿌리가 있어 대운은 토금운으로 흘러 목근을 제거해야 분쟁이 없다. 을경합되고 목일주가 여름에 생하면 합신이 참되지 않아도 일주가 설기되고 조열한 토라 금을 생할 수 없으니 대운은 수를 머금은 토라야 화기를 설하고 금을 자양할 수 있다. 목일주가 을경합되고 겨울에 생하면 금온 설되어 약하다. 목은 수를 흡수하지 못하여 무기하다. 이 경우 얼어붙어 금을 생하지도, 수를 멈추게 할 수도 없다. 반드시 화를 띈 토운이 와야 땅이 녹고 금도 생함을 얻게 된다. 정화 일주가 정임합목 되는 경우 봄에 태어나면 임수가 뿌리가 없다. 목이 왕하면 스스로 화를 생하게 된다. 정화는 오히려 임수를 쫓아 목화하지 않는다. 혹 비겁의 도움이 있다면 반드시 수운을 만나야 화가 제거되어 목이 완성될 수 있다. 화 일주가 병신합이 될 때 금수가 중중한 겨울에 생하면 이미 합화된다. 바람직하지 않은 것은 원국에 토가 화하는 신을 극하는 것이 습토는 수를 제할 수 없어도 수는 맑지 않아 반드시 토금운을 만나야 기가 흐르고 수를 생하여 화신이 참되게 된다. 이런 배합들은 기가 진이 되어 명리가 있게 되고 전도가 밝아진다. 결론은 격상(格象)이 참되어야 어려서 고고(孤苦)함을 면할 수 있고 일찍 좌절을 겪지 않게 된다. 그렇지 않으면 오만하고 주저하고 망설여져 행함이 없게 된다. 대운에서 도와주지 않으면 일생동안 명리를 얻지 못한다.

```
己 甲 甲 己
巳 子 戌 卯

戊 己 庚 辛 壬 癸
辰 巳 午 未 申 酉
```

[옮김]

갑기(甲己)가 두 개씩 천간에 투출하여 상합하고 있다. 지지는 묘
술이 합되어 있다. 화(火)로 화(化)하거나 토를 생하지 않는다 해도
쟁투하지는 않는다. 이 사주는 가화(暇化)이다. 하지만 유정하고 흩
어짐이 없다. 미토운에 자수를 파하자 향방 벼슬에 오르고 경오, 기
사운이 오자 화신(化神)을 생조하게 되니 금당이란 벼슬에 올랐다.

```
己 甲 丙 甲
巳 申 子 子

壬 辛 庚 己 戊 丁
午 巳 辰 卯 寅 丑
```

[옮김]

이 사주는 일주가 겨울에 생하고 인수가 당권하였다. 갑일주가
절지에 앉아 살과 인수는 상생하는 관계이지만 인수의 생를 받지
못한다. 시간의 기토가 합을 탐하고 있다. 하지만 때를 잃어 합신이
참되다 하드래도 병화의 도움을 얻어야 차가운 기운을 해소할 수

있다. 상황이 녹녹치 않은 것은 왕한 수가 병령하고 있어 화가 허하여 도움을 줄 수 없어 화신이 청하지 않아 사람됨이 단정하지 않았다. 경진운에 갑오년에 목을 극하고 토를 생해 향방에 들었으나 더 좋은 벼슬은 오지 않았다.

己 甲 丁 甲
巳 戌 丑 寅

癸 壬 辛 庚 己 戊
未 午 巳 辰 卯 寅

[옮김]

아 사주는 갑목 일주가 겨울 축월에 태어났다. 시간의 기토가 통근하고 왕지에 임하였다. 녹과 비견이 년주에 있고 정화가 생하니 쟁투함이 없고 상생의 뜻이 있다. 가화이지만 유정하다. 흩어짐이 없어 경진운에 연이어 과갑하고 신사, 임오운은 화신을 생조하여 벼슬이 황당에 올랐다.

```
戊 癸 辛 甲
午 亥 未 寅

丁 丙 乙 甲 癸 壬
丑 子 亥 戌 酉 申
```

[옮김]

　계수 일주가 미월에 생하고 목화가 왕하다. 신금은 무기하여 수를 생하지 못한다. 일주가 왕지에 좌했지만 화토의 세에 억제되고 있다. 더욱 합신된 무토가 참되고 왕하여 일주가 합을 따를 수 없다. 초년 임신, 계유운은 금수(金水)가 함께 왕하여 고고(孤苦)함을 견딜 수 없었다. 갑술운이 오자 화국을 이루어주니 큰 행운이 왔고 재물이 넉넉해 졌다. 병자운이 되며 화가 통근하지 못하여 파직당하고 임자년에 불록되었다.

```
辛 壬 丁 甲
亥 辰 卯 辰

癸 壬 辛 庚 己 戊
酉 申 未 午 巳 辰
```

[옮김]

　임수 일주가 중춘(仲春)에 태어났다. 사주에 녹인(祿印)이 있으나 화신이 당령하였다. 또한 원신(元神)이 투출해 있다. 시간 신금은 절지에 앉아 뿌리가 없다. 이로서 합신인 정화가 신금을 극해 수를 생할 수 없고, 해수는 일주의 녹이 아니고, 갑목의 장생지가 되었다. 일주는 부득이 합목으로 화하게 된다. 초년 화운에 학교에 가고 과장(科場)에 나가 뜻을 이루었다. 임신, 계유운은 금수가 국을 파해 벼슬길이 막혔고 형상파모가 있었다. 이런 종류의 가화가 가장 많다. 이를 잘못 보고 신약 일주에 용인격 사주로 보면 크게 잘못 보는 것이다.

50. 순 국 (順 局)

[원문]

一出門來只見兒　吾兒成氣構門閭
일출물래지견아　오아성기구문려
從兒不管身强弱　只要吾兒又得兒
종아불관신강약　지요오아우득아

[옮김]

사주의 문을 열고 식상이 보이고, 그 식상이 성기(成氣)하여 문을
세웠다면 종아격이 되니 일주의 신강 신약에 상관없다. 식상이기만
하면 되며 재를 얻어야 한다.

[원문 주]

이는 성상(成象), 종상(從象), 상관과 다르다. 내가 생하는 것을
취하여 아이로 삼는 것이다. 가령 목이 화를 보면 기상(氣象)을 이
루며, 무기 일주가 신유술을 보면 서방의 기를 이루며, 사유축이 금
국이 되면 일주가 강하거나 약함에 관계없이 금이 수기를 생할 수만
있다면 생육의 뜻이 있어 유통되는 것으로 반드시 부귀하게 된다.

[임철초 주]

순(順)이란 내가 생하는 것이고 월령에 식상이 있고 또 식상이
많다면 일주의 강약에 관계없이 일주가 식상을 생하는 것은 순이
되며 여기에 재성이 있다면 생육의 뜻이 이루어지는 것이다. 내가

보잘 것 없고 평범하고 별로 하는 일이 없다 해도 내 자손이 창성하면 집안을 일으킬 수 있다. 여기에 운이 재운으로 흐르면 손자가 태어나는 것과 같으니 집안에 경사가 있다고 할 수 있다. 그래서 순국이라 하는 것이다. 종아(從兒)는 종재격이나 종관격과는 다르다. 식신생재만으로 생육을 이루어 수기가 유행되면 명리가 따라 온다. 식상이 자식이면 재성이 손자가 된다. 손자는 조부를 극할 수 없으니 영화로움이 있다. 관성을 보면 손자가 또 자식을 낳는 것이니 이때는 일주인 증조(曾祖)가 상해를 입게 된다. 그래서 관살이 있으면 일주가 상해를 입는다. 인수는 일주의 부모가 된다. 부모는 나를 생하여 장래성 있게 할 뿐, 내 자식을 용납하지 않는다. 따라서 자식은 재앙을 겪고 화를 당한다. 이로서 종아격은 기장 꺼리는 것이 인수이며 다음이 관성운이다. 관은 일주를 극하면서 재를 설한다. 식상은 관성과 불화하며 생육의 뜻이 없다. 쟁전(爭戰)의 바람이 일어나 사람이 상하고 재물이 흩어진다.

丙 癸 壬 丁
辰 卯 寅 卯

丙 丁 戊 己 庚 辛
申 酉 戌 亥 子 丑

[옮김]

이 사주는 계수 일주가 인월에 생하고 인묘진 방국을 이루고 있다. 격이 수목 종아격이 되었다. 시간의 재성 병화가 용신이 되니 아우생아(兒又生兒)다. 분명히 월간 임수는 병이 된다. 하지만 정임 합목되어 병화를 생하게 되어 생육하게 되었다. 일찍 과갑하여 한원에 이름이 올랐고 벼슬이 봉강이 되었다. 신금운은 목의 절지가 되어 죽었다.

```
丙 癸 癸 丁
辰 卯 卯 巳

丁 戊 己 庚 辛 壬
酉 戌 亥 子 丑 寅
```

[옮김]

계수 일주가 묘월에 태어났고 목이 왕하다. 원국에 금이 없어 수목 종아격을 이루고 있다. 인운에 목국이 형성되어 갑술년에 입반하고 병자년에 향방이 되었다. 앞의 사주보다 못한 것은 월간 계수가 재를 두고 다투고 있어 아름다움이 사라졌기 때문이다. 하지만 재성의 세가 왕하여 일신의 평안은 있었다.

```
戊 丙 丁 己
戌 戌 丑 未

辛 壬 癸 甲 乙 丙
未 申 酉 戌 亥 子
```

[옮김]

이 사주는 병화 일주가 12월에 태어났다. 원국의 오행이 모두 토 식상이니 종아격이 된다. 축토에 암장된 신금 재성을 용신한다. '하나의 현기(玄機)가 암장되었다'고 하는 것이 이런 것을 말한 것이다. 바람직스럽지 못한 것은 월간 정화 겁재가 술미토에 통근해 기신이 심중(沈重)해 있어 귀함이 없게 된 것이다. 하지만 묘하게 중년운이 계유, 임신으로 흘러 벼슬길이 순탄하게 되었다.

```
戊 丙 辛 己
戌 戌 未 未

乙 丙 丁 戊 己 庚
丑 寅 卯 辰 巳 午
```

[옮김]

병화 일주가 미월에 생하고 원국이 모두 토로 되어 있어 종아격을 이루고 있다. 신금이 월간에 투출되어 종아우견아(從兒又見兒)라 한다. 앞의 사주보다 좋은 사주인 것 같지만 공명과 부귀가 못했다.

전조는 금이 투출되지 않았지만 축토가 화를 어둡게 하고 금을 생하고 있었고, 이 사주는 비록 신금이 투출해 있지만, 여름의 금이라 금이 녹고 뿌리가 분명치 않고, 술미중에 흉물의 뿌리가 깊기 때문이다. 운마저 목화지로 행하여 비록 향방에 올랐으나 평생 가르치는 일만 했다.

$$
\begin{array}{cccc}
丙 & 甲 & 丁 & 甲 \\
寅 & 午 & 丑 & 午
\end{array}
$$

$$
\begin{array}{ccccc}
癸 & 壬 & 辛 & 庚 & 己 & 戊 \\
未 & 午 & 巳 & 辰 & 卯 & 寅
\end{array}
$$

[옮김]

갑목 일주가 계동(季冬)에 생하였다. 당연히 화가 허하지만 통근하여 화기(火氣)는 있다. 격은 종아를 이루었다. 종아는 일주의 강약을 논하지 않는다는 것은 일주를 신약으로 논한다는 것이 아니다. 앞의 사주는 조열하였지만 이 사주는 습토가 조한 기운을 윤화(潤和)하여 생육에 장애가 없어 갑제(甲第)에 올라 벼슬이 시랑에 이른 것이다.

```
壬 戊 辛 辛
子 申 丑 丑

乙 丙 丁 戊 己 庚
未 申 酉 戌 亥 子
```

[옮김]

이 사주는 일주가 계동(季冬)에 생하였다. 두 개의 신금이 년, 월
간에 나란히 투출해 모두 뿌리가 있다. 일지 신금이 생을 만나 사
주가 순수하다. 일찍 반수에 들었다. 해운에 자기보다 월등히 신분
이 높은 사람과 좋은 인연을 맺었다. 무술운에 조토에 통근하여 임
수를 탈거하며 병인년에 임수의 뿌리인 신금을 충하여 체용이 모두
상했다. 불록되고 말았다.

```
辛 戊 庚 庚
酉 申 辰 子

丙 乙 甲 癸 壬 辛
戌 酉 申 未 午 巳
```

[옮김]

이 사주는 무토 일주가 계춘에 생하였다. 원국에 경신금이 거듭
있어 종아격을 이루었다. 앞의 사주와 대동소이하다. 지지에 재국을
이루고 생육이 유정하다. 중년운이 토금으로 흘러 재성을 생조하여

과거시험에 합격하고 벼슬이 군수가 되었다. 앞의 사주가 불록된 것
은 운이 배반하였기 때문이다.

```
壬 辛 辛 壬
辰 亥 亥 寅

丁 丙 乙 甲 癸 壬
巳 辰 卯 寅 丑 子
```

[옮김]

　신금 일주가 겨울에 태어났다. 두 개의 임수가 당권하였다. 재가
생왕을 얻고 금수를 내포해 종아격이 되었다. 책을 읽고 기억하는 두
뇌가 뛰어나 갑인운에 등과 발갑했다. 을묘운이 되자 시랑 벼슬에서
황당에 올랐다. 하지만 병진운이 되자 관인이 재래하나 무술년에 그
만 인수를 충하고 상관을 파해 죽고 말았다.

```
辛 辛 辛 壬
卯 卯 亥 子

丁 丙 乙 甲 癸 壬
巳 辰 卯 寅 丑 子
```

[옮김]

　신금 일주 해월에 생하고 수세가 당권하고 있다. 일주와 시간의
비견이 절지에 앉아 월간에 비견이 또 투출해 있지만 격은 종아가
되었다. 독서와 암기하는 능력이 뛰어나 일찍 관리가 되었고 현재
(縣宰)벼슬에 올랐다. 을묘운은 주변이 평탄하였으나 병진운으로 바
뀌면서 남의 죄에 연루되어 파직 당했다. 술년이 되자 왕토가 수를
극해 사망했다. 종아격은 재를 만남을 운에서 배반하지 않아야 부귀
하게 되는 사주다. 여기에 수기가 유행하면 총명하고 학문이 깊다.

51. 반 국 (反 局)

[원문]

君賴臣生理最微　兒能救母洩天機
군뢰신생리최미　아능구모설천기
母慈滅子關頭異　夫健何爲又怕妻
모자멸자관두이　부건하위우파처

[옮김]

　임금이 신하에 의지한다는 것은 그 이치가 아주 미묘하며, 아이가 엄마를 구한다는 것은 천기를 설하는 것이다. 엄마의 사랑이 자식을 멸한다는 것은 기이하다. 남편이 건왕한데 왜 아내를 두려워해야 하는가?

[원문 주]

　목이 군(君)이라 가정하면 신하(臣下)는 토가 된다. 목이 수가 많아 물에 뜨게 되면 토가 수를 억제해 줄 때 목은 살아날 수 있다. 목이 왕하여 불꽃이 치열해지면 금이 목을 억제하면 화가 살아나고, 토가 조토가 되면 수가 화를 극해 줘야 토가 윤택해져 살아나고, 토가 중중하여 금이 매몰되면 목이 토를 극해야 금이 살아난다. 금이 많아 수가 탁해지면 화가 금을 극해야 수가 살아나니 이것이 군뢰신생(君賴臣生)하는 이치가 되어 아주 묘하다.

[임철초 주]

　군뢰신생(君賴臣生)이란 인수가 태왕한 경우를 말한다. 이것은 일

주에 관해 논한 것이다. 예를 들어 목 일주를 임금으로 삼으면 신하
는 원국의 토가 된다. 사주에 임계수와 해자수가 넘쳐나면 자연히 수
가 범람하여 목은 약해져 물 위에 뜰 수밖에 없다. 목이 수를 설할
수 없는 지경에 이른 것이다. 이 경우에 토를 사용하여 수를 억제해
주어야 목이 부목(浮木)되지 않고 뿌리를 내려 살아날 수 있다. 그렇
게 되어야 목이 수를 설할 수도 있게 된다. 재를 가까이 하여 인수를
파하면 위를 범한다는 의미이니 이는 반국(反局)이 된다. 일주에 관해
논하였지만, 사주 역시 같은 이치로 논한다. 또 관성이 수라 가정하
면 인수는 목이 되는데, 수세가 태왕하면 역시 목이 물 위에 뜨게 되
며 이 경우에도 토를 만나야 목은 수를 설하는 반생(反生)의 묘가
있게 되니 그 이치가 아주 묘한 것이다.

```
戊 甲 壬 壬
辰 寅 子 辰

戊 丁 丙 乙 甲 癸
午 巳 辰 卯 寅 丑
```

[옮김]

갑목 일주가 겨울 자월에 생하였다. 앞의 사주가 인목에 앉아 실
하다면 이 사주는 일지에 자수를 두어 허하다. 다만 술토가 년지에서
화를 띄고 있어 진토보다 역량이 훨씬 커 기쁘다. 이 원국은 무토의
뿌리가 튼튼하여 일주의 허약함은 충분히 막아 줄 수 있다. 대운이
같고 공명 또한 비슷하게 상서 벼슬에 올랐다.

```
戊 甲 壬 壬
辰 子 子 戌

戊 丁 丙 乙 甲 癸
午 巳 辰 卯 寅 丑
```

[옮김]

이 사주는 갑목일주가 자월에 태어났다. 앞의 사주는 일지 인목
에 앉아 튼튼하였지만 이 사주는 일지에 자수가 있어 허약하다. 하
지만 기쁘게도 화를 띈 술토가 년지에 있다. 술토는 진토에 비해
비교할 수 없을 만큼 역량이 크다. 그러므로 뿌리가 확실해 일주의
허함을 충분히 면할 수 있게 되었다. 대운도 같았고 공명 또한 같
았다. 벼슬이 상서에 이르렀다.

```
己 辛 戊 己
亥 酉 辰 巳

壬 癸 甲 乙 丙 丁
戌 亥 子 丑 寅 卯
```

[옮김]

이 사주는 '진제독'이란 사람의 사주다. 신금 일주가 진월에 태어났
고 원국에 토가 거듭되어 있다. 진토는 목의 여기이다. 해중 갑목이
생을 만나고 진유합으로 목의 근원을 돕고 있다. 멀리 사화와 충이

되어 토를 생할 수 없게 되어 군뢰신생(君賴臣生)이다. 공부를 하고자 했으나 학문을 완성하지 못한 것은 목의 원신이 투출하지 않았기 때문이다. 하지만 사주 격국이 유정하고 운이 도와주어 군인으로 뛰어난 인물이 되었다.

庚	己	丁	戊
午	卯	巳	午

癸	壬	辛	庚	己	戊
亥	戌	酉	申	未	午

[옮김]

기토 일주가 여름에 태어났다. 사화가 월령에 있고 화가 왕해 목이 타버릴 수 있다. 토 역시 조열하다. 경자년에 춘위 벼슬을 받으니 이는 화기를 억제하고 조열한 토를 윤택하게 했기 때문이다. 하지만 벼슬이 더 오르지 못한 것은 원국에 수가 존재하지 않았기 때문이다.

[원문]

兒能生母之理　須分時侯而論也
아능생모지리　수분시후이론야

如木生冬令　寒而旦凋逢金水必凍
여목생동령　한이단조봉금수필동

[옮김]

능히 자식이 부모를 살리는 이치는
시절(時節)의 기후(氣候)를 보고나서 논해야 한다.

[원문 주]

어머니가 목이면 자식은 화가 된다. 금이 목을 극하면 화가 금을
극하므로 목이 살게 된다. 수가 화를 극하여 화가 꺼질 염려가 있
게 될 때, 토가 수를 극해주면 화가 소생한다. 토가 목의 극함을 당
하고 있으면, 금이 목을 극하면 토가 살아난다. 금이 화의 극을 받
으면 수가 화를 극해주면 금이 살게 된다. 토가 수를 극할 때 목이
토를 억제하면 수가 회생한다. 아능구모(兒能球母)함이 이러한 것이
니 이는 능히 천기(天機)를 탈(奪)할 수 있다는 뜻이다.

[임철초 주]

아능구모(兒能救母)의 이치는 반드시 시후(時侯)를 분별해 논해야
한다. 겨울에 생한 목이 금수를 만나면 금은 목을 극하고 수는 얼음
이 되어 목을 어렵게 한다. 이런 경우는 반드시 화가 금을 억제하고
얼음이 된 수를 녹여 주어야 목이 살아나 수를 설할 수 있게 된다.
겨울이나 이른 봄에 화가 생하면 목은 어리고 화는 허하다. 이렇게
되면 화는 수를 꺼리고 목 또한 수를 꺼리니 토가 수를 억제해 주어
야 한다. 토가 목의 극을 받는 늦은 봄이나 초겨울에 생하면 목은
견고하고 토는 허하다. 화가 있어도 습토를 생하기는 어려우니 반드
시 금이 목을 극해 주어야 화는 불꽃을 피우고 토 역시 생을 얻을
수 있다. 금이 화의 극을 만나게 되는 늦은 봄이나 초여름에 생하면
어떤가? 목은 왕하고 화 또한 왕하니 반드시 수가 화를 극해야 목과

토가 윤습해져 금이 살아날 수 있다. 토가 수를 막으면 목이 토를 소통해야 수가 흐를 수 있다. 모자(母子)의 상의지정(相依之情)은 목이 여름이나 가을에 태어나고, 화가 가을이나 겨울에 태어나고, 금이 겨울이나 봄에 태어나고, 수가 봄이나 여름에 태어나면 휴수되어 자체의 여기가 없어 나를 생하는 신으로 쓸 수 없다. 따라서 나를 극하는 신을 억제해 줄 수 없다. 일주를 중심으로 사주의 신을 논했지만 모두 이런 이치로 논하면 된다.

```
庚 甲 丙 甲
午 申 寅 申

壬 辛 庚 己 戊 丁
申 未 午 巳 辰 卯
```

[옮김]

이 사주는 갑 일주가 인월에 태어났다. 이른 봄의 목은 어리다. 년과 일지의 두 신금이 일주의 록인 인목을 쌍충하고 있다. 시간에도 경금이 투출해 있다. 목은 어리고 금은 견고하다. 금은 병화가 생을 만나고 왕지에 임해 제금(制金)해 주는 것에 의지한다. 묘한 것은 수가 원국에 없어 화가 자극받지 않는 것이다. 이를 아능구모(兒能救母)라 한다. 경신금이 갑목을 상하지 못한다. 병화의 녹지인 사화운에 향방에 올랐다. 경오운에 발갑하고 신미운에는 벼슬이 현재(縣宰)에 올랐다. 경금이 개두(蓋頭)하고 있어 더 이상 벼슬이 오르지 못했다. 임신운은 벼슬길이 막힐 것이고, 수명에도 우려스러울 것이다.

```
丙 乙 丙 甲
戌 酉 子 申

壬 辛 庚 己 戊 丁
午 巳 辰 卯 寅 丑
```

[옮김]

　을목 일주가 겨울에 생(生)하였다. 생이 되기는 해도 겨울철 목은
자랄 수 없다. 지지는 재살이 세력을 이루고 있다. 월, 시간에 병화
가 투출하여 금은 차갑지 않고 수는 얼지 않는다. 겨울 목이 양을
만나 아능구모(兒能救母)가 되었다. 사람됨이 강직하며 창업하여 큰
재물을 모았다. 학문을 하지 못한 것은 인수가 술토에 파(破)되었기
때문이다.

```
甲 壬 乙 丙
辰 辰 未 辰

辛 庚 己 戊 丁 丙
丑 子 亥 戌 酉 申
```

[옮김]

　임수(壬水)일주가 미월(未月) 휴수기(休囚期)에 태어났다. 진토(辰
土)가 지지에 셋이 있어 일주(日主)는 뿌리가 있어 기쁘다. 진토는

목을 기를 수 있는 습토(濕土)다 갑을목(甲乙木)이 뿌리가 있고 토를 제(制)하니 아능구모(兒能救母)가 되었다. 병화(丙火)가 목을 설(洩)하고 토를 생하니 무정(無情)하여 공명(功名)이 일금(一衿)에 그쳤다.

```
辛 己 乙 癸
未 卯 卯 卯

己 庚 辛 壬 癸 甲
酉 戌 亥 子 丑 寅
```

[옮김]

기토(己土) 일주가 묘월(卯月) 봄에 태어났다. 지지에 살이 월령을 포함해 셋이 있고 월간에도 투출하여 일주의 허약함이 극에 달했다. 다행한 것은 시간에 신금이 투출하여 목이 왕한 것을 염려하지 않는다. 시지의 미토가 유여(有餘)하여 신금이 살을 충분히 억제하니 아능구모(兒能球母)가 되었다. 계유년에 신금이 득지하여 향방에 올랐고 경술년에는 현령 벼슬에 올랐다. 년간 계수가 금을 설하고 목을 생하는 것은 무정하다. 이로서 재물은 항상 넉넉지 않았어도 청렴강직하고 인품이 조용했다.

[원문]

母慈滅子之理　與君賴臣生之　意相似也

모자멸자지리 여군뢰신생지 의상사야

細究之均是印旺　其關頭異者　君賴臣生

세구지균시인왕 기관두이자 군뢰신생

[옮김]

자애로운 모친이 자식을 죽인다는 이치는 군뢰신생(君賴臣生)의
이치와 비슷하여 똑 같이 인수(印綬)가 왕하다.

[원문 주]

목이 모(母)이면 자식은 화가 된다. 목이 태왕하면 이를 두고 모
자(母慈)라 하는데 화는 오로지 목이 태왕하면 분멸(焚滅)하게 되는
데 이것을 멸자(滅子)된다고 한다. 화, 토, 금, 수 역시 같은 이치로
본다.

[임철초 주]

모자멸자(母慈滅子)는 군뢰신생(君賴臣生)의 이치와 같다 하겠다.
자세히 보면 모두 인수가 왕하다. 군뢰신생은 왕한 인수를 재성이
원국에서 능히 파할 수 있지만 모자멸자는 재성이 인수를 파할 수
없는 것이며 이로서 모성에 순해야 자식의 안위가 괜찮게 된다는
것이다. 대운이 비겁운으로 향해야 모자가 모두 평안하며 재성이나
식상을 보게 되면 모성을 거스리는 형국이 되어 생육하는 뜻이 없
게 되니 불행을 면치 못하게 된다.

```
甲 丁 甲 癸
辰 卯 寅 卯

戊 己 庚 辛 壬 癸
申 酉 戌 亥 子 丑
```

[옮김]

　이 사주를 두고 속사(俗士)들은 흔히 살인상생격을 이루고 신왕
살약하기 때문에 금수운에 발한다고 하지만 그들은 계수가 목세에
따른다는 것을 모르고 하는 말이다. 인묘진 목국을 이루고 있고 목
이 또 있어 화가 꺼지니 모자멸자(母慈滅子)가 된다. 계축, 임자 초
년운에 화를 극하고 목을 생하여 형상파모를 겪고 신해, 경술, 기
유, 무신운에는 토가 금을 생하고 목의 왕신을 범해 실패하는 일이
많았고 자신의 설 자리마저 사라졌다. 나이 60전에는 한 가지도 이
루지 못했다. 정미운이 되고서야 모성에 순응하고 일주를 돕게 되어
여자를 만나 자식을 얻고 병오운까지 20년 동안 뒤 늦게 많은 재물
을 모으고 나이는 90넘게 살았다.

```
戊 辛 丙 戊
戌 丑 辰 戌

壬 辛 庚 己 戊 丁
戌 酉 申 未 午 巳
```

[옮김]

신금 일주 계춘(季春)에 생하였다. 원국에 토가 주를 이루고 병화 관성은 토에 설진(洩盡)되었다. 토가 중(重)하여 금이 매몰되는 형상이여서 모자멸자(母慈滅子)이다. 화토 초년운에 형상파패가 있어 가업이 몰락하였고 경신운은 모성에 순응하여 좋은 기회를 만났다. 신유운에는 벼슬을 얻었으나 임술운에는 지지에 토가 있어 파직당했다.

```
戊 辛 戊 丙
戌 丑 戌 戌

甲 癸 壬 辛 庚 己
辰 卯 寅 丑 子 亥
```

[옮김]

이 사주는 앞의 사주와 비슷하다. 술자 하나만 바뀌었다. 초년운 기해, 경자, 신축 금수운에 귀하게 되고 벼슬했다. 임수운에 모성을 범하였다. 토가 중(重)한 경우에는 목을 만나면 반드시 좋은 일이 많겠지만 무리하게 출사(出仕)하면 반드시 흉한 일을 겪게 되고 벼슬이 박탈될 것이다.

```
壬 甲 壬 壬
申 子 寅 子

戊 丁 丙 乙 甲 癸
申 未 午 巳 辰 卯
```

[옮김]

이 사주는 잘못 보면 갑일주가 인월에 생하였고, 시지에 신금이 청하여 명예와 재물이 풍성해 질 것이라 하겠지만 초봄의 목이 어린 것을 모르고 말하는 것이다. 기가 얼음 같이 차가워 납수할 수 없다. 시지의 금은 임수의 생지이다. 신자(申子) 수국이 되니 모자멸자(母慈滅子)가 된다. 대운에서 목의 도움이 없고 수와 전국(戰局)이 일어나니 명리가 없다. 초년 계묘, 갑진운은 모(母)가 도와주니 괜찮다. 을사운이 되면서 부모가 돌아가시고 재물이 파산되었으며 수화(水火) 상쟁(相爭)하니 수명이 다 하게 되었다.

[원문]

木是夫也　土是妻也　木旺土多　無金不怕

목시부야 토시처야 목왕토다 무금불파

一見庚辛申酉字　土生金　金剋木

일견경신신유자 토생금 금극목

是謂夫健而怕妻也　歲運逢金　亦同此論

시위부건이파처야 세운봉금 역동차론

[옮김]

목이 남편이면 토가 처(妻)이다. 목이 왕하면 토가 많아도 금만 없다면 두려울 것이 없다. 하지만 경신신유금(庚辛申酉金)을 보게 되면 토가 금을 생하고 금은 목을 극(剋)하게 된다. 이렇게 되면 건장한 남편이라도 처를 두려워할 수밖에 없다. 대운에서 금을 봐도 이와 같이 논한다.

[원문 주]

목이 남편이면 토는 아내가 된다. 목이 왕해도 토가 금을 생하면 목이 극을 당하게 되니 부건파처(夫健怕妻)가 된다. 처를 두려워하게 되는 것이다. 화, 토, 금, 수도 같다. 수가 열화(烈火)를 만나면 토를 살리고 화가 차가운 금을 만나면 수를 살린다. 수가 금을 살리게 되는 이유는 토의 조열함을 적셔주기 때문이며 화가 목을 살리는 것은 차가운 기온을 따뜻하게 해주기 때문이다. 화가 목을 태우면 수가 마르고, 토가 수를 극하면 목이 마르게 된다. 이러한 이치를 반국(反局)이라 하니 공부하는 자는 그 미묘함을 자세히 이해해야 한다.

[임철초 주]

목이 남편이면 토는 아내이다. 목이 왕하면 토가 왕해도 금이 없으면 두렵지 않다. 그러나 금이 있으면 목이 극을 받게 되니 이를 부건파처(夫健怕妻)라 한다. 운에서 금운이 와도 같이 본다. 일주가 갑인, 을묘이면 부건(夫健)이 되는데 원국에 재성이 많으면서 금이 있거나, 갑일주에 인월, 을일주에 묘월이면서 년과 시에 재성이 많고 천간에 경신금이 투출하면 부건파처가 된다. 목이 무력하고 재성이 중중하면 금이 없어도 남편은 쇠하고 아내는 왕하니 이 또한 부건파처가 된다. 나머지 오행도 이처럼 논하면 된다. 수가 토를 살린다는 말은 화세를 억제하는 것이다. 화가 수를 살린다는 것은 금의 한기를 억제하는 것이며, 수가 금을 살린다는 것은 토를 윤택하게 해주는 것이다. 화가 목을 살린다는 것은 얼음이 된 수를 녹여주는 것이며, 왕한 화가 조열한 토에 수가 말라붙으면 화는 수를 극할 수 있다. 조한 토가 금을 거듭 만나 수가 탁해지면 토는 목을 극할 수 있다. 거듭된 금이 범람하는 수에 화가 꺼지면 금은 화를 극할 수 있다. 범람하는 수가 목을 거듭 만나 화가 꺼지면 수는 토를 극할 수 있다. 무리지은 목이 화를 치열하게 하여 토가 말라 터지만 목은 금을 극할 수 있다. 이처럼 오행의 이치가 상반되는 경우를 반국(反局)이라 한다. 공부하는 자는 이러한 오묘한 이치를 자세히 이해해야 명리학으로 다 밝힐 수 있게 된다.

```
辛 甲 戊 己
未 寅 辰 亥

壬 癸 甲 乙 丙 丁
戌 亥 子 丑 寅 卯
```

[옮김]

갑목 일주가 진월에 태어났다. 원국에 토 재성이 많다. 신금 관성이 시간에 투출해 있고 토가 금을 생하고 금은 일주를 극하니 부건파처(夫健怕妻)가 된다. 초년이 목화운으로 토금이 억제되니 일찍 과갑하였으며 갑자, 계해운으로 이어지면서 일주가 재관을 충분히 감당할 수 있게 되어 관리의 앞날이 밝게 열렸다.

```
辛 甲 戊 己
未 子 辰 巳

壬 癸 甲 乙 丙 丁
戌 亥 子 丑 寅 卯
```

[옮김]

   이 사주는 갑목 일주가 진월에 생하여 여기(餘氣)에 뿌리가 있고 일지에 인수가 있어 중화를 이루었다. 재성이 중첩되고 당령하였으며 시간에 금이 투출되어 있어 부건파처(夫健怕妻)가 되었다. 초년 운이 목화여서 과갑하였다. 그러나 토가 병이 되니 벼슬길이 순탄치 못했다. 앞의 사주는 해수와 록이 있어 강건했지만, 이 사주는 미토와 자수가 상극되고, 앞의 사주는 인목이 토를 억제하여 인수를 보호해 주고 있다.

```
庚 丁 辛 乙
戌 巳 巳 亥

乙 丙 丁 戊 己 庚
亥 子 丑 寅 卯 辰
```

[옮김]

   '대상서'라는 사람의 사주다. 정사 일주가 여름에 태어났다. 월간

과 시간에 금재성이 투출해 지지의 생조를 받고 있다. 사해충 되어
화가 제거되고 금이 남았다. 부건파처(夫健怕妻)가 되었다. 다행히
초년 목운이 일주를 도와주어 장원급제되고 벼슬길이 평탄했다. 하
지만 자수운이 되면서 양 사화가 억제당하니 불록되었다.

```
癸 戊 甲 癸
丑 戌 子 亥

戊 己 庚 辛 壬 癸
午 未 申 酉 戌 亥
```

[옮김]

무술 일주 해년 자월에 생하였다. 갑목 관성이 월간에 투출하여
생을 받고 있다. 수가 목을 생하고 목은 토를 극하니 부건파처(夫健
怕妻) 사주다. 일주는 술토에 좌하고 인수가 암장되어 있다. 수세가
왕하지만 인수가 암장되어 극을 받지 않고 있다. 모든 이치는 극에
달하면 반드시 반하는 현상이 일어나게 되는 것이니 방백 벼슬에
올라 있었지만 집안의 살림은 풍족하지 못했다.

```
甲 戊 癸 癸
寅 午 亥 亥

丁 戊 己 庚 辛 壬
巳 午 未 申 酉 戌
```

[옮김]

이 사주는 '창'이란 한 제독(提督)의 사주다. 무오 일주가 해년 해
월에 태어났다. 사주의 관살이 왕하여 부건파처(夫健怕妻)다. 재성
이 나타난 인수를 파하고 있다. 학문을 계속할 수 없게 된 이유이
다. 인목이 오화와 합되어 극을 받고 있는 가운데 생을 만나 합화
되니 무반(武班)으로 이름을 크게 알렸다. 임씨는 이렇게 말했다.
'내가 부건파처 사주를 자세히 살펴보았다. 그런 사주에 귀하게 된
사람이 많이 있게 된 것을 알았고, 그 이유를 살펴보니 '건(健)' 한
자에 있음을 알았다. 일주가 건하지 않았으면 재다신약(財多身弱)일
수 밖에 없는 사주들이었다. 그런 사주는 일생 어려움이 많은 사주
다. 하지만 부건파처는 파(怕)였어도 불파(不怕)한 이치가 있었다.
만약 건하지 못하였다면 도리를 벗어난 아내의 못된 성격으로 인해
남편의 삶은 곤고함을 면하기 어려웠을 것이다. 순리를 벗어난 아내
의 성품으로 인해 어찌 부귀한 집안을 이룰 수 있겠는가.'

52. 전 국 (戰 局)

[원문]

天戰猶自可　地戰急如火

천전유자가 지전급여화

[옮김]

천전(天戰)은 홀가분할 수 있지만, 지전(地戰)은 불과 같이 급하다.

[원문 주]

갑경, 을신이 천간에 있으면 천전(天戰)하고 있다고 한다. 지지가 순하고 정하면 해악이 없다. 인신, 묘유가 지지에 있으면 이를 두고 지전(地戰)이라 한다. 지전은 천간의 위력이 없으면 그 흉함이 빠르게 나타난다. 천간은 동(動)하고 지지는 정(靜)하기 때문이다. 경신, 갑인, 을묘, 신유의 경우가 그렇다. 천지가 조용하지 않고 충극 되는 요란스러움이 있으면 그 사주는 반드시 흉한 일을 겪게 된다. 의심의 여지가 없다. 원국에 한 두 개의 충이 나타나면 그 중 하나를 유정하게 합화하거나 그 동하는 신을 거두어들이거나 하면 아름다워진다. 희신이 암장되어 있다면 충동하여 인용(引用)해야 한다. 세운에서 합이나 회(會)를 하면 그 가치를 살펴 판단해야 한다.

[임철초 주]

천간이 모두 같고 지지가 안정되어 있으면 제어하기 쉽다. 지지의 기가 잡다하면 천간이 순정해도 제화(制化)되기 어렵다. 천간은 동해야 하고 지지는 정해야 한다. 동하면 유용하고 정하면 더욱 안정된다. 그래서 지지는 정해야지 동하면 아름답지 못한 것이다. 정하면 유용하게 쓰이지만 동하면 뿌리가 뽑히게 되는 것이다. 반드시 좋은 합신을 만나야 하고 좋은 회국을 이뤄야 그 동한 기운을 쉬게 할 수 있다. 이렇게 되어야 흉이 변하여 길하게 된다. 갑인, 경신, 을묘, 신유, 병인, 임신, 정묘, 계유등은 천지가 싸우는 것이다. 비록 합신이나 회신이 있어도 흉이 빠르게 나타난다. 둘이 하나를 충하지 않는다는 말은 잘못된 것이다. 두 개의 인목이 하나의 신금을 만나면 인목 하나는 살아남고, 두 개의 신금이 하나의 인목과 부딪치면 인목은 극진 된다. 천간은 극이라 하고 지지는 충이라 하는데 이치가 맞다. 용신이 암장되어 있거나 합이 되어 있으면 충동해 주어야 쓸 수 있게 된다. 합이나 충 또한 마땅한 경우와 그렇지 않은 경우가 있으니 잘 살펴보아야 한다.

```
辛 丁 乙 癸
亥 未 卯 酉

己 庚 辛 壬 癸 甲
酉 戌 亥 子 丑 寅
```

[옮김]

'이도사'라는 사람의 사주다. 정화 일주가 봄에 태어났다. 지지에 목국을 이루고 있다. 년간 계수 관성이 유금에 앉아 있어 재자약살(財慈弱殺)이나 살인상생(殺印相生)격이 아닌가 싶지만 묘유충 되어

국이 파격되어 그렇지 않다. 을신이 천간에서 싸우고 인수가 상하고 재살이 사령하고 있다. 신운 임자년에 재살을 또 만나 법을 어겨 형(刑)을 받았다.

己 乙 辛 癸
卯 卯 酉 酉

乙 丙 丁 戊 己 庚
卯 辰 巳 午 未 申

[옮김]

을목 일주 유월(酉月)에 생한 이 사주는 천간이 을, 신, 기, 계이며 지지에 묘유가 둘 씩 있다. 일주가 시들고 금은 날카롭고 천지가 싸우고 있다. 당령한 금에 기토가 생을 하고 있다. 목이 휴수기에 들어 있어 계수가 생하지 못한다. 다행히 중년운이 화운이라 살을 제하여 벼슬이 지현(知縣)에 올랐다. 진운에는 살을 도와주게 되어 국법을 어겨 큰 재앙을 맞았다.

```
甲 壬 壬 壬
辰 午 寅 申

戊 丁 丙 乙 甲 癸
申 未 午 巳 辰 卯
```

[옮김]

　이 사주는 임수가 인월에 생하였다. 비견이 년간과 월간에 투간
하였고 년지 신금의 생을 받아 수의 세력이 뿌리가 있다. 초봄의 목
은 어려 충이 됨을 겁내지만 일지 오화가 초봄의 추위를 거두어 목이
생기를 얻고 금을 제하여 기쁘다. 갑목 원신이 시간에 투출한 것이
묘하다. 이로서 천간의 수가 유행되고 운 또한 생화의 정으로 흐르니
싸움으로 인한 화가 사라지게 되었다. 과거시험장에 나가 좋은 성적
을 올렸다. 하지만 신금운에 그만 불록(不錄)되었다.

```
辛 壬 壬 壬
丑 申 寅 申

戊 丁 丙 乙 甲 癸
申 未 午 巳 辰 卯
```

[옮김]

　이 사주는 임(壬) 일주가 천간에 비견(比肩)이 둘 있다. 인월의
목은 어린데 신금이 또 둘 있어 감당할 수가 없다. 원국에 화가 없
어 제화(濟化)해 주는 정이 약하다. 축토가 금을 생하여 기탁신고

(氣濁神枯)하다. 초년 계묘, 갑진운이 넉넉함을 가져다주었고 을사
운은 형상파패(刑喪破敗)하였다. 병오운이 오자 군비쟁재(郡比爭財)
가 일어나 집안이 망하고 일신(一身)이 멸(滅)하였다.

```
甲 戊 辛 乙
寅 申 巳 亥

乙 丙 丁 戊 己 庚
亥 子 丑 寅 卯 辰
```

[옮김]

　천간이 을, 신, 갑, 술로 되어 있는 사주다. 지지는 인, 신, 사,
해다. 간지(干支)에서 싸움이 일어나 아름답지 못하다. 하지만 천간
의 싸움은 을신충으로 혼잡된 관성을 제거해 주고 있어 유정하다.
지지의 충 또한 관살을 억제해주니 기쁘다. 사해충은 인수가 제거되
니 좋지 않지만 입하가 10일 지나 태어나 무토가 사령할 때라서 해
수(亥水)가 억제되어 사화가 상하지 않는다. 목화로 흐르는 중년운
이 일주를 도와주니 과갑하여 군수 벼슬에 올랐다. 자운에 살을 생
하면서 인수를 극하니 불록되었다.

```
庚 甲 辛 乙
午 子 巳 亥

乙 丙 丁 戊 己 庚
亥 子 丑 寅 卯 辰
```

[옮김]

　갑목 일주 여름에 태어났다. 천간이 갑, 을, 경, 신이고 지지는
사, 해, 자, 오가 되어 간지가 모두 싸우고 있다. 화가 왕한 사주이
고 수가 약하다. 당연히 일주는 인수의 생함을 얻어야 하는데 경신
금이 해자수에 도움을 주지 못하고 있다. 사오화에 임해 있기 때문
이다. 운의 흐름도 수운이 아니니 남다른 어려움을 겪으며 세 명의
아내와 네 자식을 극했다. 정축운에 화가 설되며 금을 생하고 수를
합거하니 한 가지도 성공시켜보지 못하고 죽었다.

53. 합 국 (合 局)

合有宜不宜 合多不爲奇
합유의불의 합다불위기

[옮김]

합은 마땅하거나 마땅하지 않은 경우가 있다. 합이 많으면 기이
(奇異)하지 못하다.

[원문 주]

희신이 합을 이뤄 도움이 되는 경우가 있다. 경금이 희신이라면
을목과 합이 될 때 경금이 도움을 얻게 된다. 갑목이 흉신인 경우
는 기토와 합이 되면 흉신이 제거되니 기쁘다. 동적인 원국이 합되
어 정하게 되는 것, 갑목이 해에서 생할 때, 인목과 합이 되면 완성
된다. 이러한 합은 마땅한 합이다. 동적인 오행의 합이 정을 이루는
것, 자오가 충될 때 축토가 합해 주면 정하게 된다. 흉신을 도와주
는 합도 있다. 기토가 흉신인데 갑목이 합되면 토를 도와주게 된다.
희신을 구속하는 합도 있다. 을목이 희신인데 경금과 합이 되는 경
우이다. 동국(動局)을 닫게 하는 합도 있다. 축미충이 될 때 자오가
축미와 합되면 닫히게 된다. 갑목을 기뻐하지 않는데 인해가 합되면
갑목을 도와주어 기쁘지 않다. 어떤 합이든 많으면 유통되지 않고
분발되지 않아 대체로 마땅하지 않다.

[임철초 주]

합은 일단 아름다운 현상이라고 본다. 하지만 합이 합당할 때 그런 것이지 합을 꺼리는데 합이 된다면 그것은 충보다 더 흉한 것이다. 이게 무슨 뜻인가? 충이 합을 만나면 조용해지기 쉽지만, 합이 충을 만나면 쉽게 정(靜) 되지 않는다. 그래서 희신이 합이 되어 돕게 된다면 아름답게 되는 것이다. 경금이 희신인 경우, 을목과 합이 되면 희신을 돕게 되는 경우가 그런 것이다. 흉신이 합되어 제거되면 더욱 아름답다. 갑목이 흉신일 때 기토와 합이 되어 제거되는 경우이다. 한신과 흉신이 합되어 희신이 되는 경우도 있다. 계수가 흉신이고 무토가 한신일 때 무계합화 하여 희신이 되는 것이 그것이다. 한신과 기신이 합되어 희신이 되는 경우도 있다. 임수가 한신이고 정화가 기신일 때 합목되어 희신이 되는 경우이다. 자오충에 오화가 희신일 때 축토가 자수를 합하거나, 인신충일 때 인목이 희신인데 해수가 합되는 경우는 모두 마땅하다. 기신이 합되어 기신을 돕게 되는 경우도 있다. 기토가 기신이고, 갑목이 합되어 기신을 돕고, 을목 희신이 경금과 합되어 흉신을 사모하는 경우이다. 희신과 한신이 합되어 기신으로 변하는 것, 병화 희신이고 신금 한신일 때 수가 되어 기신이 되는 것이다. 한신과 기신이 합되어 흉신이 될 때도 있다. 임수가 한신이고 정화가 기신일 때 목이 되어 흉신이 되는 경우이다. 묘유충할 때 묘목이 희신이면 진토가 유금과 합되어 목을 극하고 사해충에 희신이 사화라면 신금과 합되어 수가되면 화를 극하게 되니 이런 합들은 모두 좋지 않은 것이다. 기신은 합거되고 희신은 합되어 도래해야 한다. 만약 기신이 합되어 제거되지 않으면 좋지 않다. 화(化)와 불화(不化)를 자세히 살펴야 한다.

```
乙 丙 庚 辛
未 子 寅 亥

甲 乙 丙 丁 戊 己
申 酉 戌 亥 子 丑
```

[옮김]

　'주중당'이란 사람의 사주다. 병화일주가 초봄에 태어났다. 목은
어리고 화(火)일주는 허(虛)하다. 목인수가 용신(用神)이며 금은 기
신(忌神)이 된다. 해수가 금의 기운을 설하여 유통시켜 주니 기쁘며
더욱 인목과 합목되어 목을 생조(生助)하니 매우 적절하다. 시지 미
토가 시간의 을목으로부터 제함을 받으니 거탁유청(去濁留淸)하게 되
었다. 사주가 순수하게 중화(中和)를 이루고 있어 인품(人品)이 너그
럽고 덕이 있었다. 일생동안 벼슬길이 평탄했고 행복한 삶을 살았다.

```
辛 壬 庚 戊
丑 寅 申 子

丙 乙 甲 癸 壬 辛
寅 丑 子 亥 戌 酉
```

[옮김]

　임인(壬寅)일주가 가을에 생하고 가을의 수가 통원하였다. 인수가
중중하다. 무축토가 금을 생하니 수를 제할 수 없어 쓸 수 없다. 수
의 성질에 순해야 하니 인목을 용신한다. 계수운에 금을 설하고 목
을 생해주니 입반하였다. 해수운에 지지가 축토의 습한 병을 제거하
여 인목과 합되어 과갑하고 한원에 이름이 올랐다. 하지만 인신충
되어 빼어난 기운이 상하자 벼슬이 지현으로 강등되었다. 갑자운에
수목이 재래하여 벼슬길이 평탄했고, 을목운에 경금과 합되어 파직
되었다. 축토운에 생을 마쳤다.

```
丁 丙 壬 丁
酉 午 寅 亥

丙 丁 戊 己 庚 辛
申 酉 戌 亥 子 丑
```

[옮김]

병오 일주가 인월에 태어났다. 두 개의 겁재가 투출하여 일주가 신왕하다. 임수가 해수에 통근했다. 살인상생하고 있다. 정임과 인해가 합하여 목으로 화하고 겁인이 군비쟁재하니 마땅치 않다. 초년운은 금수운이라 유업이 풍부했다. 무술운이 오자 화국이 되고 금수가 극진 되어 집안이 망하고 불록되었다.

```
丙 戊 甲 己
辰 寅 戌 亥

戊 己 庚 辛 壬 癸
辰 巳 午 未 申 酉
```

[옮김]

'사시랑'이란 사람의 사주다. 무토 일주가 토가 사령하는 계추(季秋)에 태어났다. 겁인(劫印)이 병투(竝透)해 있다. 신왕하다 하지 않을 수 없다. 갑목이 진기(進氣)로 장생지와 록지가 있다. 또 진토는 목의 여기다. 화를 설하고 목을 기르며 금의 제지(制止)가 없다. 살의 세력이 왕하다. 갑기합 되어 일주가 극을 받지 않아 기쁘다. 더욱 묘한 것은 중년운이 토금으로 흘러 제(制)함과, 화(化)와, 합(合)됨이 적합하여 명예가 높고 록(祿)이 충분하게 되었다.

```
┌─────────────────────────┐
│    丙 戊 甲 己            │
│    辰 寅 戌 巳            │
│                          │
│    戊 己 庚 辛 壬 癸      │
│    辰 巳 午 未 申 酉      │
└─────────────────────────┘
```

[옮김]

무토 일주가 가을 술월에 태어났다. 이 사주는 앞의 명조와는 해수 한 자만 다른데 수가 없어 토가 윤택하지 않아 목이 배양되지 않는다. 갑기합이 마땅치 않다. 임수운은 형편이 좀 나아졌지만 시험은 낙방했다. 중년운이 토금이라 불행하게 처자를 극하고 집안이 몰락되었다. 사화운에 사망했다. 호리지차화복천리(毫釐之差禍福千里)격이 생긴 것이다.

```
┌─────────────────────────┐
│    丙 甲 壬 丁            │
│    寅 子 寅 未            │
│                          │
│    丙 丁 戊 己 庚 辛      │
│    申 酉 戌 亥 子 丑      │
└─────────────────────────┘
```

[옮김]

갑자 일주가 인월 인시에 태어났다. 인월의 목은 아직 어리고 기(氣)는 허약하다. 그런 가운데 병화로 추위를 해동해야 하는데 임수

마저 병화를 극하고 있다. 놀랍게도 정화 상관이 임수와 합화하여 병화를 생함이 참으로 기쁘다. 계유년은 목에게 불리하였지만 대운이 기토운이라 계수를 극해주니 영광스러웠다. 무술운 묘년에 발갑했지만 애석하게도 제한된 운이어서 크게 발할 수 없었다.

甲 甲 壬 丁
子 戌 寅 亥

丙 丁 戊 己 庚 辛
申 酉 戌 亥 子 丑

[옮김]

갑목 일주가 인월 자시에 태어났다. 당령하고 득시했다. 술토 용신이 인해합목 되어 극함을 받아 일생동안 성공과 실패가 반복되어 어려움이 많았다. 기쁜 것은 중년운이 배반하지 않은 것이다. 그래서 의식은 풍족했다. 이 사주로 볼 때 합이 마땅하면 명리가 이어지지만 그렇지 않으면 실패가 다단해 진다.

54. 군 상 (君 象)

[원문]

君不可抗也 貴乎損上以益下
군불가항야 귀호손상이익하

[옮김]

임금에게 대항하면 안 된다.
귀한 것은 위에 것을 아래에 내려 주는 것이다.

[원문 주]

일주가 임금이면 재성은 신하다. 갑을 일주에 사주가 거의 목으로 이뤄지고 토가 한 두 개 있으면 군은 왕하고 신하는 약하다. 여러자기로 약한 신하를 도와야 한다. 화가 토를 생하면 토는 실해지고 금이 호위하면 위아래가 편안해 진다.

[임철초 주]

'군에 대항하면 안 된다'라는 말은 위를 범하는 이치는 없기 때문이다. 위를 손(損)한다는 것은 설(洩)함이지 극(剋)하는 것이 아니다. 설하면 아래가 이익을 받게 되는 경우가 있다. 군(君)을 갑을 일주로 하고 대부분 목이며 한 두 개의 토가 있는 경우, 군은 왕하고 신하는 당연히 약하다. 사정이 이러하면 군의 마음을 순하게 해야 하기 때문에 화운으로 행해야 한다. 목을 설해서 토를 생하니 위를 손(損)해서 아래를 이익 되게 할 수 있다. 그러므로 위에 있는 군은 거만하지 않고 아래에 있는 신하는 안정을 얻을 수 있는 것이다. 금으로 막으려 들면 군에게 맞서는 것이 되어 목이 왕하면 금이 결(缺)해지니 군에게 항거하지도 못하게 되면서 노여움만 유발시키니 신하는 설기되어 해악(害惡)만 받게 된다. 위도 편안치 않고 아래도 온전하지 못하다.

```
乙 甲 丙 甲
亥 戌 寅 戌

壬 辛 庚 己 戊 丁
申 未 午 巳 辰 卯
```

[옮김]

갑목 일주 인월에 생하였다. 해수와 비겁의 생조로 왕하다. 신하인 양 술토 재성은 허약하다. 다행히 병화가 월간에 투출하여 군의 성정(性情)에 순하며 술토가 생함을 받아 위는 편안하고 아래는 온전한 상태가 되었다. 기사운은 화토가 함께 왕하여 과갑(科甲)하고 경오, 신미운은 화가 지지를 얻고, 경신운은 병화가 있어 군에 항거하지 못하고, 오미운은 신하가 이익을 보니 번얼이란 벼슬에 올랐다. 임신운은 인목을 충하고 병화를 극하니 군의 성정을 거슬려 불록되었다.

<table>
<tr><td colspan="4">乙 甲 甲 甲</td></tr>
<tr><td colspan="4">亥 寅 戌 子</td></tr>
<tr><td colspan="6">庚 己 戊 丁 丙 乙</td></tr>
<tr><td colspan="6">辰 卯 寅 丑 子 亥</td></tr>
</table>

[옮김]

갑인 일주가 계추(季秋)에 태어났다. 왕한 토라 봄의 토와는 다르다. 전조의 양 술토와 필적한다. 천간이 모두 목이며 태어난 시간이 해시라 군성신쇠(君盛臣衰)하다. 원국에 화가 없어 군비쟁재(群比爭財)하고 있음이 흠이다. 신하에게 이익 되게 하는 게 없어 위는 불안하고 아래는 온전치 못하다. 초년운이 수운이라 형상파모(刑喪破耗)되고 조업(祖業)을 유지하지 못했다. 정축운에 가업(家業)이 일어나기 시작했다. 무인, 기묘운은 목이 득지하고 토는 뿌리가 없어 세 번이나 화재를 당하고 형처극자(刑妻剋子)했고 묘운에 죽었다.

55. 신 상 (臣 象)

[원문]

臣不可過也　貴乎損下而益上

신불가과야　귀호손하이익상

[옮김]

　신하는 지나치면 안 된다. 귀한 것은 아래를 희생하여 위를 이익
되게 함에 있다.

[원문 주]

　일주가 신하가 되면 군(君)은 관성이 된다. 갑을 일주 사주에 원
국이 대부분 비겁일 때 한 두 개의 금이 있으면 신하는 왕하고 군
은 약해 그를 도와야한다. 토를 띤 화로 목을 설해야 하고, 화를 띤
토가 금을 생해야 군은 평안하고 신하도 온전하게 된다. 만약 목화
역시 왕하여 어쩔 수 없으면 군의 자식이 존재하여 수기(水氣)가 드
물게 쓰일 때 화운으로 흘러가면 그때 발복한다.

[임철초 주]

　신(臣)은 과해서는 안 된다. 덕으로 화해야 신은 온순하고 군은
안전하다. 원국이 대부분 목으로 구성된 사주에 한 두 개의 금 관
성이 있으면 신은 성(盛)하고 군은 약하다. 금운에 신을 억제하면
약한 세력이 위세를 부리는 형국으로 위를 거스리게 되어 화를 띤
토운으로 행해야 한다. 목이 화에 설기되면 신심(臣心)이 순해지고

금이 토의 생함을 얻으면 군심(君心)이 평안해진다. 수목이 왕한데
토가 없으면 군의 자식이 있는 것이니, 수목운에는 군이 평안해진
다. 목화가 왕하면 화운에 군이 평안해진다. 신이 성하게 되어 성품
이 순하고 군이 쇠하게 되어 인자해져 위가 평안하고 아래가 온전
하다. 토금으로 격하게 하면 위가 평안하고 아래가 온전하게 된다는
뜻이 아니다.

```
┌─────────────────────────┐
│      庚 甲 甲 戊         │
│      午 寅 寅 寅         │
│                         │
│    庚 己 戊 丁 丙 乙     │
│    申 未 午 巳 辰 卯     │
└─────────────────────────┘
```

[옮김]

갑목 일주가 인월에 태어났다. 년지와 일지에 인목이 또 있으며
월간에 비견(比肩)이 투출됐다. 시간의 경금이 무근하여 신(臣)은 왕
하고 군(君)은 약하다. 시지 오화가 목을 설하고 약한 무토가 뿌리
가 있어 신심이 순하게 되었다. 토를 띤 병진, 정사, 무오, 기미운
에 신은 순하고 군은 평안하였으며 일찍 과갑(科甲)하여 시랑(侍郞)
벼슬에 올랐다. 경신운은 신(臣)을 쓸 수가 없어 불록되었다.

```
辛 甲 乙 癸
未 寅 卯 卯

己 庚 辛 壬 癸 甲
酉 戌 亥 子 丑 寅
```

[옮김]

갑목 일주 묘월에 태어났다. 다섯 개의 목에 계수가 있다. 미토는
목의 고근이며 조토라 금을 생할 수 없다. 군(君)인 신금은 무력하
여 군의 자식인 계수가 용신이 된다. 갑인, 계축운에 유업이 풍부했
다. 임자, 신해운은 명리가 있었고 경술운은 토금이 왕하여 신(臣)을
따뜻하게 하지 못해 범사낙직(犯事落織)하고 파모극자(破耗剋子)하고
나서 죽었다.

```
甲 戊 戊 戊
寅 午 午 午

甲 癸 壬 辛 庚 己
子 亥 戌 酉 申 未
```

[옮김]

이 사주는 년, 월, 일지가 모두 무오다. 시상 갑목 관성이 인목에
근했지만 원국에 수가 없다. 화토가 조열해 신(臣)은 성하지만 군
(君)은 약하다. 인오합 되고 목이 화세를 따르니 군의 은혜로운 마

음은 중(重)하지만 일주는 마음에 갑목을 두지 않는다. 운이 서북 금수운으로 행할 때 공명이 뛰어났고 사사로운 이유로 군의 은혜로운 배려를 마음에 두지 않았다. 왕한 수운을 만나면서 군의 자식을 있게 하지 못하게 되자 남의 일에 연루되어 관직에서 물러났다.

```
己 己 丙 甲
巳 酉 子 寅

壬 辛 庚 己 戊 丁
午 巳 辰 卯 寅 丑
```

[옮김]

기토 일주가 자월 겨울에 태어났다. 갑목 관성이 록지에 앉고 자수가 당령했다. 왕한 재성이 관을 생하고 사화가 시지에 있어 군과 신이 함께 성하다, 병화가 월간에 투출한 것이 아주 묘하다. 차가운 토가 양(陽)을 만나고 화는 일주를 생하여 군의 은혜가 무겁다. 일찍 과갑하고 한원(翰苑)에 이름이 올랐다. 기토 일주는 시지 사화의 생을 받고 유금을 생하며 금은 수를 생하니 일주의 역량이 충분히 재를 극할 수 있다. 관이 재성을 중하게 보면 군의 은혜는 망각하게 된다.

56. 모 상 (母 象)

[원문]

知慈母恤孤之道　始有瓜瓞無彊之慶

지자모휼고지도　시유과질무강지경

[옮김]

　어머니의 자애(慈愛)로운 휼고지도(恤孤之道)를 알면 자손은 번창하고 경사(慶事)는 끝없이 이어진다.

[원문 주]

　모(母)가 일주(日主)가 되면 일주가 생하는 것이 자식이 된다. 갑을목 일주에 원국이 대부분 목이면서 한 두 개의 식상이 있으면 모는 왕해도 자식은 약하다. 그 세(勢)가 여러 방법으로 자손을 생해야 대가 끊어지지 않고 후대(後代)에까지 집안이 번성할 수 있다.

[임철초 주]

　모가 많고 자식이 적으면 자식은 어머니에 의지한다. 어머니 또한 자식에 의지한다. 모자는 상처내고 거역하는 관계가 되어서는 안된다. 자식을 돕는 것만으로도 어머니 마음은 풍성해지고 자식은 번창하게 된다. 갑을목 일주가 모라고 가정해 보자. 원국에 한 두 개의 화가 있을 뿐, 나머지는 모두 목이면 모가 많은 것이고, 이렇게 되면 자식은 병들게 된다. 이런 사주는 수를 보면 좋지 않다. 금은 모성을 범하는 것이다. 모자가 불화하게 된다. 그러면 자식은 더욱

약해진다. 오직 화토운 만이 모성(母性)이 자애로워지고 그 마음이
자식을 향하게 되며 자식은 모의 뜻에 따라 손(孫)을 생하여 대를
이어 번성하게 된다. 만약 수를 띈 토운을 만나면 모성(母性)이 변
하여 자식을 용납하지 않게 된다.

```
己 乙 甲 戊
卯 卯 寅 午

庚 己 戊 丁 丙 乙
申 未 午 巳 辰 卯
```

[옮김]

을묘 일주가 인월 묘시에 태어났다. 사주의 원국이 모두 목이다.
년지에 오화가 하나 있을 뿐이니 모왕자고(母旺子姑)하지만 다행히
자식인 식상이 인오 화국 되어 자애로운 모의 성정이 자식에게 향
하고 있다. 자식도 모의 뜻에 순응하여 손인 무토를 생하고 있다.
초년이 화토운이라 일찍 벼슬길에 나아가고 시랑(侍郎)벼슬에 올랐
다. 경신운으로 바뀌며 모성을 범하게 되어 불록되었다.

```
乙 甲 丙 癸
亥 寅 辰 卯

庚 辛 壬 癸 甲 乙
戌 亥 子 丑 寅 卯
```

[옮김]

갑인 일주 계춘에 생하였다. 지지가 목국이다. 또 해시에 생하였
다. 병화 식신이 투출했지만 모중자고(母重子孤)하다. 진토는 목의
여기로 목을 생하고 화를 어둡게 한다. 년간 계수가 해수 왕지에
근하니 모성은 자애로움이 사라지고 오히려 멸자하는 마음뿐이다.
초년운은 목운이라 자식 사랑하는 정이 있어 너그러웠지만 계축운
이 되자 수를 띤 토가 모성을 변화시켜 자식이 불안해지면서 파패
가 심상치 않게 되었다. 임자운에 자식을 극절하고 가업이 망하자
스스로 삶을 마감했다.

57. 자 상 (子 象)

[원문]

知孝子奉親之方　始克諧成大順之風

지효자봉친지방　시극해성대순지풍

[옮김]

자식이 부모를 봉양하는 방법을 알면 잘 화합되어 크게 평안함을
이루게 된다.

[원문 주]

일주가 자식이 되면 모는 일주를 생하는 것이다. 갑을목 일주에
한 두 개의 수가 있고 나머지가 모두 목이면 자중모쇠(子衆母衰)한
것이다. 이런 사주는 모를 편안하게 해야 한다. 금으로 수를 생하거
나 토가 금을 생하면 모자의 정이 일어나 크게 순응하게 된다. 금
이 없어도 수가 목에 의지하거나 운이 목, 화, 금지로 행하면 길한
것이다.

[임철초 주]

자중모쇠(子衆母衰)한 사주에서는 모는 자식에 의존하게 되는데
그러면 자식은 편안케 해야 하며, 모 또한 자식의 뜻에 역행해서는
안 된다. 일주가 목일 경우 한 두 개의 수가 있고 대부분 목이면
자중모고(子衆母孤)가 된다. 이런 원국이라면 모는 자식에 의지하려
하기에 자식은 반드시 어머니를 편안하게 해주어야 한다. 그렇게 되

려면 토를 만나서는 안 된다. 토가 있으면 자식이 여자에게 마음을 빼앗기고 있는 것이 되어 어머니를 돌보지 않게 되어 어머니가 불안해 진다. 금을 보아서도 안 된다. 금이 있으면 모의 세력이 강화되어 자식을 용납하지 않게 된다. 따라서 자식은 불순해 진다. 오직 수를 띤 금운만이 목을 극하지 않으면서 수를 생하여 모가 자식을 의지하게 되며 자식 또한 어머니를 따르게 되어 순응하는 기풍이 일어난다. 만약 토를 띤 금운이 오면 며느리의 성질이 독살스러워 모자는 편안치 않게 되어 인사(人事)가 모두 자연스럽지 않게 된다. 목을 논하였지만 화토금수(火土金水)도 역시 같다.

乙 甲 乙 癸
亥 寅 卯 亥

己 庚 辛 壬 癸 甲
酉 戌 亥 子 丑 寅

[옮김]

갑일주가 중춘에 생하였다. 해묘와 인해가 합목되어 원국이 모두 목이다. 년간 계수는 약해졌다. 자왕모고(子旺母孤)하여 어머니는 자식에 의지하며 목 또한 수에 의지한다. 모자의 정이 두텁다. 갑인, 계축 초년운은 음비(蔭庇)가 남아돌아 일찍 반수(伴水)에 들었다. 임자운에 향방에 올랐고, 신해운은 현재(顯宰)벼슬에서 성목(省牧)벼슬로 자리를 옮겼다. 경술운은 모자가 불안해졌다. 역시 낙직하고 불록했다.

```
甲 甲 己 乙
子 寅 卯 亥

癸 甲 乙 丙 丁 戊
酉 戌 亥 子 丑 寅
```

[옮김]

이 사주는 갑목 일주가 중춘에 생하고 사주가 모두 목이며 해묘
가 합되고 시지 자수는 극약하여 목에 의지하는데 일주는 기토와
합되는 것에 뜻을 두니 어머니를 돌아보지 않는다. 정축운은 화토가
함께 오게 되어 모를 받아드리지 않는다. 언(諺)에 말하기를 '부(婦)
가 현명하지 못하면 집안에 불화가 생기고 형상(刑傷) 파모(破耗)한
다.'하였다. 병자운은 화가 통근하지 못하여 평안하였지만, 갑술운은
토가 왕하여 파모함이 있었다. 계유운은 생화불패(生化不悖)하여 거
듭 자식을 얻고 집안이 크게 번성했다. 만년 임수운에 크게 길함이
있었으니 금수가 상생했기 때문이다.

58. 성 정 (**性 情**)

[원문]

五氣不戾 性情中和 濁亂偏枯 性情乖逆

오기불려 성정중화 탁난편고 성정괴역

[옮김]

사주원국에 다섯 가지 기운이 어그러짐이 없으면 성정은 중화되고 편고탁난(偏枯濁亂)하면 괴역(乖逆)한 성정(性情)이 된다.

[원문 주]

하늘에서 오기(五氣)는 원형이정(元亨利貞)이 된다. 그 기운이 사람에게 인(仁), 의(義), 예(禮), 지(智), 신(信)이란 성격이 된다. 가엽게 여김, 미워함, 사양하는 마음, 시비, 성실한 마음이 그것들이다. 오기가 바르게 중화를 이루면 바른 성격이 되고 그렇지 않으면 사리에 어긋나는 성격을 갖게 된다.

[임철초 주]

오기(五氣)는 선천 낙서(先天洛書)의 기를 말한다. 양은 사정(四正)에 있으며 음은 사우(四隅)에 있다. 토는 간곤(艮坤)에 있으니 이는 후천(後天)의 정위(定位)에 응한 것이다. 목은 동방이며 시기는 봄이다. 사람에 있어서는 인(仁)이 된다. 화는 남쪽이고 시기는 여름이며 사람에 있어서는 예(禮)가 된다. 금은 서쪽이다. 시기는 가을이며 사람에 있어서는 의(義)로 작용한다. 수는 북쪽을 말하고 시기는 겨울이며 사람에 있어서는 지(智)가 된다. 토의 방위는 중앙이 며 시기는 계절과 계절을 이어주는 때이며 사람에 있어서는 신(信) 이 된다. 이와 같은 다섯 가지 기운을 사람에 부여한 것은 이것들 이 있어야, 한 인간의 인격이 형성되기 때문이며 그런 중에도 순수 하게 중화되어 주어야만 측은지심, 사양심, 성실함이 있게 된다. 그 렇지 않고 편고하고 혼탁하거나 태과하거나 불급하면 시비가 많고 괴팍하고 교만한 성정 등이 나타나게 된다.

```
戊 甲 丙 己
辰 子 寅 丑

庚 辛 壬 癸 甲 乙
申 酉 戌 亥 子 丑
```

[옮김]

갑목 일주 인월에 태어나 목이 당령했다. 일주가 왕하지 않다. 병 화가 인목의 생을 받고 있지만 맹렬하지 않다. 원국의 특징은 토가 많지만 조열하지 않고 수 또한 마르지 않는다. 금은 투출되지 않고 암장되어 있어 토의 생을 받지만 화의 극은 받지 않는다. 따라서 싸우지 않고 상생하는 아름다움이 있다. 사람의 성품이 구차스럽지 않다. 교만하거나 인색하지 않고 겸손하고 후덕스러운 기풍이 있다.

```
乙 己 丁 己
丑 卯 卯 酉

辛 壬 癸 甲 乙 丙
酉 戌 亥 子 丑 寅
```

[옮김]

기토 일주가 중춘(仲春)에 태어났다. 토가 허하여 믿음이 적다.
금은 목이 많아 결(缺)되고 음화는 습토를 생할 수 없다. 따라서 예
의가 없다. 원국의 팔자가 모두 오행이 음이라 세력에 아부하며 자
신의 이익을 위해서는 남을 희생시키고 남의 불행을 고소하게 여기
는 사람이다.

```
甲 丙 乙 丙
午 子 未 戌

辛 庚 己 戊 丁 丙
丑 子 亥 戌 酉 申
```

[옮김]

병화 일주 계하(季夏)에 태어났다. 화염토조(火炎土燥)한 사주다.
갑을목은 메마른 나무가 되어 화의 열기를 돕고 있다. 한 개의 자
수가 타오르는 불길을 격동시키고 있는 것이 몹시 바람직스럽지 못
하다. 이는 원국에 혼란만 가중시킬 뿐 불길은 잡지 못한다. 이로서

성품이 괴팍하고 사람됨이 교만하다. 또 성격이 급하기가 불과 같
다. 자신의 비위에 맞으면 천금의 돈도 아깝다하지 않고 낭비하고,
자신에 반대하면 그냥 넘어 갈 일도 끝까지 문제를 삼는 성격이다.
가업이 망하고 남은 것이 없었다.

[원문]

火烈而性燥者　遇金水之激
화열이성조자 우금수지격

[옮김]

　화가 맹렬하면 조급한 성격이 되며 금수를 만나면 격하게 된다.

[원문 주]

　화가 맹렬하면 그 기세에 순응해야 순해지고, 금수가 화를 격동
시키면 기세가 조급해져 막기 힘들다.

[임철초 주]

　조급한 화기는 솟구치는 염상의 성질이 있다. 이 경우는 습토로
화기를 설해야 예의를 알게 되고 자상한 기품을 보인다. 만약 금수
를 만나면 화세가 맹렬해져 예의를 모르게 되고 재앙이 반드시 일
어난다. 진축토는 습토라 빛을 어둡게 하고 열기를 낮추어 준다.

```
己 丙 甲 丙
丑 午 午 戌

庚 己 戊 丁 丙 乙
子 亥 戌 酉 申 未
```

[옮김]

병오 일주가 오(午)월에 태어났다. 천간에 갑목과 병화가 투출해 화세가 맹렬함이 극에 닿았다. 다행스러운 것은 축시에 태어났고 시간 역시 습토인 기토다. 습토가 능히 화기를 거두고 오화의 빛도 거두어드리니 성품이 순하고 아랫사람을 업신여기지 않았다. 또한 성격이 사납지도 엄숙하기가 모질지도 않았다. 명리를 함께 누렸다.

```
甲 丙 甲 辛
午 子 午 巳

戊 己 庚 辛 壬 癸
子 丑 寅 卯 辰 巳
```

[옮김]

병화 일주가 오월 오시에 태어났고 목이 있어 화세가 맹렬하다. 습토가 원국에 없어 그 성격을 순하게 할 수 없다. 금은 무근하고 수는 근원이 없어 화를 끄지 못하면서 오히려 격동만 시키니 조실부모하였다. 형수에 의지해 자랐다. 안정된 성격이 아니면서 겁 없이 용맹을 좋아했다. 10세 후반에 들자 체격이 남달리 우람해졌고 부랑배와 어울리며 방탕한 생활을 하니 형수로서는 말리지 못했다. 후일 호랑이를 잡겠다고 날뛰다 오히려 호랑이에 물려 죽었다.

[원문]

水奔而性柔者 全金木之神
수분이성유자 전금목지신

[옮김]

물이 넘쳐흐를 때 그 성정을 유하게 하는 것은 오직 금과 목이 있을 때이다.

[원문 주]

수가 넘칠 정도로 왕성하면 그 성정이 극히 강하고 급해진다. 오직 금으로 행하고 목이 납수해야 부드러워진다.

[임철초 주]

수는 원래 부드러운 성질을 갖고 있지만 넘쳐흐르는 형국이 되면 강하고 급하기 이를 데 없다. 만약 화를 만나 충되거나 토가 격동시키면 수의 본성을 거역하는 것이 되고, 그렇게 되면 수는 더욱 강해진다. 오직 금으로 그 세에 순응하고 목으로 납수해야 한다. 이렇게 하면 그 성정이 부드럽게 된다. 지교다능(智巧多能)하고 인의(仁義)의 정을 잃지 않게 된다.

```
庚 壬 甲 癸
子 申 子 亥

戊 己 庚 辛 壬 癸
午 未 申 酉 戌 亥
```

[옮김]

임신 일주 자월에 태어났고 년과 시지에 해자수가 있다. 또 천간에 경금과 계수가 있다. 그 세가 넘쳐나는 상태여서 막는 것은 불가능하다. 월간의 식신 갑목은 물에 뜨고 경금의 극을 받고 있어 납수할 수 없다. 오히려 금이 그 기세에 순응케 해야 한다. 사람됨이 강유와 인덕을 겸비하고 학문을 좋아하면서도 권력을 탐하지 않았다. 초년 계해운은 집안이 크게 평안하였지만 임술운은 인수가 무근하고 술토가 수를 격동시켜 어려움이 심히 많았다. 신유, 경신운에 벼슬길에 나아갔고 네 자식을 얻고 재물이 점차 늘어났다. 기미운이 되자 수세를 거슬러 세 아들이 잘못 되고 파모가 심상치 않다가 무토운에 죽음에 이르렀다.

```
壬 壬 壬 壬
寅 辰 子 寅

戊 丁 丙 乙 甲 癸
午 巳 辰 卯 寅 丑
```

[옮김]

임수 일주 천간에 네 개의 임수가 있고 자월에 태어나 수세가 넘
친다. 시지 인목이 왕한 일주의 기를 설하면서 진토를 소통시키고
있다. 성품이 교만하지 않고 뛰어난 재능에 학문과 문장력도 돋보였
다. 갑인운에 입반하고 을묘운에 등과했다. 하지만 병진운에 군비쟁
재 되어 죽음에 이르렀다.


```
戊 壬 癸 癸
申 子 亥 未

丁 戊 己 庚 辛 壬
巳 午 未 申 酉 戌
```

[옮김]

임자 일주 해월 신시에 태어났다. 년, 월간에 두 개의 계수가 투
출해 있다. 수세에 순응해야지 거역하면 안 된다. 이 사주가 미, 술
토를 극히 꺼리는데 그 이유는 수의 성정을 격동하기 때문이다. 그
래서 사람이 시비를 자주 일삼고 처신이 바르지 못했다. 초년 임술

운은 왕한 토를 만나 부모가 모두 돌아가셨다. 경신, 신유운은 나쁜 짓을 했지만 다행히 어려움을 면했다. 기미운이 오자 토를 돕고 수를 격동시켜 일가족 다섯이 모두 화재로 소사했다.

木奔南而軟怯
목분남이연겁

[옮김]

목이 남으로 행하면 약해지니 두렵다.

[원문 주]

목은 화를 보면 자애롭게 되는 성질이 있다. 남으로 행하면 인
(仁)의 성품이 예(禮)로 이어진다. 이렇게 되면 중화를 이뤄 측은히
여기는 마음과 사양하는 마음이 있게 되고, 원국이 편고한 사주라면
사람됨이 원칙이 없고 자질구레하게 된다.

[임철초 주]

목이 남으로 행하면 설기가 많아진다. 원국에 금이 있다면 수에
통해 있어야 한다. 그러면 화세가 치열하지 않게 된다. 금이 없으면
대신 진토가 있어 화기를 설해야 한다. 그러면 중화를 이뤄 사람이
공손하고 예의가 있고 중용의 절도를 지킬 줄 알게 된다. 수가 토
를 윤택하게 못하거나 토가 화를 어둡게 못하면 설함이 지나쳐 자
만에 빠지고 자주 변하며 사소한 인정을 쓸 것이다.

丙 甲 壬 庚
寅 午 午 辰

戊 丁 丙 乙 甲 癸
子 亥 戌 酉 申 未

[옮김]

갑목 일주가 한 여름에 태어났다. 목이 남쪽을 향했다. 녹을 만났
다 해도 화의 장생지가 되고, 인오합이 되어 화가 되니 일주를 보
고 있지 않다. 월간의 임수가 화를 억제하는 것이 기쁘다. 하지만
금의 생함이 없으면 병화를 극할 수 없어 사용할 수 없다. 진토가
경금을 생하지 않으면 수를 생할 수 없다. 그래서 묘한 것이 진토
다. 오직 진토에 의지하여 중화의 상을 이루고 있다. 갑신, 을유운
에 향시에 합격되고 벼슬길에 나아갔다. 병술운에는 상복(喪服)을
입는 일이 잦아졌고 정해운은 백성을 교화하는 일에 전념했다. 인덕
을 겸비한 훌륭한 사람이었다.

```
丙 甲 甲 丙
寅 申 午 戌

庚 己 戊 丁 丙 乙
子 亥 戌 酉 申 未
```

[옮김]

갑목 일주가 여름에 태어났다. 두 개의 병화가 투출해 있고 화국을 이뤘다. 술토는 조열하여 금을 생할 수 없고 화도 설기할 수 없다. 원국에 수가 한 자도 없다. 신금은 화에 극진(極盡)되고 있다. 사람됨이 결단력이 없고 사사로운 정에 이리저리 이끌리고 의심이 많고 눈앞의 작은 이익에 큰 뜻을 접는 등 한 가지 일도 이루지 못했다.

[원문]

金見水以流通
금견수이류통

[옮김]

금은 수를 보아야 유통된다.

[원문 주]

금은 가장 방정(方正)한 성질이 있고 단제집의(斷制執毅)가 있으

며 수를 보면 의(義)를 나타내며 지(智)로 옮겨지면서 유통하게 된
다. 바른 기를 얻으면 침착하게 시비를 가려 분별해 주고, 편고된
경우에는 수의 범람에 따라가며 유탕(流蕩)한다.

[임철초 주]

금은 바르고 강건한 중정(中正)의 체를 지녔다. 또한 능히 대사를
모의하고 결행할 결단력도 있다. 수를 보면 이러한 성정에 지혜가 더
해져 품위가 돋보인다. 여기에 기의 바름을 얻으면 처세에도 중용(中
庸)을 지킨다. 그러나 기가 바르지 않고 편고하면 금은 쇠하고, 수가
왕하면 그 사람이 하는 일은 황당하고, 구시심비(口是心非)하며 사람
을 속이는 일에 능숙하다. 결국 수의 그릇된 성정에 빠지고 만다.

```
乙 庚 癸 甲
酉 子 酉 申

己 戊 丁 丙 乙 甲
卯 寅 丑 子 亥 戌
```

[옮김]

경금 일주가 가을에 태어났고, 년과 시지에 신유금(申酉金) 록왕을
두었다. 가을 금이라 예리하지만 일지에 자수가 있어 기쁘다. 계수가
투간되어 금의 성정이 유통되며 넘치는 기운이 설기되면서, 사람의 뛰
어난 결단력이 대사를 감당할 수 있게 하고 있다. 따라서 기상이 범
상치 않았으며 말하는 것은 신중했고 자기를 자제하며 남의 이익 됨
을 돌봐 주는 사람이었다.

<table>
<tr><td>丙</td><td>庚</td><td>壬</td><td>壬</td></tr>
<tr><td>子</td><td>辰</td><td>子</td><td>申</td></tr>
</table>

戊 丁 丙 乙 甲 癸
午 巳 辰 卯 寅 丑

[옮김]

경금 일주가 겨울 자월에 생하였다. 두 개의 임수가 천간에 투출
했고 지지는 수국을 이루고 있다. 수가 왕하여 금이 약해지니 편고
한 상이 되었다. 이런 원국에 병화가 투출해 있어 혼국(混局)이 되
었다. 금의 본성은 본래 의롭게 정당함을 주장하는 것이고 수는 지
혜와 원만함을 주관하는 것인데, 금이 많고 수가 작으면 지혜와 원
만한 성정이 방정(方正)으로 행하지만 수왕 금약하면 방정한 기는
끊기고 지원(智圓)의 성정은 왕성해진다. 중년 화토운에 임수와 충돌
되니 형상파모하고 재물이 사라지고 사람이 떠났다. 반평생 거짓됨으
로 재물을 모았지만 모든 것이 허무하게 되었다. 사람의 부귀와 궁달
(窮達)은 이미 정해져 있는 것이니, 군자(君者)의 락은 군자가 되는데
있고, 소인(小人)의 왕(枉)은 소인이 되는데 있는 것이다.

[원문]

最拗者西水還南

최요자서수환남

[옮김]

서쪽의 물이 남쪽으로 돌아갈 때가 가장 순조롭지 않다.

[원문 주]

서쪽의 수는 발원지가 길어 세가 왕하다. 토의 억제함과 목의 납수가 없다. 왕한 수세가 순행하지 않고 남쪽으로 흐르면 그 성정이 거역되어 억제하기 어렵다.

[임철초 주]

서방의 수는 곤륜(崑崙)에서 발원하니 발원지가 길고 호탕하여 저지하는 것은 불가능하다. 그래서 그 성정에 순응함이 옳다. 목으로 납수하면 지혜로운 본성이 인(仁)으로 향하게 된다. 토로 잘못 억제하면 넘쳐나는 우환이 있을 수 있으니 그 성정을 거스리는 것은 조심해야 한다. 남으로 돌면 그 충격하는 세를 평정하기 어렵게 된다. 그렇게 되면 인예지성(仁禮之性)은 간곳없이 된다.

```
甲 壬 庚 癸
辰 申 申 亥

甲 乙 丙 丁 戊 己
寅 卯 辰 巳 午 未
```

[옮김]

이 사주는 임신 일주가 해년 신월에 생하였다. 서방의 수는 발원 지가 가장 길다. 시간 갑목이 진토에 통근하여 목을 양육하면서 납수를 충분히 한다. 그러하여 수의 본성인 지혜로움이 목의 본성인 인(仁)으로 행하고 예 역시 갖추었다. 사람됨이 지혜와 덕이 있었다. 중년 화운은 갑목이 생화(生化)하여 명리가 함께 이뤄졌다.

```
丙 壬 庚 癸
午 子 申 亥

甲 乙 丙 丁 戊 己
寅 卯 辰 巳 午 未
```

[옮김]

이 사주는 임수 일주가 해년 신월에 생하였다. 서방의 호탕한 수의 세를 받아줄 곳이 없는데 병오 시주를 만나 그 성정을 충격하고 있다. 사람됨이 집요하고 무례하다. 초년 화토운에 가산이 파산되고 오화운에 남의 처를 능욕하려다 죽었다. 이 사주를 잘못 보면 병화

가 용신이라 화토운에 길하다 할 수 있지만 이는 금수는 동심(同心)
인 이치를 모르는 것으로, 순은 가하나 역은 불가하다. 이 사주는
반드시 목운을 만나야 생화유정(生化有情)하게 되어 흉함을 면하면
서 길함이 있고 예의를 알게 된다.

[원문]

至剛者東火轉北
지강자동화전북

[옮김]

　동방의 화가 북방으로 돌아갈 때 성정이 아주 강하다.

[원문 주]

　동방의 화는 염상하고자 하는 기상이 있다. 원국에서 토로 설하
거나 수로 제함이 없으면 타오르는 기세를 안정시키기 어렵다. 만약
순행하지 않고 북방으로 흐른다면 그 성정을 거역하는 것이다. 반드
시 강폭해 질 것이다.

[임철초 주]

　동방의 화는 마음대로 목을 설기하니 염상의 성질을 억제하기 어
렵다. 그 성정에 순해야 한다. 습토로 설하면 강열한 성질을 자애하
는 쪽으로 바꿀 수 있다. 한 번 북방으로 돌아가 버리면 그 세를 제
어할 수 없다. 반드시 강폭한 성질에 무례함까지 있게 된다. 토로 설
기하던지 목화로 기세에 순응하면 측은지심과 예의가 있을 것이다.

```
己 丙 甲 丙
丑 午 午 寅

庚 己 戊 丁 丙 乙
子 亥 戌 酉 申 未
```

[옮김]

병오 일주가 인년 오화월에 생하였다. 년간에 병화와 월간에 갑목
이 투간되어 염상하고자 하는 세가 맹렬하다. 그 기세를 억제하는 것
은 어렵다. 묘하게 축시에 태어나 화기를 거두는 것이 기특하다. 사
람이 단정한 용모에 교만하지 않았다. 토금운에 축토의 화(化)를 얻
게 되어 과갑하여 벼슬이 군수가 되었다.

```
庚 丙 丙 丁
寅 午 午 卯

庚 辛 壬 癸 甲 乙
子 丑 寅 卯 辰 巳
```

[옮김]

이 사주는 병화 일주가 여름에 태어났고 일지가 오화이며 년지와
시지에 인묘목이 있다. 경금은 뿌리기 없고 염상격을 이루었다. 원
국에 토가 투출되어 있지 않아 학문에는 불리하여 무관으로 진출했

다. 묘운에 자리 얻고 임수운에 자리에서 물러났다. 인목운에 무공
을 세워 도사의 벼슬에 올랐다. 신축운에는 발전이 없었고 경자운에
오화 양인을 충하고 갑자년에 또 양인을 충해 진중에서 죽었다.

[원문]

順生之機 遇擊神而抗
순생지기 우격신이항

[옮김]

　순생하는 기틀이 있을 때 격신(擊神)하는 신을 만나게 되면 항거
하게 된다.

[원문 주]

　목생화, 화생토처럼 순하게 상생하면 평화스럽다. 하지만 중간에
격신(擊神)이 있어 순생하고자 하는 성장을 가로막으면 용맹스럽게
항거하게 된다.

[임철초 주]

　'순즉의순(順則宜順), 역즉의역(逆則宜逆)'하면 화평하며 성정(性
情)이 순하게 된다. 왕한 목에 화가 있어 유통하게 되면 순(順)이
된다. 또 토로 행하면 생이 되는데, 이 과정에 금수가 나타나 격하
게 되면 마땅치 않게 된다. 목이 약한 경우에는 수가 생해주는 것
이 순이 된다. 이 경우에 금이 수를 생해주면 역(逆)이 되는 가운데
생이 된다. 만약 화토가 나타나 격동하는 작용을 하게 되면 마땅치

않다. 내가 생하는 것이 순이고 나를 생하는 것은 역이 된다. 왕자(旺者)는 순해야 하고 쇠자는 역해야 성정이 정화(正和)된다. 이런 경우에 격신을 만나면 급해지고 약자는 나약해진다. 격국이 순역의 차례를 얻으면 그 성정이 본래 화평하다. 세운에서 격동시키는 신을 만나면 강약이 변하게 된다. 자세히 연구해야 한다.

```
壬 甲 丙 己
申 寅 寅 亥

庚 辛 壬 癸 甲 乙
申 酉 戌 亥 子 丑
```

[옮김]

갑목 일주가 인월에 태어나 목이 왕하다. 병화가 투출해 있어 상생하게 되어 순이 되어 통휘(通輝)한 상이 되었다. 책을 한 번 읽으면 외우는 능력이 있었다. 하지만 금수가 격동함을 만나 기토가 허탈해져 수를 감당하지 못하게 되었다. 초년운이 북방 수지로 행하여 공명을 이루지 못하였으며 파모형상까지 겪었다. 신유운에 수가 격동함을 돕고 병화를 합거하여 불록되었다.

```
壬 甲 戊 庚
申 午 寅 寅

甲 癸 壬 辛 庚 己
申 未 午 巳 辰 卯
```

[옮김]

갑오 일주가 인월에 생하였다. 월간에 무토가 투간하고 인오 화
국을 이루니 순행하는 바탕을 이루어 성품이 맺고 끝음이 분명했고
도량이 넓어 마음속에 구겨 넣지 않았다. 하지만 금수의 격동을 만
나 여러 어려움이 많았다. 중년운까지 좋지 않아 뜻을 이루지 못하
였다. 다행히 봄의 금이 왕하지 않고 화토가 통근하여 체용이 상하
지 않아 늦게 계속하여 좋은 일이 이어졌다.

[원문]

逆生之序 見閑神而狂
역생지서 견한신이광

[옮김]

역생(逆生)할 때 한신(閑神)을 보면 날뛰게 된다.

[원문 주]

목은 해수에서 생한다. 이 목이 술, 유, 신을 보면 기가 역한다.

그러면 성정이 편안하지 못하다. 한신을 만나 사유축국을 이뤄 목을 역하면 반드시 발하며 광맹(狂猛)할 것이다.

[임철초 주]

　역(逆)할 때는 마땅히 역해야 하고 순(順)할 때는 마땅히 순해야 한다. 금이 수를 생하면 역생(逆生)을 돕는 것이다. 기축 한신을 보면 마땅치 않게 되니 극약한 목이 화로 행하면 반역(反逆)이다. 토로 화하면 역이 되는 중에 순이 되니 진미토를 보면 마땅치 않다. 극왕과 극쇠로 종왕이나 종약의 이치에 따라 앞에서 논한 왕쇠한 것은 중(中)을 얻어야 한다는 말은 아니다. 가령 극왕한 것이 한신을 보면 광맹해지고 극쇠한 것이 한신을 만나면 반드시 고식(姑息)하게 된다. 세운에서 한신을 만남도 그러하다. 화토금수도 같은 이치로 논한다.

```
甲 甲 辛 壬
子 寅 亥 子

丁 丙 乙 甲 癸 壬
巳 辰 卯 寅 丑 子
```

[옮김]

　갑인 일주가 해월에 생하였다. 목이 견고하고 왕한 수가 있어 극왕하다. 하나의 신금은 수의 세에 따르며 거역하지 않고 있어 안정되어 있다. 수의 성정을 극하는 토가 없음이 묘하다. 초년운이 수운이라 입반하고 등과하였다. 갑인, 을묘운에는 높은 벼슬에 올랐다. 병진운은 공합(拱合)되어 관직을 잃었으나 크게 흉하지는 않았다. 정사운은 한신이 충하며 성정을 거역하니 불록되었다.

己 甲 辛 壬
巳 寅 亥 寅

丁 丙 乙 甲 癸 壬
巳 辰 卯 寅 丑 子

[옮김]

갑인 일주가 해월에 태어났다. 월간 신금은 수에 따르니 목의 성정을 극하지 않는다. 사시가 한신이 된 것은 역생하는데 방해가 되고 화토의 충극으로 그 성정을 역하고 수를 억제할 수 없다. 초년 임자운은 집안이 넉넉했고 계축운은 한신과 결당되어 어려움이 많았다. 갑인, 을묘운은 사람과 재물이 늘어나며 길했다. 병진운은 화토가 일어나 처자가 모두 상했고 화재를 당해 정신병을 얻어 물에 빠져 익사했다.

```
己 甲 丁 戊
巳 寅 巳 戌

癸 壬 辛 庚 己 戊
亥 戌 酉 申 未 午
```

[옮김]

갑인 일주 여름에 생하고 병화가 사령했다. 갑목 일주가 비록 록
에 앉았으나 그 정(精)이 설진되고 왕한 화에 목분(木焚)한다. 토로
행함은 기쁘다. 극쇠하면 약한 것을 따르는 이치이다. 무오, 기미
초년운은 화토의 본성에 순응하여 조상의 가업이 융성하였다. 경신
운은 화의 성정을 거스리며 토를 설한다. 계해년에 화세를 충하니
불록되었다.

[원문]

陽明遇金 鬱而多煩
양명우금 울이다번

[옮김]

양명(陽明)한 것이 금을 보면 근심이 생기고 번거로워진다.

[원문 주]

인오술 합이 되면 양명(陽明)이 된다. 금기(金氣)가 안에 감추어
져 있으면 우울하고 번민이 생긴다.

양명함이란 초목처럼 잘 자라는 것을 말한다. 이것이 습토에 암장된 금을 만나면 금은 화의 극을 받지 않고 수를 생할 수도 없다. 그러므로 우울해지며 일생동안 뜻도 이루지 못하고 실의에 빠지게 되며 답답하고 낙심하는 마음만 일어난다. 반드시 음탁한 운으로 흘러 금수의 성질을 인통(引通)해야 한다. 그래야 소원이 성취된다.

```
庚 丙 丙 乙
寅 午 戌 丑

庚 辛 壬 癸 甲 乙
辰 巳 午 未 申 酉
```

[옮김]

병화 일주가 술월에 생하고 인오술 화국이 있다. 생왕한 식신에 진신이 득용하여 원국이 아름답다. 초년 을유, 갑신운은 축중 금이 인통 되어 가업이 넉넉했다. 안타깝게 화국을 이룬 지지에 경금이 절지에 임해 있다. 당연히 쟁재하는 사태가 일어나 재성의 역할을 할 수 없다. 축중 신금이 암장되어 답답하여 열 번이나 가을에 있는 시험에 응시했지만 실패했다. 소년 시절의 화운에 세 번의 화재를 당하였고, 그 후에는 네 명의 처가 상하였고, 다섯 자식도 극하고 말년은 인생이 아주 고독했다.

己	丙	丙	壬
丑	寅	午	戌

壬	辛	庚	己	戊	丁
子	亥	戌	酉	申	未

[옮김]

　병화 일주가 여름에 태어났다. 지지가 화국이라 양명한 상이다. 양인이 당권하고 임수는 무근하여 쓸 수 없다. 앞의 사주에 미치지 못하고 있다. 신금이 축토에 암장되어 답답하다. 다행히 대운이 서북지의 음탁한 운으로 가고 있다. 이부(吏部)출신이 많은 재물을 모았고 벼슬도 주목에 올랐다. 명리가 쌍전했고 인생의 많은 것을 성취했다.

[원문]

陰濁藏火 包而多滯
음탁장화 포이다체

[옮김]

　음탁한 지지에 암장된 화는 음기에 싸여 막힘이 많다.

[원문 주]

　유, 축, 해는 기가 음탁하여 화기가 암장되어 있어도 발휘되지 않고 막힘이 많다.

음탁하여 어두운 기운은 분발되기가 어렵다. 습한 목에 암장된 화가 왕한 음기를 만나면 화를 생할 수 없게 된다. 그래서 마음만 급해지고 뜻대로 되는 일이 없고 일을 할 때도 쉽게 결단을 내리지 못하고 심성이 의심을 많이 하게 되어 반드시 밝은 운으로 목화의 기를 인출해야 발할 수 있게 된다.

```
壬 癸 辛 癸
戌 丑 酉 亥

乙 丙 丁 戊 己 庚
卯 辰 巳 午 未 申
```

[옮김]

'진방안'이란 사람의 사주다. 계수 일주가 가을에 태어났다. 지지가 유, 해, 축으로 되어 있어 음탁하다. 천간에 수가 셋 있고 신금이 있다. 시지 술토에 화가 암장되어 있지만, 해중의 습한 목으로 화를 생할 수 없다. 다행히 운이 동방의 밝은 곳으로 흐르니 암장된 기가 인출되어 정갑(鼎甲)이란 벼슬에 오르고 큰 뜻을 이루었다.

```
癸 癸 辛 丁
亥 亥 亥 丑

乙 丙 丁 戊 己 庚
巳 午 未 申 酉 戌
```

[옮김]

　이 사주는 세 개의 해수가 지지에 있고 한 개의 축토가 더 있다. 천간은 두 개의 계수와 하나의 정화가 있어 음탁한 기운이 대단하다. 정화는 불꽃이란 전연 없는 화다. 해중의 갑목을 인조(引助)해 쓸 수 없다. 다행한 것은 운이 양명한 남쪽으로 흘러 병오, 정미운을 만나 과갑하여 벼슬이 관찰(觀察)에 이르렀다.

```
癸 辛 己 辛
巳 酉 亥 丑

癸 甲 乙 丙 丁 戊
巳 午 未 申 酉 戌
```

[옮김]

　이 사주는 지지가 유, 해, 축이다. 천간은 습토인 기토가 음탁한 신금과 계수를 만나고 있다. 시지 사화는 원국을 따뜻하게 해줄 수도 있어 전조보다 아름답다고 할 수도 있을 것 같으나 사유축 금국을 이루어 해중 갑목이 상하고. 또한 사화와 축토가 합변되어 일주를 생조하고 있는 것을 모르고 하는 소리다. 화토운이 왔다 해도 인출하여 쓸 수 없는 사주가 되어 출가하여 승려가 되었다.

[원문]

羊刃局 戰則逞威 弱則怕事
양인국 전즉령위 약즉파사
傷官格 淸則謙和 濁則剛猛
상관격 청즉겸화 탁즉강맹
用神多者 情性不常 時支枯者 虎頭蛇尾
용신다자 정성불상 시지고자 호두사미

[옮김]

양인국이 싸움에 임하면 위세를 발휘하지만 약하면 매사를 두려워한다. 상관격이 청하면 겸손해도 탁하면 강맹스러운 모습을 나타낸다. 용신이 많으면 성정이 한결같지 아니하고 시지가 고(枯)하면 처음과 달리 나중이 흐릿해진다.

[원문 주]

양인국에서 양인이라 하는 것은 예를 들어 병화의 지지에 오화가 있는 것으로 인술이 있거나 묘목이 생하는 것이면 왕한 것이다. 천간에 투출한 정화는 노인(露刃)이라 한다. 오화 양인을 자수가 충하면 싸움이 된다. 미토와 합이 되면 장(藏)이 된다. 상관격이란 지지에 상관국이 되고 천간이 상관으로 화하나 식신과 혼잡 되지 않으며 신왕 일주에 재성이 있거나 신약하고 인수가 있으면 청하다. 그 반대이면 탁한 것이다. 하절에 생한 목이 수를 보거나 겨울의 금이 화를 보면 청하면서 부귀가 뚜렷해진다.

[임철초 주]

원국에 양인이 왕하면 마음이 높다. 뜻은 오만하다. 싸우게 되면 세를 믿고 위세를 부린다. 양인이 약하면 의심을 많이 한다. 또한 일을 두려워한다. 합이 되면 주장이 강해지고 다른 것을 표방한다. 예를 들면 병화 일주에 오화가 양인이다. 천간에 나타난 정화는 노인(露刃)이라 한다. 지지에 인목과 술토가 있거나 묘목의 생을 얻거나 갑을목이 천간에 투출되어 있거나 또 병화의 도움이 있게 되면 모두 왕이라 한다. 지지에서 자수가 충하거나 해수나 신금이 억제하거나 진축토가 나타나 설기하거나 임계수가 천간에서 극하거나 기토가 설기하면 약이라 한다. 이런 때 미토가 합하거나 사화가 도와주면 중화가 된다. 상관은 진가(眞暇)로 나누는데 진(眞)은 일주가 신약하면서 인수가 있으며 재성이 없어야 청하다. 가(假)는 일주가 신왕하면서 재성은 있고 대신 인수가 없어야 귀하게 된다. 진(眞)은 월령이 상관이거나 상관국을 이루지 않고 천간에만 투출되어 있는 경우를 말한다. 가는 비겁이 원국에 가득하고 관성의 극함은 없고 비록 있다 해도 약하여 대적할 수 없으면 원국에 식상이 있건 없건 모두 쓸 수 있으며 아름답다. 하지만 인수는 마땅치 않다. 인수가 있으면 상관이 파되어 흉함이 나타난다. 상관격은 청하면서 득용이 되면 성격이 공손하고 예의가 있고 사람이 친절하고 절도가 있고 학문이 깊고 재주가 뛰어나다. 이와 반대가 되면 사람됨이 오만불손하고 자만에 빠지고 강(剛)하고 예의가 없으며 약한 자를 우습게보고 세와 이익만을 쫓는다. 용신이 많으면

마음이 무게 없이 자주 변한다. 시지가 고(枯)하면 의심이 많고 시작
은 부지런히 하다가 끝은 흐지부지하고 말며 결단력도 부족하다. 여름
의 목이 수를 보면 반드시 금이 있어야 한다. 왜냐하면 수의 근원이 되
어 주기 때문이다. 겨울의 금이 화를 보면 반드시 신왕해야 하고 목이
있어야 한다. 목이 불꽃을 일으켜 주기 때문이다. 이렇게 되면 부귀함
은 의심할 필요가 없다. 만약 여름의 수가 금이 없거나 겨울의 화가 목
이 없으면 청고한 사주가 되어 명리가 모두 허하게 된다.

```
壬 丙 甲 丙
辰 申 午 寅

庚 己 戊 丁 丙 乙
子 亥 戌 酉 申 未
```

[옮김]

　병화 일주가 여름에 태어났고 양인국을 이루었다. 인신충이 되었지
만 인오가 합되고 비겁이 도와 신왕하다. 진시에 태어난 것이 기쁘
다. 또한 임수가 투출되어 있는 것이 묘하다. 신금과 진토가 화를 설
하고 금을 생하고 수의 근원이 되니 일찍 과갑하고 벼슬이 거듭 올
라 병형(兵刑)의 중책을 맡아 생살(生殺)의 대권을 쥐었다.

```
壬 丙 甲 丙
辰 寅 午 申

庚 己 戊 丁 丙 乙
子 亥 戌 酉 申 未
```

[옮김]

이 사주는 전조의 사주와 여덟 글자가 모두 같다. 다만 전조는 일
지에 신금이 있어 임수를 생하는 것이 유정했으나 이 사주는 년지에
신금이 있어 비겁의 극을 받고 있다. 신금운 갑자년에 향방에 올랐으
나 그 후는 막힘이 있었다. 먼저의 사주와 차이가 나는 것은 신금이
임수와 가까이 있지 않았기 때문이다.

```
戊 丙 戊 戊
戌 辰 午 子

甲 癸 壬 辛 庚 己
子 亥 戌 酉 申 未
```

[옮김]

병화 일주 여름에 태어났고 양인이 당령하였다. 신왕한 것
같지만 그렇지 못하다. 진토가 설기하고 자수가 충하였기 때문
이다. 무토가 세 개 투출하여 일주를 설하고 있고 운마저 금
수로 흘러 양인이 적을 만난 격이 되었다. 공명이 모조리 좌

절되었다. 재물도 없었지만 갑인년에는 후중(厚重)한 토를 소
통시키니 발하였다.

```
壬 庚 乙 庚
午 午 酉 午

辛 庚 己 戊 丁 丙
卯 寅 丑 子 亥 戌
```

[옮김]

　이 사주는 '화중당'이란 사람의 사주다. 경금 일주가 가을에
태어났다. 월령에 양인이 당령했지만 관성이 세 개가 있고 토
가 없어 신약한 사주다. 기쁜 것은 시상에 식신이 투출되어
수기를 발하고 있다. 사람이 총명하였으며 가지고 있는 권세
가 빛났다. 하지만 문제 또한 갖고 있었다. 을목이 투출해 일
생동안 깨끗지 못한 재물도 좋아했고 자리에서 용퇴할 줄도
몰랐다. 재는 사람을 해롭게 하는 것으로 욕심은 나방이 불로
뛰어드는 것과 같은 것으로 뒤늦은 후회는 아무 소용이 되지
못한다.

```
戊 壬 丙 己
申 辰 子 丑

庚 辛 壬 癸 甲 乙
午 未 申 酉 戌 亥
```

[옮김]

'인제대'라는 사람의 사주다. 임수 일주가 자월에 생하였다. 관살이 함께 투출되어 있다. 지지는 수국이 되어 양인을 돕고 있어 살인이 함께 왕하다. 하지만 원국에 목이 없어 뛰어난 기를 발하지 못하고 있다. 한미한 집안 출신이지만 병화가 투출해 추위를 해동하니 사람됨이 너그럽고 온화하였으며 무관으로 진출했다. 계유운은 인(刃)을 도와 일주를 방신(幇身)하니 지위가 높아졌다. 임신운은 벼슬이 극품(極品)에 이르렀다. 미토운이 오자 인(刃)을 억제하고 정축년에 화토가 함께 왕하여 자수를 극해 불록되었다.

庚甲乙辛
午子未卯

己庚辛壬癸甲
丑寅卯辰巳午

[옮김]

'계중당'이란 사람의 사주다. 갑자 일주가 미월 오시에 태어났다. 여름 목이 수를 만나 상관패인(傷官佩印)이라 한다. 다행히 묘목이 미토를 극하니 자수가 상해를 입지 않는다. 오화를 충분히 충할수 있게 되어 유병득약(有病得藥)되고 거탁유청(去濁有淸)하게 되었다. 천간의 갑을목과 경신금이 제 구실을 하고 있어 혼이 아니며 인수를 자양하니 희신이 된다. 운이 동북지로 흘러 주어 평생 벼슬길이 평탄했다.

```
┌─────────────────────────────────┐
│          庚 甲 壬 庚               │
│          午 戌 午 午               │
│                                 │
│       戊 丁 丙 乙 甲 癸            │
│       子 亥 戌 酉 申 未            │
└─────────────────────────────────┘
```

[옮김]

　갑목 일주 오(午)월에 생하였다. 지지에 오화가 셋 있고 화
국을 이루고 있어 화염토조(火炎土燥)하다. 상관이 사령한 사
주로 월간 임수가 무근하다. 수는 경금에 의지하여 생을 받고
있다. 과갑연등 하였지만 사로(仕路)가 좋지 못한 것은 화가
지지를 점유했고 금수가 천간에 투출되어 목이 의지할 뿌리가
없어 신(神)은 여유가 있었지만 정(精)이 부족한 때문이었다.

```
┌─────────────────────────────────┐
│          庚 庚 丙 甲               │
│          辰 辰 子 子               │
│                                 │
│       壬 辛 庚 己 戊 丁            │
│       午 巳 辰 卯 寅 丑            │
└─────────────────────────────────┘
```

[옮김]

　'주시랑'이란 사람의 사주다. 경금 일주가 겨울에 태어나
금수가 한냉하다. 병화가 갑목의 생을 받아 해동하고 있어

겨울 금이 화를 얻었다. 하지만 지지가 거듭 자진으로 합
이 되어 신약하니 용신은 진토다. 원국에 비견이 돕고 있
고 운이 경진, 신사운으로 흘러 연이어 벼슬이 올라갔다.

```
丁 辛 壬 丁
酉 巳 子 巳

丙 丁 戊 己 庚 辛
午 未 申 酉 戌 亥
```

[옮김]

'웅중승'이란 사람의 사주다. 신금 일주가 자월에 생하여 금수가
한랭하다. 설기 또한 지나치다. 일주는 비견에 의지해 도움을 받고
있다. 사유합 됨이 여간 기쁘지 않다. 두 개의 정화가 투간되어 있
지만 추위를 녹여주는 것에 불과하다. 용신은 비견에 있다. 운이 토
금으로 흘러 주어 벼슬길이 아주 좋았는데 정미운이 되자 일을 그
르쳤다. 금이 겨울에 태어나 화를 기뻐하는 것은 추위를 온난하게
하는데 뜻이 있는 것이며 용신으로 쓰이는 것은 아니다.

59. 질 병 (疾 病)

[원문]

五行和者 一世無災
오 행 화 자 일 세 무 재

[옮김]

오행이 화평하면 일생 재앙이 없다.

[원문 주]

오행이 화(和)하다고 하는 말은 온전하면서 또한 결함이 없고, 상극 받지 않아야 한다. 온전하려면 마땅히 온전하고 결핍돼야 하면 당연히 그래야 되며, 생할 것은 생해 주고 극할 것은 극해야 화(和)가 된다. 그러면 일생 재앙이 없게 된다.

[임철초 주]

하늘에서 오행은 청, 적, 황, 백, 흑색이 된다. 땅에서는 목, 화, 토, 금, 수가 되며 사람에게 간, 심장, 비장, 폐, 신장이 된다. 인간이 만물의 영장이 된 것은 오행이 모두 구비된 때문이다. 두면(頭面)은 오기(五氣)를 상징하며 하늘을 나타내고 몸속의 장부는 지지 오행을 나타내어 소우주(小宇宙)라 한다. 또 장부(藏腑)는 음양으로 나뉘어 배속된다. 장(藏)은 부(腑)와 짝을 이루며 부는 갑, 병, 무, 경, 임 양이 되고 을, 정, 기, 신, 계가 장이 된다. 음양이 조화되지 않고 태과 하거나 불급하면 풍(風), 열(熱), 습(濕), 조(燥), 한(寒)의 병이 생긴다. 병이 생기면 반드시 오미(五味)로 조화를 이뤄 줘야 한다. 오미란 다섯 가지 맛으로 신맛, 쓴맛, 단맛, 매운맛, 짠맛이다. 신맛은 목에 속하고 과다하게 섭취하면 근육이 상한다. 쓴맛은 화에 속하며 많이 먹으면 뼈가 상한다. 단맛은 토에 속하며 많이 먹으면 피부가 상한다. 매운맛은 금에 속하고 많이 먹으면 신경이 상한다. 짠맛은 수에 속하고 많이 먹으면 혈액이 상한다. 이것이 오미의 기능과 부작용이다. 오행이 조화를 이루면 일생토록 재앙이 없다. 사주에서 오행이 평화로우면 장부 역시 화평하다. 사주의 모든 것을 운이 좌우하듯이 우리 몸의 건강 또한 오미가 좌우한다. 오행이 화(和)하고 오미가 조(調)하면 재앙과 질병이 없게 된다. 화란 생함이나 극함이 아니고 결함이 없는 상태이다. 조화를 이루는 첫째는 왕하면 실하고 부족하면 소(助)해 주는 것이다. 이렇게 되면 화가 된다. 만약 왕한 것을 억지로 억제하려 들면 왕한 것이 노발하여 상해를 입게 된다. 왕한 것은 손상되지 않는다. 왕한 신이 태과하면 설해야 한다. 태과한 상태가 아니라면 극함이 마땅하다. 한 가지 신이 약해도 뿌리가 있으면 부(扶)해 주어야 한다. 뿌리가 없다면 상(傷)해야 한다. 사주팔자는 반드시 하나의 신을 얻어야 하며 제하고 합하고 화함이 적당하면 일생동안 재앙을 겪지 않는다. 오행을 전부 갖추지 않아도 결함이 없으면 아름다우며 생(生)하여 극(剋)하지 않으면 화(和)하게 된다.

```
庚 戊 甲 癸
申 戌 寅 未

戊 己 庚 辛 壬 癸
申 酉 戌 亥 子 丑
```

[옮김]

이 사주는 무토 일주가 인월에 생하였다. 목왕하고 토약하다. 약한 토가 술토에 근한 것이 기쁘다. 금을 생하여 관을 억제할 수 있다. 녹지에 앉은 경금은 목을 극할 힘이 있다. 태과하지 않다면 극함이 마땅하다. 계수가 살을 생하지만 미토가 제하니 목을 생할 수 없다. 기쁜 것은 돕고, 싫은 것은 제거하면 오행이 화(和)를 이루게 된다. 운과 체용이 배반하지 않은 사주다. 수명이 구십 넘게 살았다. 눈과 귀가 어둡지 않았고 언행이 일치하고 도리에 어긋나지 않았다. 명리와 수복이 함께하여 일생동안 재앙을 겪거나 병이 없었다.

```
甲 戊 庚 甲
寅 寅 午 寅

丙 乙 甲 癸 壬 辛
子 亥 戌 酉 申 未
```

무토 일주가 오화 월에 생하였고 다섯 개의 칠살이 있다. 월간 경금은 오화에 앉아 뿌리가 없다. 약한 것이 무근하면 제거하고 태과하면 설함이 마땅하다 했으니 오화를 사용하면 화(和)가 된다. 오화가 당령하였고 원국에 수가 하나도 없다. 금수운이 와도 장애받지 않는다. 목화운에 명리를 누렸다. 부귀수복 하였으며 일생동안 병마와 재앙이 없었고 자손들까지 잘 되어 후사가 아름다웠다.

乙 癸 丙 甲
卯 亥 子 子

壬 辛 庚 己 戊 丁
午 巳 辰 卯 寅 丑

[옮김]

계수 일주가 자월에 생하고 록왕이 또 있어 왕하다. 묘시에 태어난 것이 기쁘며 안에서 겉으로 발한 격이다. 목의 기운이 여유가 있어 화가 허하지만 쓸 수 있다. 원국에 금이 있으면 목이 상하고 왕수를 생하게 된다. 일생 재앙이 없었다. 토금이 없었기 때문이다. 나이가 들수록 건강하고 눈과 귀가 밝고 걸음도 건강하여 보는 사람들이 50이 넘었다고 하자 모두 의아해 했다. 명리를 모두 누렸고 자손도 많았다.

[원문]

血氣亂者 生平多疾
혈기난자 생평다질

[옮김]

혈기가 어지러운 사람은 일생 질병이 많다.

[원문 주]

혈기가 어지럽다 함은 수화의 문제만은 아니다. 수극화 상태나 화가 수를 이긴다는 뜻만이 아니라는 말이다. 오기가 반역하거나 상하좌우가 불통하거나 불순하면 어지럽다는 말을 쓴다. 사주가 그러면 병이 많다.

[임철초 주]

혈기가 어지럽다는 말은 오행이 서로 배반하고 흐름이 순조롭지 못한 것을 말한다. 수는 혈이고 맥도 혈이다. 심장은 정화에 속하고 혈을 주관하는 장기다. 방광은 임수에 속한다. 정임은 합이 되니 심장과 신장은 조화를 이룬다. 수화가 조화를 이루고 혈이 잘 유통되면 질병이 없게 된다. 만약 좌우가 서로 극하고 상하 또한 극하며 역을 기뻐하는데 순이 되거나, 그 반대이거나, 화왕하여 수가 증발하면 목도 타버리게 된다. 수왕하면 토가 흘러내리고 금은 물에 잠기게 한다. 토왕하면 목이 부러지고 화를 어둡게 한다. 금왕하면 화 또한 허해지고 토가 상한다. 목왕하여 금이 결되면 수가 줄어드니 이것이 오행전도상극(五行顚倒相剋)이 되는 묘한 이치인 것이다. 이를 어기면 반드시 재앙과 병마가 끊이지 않을 것이다.

```
庚 丁 乙 丙
戌 未 未 申
辛 庚 己 戊 丁 丙
丑 子 亥 戌 酉 申
```

[옮김]

　정화 일주가 계하(季夏)에 태어났다. 술미토는 조토다. 화를 설하
거나 금을 생할 수 없다. 병화는 금을 극하고 토를 조(燥)하게 하며
목을 태운다. 신중의 임수는 고갈된다. 초년운에 담(痰)병이 있었다.
해수운을 만나 수가 화를 대적하지 못하면서 목을 생하여 화를 돕
게 되었다. 컵 한 잔의 물로 불을 끄고자 했던 것과 같다. 토혈(吐
血)로 사망하였다.

```
甲 丙 丁 壬
午 申 未 寅
癸 壬 辛 庚 己 戊
丑 子 亥 戌 酉 申
```

[옮김]

　병화 일주가 미월 오시에 태어났다. 년간 임수는 무근하다. 신금
은 멀리 있어 수를 생하지 못하고 인목과의 충과, 더불어 오화의

극을 받아 폐가 상했다. 더구나 정임합목 되어 화를 돕게 되니 심화(心火)가 더 왕하여 신장의 수가 마른다. 담의 병까지 생겼다. 술토운에 폐가 더욱 상하고 신장의 기도 떨어져 사망했다.

```
壬 丙 丙 甲
辰 寅 寅 辰

壬 辛 庚 己 戊 丁
申 未 午 巳 辰 卯
```

[옮김]

병화 일주 인월에 태어났고 인수가 당령했다. 진토는 수를 축장한 습토다. 병인이 극을 받아 비위가 상한다. 폐인 금도 기가 끊긴다. 목이 많아 수가 고갈되어 신장의 수 또한 마른다. 경금운에 이르자 원국에 목이 많아 금은 저절로 결되어 금수가 함께 보였지만 목화가 금을 업신여겨 피를 토하며 죽었다. 이 사주는 목화가 동심(同心)이어서 그 기세에 순해야 한다. 임수는 꺼린다. 초년 정묘, 무진, 기사운은 아무런 어려움도 없었다.

[원문]

忌神入五藏而病凶
기신입오장이병흉

[옮김]

기신(忌神)이 오장(五藏)에 들어가 있으면 그 병은 흉하다.

[원문 주]

사주에서 기신을 제하거나 화하거나 충하지 않고 깊이 암장되어 있게 하면 오장이 극을 받아 그 병은 대단히 흉하다. 제거 되어야 할 목이 토에 암장되어 있으면 비위(脾胃)에 병이 생긴다. 그러한 화가 금에 들어가면 폐에 관계되는 병이 생기고, 토가 수에 들어가면 신장병, 금이 목에 들어가면 간에 해당하는 병이 발생한다. 꺼리는 수가 화에 들어가면 심장에 관련한 병이 발생한다. 또한 허와 실을 살펴야 한다. 예를 들어 목이 들어갈 때 토가 왕한 경우에는 비가 유여하여 사계월(四季月)에 발병한다. 토가 약하면 봄이나 겨울에 발병한다. 나머지도 이와 같이 추리하면 된다.

[임철초 주]

기신이 오장에 들어간다는 것은 지지에 암장되어 있는 상태를 말한다. 음탁한 기가 암장되면 제하기가 어렵다. 그래서 흉한 병이 발생하게 된다. 희신이 암장되어 있으면 일생동안 재앙이 없다. 하지만 기신이 암장되면 평생 동안 질병이 많다. 토는 비위(脾胃)이지만 비는 완(緩)해야 하고 위는 화(和)해야 한다. 꺼리는 목이 토에 들면 화완(和緩)하지 않아 병들게 된다. 금은 폐와 대장을 나타내며 폐는 수렴해야 하며 대장은 화창해야 한다. 꺼리는 화가 금으로 들어가면 폐기(肺氣)가 상역(上逆)하고, 대장은 화창하지 않아 병든다. 수는 방광과 신장을 나타내며 방광은 윤택하고 신장은 견고해야 한다. 꺼리는 토가 수에 들어가면 방광이나 신장이 병들게 된다. 목은 간과 담을 나타내며 꺼리는 금이 목에 들면 간담이 병들게 된다. 화는 소장과 심장을 나타낸다. 잘못된 수가 화에 들면 심장이나 소장이 병들게 된다. 여기에 유여함과 부족함을 보아야 한다. 예를 들어 토가 태왕한데 목이 토에 들어가지 못하면 오히려 비위는 유여하여 병이 생긴다. 비(脾)는 습한 것을 꺼리고, 위는 차가운 것을 꺼린다. 토가 습하고 습함이 유여하면 병은 봄과 여름에 생긴다. 오히려 화가 생해주는 것을 꺼린다. 토가 조하고 조함이 남아돌면 병은 여름과 가을에 생긴다. 오히려 수가 윤택하게 하는 것을 꺼린다. 만약 토가 습하고 약하면 목이 토를 소통할 수 있지만 토가 조(燥)하고 약하면 병은 겨울과 봄에 발생한다. 허습한 토가 여름과 가을에 조열함을 만나거나 봄과 겨울에 습함을 만나면 목은 더욱 무성해진다. 그러면 토는 극을 받아 더욱 허하게 된다. 허습한 토가 거듭 허습한 때를 만나거나 허조(虛燥)한 때를 만나면 목은 뿌리를 내릴 수 없게 되니 토는 목의 극을 두려워하지 않는다. 나머지도 이와 같이 추리하면 된다.

乙	丙	己	庚		
未	子	丑	寅		
乙	甲	癸	壬	辛	庚
未	午	巳	辰	卯	寅

병화 일주 축월에 생하였다. 일지에 자수가 있어 허약한 상태가
되어 불꽃이 없다. 목이 용신이지만 조고(凋枯)하다. 양(陽)이 둘이
있지만 아직 싹이 돋지 않을 때이다. 경금이 투출하였지만 절지에
앉아 병이 깊다. 월지 축토가 꺼려진다. 년간 경금이 통근하고 축중
에 신금이 암장되어 있어 기신이 깊이 들어 있는 격이다. 기토는
경금의 적모(嫡母)다. 화를 어둡게 하며 금을 생하니 인목이 파될
수 있다. 자수는 신장인데 축토와 합이 되니 목을 생할 수 없다. 오
히려 금을 생하는 쪽으로 기운다. 축토가 병이다. 축토가 금을 생할
수 없으면서 수에 해로움을 끼쳐 간과 신장에 병이 생겼다. 묘운에
축토를 파하여 이름이 궁중에 알려졌다. 을목운은 경금과 합되고 사
년에 사축금이 되어 병을 치유하지 못해 죽었다.

壬 辛 辛 丁
辰 未 亥 亥

乙 丙 丁 戊 己 庚
巳 午 未 申 酉 戌

[옮김]

신금 일주 겨울에 생하고 년간 정화가 비견을 극하고 있다. 일주
는 도움 받지 못하고 있다. 상관이 투출되어 있고 당령하여 일주를
설하니 토가 용신이 된다. 미토는 목의 고근이다. 진토는 목의 여기
로 두 개의 토가 을목 기신을 암장하고 있다. 지지에 두 개의 해수
는 목의 생지가 되며 해미는 목을 공(拱)하여 기신이 오장에 들어

있다. 위와 관절에 고통이 심하여 열흘도 편할 날이 없었다. 기유년에 자식을 얻고 무토운에 시험에 합격하였다. 신운은 임수가 생을 만나 병이 중해졌고 정화운에 일주가 상하니 불록 되었다. 두 사주에서 병은 사주팔자와 오행의 이치에 있는 것이 분명해 진다. 신중하게 연구하면 그 사람의 사주에서 요수(夭壽)에 통할 수 있다. 앞날을 알 수 있다.

[원문]

客神遊六經而災小
객신유육경이재소

[옮김]

객신(客神)이 육경(六經)에 떠 있으면 재앙이 적다.

[원문 주]

객신(客神)은 기신보다 경하다. 하지만 매몰되지 않고 육경(六經)에 떠돌면 반드시 재앙을 겪게 된다. 예를 들어 목이 토 위에 떠돌면 위가 고통을 겪게 되고 화가 금위에 떠돌면 대장이 고통을 겪고 토가 수 위에 있으면 방광이 해를 입는다. 목 위에 금이 있으면 담에 이상이 생기고 수가 화 위에 떠돌면 소장에 병이 생긴다.

[임철초 주]

객신이 육경에 떠돈다는 것은 양의 허한 기가 천간에 떠 있는 것을 말한다. 그렇게 되면 쉽게 제하거나 화 할 수 있어 재앙은 크지 않다. 병이 마치 표면에 있는 것과 같아 쉽게 발견되어 치유할 수 있어 큰 병으로 이어지지 않는다. 그러므로 재앙 또한 적다. 병의 원인을 찾아 음양오행의 이론에 따르는 것이 오장을 논하는 법이다. 천간이 모두 객신은 아니며 지지 또한 기신은 아니다. 허한 가운데 실이 있고 실한 가운데 허한 것이 있으니 그 이치를 알면 재상(災祥)을 확실히 알 수 있는 것이다.

```
丙 庚 甲 壬
戌 午 辰 辰

庚 己 戊 丁 丙 乙
戌 酉 申 未 午 巳
```

[옮김]

경오 일주가 진월 술시에 태어났다. 봄에 태어난 사주가 살이 왕하여 토를 용신한다. 월간 갑목이 객신이다. 두 개의 진토가 수목을 축장하고 있어 육경을 떠돌며 오장까지 침입했다. 임수와 갑목은 상생관계이니 병화를 극하지 않는다. 초년운은 화운이라 토를 생하니 위장이나 비장에 병은 없다. 무신운은 토금이 왕하여 목이 병이 된다. 목은 풍(風)을 주관한다. 기유, 경술 20년 동안 큰 재산을 모았다. 신해운은 금은 무근하고 목은 장생을 얻어 갑작스러운 풍질(風疾)로 죽었다.

```
庚 壬 戊 癸
戌 寅 午 丑

壬 癸 甲 乙 丙 丁
子 丑 寅 卯 辰 巳
```

[옮김]

　임수 일주가 오화월 술시에 태어나 살이 왕하다. 지지에 재성국을 이루고 있어 살이 더욱 군림하고 있다. 인목은 화의 세력을 돕고 객신은 오화에 있지 않다. 객신이 기신으로 화(化)되고 무계 합화하여 금수가 상하고 있다. 을묘운에 금수가 절지에 임하게 되어 신장에 병이 생기고 기침이 심했다. 갑술년 정월에 목화가 왕하여 죽었다.

```
庚 丙 庚 乙
寅 子 辰 亥

甲 乙 丙 丁 戊 己
戌 亥 子 丑 寅 卯
```

[옮김]

　병자 일주가 진월에 생하였다. 습토가 축수하여 목을 기르고 있다. 목 용신이 해수의 생을 받고 있다. 진토는 여기로 인목을 돕는다. 을목은 경금과 합이 되나 화하지는 않는다. 경금이 객신이 되어 떠돌 뿐 장부에 침투하지 못하고 육경에 머물고 있을 뿐이다. 목은 봄철이라 기가 유여하고 인해 합목되고 자진이 공하여 기가 시를 꿰고 있어 사기(邪氣)가 들어올 여지가 없다. 운도 배반하지 않아 일생동안 질병 없이 명리가 흡족했다. 다만 토가 습하고 허하여 비위가 약하여 설사병은 있었다.

[원문]

木不受水者血病
목불수수자혈병

[옮김]

　목이 수를 받아주지 못하면 혈액에 관한 병이 생긴다.

[원문 주]

　동으로 수가 흐르는데 목이 허탈하거나 충을 만나면 수를 받지 못한다. 그러면 반드시 혈액에 관한 병이 발생한다. 간은 목에 속한다. 혈을 받아드리는 장기이다. 그런 간이 받지 못하면 병이 발생한다.

[임철초 주]

　목이 봄에 수를 받지 않는 것은 화의 발영을 바라기 때문이다. 겨울의 목이 수를 받지 않는 것은 화가 해동해 주기 바라기 때문이다. 여름 목이 뿌리가 있어 수를 받는 것은 열기를 제거하고 토가 윤택하기를 바라기 때문이다. 가을 목이 수를 받는 것은 금의 날카로움을 설기하여 완강함을 바꿔보기 위함이다. 겨울 목은 쇠약해야 수를 받아드린다. 여름과 가을 휴수기에 든 목은 왕해져야 수를 받는다. 이와 반대되면 수를 받아드리지 못한다. 그래서 피가 돌지 못하여 혈액에 관한 병이 생긴다.

己 乙 丁 丁
卯 亥 未 亥

辛 壬 癸 甲 乙 丙
丑 寅 卯 辰 巳 午

[옮김]

을목 일주가 휴수기인 미월에 생하였다. 년과 월에 정화가 투출하여 설기함이 지나치다. 시지에 녹이 있고 해수가 생하고 조열한 토가 윤택해져 있다. 해묘미 목국 됨이 묘하다. 갑진운에 과갑 하였으니 식신용인격을 취했다.

```
丁 乙 乙 丙
亥 巳 未 戌

辛 庚 己 戊 丁 丙
丑 子 亥 戌 酉 申
```

[옮김]

을목 일주 미월에 생하였다. 병정화가 천간에 투출하여 지지의 사와 토에
통근한 상태에서 발설이 지나치다. 수의 생을 받지 못하니 해수가 병이 되
었다. 종아격 사주로 초년의 병신, 정유운은 병정이 개두하여 평탄했다. 무
술운은 해수를 극해 명리가 있었다. 기해운은 화왕한 사주에 조토가 있어
수가 돌아갈 곳이 없어 병을 얻어 죽었다.

[원문]

土不受火者氣傷

토불수화자기상

[옮김]

토가 화를 받지 못하면 기가 상한다.

[원문 주]

토가 충을 만나거나 기가 허탈하면 화를 받지 못한다. 그러면 병
이 생긴다. 비장은 토에 속하며 화를 받아드리지 못하면 병이 된다.

[임철초 주]

조실(燥實)한 토가 화를 받지 않는 것은 수의 윤택함을 바라기 때문이다. 허습한 토가 수의 극을 원치 않아 화를 받지 않는다. 뿌리 있는 겨울 토가 화를 받는 것은 천의 동함을 풀고 지의 습을 제거하기 위함이다. 득지한 가을 토가 화를 받는 것은 토가 금에 과다하게 설기됨을 막기 위함이다. 땅은 지나치게 건조하면 윤택하지 않게 되고 지나치게 습하면 하늘이 불화하니 그래서 화를 받지 않고 목을 용납하지 않는다. 조열함이 지나치면 기가 어긋나고 습함이 지나치면 비장이 허탈해져 받지 않으면 병이 생긴다.

```
己 戊 辛 己
未 戌 未 巳

乙 丙 丁 戊 己 庚
丑 寅 卯 辰 巳 午
```

[옮김]

무토 일주 미월에 태어났고 원국에 비겁인 토가 많다. 화가 천간에 투출하지 않은 것이 반갑다. 기쁜 것은 상관 신금이 월간에 투출돼 있는 것이다. 초년운이 기사, 무진운으로 행하여 유정하게 금을 생하여 명리가 넉넉했다. 정묘운은 화의 세력을 따르며 토를 소통시킬 수 없고 토가 더욱 왕해질 뿐이다. 또한 신금이 상하게 된다. 폐가 상하여 사망했다.

```
壬 己 己 庚
申 亥 丑 辰

乙 甲 癸 壬 辛 庚
未 午 巳 辰 卯 寅
```

[옮김]

기해 일주가 축월에 태어났다. 진토와 축토는 습한 토로 금과 수를 축장하고 있다. 경금과 임수가 통근했다. 원국의 기가 대부분 허습하여 재성인 수를 용신하는 종재격 사주다. 초년 경인, 신묘운은 천간은 수를 생하고 지지는 토를 극해 조상의 음덕이 넉넉하였다. 임진, 계사운은 재물이 계속 늘었고 벼슬도 하였지만 사화운에 처를 극하고 재물이 파하기 시작했다. 이 사주는 신시에 태어났고 화가 원국에 없어 임수가 생을 얻어 가종재격(暇從財格)을 이루었다. 그래서 조상의 유업이 넉넉했고 공부 또한 하게 되었고 처와 자식이 온전했다. 만약 화가 있었더라면 재다신약(財多身弱)사주가 되어 한 가지 일도 성취하지 못했을 것이다. 갑오운 기사년에 위와 장에 병이 생겨 사망했다.

[원문]

金水傷官　寒則冷嗽

금수상관　한즉냉수

熱則痰火　火土印綬　熱則風痰　燥則皮癢

열즉담화　화토인수　열즉풍담　조즉피양

論痰多木火　生毒鬱火金　金水枯傷而腎經虛

논담다목화　생독울화금　금수고상이신경허

水木相勝而脾胃泄

수목상승이비위설

[옮김]

　금수 상관격 사주가 한(寒)하면 냉한 기침을 하고 열(熱)하면 담화(痰火)가 있다. 화토 인수 사주는 열하면 풍담이 있고 조하면 피부소양이 있다. 담은 목화가 많은 걸 논한 것이고 화금이 우울하면 독이 된다. 금수가 고(枯)하여 상하면 신경이 허하고 수목이 서로 승(勝)하면 비위를 설한다.

[원문 주]

　병은 모두 오행이 불화하여 생긴다. 그래서 그 사람에게 나타난 병을 알고 그 사람을 알면 길흉을 판단할 수 있다. 예를 들어 목에 관한 병이 어떤 병인지를 알고자 하면 그 사람의 사주에서 목이 어떤 신인가를 본다. 만약 목이 재인데 토에 관한 병이 생겼다면 재성이 왕하여 기신이 된 것이다. 아내의 미악(美惡)과 부친이 흉하고 쇠한 것 까지 알 필요는 없다. 그렇지만 육친과 사체(事體)에 관련이 있고 또 상부(相符)하지 못하면 병은 위중하다 해도 재앙은 면할 수 있다.

[임철초 주]

  금수가 사주에서 지나치게 한(寒)하면 그 사람은 반드시 냉한 기침을 하게 되고 지나치게 열(熱)하면 화는 금을 극해 폐가 상한다. 수가 화를 잘 억제하면 그 병이 나타나지 않을 수도 있다. 겨울에는 허한 화가 염상하므로 담화(痰火)가 있다. 화가 너무 열하면 목은 타게 되어 목에 해당하는 풍담(風痰)이 있다. 지나치게 화가 조(燥)하면 토는 초(焦)토가 된다. 수가 있으면 목을 생하게 되어 금은 더욱 허하게 된다. 금은 대장과 폐를 나타내니 이것들이 상하면 신장을 생할 수 없게 된다. 목은 수를 설하고 화를 생하니 지나치면 반드시 신장과 폐가 상하게 된다. 그러나 이런 병이 있는 것과 관계없이 재성이 많으면 파모가 있게 되고 의식도 넉넉지 않게 된다. 이것이 또 다른 허물로 고통을 안겨 준다. 병과 상관없이 재원(財源)이 왕한 사주는 그 아내가 반드시 비루하고 악하며 자식 또한 불초(不肖)하게 된다. 재원이 왕한데 아내가 현명하고 자식도 괜찮고 병도 없다면 대운의 묘함이 있는 것이다. 금수가 있고 목화 또한 지나치지 않는데도 폐와 신장에 문제가 있거나 재다파모 하거나 처가 비루하고 자식이 열등하면 이 역시 목화운에 금수가 상하기 때문이다. 자세히 공부해야지 한 가지 만을 주장해서는 안 된다.

```
己 辛 壬 壬
丑 酉 子 辰

戊 丁 丙 乙 甲 癸
午 巳 辰 卯 寅 丑
```

[옮김]

신금 일주가 겨울에 태어나 금수상관을 이루었다. 원국에 화기가
하나도 없다. 금수는 한냉하고 토는 얼어 있다. 초년은 찬 기침을
하였으나 원국이 청순하여 일찍부터 학문에 전념하였다. 갑인, 을묘
운에 수를 설하니 가업이 번성하였지만 병진운에 오자 수화상쟁하
게 되어 질병이 있었다. 병인년에 금수가 왕한 원국에 수가 격동하
여 약증(弱症)으로 죽었다.

```
壬 辛 丙 己
辰 酉 子 丑

庚 辛 壬 癸 甲 乙
午 未 申 酉 戌 亥
```

[옮김]

이 사주는 금수 상관격이다. 겨울에 생하였지만 월간에 병화가
투출하여 추위가 사라지니 냉한 기운으로 인한 병이 없다. 계유운에

과거에 합격되고 고향에 이름이 높게 알려졌다. 금수상관에 화용신은 드물고 대부분 용신은 수로 한다. 화를 쓸 때는 목이 있어야 하고 일주 또한 왕해야 한다. 이 사주는 일주 왕하고 목이 없고 화가 무근하여 수용신 한다. 임신운에 지현 벼슬에 올랐다. 신미운 정축년에 화토가 왕하고 임수가 합되고 자수가 상하여 질병으로 사망했다.

丙 庚 丙 甲
戊 子 子 戌

壬 辛 庚 己 戊 丁
午 巳 辰 卯 寅 丑

[옮김]

경금 일주 자월에 생하였다. 년, 시지의 술토가 월간 병화의 뿌리가 되고 있다. 갑목이 또 병화를 생하니 열기가 대단하다. 무인, 기묘운에 화로 인한 병이 발생했다. 경진운이 경자 일주를 돕고 습토를 얻게 되어 약 없이 병이 낫고 벼슬길에 나아갔다. 신사운은 장생지라 명리가 함께 있었다. 화를 용하지 않은 것은 신약한 일주이기 때문이다. 금수 상관은 화를 쓴다. 신왕하면 재성이 있어야 한다. 수를 용하여 중화가 되게 하고 신약한 사주라면 토를 용한다.

```
┌─────────────────────┐
│    丙 己 庚 己       │
│    寅 亥 午 巳       │
│                     │
│  甲 乙 丙 丁 戊 己    │
│  子 丑 寅 卯 辰 巳    │
└─────────────────────┘
```

[옮김]

기토 일주 여름에 생하였다. 습토인 기토 일주 좌하에 해수가 있다. 병화가 투출해 생하고 년지와 월지에 녹왕이 있다. 열하지만 조한 상태에 이른 것은 아니다. 인해합목 되어 화를 생하니 두렵다. 운이 또한 목지로 흘러 풍질 병이 생겼다. 풍은 목에 속한다. 사해 충이 되고 있지만 오화의 도움이 커 심장과 소장이 더욱 왕하다. 인목이 해수를 설하고 경금이 수를 생하지 못해 신장의 기가 허약하다. 다행히 몸을 잘 관리하여 병은 악화 되지 않았다. 을축운이 오자 약을 쓰지 않고도 병은 치유되었다. 갑자, 계해운에 노익장을 과시하고 첩의 몸에서 자식을 낳았고 재물 또한 크게 일어났다.

```
丁 戊 戊 辛
巳 戌 戌 未
壬 癸 甲 乙 丙 丁
辰 巳 午 未 申 酉
```

[옮김]

　무토 일주가 술월 사시에 태어났다. 술미토는 조토이다. 시주가 정사로 화토 인수다. 인수를 돕고 있지만 때가 계추(季秋)인지라 조할 뿐 열(熱)하지는 않다. 정화의 극을 받는 신금은 폐에 속한다. 조토는 금을 생할 수 없어 폐가 상하여 담증이 있었다. 큰 병이 되지 않은 것은 대운이 병신, 정유운으로 흘러가 주었기 때문이다. 을미, 갑오운은 목화가 상생하여 토가 더욱 조해져 피부병이 있었다. 계사운은 수가 무근하여 화는 극할 수 없고 단지 화세를 격동시켜 죽었다. 화토가 계수를 증발시켜 신장이 병들었기 때문이다.

```
┌─────────────────────────┐
│      乙 己 丁 己         │
│      丑 亥 丑 丑         │
│                         │
│    辛 壬 癸 甲 乙 丙     │
│    未 申 酉 戌 亥 子     │
└─────────────────────────┘
```

[옮김]

  기토 일주가 축월에 태어났고 세 개의 축토가 지지에 있어 일주
는 왕하지만 한습한 사주다. 정화는 무근하여 한습한 기를 제거할
수 없다. 축월의 을목은 추위에 시들어 학문을 할 수 없었다. 기토는
비장에 속한다. 한습하여 창독이 심했다. 계유, 임신운은 십 수년 동
안 그 병으로 고생했다. 을목이 시든 것이 원인이 되었다.

```
庚 甲 己 丙
午 戌 亥 戌

乙 甲 癸 壬 辛 庚
巳 辰 卯 寅 丑 子
```

[옮김]

갑목 일주 해월에 생하여 인수가 당령했다. 토가 많은 사주다. 수
는 극을 받고 경금은 뿌리가 없다. 술중의 정화를 병오화가 인출하
여 화가 금을 답답하게 하고 있다. 병화가 경금을 극하니 대장이
상하고 오화는 신금 폐를 상하게 하고 있다. 술토는 임수를 공격하
니 방광도 상한다. 갑진운에 화를 생하고 술토를 충해 암장된 신금
이 충출되자 오화가 극하여 폐질환으로 사망했다.

```
甲 甲 癸 庚
戌 午 未 寅

己 戊 丁 丙 乙 甲
丑 子 亥 戌 酉 申
```

[옮김]

갑목 일주가 미월에 태어났다. 목화 상관용인(傷官用印)이다. 경
금이 일주에 긴첩해 있는 계수를 생하니 유정하다. 지능이 뛰어나
한 번 읽은 글을 잊지 않았다. 경금과 계수가 무근한 것이 안타깝

다. 술시에 태어나 화국을 이루니 금수가 함께 상해를 받고 있다. 일주가 설기됨도 지나치다. 어려서부터 폐와 신장이 병들었는데 병 술운이 오자 금수가 또 극을 당해 일찍 죽었다.

```
戊 庚 乙 癸
寅 戌 卯 酉

己 庚 辛 壬 癸 甲
酉 戌 亥 子 丑 寅
```

[옮김]

경금 일주 묘월에 생하였다. 유금이 묘목을 충하지만 묘목이 왕하면서 당권하니 금은 결되고 토까지 상한다. 묘술과 인술이 합되어 살로 변하고 있다. 비장이 약하고 폐에도 문제가 있을 것 같았으나 일생동안 병이 없었다. 목이 강하고 유금이 약해 아내의 도리가 아주 좋지 않았고 두 아들도 불효자가 되고 도둑이 되었다. 그로인해 병은 면할 수 있었고 재물도 넉넉한 편이었다.

60. 출 신 (出 身)

[원문]

巍巍科第邁等倫　一個元機暗裏存
외외과제매등윤　일개원기암리존

[옮김]

과거시험에도 우열이 있는데 그것은 드러나지 않은 원기
(元機)로 인해서이다.

[원문 주]

사주 명리에서 가장 어려운 것은 그 사람의 출신이 어떤지 아는
것이다. 장원급제 하는 사주는 반드시 사주에 원기(元機)가 있다.

[임철초 주]

사주 명리에서 그 사람의 출신 성분을 밝히는 것이 가장 어렵다.
사주에는 반드시 원기(元機)라는 것이 존재한다. 원기라는 것을 알
기 위해서는 용신의 진가를 구별할 줄 알아야 하고 지지에 암장된
신을 연구해야 하고 용신과 희신을 포함해 한신과 기신이 싸우지
않아야 공존하는 정이 있게 된다는 것도 알아야 한다. 또한 격국이
특별한 점이 없는데도 무리 중에 이름이 뛰어나게 되면 반드시 세
덕(世德)의 미악(美惡)을 살필 줄 알아야 하고, 두 번째는 산천(山
川)의 영수(靈秀)를 논해야 되는 것이다. 왜냐하면 좋은 풍수적 환
경에서 우수한 인물이 나오기 때문이다. 특히 세덕으로 부터 온 경

우에는 그 사람의 사주를 논할 필요가 없다. 그래서 세덕심전(世德心田)이 첫째이며, 산천정기가 두 번째이며 명(命)의 격국(格局)이 세 번째가 되는 것이다. 사주를 간명하는데 있어서 살인상생(殺印相生)이나 관인이 쌍청한 것만이 귀하거나 아름다운 것이 아니다. 용신이 경미하고 희신이 암장되고 수기(秀氣) 또한 암장되어 있다면, 이런 경우에는 얼핏 보기에는 좋은 면이 없는 것 같지만 자세히 살펴보면 정신이 있고, 그 가운데 원기 또한 있으니 자세히 살펴보아야 한다.

```
戊 己 壬 壬
辰 未 寅 辰

戊 丁 丙 乙 甲 癸
申 未 午 巳 辰 卯
```

[옮김]

기토 일주가 인월에 생하여 관성이 당령했다. 재성이 천간에서 덮고 있으니 유정하다. 이른 봄의 기토는 한습하다. 두 임수가 고근하고 있어 인중의 병화를 용신한다. 용신이 생을 만나 원기가 암장되어 있다. 병화운에 원기가 표면에 나타나고 무진년에 시간의 무토와 함께 임수를 극하니 병화가 상하지 않는다. 천하에 이름을 떨친 사주다. 속설로 말하면 관성이 투출되어 있지 않고 재성이 약하고 비겁이 중해 보통의 사주라 할 것이다.

```
丙 甲 甲 壬
寅 戌 辰 戌

庚 己 戊 丁 丙 乙
戌 酉 申 未 午 巳
```

[옮김]

갑목 일주 계춘에 생하였다. 목의 여기가 있고 녹의 도움이 있고 병화가 투출되어 있어 순수하고 유정하다. 년간 임수는 좌하에서 제하고 있으며 비견의 설을 만났다. 상생이 이어져 병화가 세를 얻었다. 무술운에 술토의 원신이 투출하여 임수를 제한다. 장원급제 하였다. 관리의 길이 순탄치 못한 것은 운이 금지로 흘러 토가 설기되고 수가 생을 받았기 때문이다.

```
庚 丁 丁 甲
戌 卯 丑 寅

癸 壬 辛 庚 己 戊
未 午 巳 辰 卯 寅
```

[옮김]

정화 일주가 계동에 생하였다. 원국에 인수가 거듭 있어 약한 것이 왕으로 변했다. 이로서 재성을 쓸 수 있는 사주가 되었다. 그러나 경금이 허하여 별다른 의미가 없다. 암장된 신금을 용신할 수밖에 없고, 이런 경우에는 원기가 감추어져 있는 것이다. 축토는 묘술이 합되어 상해를 입지 않는다. 과거에 급제하고 벼슬이 정우(鼎右)에 이르렀다.

```
辛 庚 壬 丁
巳 子 子 亥

丙 丁 戊 己 庚 辛
午 未 申 酉 戌 亥
```

[옮김]

경금 일주 자월 겨울에 태어났다. 상관이 태왕하여 설기함이 지나치다. 신약한 사주로 토가 용신이다. 원국에 있는 화는 사주를 온난케 하는데 필요할 뿐이다. 원국에 토가 투출하여 있지 않아 사중의 무토를 취한다. 화는 왕한 수에 극함을 받지만 토를 생할 수 있으므로 원기가 안에 숨어 있는 경우이다. 무토운 병진년에 화토가 상생하고 사중의 원신이 발하여 역시 정우(鼎右)벼슬에 올랐다.

[원문]

淸得盡時黃榜客　雖存濁氣亦中式
청득진시황방객　수존탁기역중식

[옮김]

청한 기운을 충분하게 얻게 되면 비록 탁기가 있어도 과거에 합격할 수 있다.

[원문 주]

청하지 못한 사주가 과거에 합격하는 경우를 아직까지 보지 못했다. 원국이 생화유정하고 한신, 기신 등이 혼잡 되지 않아야 과갑할 수 있다. 한 두 개의 탁기가 있다 해도 청기가 우뚝 서 주고 있다면 이런 사주도 발할 수 있다.

[임철초 주]

청득진(淸得盡)이란 한 가지 기운으로만 상을 이룬 것이 아니고 양기(兩氣)가 쌍청한 것을 말한다. 한 사주에 오행이 모두 나타나 있지 않아도 그 사주의 청기가 뚜렷이 생왕을 만나거나 진신이 득용하고 있거나 청기가 상처받지 않고 암장되어 있으면 발할 수 있는 것이다. 청기가 당권하여 한신이나 기신이 사령되지 못하고, 그것들이 깊이 암장되어 있지 않다면 운에서 제화해 주어도 과갑할 수 있다. 청기가 당권하면 탁기가 있다 해도 용신과 희신이 상하지만 않는다면 발갑까지는 아니라 해도 발할 수 있다. 청기가 당권하지 못하고 있다 해도 한신과 기신이 탁기와 세를 이루지 않고 있다면, 여기에 운에서 도와주면 과거에 급제 할 수 있다.

```
丙 己 乙 戊
寅 卯 卯 辰
辛 庚 己 戊 丁 丙
酉 申 未 午 巳 辰
```

[옮김]

 '평전려'라는 사람의 사주다. 기토 일주가 묘월에 생하여 살이 왕
하다. 을목 원신이 투출해 있고 목국을 이루고 시간 병화가 왕하다.
원국에 금수가 혼잡 되어 있지 않아 맑고 깨끗한 사주다. 금이 있
다면 목을 극하지 못하고 금이 오히려 상한다. 왕신을 범하여 무리
와 불화하면 청함이 극진(極盡)하지 않게 된다.

```
甲 庚 己 癸
申 子 未 未
癸 甲 乙 丙 丁 戊
丑 寅 卯 辰 巳 午
```

[옮김]

 경금 일주가 미월에 생하여 토의 생을 받기 어렵다. 좌하에 자수
가 있는 것이 여간 반갑지 않다. 년간에 원신이 투출하여 삼복더위
를 식히면서 토를 윤택하게 하였다. 그런 토는 금을 생할 수 있다.

원국의 형편이 토는 왕하고 수는 쇠약하다. 시지 신금이 자수와 공하고 있다. 토를 설하고 수를 생하여 일주를 돕고 있다. 이 사주가 청득진한 것은 화가 없기 때문이다. 초년운 무오, 정사, 병화운이 수를 억제하고 토를 생하여 가업이 파모하고 공명에 실패했다. 진운에 수국이 되자 향시에 합격하였다. 을묘운이 기미토를 제거하여 벼슬길이 혁혁하게 되었다.

```
丁 甲 癸 癸
卯 午 亥 未

丁 戊 己 庚 辛 壬
巳 午 未 申 酉 戌
```

[옮김]

감목 일주가 해월에 태어났다. 년, 월간 계수가 투출하여 수세가 만만치 않다. 겨울 목은 화를 좋아하는데 정화가 묘목에 앉아 뿌리를 내리고 일주는 왕지에 임하게 되었다. 원국에 금이 없어 청함이 극진한데 목국을 이루어 수를 설하고 화를 생하고 있다. 모두 일주를 돕는 것이다. 기미운에 계수가 제압되고 병진년에 남궁(南宮)벼슬에 올랐고 한원(翰苑)에 들어 관리의 길이 양양하게 되었다.

```
乙 癸 己 壬
卯 卯 酉 辰
乙 甲 癸 壬 辛 庚
卯 寅 丑 子 亥 戌
```

[옮김]

계수 일주가 8월 유금월에 생하였다. 원국에 식신이 왕하여 일주가 설기되고 살을 제함도 녹녹치 않다. 다만 가을의 수가 인수에 뿌리하고 있어 용할 수 있어 기쁘다. 진유합 되니 금의 기운이 견고해졌다. 원국에 화가 없는 것으로 청함을 모두 얻었다. 일찍 과거에 합격되고 한원에 이름이 올랐다. 중년운에 들면서 목운이 되니 관운의 길이 크게 열리지 못했다.

```
丙 庚 甲 己
子 子 戌 亥
戊 己 庚 辛 壬 癸
辰 巳 午 未 申 酉
```

[옮김]

경금 일주가 술월에 태어났고, 해수와 두 개의 자수가 있다. 시간에 병화가 투간되어 극설이 교가(交加)하고 있다. 인수가 월령이라 왕하여 기쁘다. 갑목이 화를 생하고 토를 극하지만 갑기합 되어 토

로 화하니 청함을 모두 얻게 되었다. 기사년에 인수를 돕고 목의
장생 해수를 충거하여 이름이 안탑(鴈塔)에 올랐다.

```
辛 庚 丙 己
巳 子 子 亥

庚 辛 壬 癸 甲 乙
午 未 申 酉 戌 亥
```

[옮김]

　경금 일주가 겨울에 태어났다. 두 개의 자수와 하나의 해수가 지
지에 있다. 병화가 투출하여 극설이 함께 하고 있다. 기토가 설화하
여 금을 생하니 유정하다. 원국에 목이 없는 것이 청함이 극에 이
르게 하였다. 기사년에 이름이 한원에 올랐다. 벼슬이 지현(知縣)으
로 강등된 것이 안타까웠다. 인수가 당령하지 않고 기토가 멀리 떨
어져 있기 때문이었다.

```
壬 丙 壬 丙
辰 子 辰 申

戊 丁 丙 乙 甲 癸
戌 酉 申 未 午 巳
```

[옮김]

병화 일주가 계춘(季春)에 생하였다. 지지에 살국이 있고 살이 두 개 투출되어 있다. 다행히 진토가 당령하여 살을 제하고 있다. 진중 여기가 일주를 생하니 유정하다. 하지만 병이 신금에 있어 청득진의 아름다움은 없다. 타고난 능력이 뛰어나 정묘운에 살을 합하고 인성이 득지하여 향방에 들었다. 신미년은 자수를 극하고 목화가 여기를 얻어 춘위(春闈)벼슬에 들었지만 신금이 있어 크게 되지 못하고 귀향하였다. 운이 서방으로 흘러가니 주색(酒色)을 일삼기 시작했다.

```
乙 壬 壬 戊
巳 子 戌 午

戊 丁 丙 乙 甲 癸
辰 卯 寅 丑 子 亥
```

[옮김]

임수 일주가 술월에 생하여 수가 진기(進氣)하는 때이다. 일지 양인이 일주를 돕고 있다. 년간 무토가 비견을 억제하니 신살양정(身殺兩停)이 되었다. 오화가 병이 되는데 자수가 충거하고 있다. 사화도 마땅치 않지만 자수가 막고 있어 살을 생하지 못하고 있다. 술토에 암장된 신금이 용신이다. 쌍둥이 형제인데 모두 진사(進士)벼슬에 올랐다.

```
戊 乙 辛 庚
寅 卯 巳 戌

丁 丙 乙 甲 癸 壬
亥 戌 酉 申 未 午
```

[옮김]

을목 일주 4월에 생하고 상관이 당령하였다. 관살을 억제할 수 있다. 지지의 인묘목이 일주를 돕고 있다. 그 중 인목으로 일주가 등라계갑(藤蘿繫甲)하게 되었다. 경진년에 목국이 되어 향방이 되었지만 발갑하지는 못했다. 원국에 인수가 없고 술토가 화설하여 금을 생하였기 때문이다. 쌍둥이 사주로 동생은 묘시에 태어나 인시에는 미치지 못한다. 개해년이 되어서야 인수가 생공(生拱)하게 되어 향방에 올랐다.

```
甲 戊 乙 癸
寅 午 卯 亥

己 庚 辛 壬 癸 甲
酉 戌 亥 子 丑 寅
```

[옮김]

무토 일주 중춘에 생하였다. 관살이 녹왕지를 두고 있고 재성이
생하고 있다. 오화 인수가 일지에 있지만 토가 허하여 받지 못하여
기명종살(棄命從殺)격이 되었다. 관성에 종해서 관살혼잡이라 해서
는 안 된다. 자수운이 오화를 충거하고 경자년이 수를 생조하여 오
화를 충진하니 향방(鄕傍)에 올랐다.

```
癸 庚 壬 戊
未 寅 戌 子

戊 丁 丙 乙 甲 癸
辰 卯 寅 丑 子 亥
```

[옮김]

경금 일주 술월에 태어났다. 인수가 당령하고 금도 유기하다. 수
용신이다. 경신년에 토를 설하며 임수를 생하여 북위 벼슬에 올랐
다. 무토 원신이 투출한 것은 벼슬길에 불리한 사항이다. 중년운이
목화지로 행하자 재물의 파모가 많았다.

```
戊 辛 己 戊
子 亥 未 子

乙 甲 癸 壬 辛 庚
丑 子 亥 戌 酉 申
```

[옮김]

신금 일주가 계하에 태어났다. 원국에 조토가 많지만 해수가 일지
에 있는 것이 묘하다. 또 년, 시지에 자수가 있다. 토가 윤택해졌고
금을 생한다. 미토가 있어 목을 용신할 수 있다. 정묘년에 목국을 이
루어 병에 약을 얻게 된 격이다. 좋은 벼슬자리에 올랐다.

[원문]

秀才不是塵凡子　淸氣還嫌官不起

수재불시진범자 청기환혐관불기

[옮김]

수재(秀才)는 평범하지 않다. 청기(淸氣)가 있다 해도 관성이 일어
나 주지 않으면 꺼리게 된다.

[원문 주]

수재의 사주는 가난한 사람과 부자의 사주와 크게 다르지 않다.
그러나 수재의 사주에는 청기가 있는데, 그렇지만 관성이 없으면 벼
슬과 녹은 없다.

[임철초 주]

수재의 사주는 보통 사람의 사주와 별 차이가 없지만, 자세히 보면 청기가 있다. 관성불기(官星不起)란 원국에 관성이 나타나지 않은 것을 말하는 것이 아니다. 관성이 왕하고 일주가 약하면 일주는 그 관성을 쓸 수 없다. 또 관성이 태약하면 일주를 극하는데 쓰일 수도 없다. 또 관성이 왕하여 인수를 용할 때 재성을 보게 되거나, 관성이 약하여 재를 용할 때 비겁이 있거나, 많은 인수에 지나치게 설기 되거나, 뿌리 없는 관성이거나. 지지에서 실어 주지 않거나, 관성이 상관 위에 앉아 있거나, 관성이 재성을 보게 되는 것을 꺼리거나, 관성이 상관을 보게 되는 것을 기뻐하는 등은 모두 관성불기한 것으로 보며 비록 청기가 있어도 종신토록 보잘 것 없다. 부(富)하면서 수재인 경우는 일주 신왕하고 관성은 약하고 재성이 겁탈되거나, 재관이 왕한데 인수가 보이지 않거나, 상관용인격에서 재는 있지만 관성이 없기 때문이다. 학문은 남보다 뛰어난데 끝내 벼슬을 못하거나, 늙도록 한직에 있는 것도 청기는 있다. 사주는 수재의 사주로 태어났다 해도 운에서 돕지 않고 원국의 청기를 파해도 종신토록 보잘 것 없게 된다. 사주는 특색이 없는데 과갑 연등한다면 운이 청한 관성을 돕고 기신과 객신을 제거해 주었기 때문이다.

```
戊 乙 壬 癸
寅 卯 戌 巳

丙 丁 戊 己 庚 辛
辰 巳 午 未 申 酉
```

[옮김]

　을목 일주 계추(季秋)에 태어났지만 시지에 인목이 있어 약하지
않다. 사화의 아름다운 기를 용할 수 있다. 술토는 화의 고지이다.
임계수가 투간하여 화를 극하고 있어 원국은 별다른 특색이 없다.
신금이 사령하고 임수가 진기하는 때이다. 다행히 시간 무토가 있어
거탁유청해졌다. 사람이 문장의 실력이 뛰어나고 품행이 말할 수 없
이 깨끗했다. 중년 화운 병자년에 우수한 사람으로 뽑혀 관리가 되었
지만 계수가 득지하여 청운의 꿈은 이루지 못했다.

```
乙 甲 庚 癸
亥 申 申 未

甲 乙 丙 丁 戊 己
寅 卯 辰 巳 午 未
```

[옮김]

　갑신 일주가 신금월에 태어났고 경금이 투출하여 살이 왕하다.

기쁜 것은 해시가 살을 설하여 원국이 대단히 유정하게 되었다. 계수 원신이 투출하여 청하다. 하지만 일주가 허약하고 살이 너무 왕하여 살을 권으로 바꾸지 못하니 제대로 발할 수 없었다. 일생토록 하급 관리에 불과했다.

```
己 丁 甲 壬
酉 巳 辰 午

庚 己 戊 丁 丙 乙
戌 酉 申 未 午 巳
```

[옮김]

정화 일주가 계춘에 태어났다. 관성이 투간 되었지만 뿌리가 없고 목으로 돌아간다. 일주는 사화에 임하여 왕하다. 시지 유금이 사유합 되어 유정하다. 하지만 관성과는 기가 통하지 않고 있다. 중년이 토금운이라 재성은 득을 보고 관성은 상하게 되어 공명은 보잘 것 없어도 재물은 수십만 금을 모았다. 이 사주가 년지와 시지가 바뀌었다면 명리가 함께 있었을 것이다.

```
丁 丙 乙 癸
酉 午 卯 未

己 庚 辛 壬 癸 甲
酉 戌 亥 子 丑 寅
```

[옮김]

병오 일주가 묘월에 생하였다. 원국에 목화가 왕하다. 관성이 미
토 상관에 앉아 있고 재성이 비겁에 극을 받고 있다. 이렇게 되면
'재를 빼앗겨 관이 상한다.'라는 말에 해당된다. 임수운에 작은 자리
를 얻었으나 궁핍함은 면치 못했고 자수운이 미토에 파를 당해 처
를 극했다. 신금운에는 정화가 회극하여 자식을 극하고 해수운에 목
국이 되고 화를 생하니 죽었다.

```
甲 壬 庚 戊
辰 申 申 申

丙 乙 甲 癸 壬 辛
寅 丑 子 亥 戌 酉
```

[옮김]

임수 일주가 신월에 태어난 이 사주는 인수를 생하고 인수는 일
주를 생하고 일주는 식신을 생하니 상생으로 이어져 청하고 순수하
다. 학문이 뛰어났고 품행이 방정하였다. 화가 없어 청함이 적어진

것이 자못 애석하다. 토를 용하면 많은 금에 설기되고 목은 금의
극을 심하게 받고 있다. 운마저 60년 동안 금수지로 흐르니 평생을
글을 읽었지만 변변한 자리 하나 얻지 못했다. 집안도 가난을 면치
못했다. 40년 동안 제자들을 가르쳤고 그들은 과거에 급제들을 하
였지만 자신의 처지는 그랬다. 이것은 운명이라 할 수 밖에 없다.

```
戊 壬 癸 己
申 申 酉 亥

丁 戊 己 庚 辛 壬
卯 辰 巳 午 未 申
```

[옮김]

　임수 일주가 유금월에 태어났다. 관살이 투출하였지만 뿌리가 없
이 금수가 태왕하니 앞의 사주보다 순수함이 모자란다. 하지만 운이
화토로 흘러 정신이 왕하다. 미운에 자리를 얻고 오화운에 과감하였
으며 기사, 무진운에는 더욱 형통하였다. 앞의 사주와 이처럼 차이
가 많이 난 것은 명이 아니고 운이 아름다웠기 때문이었다.

[원문]

異路功名莫說輕　日干得氣遇財星
이로공명막설경　일간득기우재성

이로(異路) 공명(功名)을 가볍게 말하지 마라. 일간이 기를 얻고 재성을 만났기 때문이다.

[원문 주]

도필(刀筆)로 명예를 얻는 자가 있고, 명예를 얻지 못하는 자가 있는데, 그 차이는 사주의 기가 다름에 있다. 명예를 얻은 사람은 재성이 문호를 얻고 관성이 청한 기운을 얻어 관리의 길로 나아갈 수 있었기 때문이다. 같은 도필의 직업을 늙도록 갖고 있어도 출세하지 못하는 이유는 재성과 관성이 함께 통하지 못하였기 때문이다.

[임철초 주]

이로공명(異路功名)이란 도필로 이름을 얻는 것과 연납(捐納)으로 출신(出身)하는 것을 말한다. 두 경우 차이가 있기는 하지만 모두 일주의 유기함과 재관이 상통하는 문제를 벗어나지 않는다. 재성을 용할 때 관국을 이루고 있거나, 관이 재성 위에 있어 통하거나, 약한 관이 재를 만나 화합하거나, 인수 왕하고 관약할 때 재성이 인수를 파하거나, 신왕 일주에 관이 없는 경우 식상이 재를 생하거나, 일주 신약하고 관이 왕할 때 식상이 관을 제하면 반드시 하나의 기가 청순해서 입신할 수 있다. 입신 출세가 안 되는 것은 일주가 태왕한데 재는 약하고 식상이 없거나, 관이 필요한데 없거나 불통되어 있는 경우이다. 일주 태약, 재성과 관성이 함께 왕하고 재관이 통했다 해도 상관이 겁점하고 있거나, 재성을 용하는데 비겁국을 이루고 있거나, 인수 용하는데 재가 있거나, 인수를 기피하는데 관이 있으면 모두 출세할 수 없다.

```
┌─────────────────────────────┐
│      戊 甲 壬 己             │
│      辰 寅 申 巳             │
│                             │
│    丙 丁 戊 己 庚 辛        │
│    寅 卯 辰 巳 午 未        │
└─────────────────────────────┘
```

[옮김]

갑목 일주 가을에 태어나고 칠살이 당령했다. 기토를 생하는 사
화는 신금을 극하지 않는다. 년간과 시간에 무기토가 투출하여 인수
를 극하고 살을 생한다. 사주에 조업이 없고 학문을 공부하기 어려
웠다. 하지만 수가 가을에 통근했다. 일주는 녹에 앉고 왕하다. 원
국에 충극이 있지만 상생하는 기운도 있어 정묘, 병인운에 이르자
일주를 생조하며 살을 억제하니 벼슬이 관찰(觀察)에 이르렀다.

```
┌─────────────────────────────┐
│      丁 乙 丙 庚             │
│      丑 卯 戌 午             │
│                             │
│    壬 辛 庚 己 戊 丁        │
│    辰 卯 寅 丑 子 亥        │
└─────────────────────────────┘
```

[옮김]

이 사주는 일주가 계추에 생하였다. 식상이 투출하여 뿌리가 있
고 원국에 수가 없으니 관은 논할 필요가 없다. 재가 고를 두어 목
화가 통휘하고 있다. 부모에 효도하고 형제 친구 간에 우애가 깊은

사람이었다. 부서 출신으로 벼슬이 주목(州牧)이었다. 경금이 축에 뿌리하고 있어 학문에는 불리했다.

```
癸 戊 庚 己
亥 申 午 丑

甲 乙 丙 丁 戊 己
子 丑 寅 卯 辰 巳
```

[옮김]

　무토 일주가 오화월에 생하였다. 인수가 당령한 사주로 시주가 계해수로 재를 보았다. 상관이 왕하고 습토가 생하며 설화생금하니 일주는 신약하며 인수도 상하고 있어 학문을 하기는 어려웠다. 관리로서 첫발은 보잘 것 없었지만 정묘, 병인운이 되자 목이 화세를 따라가니 벼슬이 높게 되었다. 진신인 오화가 용신이라 사람이 충후화평(忠厚和平)했다. 을축운이 되자 설화생금하니 불록 되었다.

```
丙 戊 甲 壬
辰 戌 辰 子

庚 己 戊 丁 丙 乙
戌 酉 申 未 午 巳
```

[옮김]

무술 일주가 계춘에 생하였다. 일주가 시주에 화토가 있어 득기하였다. 봄철의 진토는 허하지만 관살이 투출하여 뿌리가 있다. 지지에 득지한 임수가 가까이서 생하고 있다. 신왕 일주에 살이 약한 것이 아니고 신과 살이 양정(兩停)한 것이다. 년간 임수가 병화를 극하니 어쩔 수 없이 학문 쪽은 불리하다. 초년운이 남쪽으로 향하여 청운의 뜻이 넓게 펼쳐지기 시작했다. 재성이 투출하여 살을 생함은 마땅치 않다. 두려운 것은 운이 금지로 향하여 수를 생하고 화는 절지에 있게 되는 것이다. 그때부터 검소하지 못하고 사치생활을 좋아하기 시작했다. 하루 빨리 자리에서 물러나야지 그렇지 않으면 예측할 수 없는 풍파를 겪게 될 것이다.

```
庚 丙 甲 癸
寅 戌 寅 巳

戊 己 庚 辛 壬 癸
申 酉 戌 亥 子 丑
```

[옮김]

　병화 일주가 인월에 생하고 용신인 관이 투간되어 청하고 순수한
사주다. 다만 금과 수가 멀리 떨어져 있어 상생함에 어려움이 있다.
또 금수가 무근한데 목화는 왕하여 학문을 계속하지 못했다. 어렵게
현령(縣令)벼슬까지 오르기는 하였지만 재관이 문호를 통하지 못해
술운 정축년에 병들어 죽었다.

```
丁 辛 甲 壬
酉 酉 辰 辰

庚 己 戊 丁 丙 乙
戌 酉 申 未 午 巳
```

[옮김]

　신금 일주가 계춘에 태어났다. 지지에 진유금이 있어 습한 토가 금을 만나고 있다. 정화는 무근하여 허약하다. 월간 갑목은 진유합에 극을 받고 있어 자신을 돌아보기도 힘들어 정화를 생하기 어렵다. 재물을 바쳐 작은 벼슬이라도 얻어 보려 했지만 돈 만 축이 낫을 뿐이다. 임수가 갑목을 생하고 있어 유업이 수십만이나 되었지만 운이 토금지로 행하면서 가업이 기울기 시작했고 슬하에 자식도 없었다.

61. 지 위 (地 位)

[원문]

臺閣勳勢百世傳　天然淸氣發機權
대각훈세백세전　천연청기발기권

[옮김]

대각(臺閣)의 훈세(勳勢)가 백세를 전하려면 천연의 청기가 기권(機權)을 발해야 한다.

[원문 주]

그 사람의 출신 성분과 지위의 높고 낮음을 알기란 쉽지 않다. 대체로 큰 인물이 되는 것은 사주가 청하면서 그 가운데 권세의 기운이 있기 때문이어서 한 가지 만으로 논하면 안 된다.

[임철초 주]

조정의 대신으로 임금을 보필하는 임무는 청기가 자연적으로 발생하고 빼어난 기가 순수하게 나타나야 하는 것이다. 사주에 희신이 유정하고 꺼리는 것은 하나도 없으며 쓰임이 모두 합당하고 기뻐하는 바도 모두 같다면 이는 청기가 기권(機權)으로 나타난 것이다. 이렇게 되면 그 사람은 도량이 넓고 포용할 줄도 알고 베품이 진실하고 사사로운 정에 휩쓸리지 않고 덕이 있어 중책을 감당할 수 있게 되는 것이다.

```
戊 戊 庚 庚
午 辰 辰 申
```

[옮김]

　'동중당'이란 사람의 사주다. 천연적인 청기는 경금에 있다.

```
甲 己 丙 甲
子 丑 寅 子
```

[옮김]

　"유중당'의 사주다. 천연적 청기는 병화에 있다.

```
乙 丙 壬 壬
未 子 寅 申
```

[옮김]

　'칠상서'의 사주다. 천연적 청기는 을목에 있다.

```
庚 庚 丁 己
辰 申 卯 亥
```

[옮김]

'진사랑'의 사주다. 천연적 청기는 정화에 있다.

[원문]

兵權獬豸弁冠客　刃煞神淸氣勢特

병권해태변관객 인살신청기세특

[옮김]

병권을 갖고 옳고 그름을 판단하는 사람은 인살신청(刃煞神淸)하
고 기세가 특별하다.

[원문 주]

사람을 살리고 죽이는 권한을 장악하는 사람은 풍기(風氣)와 기세
가 뛰어나다. 또한 청하면서 정신이 특이하다. 원국에 양인과 살이
함께 나타나기도 한다.

[임철초 주]

생살의 대권과 병형의 중책을 맡으려면 사주 원국의 정신이 청기
하여 아주 특별해야 한다. 반드시 왕한 양인이 있어 살을 대적할
수 있다. 사주에 살이 왕하고 재가 없고 인수가 있고 용을 양인으

로 하거나, 인수가 없고 양인이 있는 것을 살인신청(殺刃神淸)하다고 한다. 기세가 특이하다 함은 왕한 양인이 당권한 것을 말한다. 이런 사람은 문관으로 생살의 중책을 장악한다. 양인이 왕하다는 것은 갑목 일주가 봄에 태어나 묘목 양인을 쓰거나, 을목 일주가 인목 양인이 있거나, 병화가 여름에 태어나 오화가 있거나, 정화가 사화 양인을 용하거나, 가을 경금이 유금 양인을 쓰거나, 신금이 신(申)양인을 쓰거나, 겨울 임수가 자수 양인을 쓰거나, 계수가 해수 양인을 쓰는 것을 말한다. 왕한 양인이 살을 대적해도 원국에 식신과 인수가 없으면서 재관이 있으면 기세가 있다 해도 이는 문관이 아니고 무관의 명이다. 양인이 당권하지 못하면 살을 대적해도 병권을 장악하지도 못하고 귀하지도 못한 사람이 되고 만다. 양인이 왕하고 살이 약해도 그렇게 되며 오만하고 교만할 뿐이다.

```
丙 庚 己 壬
戌 午 酉 寅

乙 甲 癸 壬 辛 庚
卯 寅 丑 子 亥 戌
```

[옮김]

경금 일주가 8월 유금월에 생하고 시간에 투출한 병화가 있다. 지지에 생왕한 부조를 받는다. 인목이 임수를 받아드려 살을 제할 수 없다. 유금에 의지하니 당권한 양인을 용신한다. 양인이 인목을 격하여 합국이 되지 못하게 한다. 이것이 인살신청기세특(刃殺神淸

氣勢特)이다. 일찍 과갑하고 병형의 생살권을 장악하는 형부상서(刑部尚書)벼슬에 올랐다.

```
壬 丙 壬 庚
辰 子 午 戌

戊 丁 丙 乙 甲 癸
子 亥 戌 酉 申 未
```

[옮김]

병자 일주가 오화월에 생하고 두 개의 임수가 투출해 삼면에서 일주와 대적하고 있다. 원국에 목이 없어 수를 설하고 화를 생할 수 없다. 경금이 토설하여 수를 생한다. 당권한 양인에 의지할 수밖에 없어 용신한다. 술 조토가 국을 이루며 수를 제하니 유정하다. 병술, 정해운에 안찰(按察)벼슬에 올랐다.

```
戊 壬 戊 乙
申 辰 子 卯

壬 癸 甲 乙 丙 丁
午 未 申 酉 戌 亥
```

[옮김]

임진 일주 자월에 생하고 두 개의 살은 진토에 뿌리하고 있다.
년주의 상관은 수를 설하지만 토를 제할 수 없다. 극설이 교가하고
있다. 자수가 당권하여 수국을 이룬 것이 살인신청(殺刃神淸)하여
기쁘다. 유운에 과갑하고 갑신, 계수운에 사로(仕路)가 활짝 열려
안찰(按察)벼슬에 올랐고 미운에 양인을 제(制)하니 불록 되었다.

```
庚 甲 辛 丙
午 申 卯 辰

丁 丙 乙 甲 癸 壬
酉 申 未 午 巳 辰
```

[옮김]

갑신 일주가 중춘(仲春)에 생하였다. 투간된 두 개의 관살이 뿌리
가 있다. 일, 시지가 모두 사절지(死絕地)이다. 묘목 양인을 용신하는
사주다. 병화가 신금과 합수되니 관살혼잡이 해소되었고 묘목이 제함
을 받지 않는다. 살과 양인이 청하고 운 또한 화운으로 과갑출신으
로 얼헌(臬憲)이라는 높은 벼슬에 올랐다.

[원문]

分藩司牧財官和　淸純格局神氣多
분번사목재관화 청순격국신기다

[옮김]

변두리 지방 사목(司牧)도 재관이 화평하며 격국이 청순하며 신기
가 많아야 한다.

[원문 주]

지방의 관리가 되기 위해서도 재관이 중(重)하고 청기가 순수해야
하며 일단의 정신이 있고 격국 또한 온전해야 한다.

[임철초 주]

명은 재관을 중히 여긴다하지만 그 전에 반드시 격국이 청순하고
일주가 왕하고 신기가 족해야 지방 관청의 장이나 주나 현의 장이
될 수가 있다. 그런 후에 재성과 관성의 정이 도와줄 때 정기신(精
氣神) 삼자가 족하게 되는 것이다. 또 관성이 왕한데 인수가 있거
나, 관성이 약한데 재성이 있거나, 재가 왕한데 관이 없거나, 인수
왕한데 재가 있거나, 좌우가 통하고 상하가 어긋나지 않고 뿌리가
년과 월에 통하고 기가 일과 시에 관하거나, 신살양정 하거나, 중한
관성이 인수를 만나거나, 약한 살이 재를 만나거나 하면 이런 것으
로 인해 백성이 이롭게 되지만, 그렇지 못하고 이에 반하면 마땅치
않은 것이다.

```
壬 癸 乙 丁
子 酉 巳 丑
己 庚 辛 壬 癸 甲
亥 子 丑 寅 卯 辰
```

[옮김]

　계수 일주가 사월에 태어나고 화토가 왕하다. 지지가 금국을 이루고 있고 재관인이 생조를 받고 있다. 자수 비견이 일주를 도와주니 정과 신 역시 왕하다. 중년운이 수운으로 행하여 벼슬이 군수가 되었고 명리를 누리며 일곱 자식들이 모두 출사하였다.

```
乙 丁 戊 丙
巳 酉 戌 寅
甲 癸 壬 辛 庚 己
辰 卯 寅 丑 子 亥
```

[옮김]

　정화 일주가 술월에 생하였다. 목화가 원국에 거듭 있어 상관용재한다. 현령 벼슬까지 올랐지만 원국에 수가 없는 것이 안타깝다. 술토는 조토라서 화를 설하거나 금을 생하시 못한다. 목이 화를 생하고 있어 사유합이 깊은 의미가 없게 되어 처첩이 낳은 열 자식들을 모두 극하였다.

```
戊 辛 庚 丙
子 巳 寅 子
丙 乙 甲 癸 壬 辛
申 未 午 巳 辰 卯
```

[옮김]

　신금 일주가 인월에 생하였다. 재성이 상관의 생함을 받고 있으니 약하지 않다. 일주는 겁인의 생조를 얻고 있다. 시주가 중화를 이루며 순수하고 정신 또한 족하다. 일주가 신약한 것처럼 보이기도 하지만 자세히 보면 목은 어리고 화는 허하며 인수가 통근하여 관을 쓸 수 있다. 중년운이 화운이라 황당(黃堂)벼슬에까지 높게 되었다.

```
甲 戊 丙 丁
寅 寅 午 亥
庚 辛 壬 癸 甲 乙
子 丑 寅 卯 辰 巳
```

[옮김]

　무토 일주가 오월에 생하였다. 원국에 편관이 왕하지만 인수가 왕하여 목세는 화를 쫓는다. 목은 분목되니 해수가 하나여서 화를 제할 수 없다. 계수운에 갑목을 생하고 정화를 극하니 과감하게 되었다. 신금운에 병화와 합이 되어 벼슬길에 이상이 없지만 축운은 수를 극하여 벼슬에서 물러났다.

```
辛 甲 戊 己
未 子 辰 巳
壬 癸 甲 乙 丙 丁
戌 亥 子 丑 寅 卯
```

[옮김]

갑자 일주가 계춘에 태어나 목의 여기가 있다. 일지 인수에 관성
이 청하게 투출해 있다. 지지에 자진 수국이 되어 유정하다. 운 또
한 수목으로 흘러 대과(大科)인 진사 시험에 합격했다. 미토가 인수
를 파해 출세의 길에 장애가 나타나기 시작하자 제자를 가르치는
일로 여생을 보냈다.

[원문]

便是諸司幷首領　也從淸濁分形影
편시제사병수령　야종청탁분형영

[옮김]

모든 관리가 수장이 될 수 있다 해도 청탁에 따라 형영(形影)은
분별 되어야 한다.

[원문 주]

귀하다 해도 하늘같은 것이 있으랴. 누구나 청한 것을 얻어야 윗

자리에 오를 수 있다. 어떤 사주도 영화를 얻기 위해서는 청기가 있어야 한다. 하위 직급이라 해도 청기는 있다. 그래서 탁기와는 분변이 있게 되는 것이다. 청탁의 영향력을 알기 어려운 것은 재관인에만 청탁이 있는 게 아니기 때문이다. 한 사주의 대체적인 기상(氣象)에도, 용신에도, 합신(合神), 일주의 화기(化氣), 종기(從氣), 신기(神氣), 정기(精氣)등에도 모두 있다. 전체를 살펴보고 대소존비(大小尊卑)를 논해야 한다.

[임철초 주]

사주란 천지 음양오행의 알림이다. 청하면 귀하고 탁하면 천하게 된다. 잡직 벼슬도 한 번은 영예를 얻는 것이다. 사주의 격국이 바르고 청하며 진신(眞神)을 득용하는 것이 아니어도 기상이나 격국이나 이기(理氣) 중에 반드시 일 점의 청기가 있다. 청기와 탁기의 보이지 않는 형상을 분별해 알 수 있기가 쉽지 않지만, 하늘은 청하고 땅은 탁하다는 이치를 벗어나지 않는다. 사주에 있어 천간은 하늘을 상징하고 지지는 땅을 상징하는데 지지가 천간에 오르는 것은 가볍고 맑은 기이며 천간에서 지지로 내려오는 것은 무겁고 탁한 기이다. 천간의 기는 본래 청하여 탁한 기를 마다하지 않는다. 지지의 기는 본래 탁하여 청한 것을 요망한다. 이 분별을 명리에서 놓치면 안 된다. 탁한 천간에 청한 지지는 귀하고, 청한 천간에 지지가 탁하면 천한 것이다. 지지에서 기가 상승하는 것을 영(影)이라 하며 기가 천간에서 하강하는 것을 형(形)이라 한다. 승강형영(升降形影)하고 충합, 제화하는 중에 청탁을 분별하고 경중을 살피고 존비(尊卑)를 논해야 한다.

```
丙 戊 壬 壬
辰 戌 寅 辰

戊 丁 丙 乙 甲 癸
申 未 午 巳 辰 卯
```

[옮김]

무토 일주가 인월에 생하였다. 자연 목은 왕하고 토는 허하다. 천간의 두 임수가 목을 생하면서 병화를 극하니 천간의 기는 탁하다. 또한 재성이 인수를 극해 학문은 불리하다. 그러나 인목이 수납하고 생화하며 일주가 조토에 임해 임수를 억제하니 청(清)은 인목에 있다. 병화운에 현령(縣令)벼슬에 올랐다.

```
丁 甲 癸 壬
卯 寅 丑 午

己 戊 丁 丙 乙 甲
未 午 巳 辰 卯 寅
```

[옮김]

갑목 일주가 축월에 생하였다. 수와 토가 함께 한냉하다. 한냉한 기운을 대적하는 화에 일주의 기쁨이 있다. 시간에 투간된 상관의 기에 청함이 있다. 안타깝게 임계수가 천간에 있어 정화가 상함을 입게 되어 서향(書香)의 뜻을 이루지 못했다. 하지만 천간은 탁하고

지지에는 수가 없어 청하다. 무오운에 계수와 합하고 임수를 제하니
드디어 지현(知縣)벼슬에 올랐다.

```
己 丙 乙 壬
丑 子 巳 辰

辛 庚 己 戊 丁 丙
亥 戌 酉 申 未 午
```

[옮김]

　병화 일주 사월에 생하였다. 살과 인수가 간지에서 청하다. 축토
가 자수를 합거하는 것은 마땅치 않다. 임수가 세를 잃고 화하여
상관을 돕고 일주를 설한다. 을목은 토를 소통할 수 없다. 도둑을
잡는 등 여러 공을 세웠지만 윗분과 의견도 맞지 않고 자신의 앞길
도 발전이 없었다.

```
丁 癸 丙 乙
巳 酉 戌 酉

庚 辛 壬 癸 甲 乙
辰 巳 午 未 申 酉
```

[옮김]

계유 일주가 술월에 태어나고 지지에서 상생하고 있어 청하다. 병화 재성이 득지하고 을목이 화를 돕고 있다. 화가 금을 극해 학문에 불리했다. 하지만 가을 금이 유기하여 이로(異路)출신으로 관가에 나아갔다. 사화운에 인수를 파하여 부모상을 당하였다.

```
戊 戊 戊 甲
午 子 辰 申

甲 癸 壬 辛 庚 己
戌 酉 申 未 午 巳
```

[옮김]

무자 일주가 진월 오시에 태어났다. 세 개의 무토가 투출해 왕하다. 년간 갑목은 절지에 앉고 퇴기 되는 때라 용신이 되기에는 부족하다. 지지의 신금에 정기가 있으며 정영(精榮)을 설하고 있다. 봄철의 금이 왕하지 않지만 자수가 오화를 충하여 토가 윤택해지고 금을 생하니 재물로 좌이(佐貳)벼슬을 얻었지만 앞길이 순탄했다.

```
庚 壬 甲 癸
戌 子 子 巳
戊 己 庚 辛 壬 癸
午 未 申 酉 戌 亥
```

[옮김]

임자 일주가 자월에 태어났다. 일지 자수에 계수와 경금까지 투출되어 수세가 만만치 않다. 갑목은 무근하여 수납할 수 없고 사화는 수세에 극되어 용할 수 없다. 재물로 벼슬을 얻고자 했으나 성공하지 못했다. 시지의 술토가 수세를 막아보고자 하지만 경금에 설되어 힘이 부족하다. 중년 운마저 금운으로 토설 생수하니 뜻을 펴보지 못했다.

62. 세 운 (歲 運)

[원문]

休咎係乎運　尤係乎歲
휴구계호운 우계호세
戰冲視其孰降　和好視其孰切
전충시기숙강 화호시기숙절

[옮김]

길흉은 대운과 관계되지만 세운(歲運)과의 관계가 더욱 크다. 전충
(戰冲)이 있으면 어느 쪽이 항복하고 어느 쪽이 환호하는 지를 보아
야 한다.

[원문 주]

일주는 나 자신이다. 원국의 신은 인간과 사유관계이며 대운은 자
연조건과 같다. 지지가 중요하지만 천간도 가볍게 생각해서는 안 된
다. 세운은 중히 여기지만 지지도 가볍게 생각해서는 안 된다. 명은
먼저 일주를 보고 난 후 나머지 일곱 글자와의 배합과 권도(權道)의
경중, 어느 운이 길하고 흉한지를 살펴야 한다. 예를 들어 갑목 일주
라면 기기(氣機)는 봄이고 인심은 인이며 물리는 목이다. 대체로 기기
를 보면 나머지는 그 안에 있다. 경신, 신유를 보게 되면 봄이 가을
로 가는 것과 같고 벌목 당하는 것과 같다. 또한 기쁘거나 그렇지
않거나를 보고, 운이 일주를 돕는지 아닌지를 보면 길흉을 짐작할 수
있다. 태세(太歲)는 길흉이 바로 나타난다. 충전화호(冲戰和好)의 세를
보고 승자와 패자를 알면 길흉 관계가 뚜렷이 나타나게 될 것이다.

[임철초 주]

한 사람의 인생에서 부귀는 그 사람의 사주에서 정해지지만 실은 운에서 좌우한다. '명 좋은 것이 운 좋은 것만 못하다,'는 말이 그것이다. 사주의 일주(日主)는 나 자신이다 용신은 나를 돕고 운은 지지를 중히 여기면서 천간이 서로 돕는 것이 아름답다. 일운(一運)을 십년으로 보고 상하를 끊어서 보지 마라. 그러면 개두(蓋頭)와 절각(截脚)을 논할 수 없어 길흉이 어떨지 알 수 없게 된다. 예를 들어 목 용신격 사주라면 갑인, 을묘, 갑자, 을해, 임인, 계묘운 등이 길하고, 화 용신이면 병오, 정사, 병인, 정묘, 병술, 정미, 갑오, 을사운이며, 토 용신이면 무술, 기미, 무진, 기축, 무오, 기사, 병술, 정미, 병진, 정축이며, 금 용신이면 경신, 신유, 경술, 경진, 신축, 무신, 기유이다. 수 용신이면 임자, 계해, 임신, 신해, 계유, 경자운 등이 길하다. 천간이 지지를 생함이 좋은 경우이면 지지가 천간을 생하지 않아야 한다. 천간이 지지를 생하면 음후(蔭厚)해지고 지지가 천간을 생하면 설기되기 때문이다. 개두는 무엇인가? 지지용신 위에 병신이 앉은 것이다. 목운을 바라는데 경인, 신묘운 이거나, 화운을 바라는데 임오, 계사운 이거나, 토운을 바라는데 갑술, 갑진, 을축, 을미운 이거나, 금운을 바라는데 경오, 신해, 경인, 신묘운을 만나거나, 수운을 바라는데 임인, 계묘, 임술, 계미, 계사운 등을 만나는 경우이다. 천간에 개두하고 용신은 지지에 있고 그 위에 병신이 있으면 길함이 반감한다. 지지가 절각되고 용신이 천간에 있는데 지지가 부재하면 10년 모두 길함이 없다. 하지만 목운을 바랄 때 경인, 신묘운은 금이 인묘에 절되어 흉은 반으로 준다. 원국에 병정이 투간해 있으면 경신금을 제할 수 있어 반을 감하게 된다. 여기에 태세에서 병정을 만나면 흉함이 없게 된다. 인묘목에 길함이 있는데 경신이 개두하여 극하면 역시 길함이 반이 되고 원국의 지지에 신유금이 있으면 길함이 없고 흉만 있게 된다. 목운을 바라는데 갑신, 을유운이면 목은 절지에 뿌리 내리지 못하니 갑을운이 불길하다. 이런 사주에 천간에 경신금이 있고 태세에도 경신금이 있으면 10년이 모두 흉하다. 하지만 사주의 천간에 임계수가 있거나, 태세에 임계수가 있어 금을 설하여 목을 생하면 흉함이 없게 된다. 길운에도 길하지 않고 흉운에도 흉하지 않는 것은 개두와 절각 때문이다. 태세는 일년의 안부를 주관한다. 천간을 중하게 여기는데 지지도 소홀히 해서는 안 된다. 오행의 생함과 극함이 있다 해도 일주와 운이 충전(沖戰)하면 안 된다. 천간이 극되고 지지가 충되며 운마저 충극하는 것이 제일 흉하다. 일주가 왕하면 흉이 되어도 큰 장애가 없지만 일주가 휴수된 상태이면 반드시 흉함이 있게 된다. 일주가 왕하면 새운을 범해도 별다른 흉함이 없지만 일주가 약하면 흉함이 있게 된다. 세운이 일주를 범해도 같이 논한다. 그래서 세운은 반드시 화(和)해야 하며 대운과 한가지로 논해서는 안 된다. 목운이 길한 운인데 세운에서 목운을 만나면 오히려 흉함이 있는 것은 충극되거나 불화한 때문이다. 이와 같은 이치로 논하면 길흉의 판단이 적중할 것이다.

```
丁 庚 丁 庚
丑 辰 亥 辰

癸 壬 辛 庚 己 戊
巳 辰 卯 寅 丑 子
```

[옮김]

경진 일주가 겨울에 태어났고 두 개의 정화가 투출해 있다. 진토
와 해수에 갑목과 을목이 암장되어 있다. 당연히 정화를 쓸 수 있
다. 초년 무자, 기축운이 화를 설하고 금을 생하니 뜻하는 것을 이
룰 수 없었다. 경인운 병오년은 경금이 인목에 절각되어 두 개의
정화는 경금을 대적할 수 있게 되었다. 특히 병오년은 경금을 극진
한다. 그 해에 벼슬을 하였다. 정미년에 승진하여 지현 벼슬에 올랐
고 인목운에는 관자(官資)가 넉넉하였다. 신묘운은 천간이 절각된
운으로 원국의 정화가 회국한다. 벼슬이 군수가 되었다. 임진운은
수가 고근하고 임신년은 두 개의 정화가 모두 상하여 불록되었다.

丁 庚 戊 乙
丑 辰 子 未

壬 癸 甲 乙 丙 丁
午 未 申 酉 戌 亥

[옮김]

경진 일주가 자월에 태어났다. 자수는 미토에 파(破)를 당하고 있다. 투출한 목화는 진토와 미토의 여기를 얻어 쓸 수 있다. 병화운에 입반(入泮)하였다. 을운 계유년에 계수가 무토와 합화하여 화가 되고 정화의 장생이 유가 되니 과거에 합격될 것이라 하였지만, 맞지 않았다. 을유운은 목이 절각되어 쓸 수 없다. 사실은 금운임을 알지 못하고 한 말이다. 계유년은 금이 수를 생하고 추운 겨울이라 무토와 합화할 수 없다. 계수는 정화를 극하게 된다. 유운은 순수한 금으로 화의 생지가 아니다. 음화의 장생지라는 속설은 잘못된 것이다. 성내에서 죽었다.

丁 丙 乙 戊
酉 寅 卯 子

辛 庚 己 戊 丁 丙
酉 申 未 午 巳 辰

[옮김]

병인 일주가 묘월에 생하였다. 목화가 함께 왕하다. 토금이 상하
고 수도 휴수된다. 병진, 정사 초년운은 유업이 소진되었다. 무오,
기미운은 조토운이라 금을 생하지 못하고 화 또한 설할 수 없어 모
든 것이 헛되이 되어 피신할 수밖에 없었다. 그러다가 경신운을 맞
게 되면서 재물이 생기고 신유운까지 20년 동안 생각지도 않은 큰
재물을 모았다.

甲 丙 癸 丙
午 午 巳 申

己 戊 丁 丙 乙 甲
亥 戌 酉 申 未 午

[옮김]

병오 일주가 사월 오시에 태어났다. 원국에서 군비쟁재가 일어나
계수가 증발하였다. 초년 갑오운은 겁인운이라 부모가 다 돌아가셨
다. 뒤이어 닥친 을미운에는 양인을 돕게 되어 가업이 씻은 듯이
파진되었다. 병신, 정유운으로 이어지면서 화가 개두하고 원국의 사

오화가 금을 회극하여 가난을 감당하기 어려웠지만 무오운을 맞으면서 조금씩 삶의 터전이 나아지기 시작했다.

[원문]

何爲戰
하위전

[옮김]

전(戰)이란 무엇인가?

[원문 주]

병화운이 경금 세운을 만나면 대운이 세운을 벌하는 것이 된다. 일주가 경금을 바라는 경우라면 병화가 항복해야 한다. 그러나 무토를 얻으면서 병화를 만나면 길하다. 병화를 원국의 일주가 바랄 경우는, 세운이 대운에 굴하지 않기 위해서는 무기토를 만나 화(和)가 되면 묘하게 된다. 예를 들어 경금이 인오에 앉아 있고 병화의 위세가 크면 세운이 항복해야 하는데 항복해도 화는 없다. 경금운 병화년은 세가 운을 벌한다고 한다. 그러나 일주가 경금을 좋아하면 무기토를 만나 병화를 화하면 길하게 된다. 하지만 일주가 병화를 바라고 있을 때라면 운이 세를 굴복시키지 않아야 한다. 무기토가 병화를 설하고 경금을 돕게 되면 안 된다. 병화의 역량이 큰 경우에는 경금이 인오에 좌해도 대운이 세운에 스스로 항복하는 것이어서 역시 우환이 없다.

[임철초 주]

전(戰)이란 극을 말하는 다른 표현이다. 예를 들어 병운 경오년이라면 운이 세를 극하는 것이다. 경금을 일주가 기뻐하는 경우라면 병은 자진에 좌해야 한다. 경은 신이나 진에 좌하고 원국에 무기토가 있어 병을 설하거나, 임계가 있어 극을 하면 길하게 된다. 그러나 병화가 인오에 좌하고 원국에 수토의 제화가 없다면 흉하게 된다. 경운 병년은 세운이 대운을 극하는 것이다. 일주가 경금을 좋아하면 흉하고 병화를 좋아하면 길하다. 경금을 좋아하는 경우에 경금이 자진에 좌하고 병화가 수토의 제화를 마나면 길하다. 물론 이와 반대가 되면 흉하다. 병화를 좋아하는 경우에도 이와 같이 추리하면 된다.

```
庚 丙 甲 辛
寅 辰 午 卯

戊 己 庚 辛 壬 癸
子 丑 寅 卯 辰 巳
```

[옮김]

병화 일주가 오월에 생하고 양인이 당권하였다. 지지가 목국을 이루고 있고 토는 목에 순종하고 있다. 경신금은 뿌리가 없다. 초년 계사, 임진운은 금이 생조받게 되어 가업에 기쁨이 있었다. 신묘운은 금이 절각되니 형상파모를 겪고 가업이 몰락에 가깝게 되었다. 경운 병인년에는 처를 극하였다. 그 이유는 경금이 인목에 좌하여 절각되었고 병인 세운이 대운을 극하는 중에 경금은 절되고 대신

육 친 론 625

병화는 생을 얻게 되면서 원국에는 제화해 주는 신이 없었기 때문이었다. 그 해 갑오월에 목이 또 화세를 쫓아 흉함이 거듭 일어났고 마침내 병을 얻어 죽었다.

```
乙 乙 甲 辛
酉 卯 午 卯

戊 己 庚 辛 壬 癸
子 丑 寅 卯 辰 巳
```

[옮김]

을목 일주가 오화월에 생하고 묘유가 가까이 붙어 일록(日錄)을 충하고 있다. 또한 월간 갑목이 시지에 임해 있고 원국에 수가 없다. 하절의 화가 당권하여 설기가 되니 상관용겁(傷官用劫)한다. 임진, 계사 초년운은 인수가 투출하여 생부하여 평탄하였다. 신묘운이 들어와 신유년이 되자 묘목이 충거 되어 형상파모하고 경금운 병인년은 병화가 금을 극거하는데 원국에는 수토가 없어 병화를 설제(洩制)하지 못하고 있다. 화는 생지를 만나고 금은 절지이니 입반하고 심신이 편안하게 되었다.

[원문]

何爲冲
하위충

[옮김]

충이란 무엇인가?

[원문 주]

예를 들어 자수운이 오화 년을 만나면 운이 세를 충하는 것이 된다. 이런 경우에 일주가 자를 기뻐한다면 자는 도움을 받아야 한다. 원국에 수를 제하는 것이 있거나, 화세가 무리를 이루고 있거나, 무토나 갑목이 있으면 흉하게 된다. 오운에 자년이면 세가 운을 충하는 격이 된다. 일주가 오화를 기뻐한다면 원국의 천간에 자수를 돕거나, 오화가 무리 짓고 있지 않으면 큰 허물은 없다.

[임철초 주]

충(冲)이란 파(破)의 다른 표현이다. 예를 들어 자운이 오년을 충하면 운이 세를 충하는 것이 된다. 일주가 자를 기뻐하는 경우라면 천간에 경임이 있어야 한다. 이런 경우에는 오화의 간두에 갑병이 있어도 허물은 없다. 자의 간두에 병, 무가 있고 오화의 간두에 갑, 병이 있으면 길하다. 자의 간두에 경, 임이 있고 오화의 간두에 갑병이면 흉하다. 오운 자년은 세가 운을 충하는 경우가 된다. 일주의 기쁨이 오화에 있다면 오화의 간두에는 병, 무가 있고 자의 간두에는 갑이나 병이 있다면 길하고, 오화의 간두에 병이나 무가 있고 자의 간두에는 경이나 임이 있게 되면 흉하게 된다. 나머지도 이와 같이 추리하면 된다.

[원문]

何爲和
하위화

[옮김]

화(和)란 무엇인가?

[원문 주]

을목대운에 세운이 경이든지, 경금대운에 을목세운이 되면 화(和)
가 된다. 일주가 금을 좋아하면 길하게 된다. 하지만 일주가 목을
좋아한다면 불길하다. 자대운 축년이나 축대운 자년도 일주가 토를
좋아하면 길하다. 그러나 수를 좋아하면 불길하다.

[임철초 주]

화(和)란 합(合)의 다른 표현이다. 예를 들어 을대운 경년이거나,
경대운 을년이라면 합이 된다. 이것이 화다. 일주가 금을 좋아하면
길한 것이다 합이 되면서도 화(化)되지 않는 경우를 기반(羈絆)이
된다고 하는데 이렇게 되면 희신이 나를 바라보지 않아 불길하다.
일주가 경금을 좋아하는 경우도 같다. 경금을 좋아하는 경우, 목금
이 득지해야 한다. 을목이 뿌리가 없다면 합화되어 아름답다. 자축
합이 화되지 않으면 수를 극하게 되고 수를 좋아하는 경우라면 불
길하다.

何爲好

하위호

[옮김]

호란 무엇인가?

[원문 주]

예를 들어 경대운 신년이거나, 신대운 경년이거나, 신대운 유년이나, 유대운 신년이면 호(好)가 된다. 일주가 양을 좋아하면 경과 신이 좋고 음을 좋아하면 신(辛)과 유(酉)가 좋은 것이다. 모두 이렇게 추리하면 된다.

[임철초 주]

호(好)란 종류가 같은 것을 말한다. 예를 들어 경대운 신년, 신대운 유년을 진호(眞好)라 한다. 이는 지지가 자신의 녹지가 되는 것이어서 본기(本氣)에 귀원하는 뜻이 있다. 자신의 집에 머무는 것과 같다. 경대운 신년이나, 신대운 경년은 천간이 돕는 것이라서 친구의 도움일 뿐 깊은 관계가 아니다. 왕한 운에 통근해야 의지하게 되어 호가 된다. 운이 근기(根氣)가 없으면 세(歲)가 약해 의지하는 정이 없어 자연히 호가 안 된다.

63. 정 원 (貞 元)

[원문]

造化起於元　亦止於貞
조화기어원　역지어정
再肇貞元之會　胚胎嗣續之機
재조정원지회　배태사속지기

[옮김]

　조화(造化)는 원(元)에서 일어나 정(貞)에서 끝난다. 재차 정원(貞元)의 회합이 시작되면 대를 잇는 기틀을 잉태하게 된다.

[원문 주]

　삼원(三元)에는 정원(貞元)이 있다. 이를 팔자에 적용하면 년(年)이 원(元)이 되고 월(月)이 형(亨)이 되고 일(日)이 이(利)가 되고 시(時)가 정(貞)이 된다. 년 월이 길하면 그 인생의 전반부가 길한 것이 되고 일시가 길하면 인생의 후반부가 길한 것이다. 대운에서 처음 15년은 원이 되고 다음 15년은 형이 되고 중간 15년은 이가 되고 끝의 15년은 정이 된다. 그래서 원형이 길하면 인생의 전반부가 길한 것이 되며 이정이 길하면 후반부가 길한 것으로 이것이 정원의 도이다. 정원의 이치는 절처봉생의 뜻이 아니다. 북이 끝나면 동이 오는 것으로 인생의 수명이 끝남을 말한다. 사주팔자의 명이 끝난 다음에 나머지 운이 길한 곳으로 흘러가면 그 집안은 반드시 일어나고 그 반대이면 그 집안은 몰락한다. 아버지는 정이 되고 자식은 원이 된다. 정의 아래에서 원이 일어나는 묘함은 생생불식(生

生不息)의 기틀이 있는 것이다. 내가 이것을 말하는 것은 사람의 종명(終命)하는 해를 알게 하려는 것이 아니라 세상의 징조를 경험하게 함이다. 수(數)를 피할 수 없음을 알려주기 위함이다.

[임철초 주]

정원의 이론에는 하도(河圖) 낙서(洛書)의 뜻이 있다. 뜻이란 선후천(先後天)의 괘위(卦位)의 변화를 말한다. 선천괘의 건(乾)은 남에 있고 곤(坤)은 북에 있다. 서북에 산이 많아 곤륜은 산의 조종(祖宗)이 되고 동남에는 수가 많아 대해(大海)는 수의 귀고(歸庫)가 된다. 수는 산을 따라 나오다가 산을 만나면 수는 멈춘다. 넘쳐흐르는 물이 팽배하면 기운을 떨치는 것이다. 그 근원을 올라가 보면 모두 성숙(星宿)에 있다. 오악(五岳)은 험준한 형세가 지극하지만 그 근본은 모두 곤륜에 있다. 사람에게 조부가 있는 것도 그런 이치이며 가지를 쳐 분파를 이루어도 그 일맥에서 나오는 것이다. 그러므로 일음(一陰)은 곧 곤(坤)의 초(初)에서 나오고 일양(一陽)은 건(乾)의 처음에서 나온다. 건은 일체(日體)이고 곤은 월체(月體)이다. 정원의 이치는 팔괘(八卦)에서 나왔다. 이 장의 취지는 인간이 살아가면서 길한 운을 만나면 번창하고 흉한 운을 만나면 패한다는 것을 말함이 아니고, 한 사람이 수명을 다 한 뒤에도 운은 행하고 있는 것으로 그때부터의 운을 살펴보면 자손들의 흥하고 쇠함을 알 수 있음을 말하고자 함이다. 한 사람이 삶을 끝낸 후에도 그 집안이 흥하고 있다면 사망한 후의 운이 길하기 때문이고 패쇠하고 있다면 사망한 후의 운이 흉한 때문이다. 이 말은 비록 조화가 정해진 것이지만 또한 수(數)를 피할 수 없다는 뜻이다. 사람의 자식이 부모의 기일과 가르침을 계승하지 않으면 안 되는 것이다. 부모가 죽은 후의 운이 길하면 그 운은 후손에게 이어진다. 그 부모의 사후의 운이 흉하다면 어떻게 해야 하는가? 분수를 지켜가며 살아가면 그 조화를 만회할 수 있다. 조종(祖宗)의 부귀가 시서(詩書)에서 나온 것이다. 자손이 부귀만을 누리고 시서를 버리거나, 선조의 가업이 근검에서 온 것인데 자손이 가업만을 누리고 근검한 생활을 하지 않는다면 이는 뽕나무 줄기를 잘라 가래나무에 접한 것과 같으니 반드시 말라 죽게 된다. 위하(渭河)의 물이 경하(涇河)로 흘러가면 탁(濁)하지 않은 경우는 드물다. 왜 그런가? 그 본원(本源)이 상부(相附)하지 않기 때문이다. 학자는 깊이 생각해야 한다. 끝.

알 림

명리학 대가이신 양실 선생
명리학 최고의 고전 '적천수천미'의 국내 최고
권위자 양실 선생

양실 선생의 명리학 강좌를 들어보세요
몇십 년을 공부해도 한계를 못 넘으신 분들
이 분의 강좌를 들어보세요

차원이 다른 적천수 강좌로 명리학에 대한
여러분의 이해가 완전히 정리될 것입니다

금번 '적천수천미' 편역서 출간에 맞춰 명리학
강좌를 개설하였습니다

주   소: 서울 종로구 종로222, 광동빌딩 26
E-mail: yangsil57@naver.com
연락처: 010-5257-8708

◾ 편저 양실 ◾

▌동아문화센터(동아일보사) 역학 풍수강의
▌서원대학교 평생교육원 역학 풍수강의
▌월간조선(2013 11 인터뷰)작명에도 흐름있다.
▌jtbc(꿀단지22회 촬영상태에서)일란성
▌쌍둥(국가대표체육인)대면 운명감정
▌장편소설 1. 파도가 할퀴고 간 상처를 안고.
           2. 나는 로맨스를 즐기고 있는거야.
▌현재 정우역학작명원 운영
  e-mail: yangsil57@naver.com
  연락처: 010-5257-8708

(쉽게 푼)
적천수천미

2024년 11월 05일 2판 1쇄 인쇄
2024년 11월 10일 2판 1쇄 발행

편 저 양실
발행인 김현호
발행처 법문북스
공급처 법률미디어

주소 서울 구로구 경인로 54길4(구로동 636-62)
전화 02)2636-2911~2, 팩스 02)2636-3012
홈페이지 www.lawb.co.kr

등록일자 1979년 8월 27일
등록번호 제5-22호

ISBN 978-89-7535-967-5 (13180)

정가 38,000원

▌역자와의 협약으로 인지는 생략합니다.
▌파본은 교환해 드립니다.
▌이 책의 내용을 무단으로 전재 또는 복제할 경우 저작권법 제136조에 의해 5년 이하의 징역 또는
  5,000만원 이하의 벌금에 처하거나 이를 병과할 수 있습니다.

법률서적 명리학서적 외국어서적 서예·한방서적 등
최고의 인터넷 서점으로
각종 명품서적만을 제공합니다

각종 명품서적과 신간서적도 보시고

법률·한방·서예 등 정보도

얻으실 수 있는

핵심법률서적 종합 사이트
www.lawb.co.kr
(모든 신간서적 특별공급)

facebook.com/bummun3011
instagram.com/bummun3011
blog.naver.com/bubmunk

대표전화 (02) 2636 − 2911